KB237012

대륙으로 간 혁명가들

- 만주와 시베리아의 무장독립운동가들 -

박 환 著

국학자료원

박환(朴桓)

한국 근현대사 전공
서강대학교 사학과 졸업(문학박사)
수원대학교 사학과 교수
한국민족운동사학회 회장

저서
만주한인민족운동사연구(일조각, 1991)
나철 김교헌 윤세복(동아일보사, 1992)
러시아한인민족운동사(탐구당, 1995)
재소한인민족운동사(국학자료원, 1998)
20세기 한국 근현대사 연구와 쟁점(국학자료원, 2001)
만주지역 항일독립운동 답사기(국학자료원, 2001)
박환의 항일유적과 함께 하는 러시아 기행 1·2(국학자료원, 2002)
재소한인의 항일투쟁과 수난사(편저, 국학자료원, 1997)
시베리아의 여명을 뚫고(허승철 공편, 지식마당, 2003)
잊혀진 혁명가 정이형(새미, 2005)
식민지시대 한인아나키즘 운동사(선인, 2006)
경기지역 3.1독립운동사(선인, 2007)
시베리아 한인민족운동의 대부 최재형(역사공간, 2008)

E-mail hwpark@suwon.ac.kr

대륙으로 간 혁명가들

대륙으로 간 혁명가들에게 이 책을 바칩니다.

책머리에

만주와 시베리아는 일제 식민지하 항일무장투쟁의 최대 근거지로서 널리 알려져 왔다. 또한 청산리전투, 봉오동전투, 대전자령전투, 이만전투, 올가전투 등 수많은 항일전투의 요람이기도 하였다. 바로 그곳 만주와 시베리아에는 항일전투에 나섰던 수많은 영웅들이 있었다. 그럼에도 불구하고 그들의 역사적 삶의 모습은 제대로 조망 받지 못하였다. 무엇보다도 자료와 연구인력의 부족이 가장 커다란 원인이었을 것이다.

항상 필자의 뇌리 속은 이역만리 그곳에서 숨져간 애끓는 투사들에 대한 기억으로 가득 차 있다. 항일투쟁의 현장을 생생히 접하면서 그리고 후손들과의 만남 속에서 한 많은 사연들을 들으면서 그들의 잊혀진 역사를 새롭게 부활시키고 밝혀주어야겠다는 다짐을 한지 벌써 십 수년이란 세월이 흘렀다. 그동안 몇 권의 연구성과를 출간했지만 일부를 제외하고는 답사기와 자료소개적인 측면이 강한 글들이었다. 그것은 개척적인 시기에 필요한 작업이었고, 많은 분들과 자료를 공유하고 싶은 생각에서 이루어진 것들이었다. 이제는 그것들을 토대로 만주와 시베리아의 항일투사들의 이야기를 복원해야 될 시점이 아닌가 한다. 본서를 작성하게 된 동기가 바로 여기에 있다. 그러나 정작 필자의 게으름으로 그 한 부분도 채 정리하지 못한 느낌이다.

본서는 만주와 러시아지역에서 활동한 항일독립운동가들에 대하여 다루고 있다. 첫 장에서는 만주지역의 항일운동가에 대하여 검토하였다. 우선 나철에 대하여 밝혀보았다. 그는 만주지역의 많은 항일운동가들이 신봉하였던 대종교의 창시자였기 때문이다. 1920년대 중반 고려혁명당 창당의 주역인 정이형에 대하여도 살펴보았다. 그는 긴 옥고생활(19년)을 치르고 해방 뒤 친일파 처벌법을 만들었으며, 통일운동가로서의 일익을 담당하였기 때문에 특별한 의미가 있다고 보았기 때문이었다. 김좌진 장군에 대하여도 그의 정치노선과 투쟁노선을 고찰하였다. 그에 대한 전기적인 업적과 그가 활동한 북로군정서, 신민부, 한족총연합회 등에 대한 연구는 있어도 그의 노선을 체계적으로 정리한 글은 없었기 때문이었다. 김혁장군에 대하여도 알아보았다. 그는 구한국군 장교출신으로 40여세의 나이에 만주로 망명하여 신민부 중앙집행위원장, 성동사관학교 교장 등을 역임한 대표적인 무장투쟁론자였다. 그럼에도 불구하고 그에 대하여 아는 이는 별로 없는 듯하다.

두번째 장에서는 새로이 발굴된 러시아에서 활동한 독립운동가들에 대하여 주로 살펴보았다. 최초의 주러시아 상주공사인 이범진의 연해주에서의 항일운동은 거의 역사 속에 묻혀 있었다. 이번에 새로운 사실을 밝히게 되었으며, 뻬쩨르부르크에 있는 그의 사적지 또한 살펴보았다. 연해주지역의 최대 부호로서 초대 대한민국 임시정부 재무총장을 역임한 최재형의 이주와 항일투쟁에 대하여도 검토하였다. 그가 조직한 의병 단체인 동의회 등에 대하여도 알아 보았다. 안중근의사의 연해주에서의 활동도 다루었다. 사실 안중근은 러시아지역에서 활동하고 있던 의병장이었다. 이등박문의 저격 역시 러시아지역 한인의병운동의 연장선에서 이루어진 것이라 볼 수 있다. 그럼에도 불구하고 안의사의 연해주에서의 활동은 거의 조망되지 못하였다. 그리고 한국에서 진짜 김일성장군으로 인식된 시베리아의 대표적인 항일운동가 김경천(본명 김광서) 장군에 대하여도 알아보았다. 이를 통하여 그의 출생과 집안, 일본육사시절, 만주로의 망명과 시베리아에서의 활동, 그의 말년 등에 대하여 밝힐 수 있었다. 아울러 그의 후손들이 작성한 김경천 관련 내용을 부록으로 실어 보다 풍성한 글이 되도록 하고자 하였다. 또한 국내에서 3·1운동에 참가한 후 만주와 러시아에서 활동한 박정훈(일명 박우)에 대하여도 살펴보았다. 특히 처형에 앞서 자신이 무죄임을 밝히고자 노력한 부분은 1930년대 러시아지역에서 활동한 항일운동가의 최후들을 짐작케 하고 있다.

본서에서 다룬 이들 항일운동가들은 나철, 김좌진처럼 학계에서 일부 알려진 인물들도 있다. 또한 정이형, 김혁, 최재형, 김경천, 박정훈 등처럼 거의 알려지지 않은 인물들도 있다. 그들이 알려졌건 그렇지 않건 간에 본고는 지난 수년동안 만주, 러시아에서의 새로운 자료수집 및 답사를 통하여 얻어진 산물들이다. 그런 만큼 신선미가 있는 연구성과들이 될 것이다.

평소 한반도는 섬과 같다는 생각을 하곤 한다. 동, 서, 남, 북 어디를 가도 우리가 갈 수 있는 길은 막혀있다. 그러나 식민지치하 항일운동을 전개하던 독립운동가들은 북한을 통과하여 중국, 러시아, 미주 등지로, 또한 바다를 건너 일본으로 종횡무진 독립운동의 활동 반경을 넓혀갔던 것이다. 그들 독립운동가들에게는 사실상 국내외 전지역이 하나의 활동

영역이었다. 그리고 그러한 시각 속에서 독립운동을 전개했던 것이다.

그런데 오늘날 학계에서는 독립운동사의 경우 지역별로 구별하는 경우가 종종 있다. 이러한 관점은 연구의 편의상 일정한 도움을 줄 수 있을 것이다. 그러나 운동사를 전체적으로 입체적으로 바라보는 데는 일정한 한계를 제공하는 것으로 보인다. 만주, 러시아지역에 관심을 기울이고 있는 필자로서는 이 점에 대하여 항상 반성하고 있다. 아울러 언급하고 싶은 점은 해외독립운동의 경우 해당국의 정치, 경제, 사회, 문화 및 한인들에 대한 정책에 특별히 관심을 기울일 필요가 있다는 점이다. 그렇지 않고는 해외 각 지역의 한인독립운동의 특성을 올바로 파악할 수 없기 때문이다. 본서가 이러한 점들을 얼마나 철저히 인식하고 서술되었는지 자못 두렵다.

본서의 작성에 있어서는 많은 분들의 도움이 있었다. 모스크바의 유영대 부장, 김세웅 영사, 블라디보스톡의 양대령 등은 필자에게 항상 큰 힘이 되어 주었다. 정찬용 국학자료원 대표, 조규태 학형, 이상일 학형, 디자이너 박소연님 등 고마운 분들을 일일이 열거할 수 없음이 송구스러울 뿐이다. 항상 필자를 격려해주시는 부모님과 형제자매들, 아내 장은미와 가족(박경, 박찬)들께 이 자리를 빌어 다시 한번 감사의 말씀을 올리며 아버님의 빠른 쾌유를 빈다.

용인 수지에서

목 차

Ⅱ. 러시아지역 항일독립운동가

대한민국임시정부 초대 재무총장 최재형 : 연해주에서의 의병활동

대한독립군 무명용사 위령탑

I

만주지역 항일독립운동가

만주지역 한인민족운동가
-만주사변 이전을 중심으로-

서언

　1910년 일제에 의하여 조선이 강점된 이후 1945년 해방이 될 때까지 국내외에서는 활발한 독립운동이 전개되었다. 그 중 해외에서는 중국본토, 만주, 러시아, 미주, 일본 등지가 그 중심지역이었다. 그 중에서도 만주 지역은 많은 해외동포들이 거주하고 있고, 압록강·두만강을 경계로 국경을 접하고 있는 지역이므로 더욱 활발히 독립운동을 전개할 수 있는 조건을 갖고 있었다. 그리하여 그곳에는 일찍부터 경학사·부민단 등 다수의 독립운동 단체들이 조직되어 활발한 대일투쟁을 전개하였으며, 이에 대하여 일제는 큰 경각심을 갖고 있었던 것이다. 이에 일제는 만주지역에 다수의 밀정을 파견하는 한편, 영사관과 영사관 분관 등을 설치하여 독립운동세력을 탄압하고자 하였다.

　본고에서는 이처럼 만주지역에서 활발히 전개되었던 항일독립운동을 보다 심층적으로 이해하기 위하여 이 지역의 독립운동가와 일본제국주의와의 상호관계에 대하여 살펴보고자 한다. 우선 이를 위하여 만주지역 독립운동가의 제유형과 그 특성을 알아보고, 이어서 독립운동가들을 탄압했던 일본제국주의의 실체를 밝혀보고자 한다.

결국 이러한 작업은 1931년 만주사변 이전 만주지역에서 전개된 항일독립운동, 나아가 해외 독립운동의 실체를 보다 입체적으로 밝히는데 도움을 줄 수 있을 것으로 기대된다.

Ⅰ. 만주지역 독립운동가의 제유형과 그 특성

만주지역의 독립운동가는 크게 3부류로 나누어 볼 수 있을 것 같다. 첫째는 민족주의 세력이며, 둘째는 공산주의 세력, 셋째는 무정부주의 세력이다. 민족주의 세력은 1910년대부터 1930년대 중후반기까지 활동하였으며, 공산주의세력은 1920년대 전반기부터 1945년 해방이 될 때까지, 무정부주의 세력은 1920년대 후반에 주로 민족주의 세력과 연합하여 활동하였다. 그 중 1920년대 후반까지는 민족주의 세력이, 1920년대 후반부터 1945년까지는 공산주의 세력이 독립운동의 주도권을 장악하였다.

1. 민족주의 세력

민족주의 세력은 크게 두 부분으로 나누어 볼 수 있다. 한 계열은 국내에서 애국계몽운동을 한 인물들이며, 한 계열은 의병활동을 하던 부류이다. 전자는 만주로 망명한 이후 공화주의를 주장하였고, 후자는 대한제국의 부활을 추구하는 복벽주의(復辟主義)를 주장하였다.

1) 공화주의 세력

공화주의 세력은 1910년대에는 복벽주의 세력과 함께 혼재하였다. 그러나 1911년 중국의 신해혁명, 1917년의 러시아 혁명, 1919년의 3·1운동 등 외적 요인과 동포들의 정치의식의 성장 등 내적 요인이 결합되어 3·1운동 이후에는 대체로 공화주의로 나아가는 경향이 농후하였으며, 1923년 전덕원(全德元) 중심의 의군부가 해체된 이후에는 공화주의 세력이 운동의 중심을 이루었다.[1]

1910년대의 공화주의 세력을 보면 서간도에서 조직된 경학사·부민단 등과 북간도에서 조직된 간민회(墾民會) 등을 들 수 있다. 그리고 3·1운동 직후의 공화주의단체로는 서간도에서 조직된 서로군정서·대한청년단연합회·광복군총영, 북간도에서 조직된 대한국민회·북로군정서 등을 들 수 있다.

1920년대 중반에 조직된 정의부·참의부·신민부 등은 공화주의 정치체제를 만주지역의 동포들을 바탕으로 실현해보고자 하였다. 특히 정의부의 경우는 헌장을 발표하여 재만한인을 바탕으로 공화주의적 민주정체를 꽃피웠던 점에서 높이 평가된다. 그리고 1920년대 후반부터 1930년대 중반까지는 정당을 설립하여 공화주의를 실현하고자 노력하기도 하였다. 즉 한국독립당, 조선혁명당의 경우가 이에 해당할 것이다.

즉 만주지역의 경우 1919년 3·1운동 이전을 초보적인 형태의 공화주의가 존재했던 시기라고 한다면, 1920년대 중반까지는 공화주의가 재만한인사회에 새로운 이념으로 정착된 시기이며, 1920년대 중반이후는 공화주의 사상이 정착, 실현된 시기였다고 할 수 있다.

공화주의 세력은 공화주의라는 정치이념과 더불어 종교, 지연, 학력, 신분 등이 공통된 사람들이 모이는 경향이 있었다. 우선 주목되는 것은 공화주의를 추구한 민족주의 세력은 1920년대 초반까지 종교를 바탕으로 독립운동을 추진하는 특징을 보이고 있다는 점이다. 즉 공산주의 세력이 등장하기 전까지는 종교가 운동에 있어서 대단히 중요한 역할을 하였으나, 그 이후에는 이념이 종교를 대신하였다고 할 수 있다. 민족주의, 공산주의, 무정부주의가 바로 그것이다.

---

1) 박영석, 「일제하 서간도지역 공화적 민주주의계의 민족독립운동-그 맥락과 정치적 이념을 중심으로-」, 『일제하 독립운동사연구』, 일조각, 1984, pp.32-35

종교를 바탕으로 한 대표적인 세력으로는 대종교 ·기독교· 천주교·청림교·원종교 등을 들 수 있다. 그 중 대종교는 조선인의 민족정신, 단군을 중심으로 한 민족정신을 배양하여 이상적인 국가인 배달국을 지상에 재건하고자 하였다. 그들은 조선의 민족정신을 강조한 만큼 조선시대의 지배이념이었던 외래이념인 유교에 대하여 부정적인 입장을 취하였다. 그리고 단군의 자손을 구성원으로 하고, 한반도와 만주전역을 영토로 하는 배달국의 재건을 꿈꾸었던 것이다. 대종교계열의 대표적인 단체로는 북로군정서·서로군정서·흥업단·신민부·한국독립당 등을 들 수 있다.

기독교 계열의 단체로는 북간도에서 조직된 대한국민회가 대표적인 단체이며, 그밖에 대한신민단도 기독교 일파인 성리교의 김규면(金圭冕)이 조직한 단체였다. 천주교 신자들은 의민단을 조직하여 활동하였으며, 청림교 신자들은 야단(野團)을, 원종교 신자들은 대진단(大震團)을 조직하여 활동하였던 것이다.

두 번째로 주목되는 것은 지연이다. 지연의 강조는 사람들 사이에 이념적인 공감대가 충분히 이루어지지 못하였을 때 자연스럽게 생기는 것으로, 동지들간의 유대를 공고히 하는 데 대단히 중요한 역할을 하였다고 할 수 있다.

3·1운동 이후 서간도지역에서 조직된 서로군정서의 경우 경상도출신이, 북간도의 북로군정서의 총재부와 대한국민회의 경우는 함경도출신이, 북로군정서의 사령부는 경기도와 충청도 출신이 다수를 형성하고 있었다. 그리고 신민부의 경우는 경기도, 충청도, 함경도출신이, 한국독립당의 경우는 경기, 충청도 출신이 다수를 형성하고 있었던 것이다.

세 번째는 학력이다. 공화주의를 추구한 세력의 학력을 보면 대체로 한학의 바탕 위에 신학문을 공부한 인물들로 보인다. 서로군정서, 대한국민회, 신민부, 한국독립당의 경우가 그러하다. 그리고 그 중 군사부의 경우를 보면 대체로 대한제국무관학교, 신흥무관학교, 일본육군사관 학교, 중국무관학교 등 무관학교 출신들이 그 중심을 이루고 있음을 알 수 있다.

네 번째는 신분이다. 신분을 보면 대체로 지방 양반 즉 향반 출신들이 주로 만주로 망명하여 독립운동의 지도자가 되었다. 물론 처음 만주지역으로 망명하여 독립운동 기지 건설에 노력한 이시영(李始榮), 이상설 등은 대표적인 중앙 양반이라고 할 수 있으나, 경학사·부민단·한족회·서로군정서·정의부 등에서 활동한 이상룡(李相龍), 김동삼(金東三) 등은 경북 안동지역의, 북로군정서·신민부·한족총연합회 등에서 활동한 김좌진은 충남 홍성의, 북로군정서에서 활동한 서일(徐一)은 함경북도 경원의 양반이었던 것이다.[2]

다섯째는 공화주의 세력의 만주에 대한 인식이다. 그들은 부여구강주의(扶餘舊疆主義)의 입장에 서 있는 특징을 보이고 있다. 즉 과거의 만주는 고구려와 부여의 영토로서 우리 민족의 고토라는 입장이다. 그러므로 그들은 이러한 인식을 바탕으로 만주지역에서 자신감을 갖고 독립운동을 전개하였으며, 재만동포들에게도 안정감을 제공하였던 것이다.[3]

2) 복벽주의 세력

복벽주의 세력은 국내의 의병출신들이 북상하여 이룬 집단으로서 1910년대부터 1920년대 초반까지 만주지역에서 세력을 형성하고 있었다. 그러던 중 1922년에는 공화주의 세력과 함께 대한통의부를 조직하였다가 1923년 분리되어 그 세력이 크게 약화되었다.[4]

---

2) 박환, 「서북간도 지역 한인독립운동단체」, 『만주한인민족운동사연구』, 일조각, 1991, pp.121-126
3) 박영석, 「일제하 재만한인의 독립운동과 민족의식-경학사의 설립 경위와 그 취지서를 중심으로」, 『한민족독립운동사연구』, 일조각, 1984, p.218
4) 박영석, 「일제하 만주·노령지역에서의 복벽적 민족주의계의 항일독립운동」, 앞의 책, pp.59-61

1910년대 서간도지역에 있었던 대표적인 복벽주의 단체로는 보약사·농무계·향약계·포수단 등을 들 수 있다. 그 중 보약사는 유인석이, 향약계와 농무계는 평안도 의병장 조병준(趙秉準)과 전덕원, 백삼규(白三圭) 등이, 포수단은 황해도 의병장 이진룡(李鎭龍) 등이 조직한 것이다.5)

1919년 3·1운동 이후 이 단체들을 중심으로 만주지역의 가장 대표적인 복벽주의 단체인 대한독립단이 동년 4월 15일에 유하현 삼원보에서 조직되었다. 그러나 이 단체는 1919년 말 경 연호의 사용문제로 기원독립단과 민국독립단으로 나뉘어졌으며, 기원독립단은 계속 복벽주의를 주장하였다.6) 한편 북간도지역에서는 이범윤(李範允)을 중심으로 유교적 예교질서(禮敎秩序)의 회복까지 주장하는 대한광복단·간도의군부 등이 조직되어 활발한 활동을 전개하였다.7)

만주지역의 마지막 복벽주의 단체는 의군부였다. 이 단체는 1923년 2월 대한통의부에서 분리된 단체로 채상덕(蔡相悳), 전덕원 등 노년층의 유학자들이 그 중심인물이었다.8)

복벽주의를 추구한 세력은 조선시대의 유교이념을 받드는 인물들이 그 중심을 이루고 있다. 특히 그들은 대다수 유인석의 제자들이었다. 서간도 지역의 대표적인 복벽주의 단체였던 1910년대의 보약사·농무계·향약계 등과 3·1운동 이후 조직된 대한독립단의 경우 대부분의 구성원이 그러하다. 그 중심인물로는 박장호(朴長浩)·전덕원 등을 들 수 있다.9) 반면 북간도의 경우는 이범윤과 관련이 있던 인물들이 중심을 이루고 있는 것 같다. 이범윤은 일찍이 간도관리사로 중앙에서 파견되어

---

5) 애국동지원호회, 『한국독립운동사』, 1954, p.251
6) 박환, 「대한독립단」, 앞의 책, pp.23-27
7) 독립운동사편찬위원회, 『독립운동사』 5, 1973, p.322, 338
8) 독립운동사편찬위원회, 『독립운동사』 5, pp.435-436.
9) 박환, 「대한독립단」, 앞의 책, pp.14-19

온 관리이며, 1905년 러일전쟁에도 참여하였고, 그 후 대한제국의 국권 회복을 위해 러시아지역에서 동의회(同義會)를 조직하여 의병활동을 전개한 인물이었다.[10]

복벽주의 세력은 대체로 일정한 연령이상의 장년층으로 구성되어 있으며, 국내에서 의병활동을 전개한 인물들이 다수를 형성하고 있다. 대한독립단의 경우는 평안도와 황해도 지역의 의병들이 다수를 형성하고 있으며, 연령층도 주도세력의 경우 50대와 60, 70대였다.[11] 이러한 경우는 북간도지역의 복벽주의 단체인 광복단과 의군부의 경우도 마찬가지 현상이 아닌가 추측된다.[12] 그리고 의군부의 경우도 마찬가지였던 것 같다. 중심인물인 채상덕, 전덕원 등이 모두 나이가 있는 유학자였던 것이다.[13]

복벽주의 세력은 의병, 유림 등 지도층의 노쇠와 일반 독립군 사이의 사상적인 부조화로 점차 퇴조를 면하지 못하였다. 아울러 임시정부가 공화제를 주장한 점, 이웃 러시아지역의 혁명내전, 재만동포들 자신이 해외에 거주하고 있는 동포들로서 조선정부의 봉건제도에 부정적인 시각을 갖고 있던 점 또한 복벽주의의 퇴조에 일조를 하였을 것으로 짐작된다.

2. 공산주의 세력

만주지역에는 1920년대 전반기에 공산주의 사상이 유입되어 그 세력이 등장하기 시작하였다. 특히 이 지역은 공산주의 사상이 만연할 수

---

10) 국가보훈처, 『독립유공자공훈록』 1, 1986, pp.816-821
11) 박환, 「대한독립단」, 앞의 책, p.15
12) 신용하, 「독립군의 청산리독립전쟁의 연구」, 『한국민족독립운동사연구』, 을유문화사, 1985, pp.440-447.
13) 박영석, 「일제하 만주·노령지역에서의 복벽적 민족주의계의 항일독립운동」, pp.53-58

있는 기본적인 배경을 갖고 있었다. 이주 조선인의 열악한 정치적, 경제적 상황이 바로 그것이라고 할 수 있다. 이러한 재만한인들에 사회주의 사상의 전파와 관련하여 주목되는 것은 1918년 하바로브스크에서 결성된 한인사회당의 역할을 들 수 있다. 다음으로 지적할 수 있는 것은 1920년 경신참변을 피해 노령으로 이동하였던 세력들을 들 수 있다. 이들 중 상당수는 러시아에 정착하기도 하였으나 일부는 다시 만주지역으로 이동하여 사회주의 사상을 전파하였던 것이다. 이러한 사회주의 사상은 재만한인들에게 큰 영향을 미칠 수 있었다. 왜냐하면 당시 한인들은 워싱턴 회의(1921.11-1922.2)에서 한국의 독립을 지원해줄 것이라고 크게 기대하였으나 그렇지 못하여 크게 실망하고 있었다. 그런데 당시 코민테른이 개최한 "제1회 동양제민족대회(1920.9.1-8)"에서는 피압박민족의 운동을 지지하였던 것이다.14)

1920년대 만주지역의 한인공산주의 세력은 상해계, 서울 청년회계, 만주공청계, 화요회계, 북풍회계 등으로 나눌 수 있다. 이들은 만주에 자파 세력을 부식시키기 위해서 노력을 경주하였다. 그 중에서 가장 빠르게 세력 확장을 시도한 그룹은 상해계였다. 상해계는 1921년말부터 1922년까지 중국동북지역의 돈화현(敦化縣), 길림(吉林), 요하(饒河) 등지에 3개의 지방회를 두었다.15)

만주지역에 본격적으로 공산주의 세력이 형성된 것은 1926년 5월 북만주 영고탑(寧古塔)에 조선공산당(이하 조공으로 약함) 만주총국이 설치되면서부터였다. 조공 만주총국의 책임비서는 조봉암, 조직부장은 최원택(崔元澤), 선전부장은 윤자영(尹滋瑛) 등이었다.16) 이 중 조봉암과

---

14) 신주백, 『만주지역 한인의 민족운동 연구(1925-40)』, 1995년도 성균관대학 박사학위 청구논문, pp.59-61
15) 김태국, 「중국 동북지구 조선족 반일민족운동이 반제국반봉건운동에로의 전환」, 『박영석교수화갑기념논총』, 탐구당, 1992, pp.665-666
16) 김창순 김준엽, 『한국공산주의운동사』 4, 청계연구소, 1986, p.284

최원택은 화요계였으며, 윤자영은 상해파였다. 즉 조공 만주총국은 화요파와 상해파의 연합에 의하여 이루어진 것으로 볼 수 있다. [17)

  조공 만주총국은 1927년 10월 일제에 의한 공산주의자의 검거사건으로 부득이 개편하게 되어, 각파는 자파 공산당 만주총국을 조직하게 되었다. 그 가운데 가장 강력한 세력은 화요파의 후계 만주총국이었다. 이 만주총국은 1927년 11월 김찬(金燦)을 실질적 지도자로 하여 북만주 영안현(寧安縣) 영고탑에서 조직을 재건하고, 북만주지역을 중심으로 활동하였는데, 책임비서 이동산(李東山), 조직부 김성득(金聖得), 선전부 김홍헌(金洪憲), 간부 이우영(李又影), 강철(姜哲), 진허(陳墟), 최충호(崔忠浩) 등이었다. 그리고 이 조직은 다시 1929년 6월 이후 김성득을 책임비서로 하여 개편되었다가 1930년 3월 조공 만주총국의 해체 선언에 따라 종막을 고하였다.[18)

  한편 ML계는 남만주지역에서 그 세력을 갖고 있었다. 1928년 봄 반석현(盤石縣)에서 당 중앙에서 파견된 이경호(李京鎬)를 책임자로 하는 만주총국을 결성하였다. 그리고 동년 4월에는 김복만(金福萬)을 책임자로 하는 공산주의 청년동맹을 조직하였다. ML계는 남만청년총동맹을 통해 만주지역 청년단체의 통일에 노력한 결과 1928년 5월 반석현에서 재중국한인청년동맹을 결성하는 등 활발한 활동을 보였던 것이다.[19)

  상해계는 만주공청계와의 통합에 반대하고 1927년에 재만조선공산주의자단체를 조직하고 동만지방과 돈화현을 중심으로 활동하였다. 서울청년회계는 대부분 ML계에 합류했기 때문에 동만지방과 신민부 민정파에 일부 남아 있었다. 북풍회계는 1927-8년에 한상묵(韓相默) 등을 중심으로 동만지방에서 조직 활동이 있었으나 1928년 5월 일제에 발각되면서 조직이 와해되었다. 이후 북풍회의 활동은 사실상 사라졌다.[20)

---

17) 위의 책, pp.294-295
18) 위의 책, pp.298-300
19) 신주백, 앞의 논문, pp.119-121

조공 만주총국의 활동은 크게 3단계로 나누어 볼 수 있다. 1단계는 1926년 5월부터 12월까지로 대체로 조직사업에 열중하던 시기이다. 2단계는 1927년 1월부터 9월말까지로 화요파의 주도권에 동요가 일어났던 시기이다. 3단계는 간도공산당 제1차 검거사건이 일어났던 1927년 10월부터 해체되는 1930년 3월까지로서 각파별로 조직이 혼란된 시기였으나 주류는 화요파의 조직이었다고 할 수 있다.[21]

조공 만주총국은 각지의 청년단체와 농민조합을 결성하고 육성하는 활동도 전개하였다. 청년단체의 결성과 육성은 주로 고려공산청년회 활동을 통하여, 농민조합의 결성과 육성은 주로 당 정치력을 직접 동원하여 수행하였다. 아울러 고려공산청년회를 통하여 여성청년운동도 전개하였다.[22] 그러나 그중 활발했던 것은 청년운동이었다.[23]

만주의 공산주의 세력은 몇 차례에 걸친 체포사건으로 그 세력이 와해되었다. 제1차 간도공산당 사건은 1927년 10월에 있었다. 이 사건은 서울에서 진행 중인 제2차 당 사건으로 검거된 101명의 동지들의 재판에 대하여 공개를 주장하는 격문을 배포하고 시위운동을 계획하던 가운데, 일제 간도 영사관 경찰서에 탐지되어 북간도 용정지방을 중심으로 만주 일대에 걸쳐서 벌어졌다. 이 사건을 계기로 조선공산당 만주총국 책임비서대리 조직부장이었던 최원택과 동만구역국 책임비서 안기성(安基成)과 그 간부 및 주요 당원 29명이 체포되었다.[24] 그러나 이것은 단지 시작에 불과하였다. 일본의 영사관 경찰은 중국경찰과 협력하여 때로는 중국경찰을 지휘하며, 한인공산주의자에 대한 탄압을 강화하였다. 만주는 이제 공산주의자들이 자신의 세력을 확장시킬 수 있는 안전한 곳이

---

20) 위의 논문, pp.122-123
21) 김창순 김준엽, 앞의 책, pp.336-338
22) 김창순 김준엽, 앞의 책, pp.339-341
23) 신주백, 앞의 논문, pp.132-139
24) 김창순 김준엽, 앞의 책, pp.385-387

아니었다. 비록 20여명의 체포되어 국내로 호송되었으나 일본 영사관 경찰은 중요한 공산주의자들에 대한 자료를 대부분을 입수하고 있었다. 그리하여 이것이 이후 공산주의자의 활동을 대단히 어렵게 만들었다.[25]

　　제2차 검거사건은 1928년 9월에 있었다. 이 사건은 실질적으로는 고려공산청년회 만주총국 동만도 간부에 대한 검거사건이었다. 1928년 9월 2일 고려공산청년회 동만도 간부는 그 날이 국제청년기념일이라는 것을 기화로 산하의 가장 유력한 합법단체인 조선청년총동맹을 앞세워 기념 집회를 개최하려다가 일제 영사관 경찰에 탐지됨으로써, 그 해 9월 중 고려공산청년회 동만도 간부 및 공산당원 72여명이 동만주에서 검거되었다. 이들 가운데 교원이 가장 많았고, 그밖에 학생과 기자들로서 거의 전부가 지식층에 속하는 사람들이었다.[26]

　　제3차 사건은 1930년 3월에 발생한 사건으로 화요파 조선공산당 만주총국 간부 및 동만도 간부에 대한 검거선풍이다. 1929년 6월에 조선공산당 만주총국 선전부장에 취임한 장주연(張周璉,별명:張時雨) 는 총국 동만도 책임비서인 윤복송(尹福松) 및 선전부장인 강석준(姜錫俊) 등과 밀의하여 3·1절 제11주년을 기념하는 시위를 계획하였다. 그러나 이 계획은 1930년 3월 하순 일제 간도 영사관 경찰서에 탐지되어 검거되기 시작하였는데, 그 해 5월 중순에 이르기까지 무려 130여명이 체포되었다.[27]

　　이처럼 만주지역의 공산주의 세력이 와해되는 가운데 한인공산주의 세력은 각자의 조직을 해산하고 1930년 중국공산당 만주성위원회에 입회하게 되어 공산주의운동에 큰 변화가 나타났다. 1928년 12월 상순경 코민테른 정치서기국은 조선공산당의 지부 승인을 취소하기로 하고 동양비서부를 중심으로 조선공산당의 재건운동을 전개하기로 하였던 것

25) 서대숙, 『한국공산주의운동사연구』, 화다, pp.144-145
26) 김창순 김준엽, 앞의 책, pp.387-392
27) 김창순 김준엽, 앞의 책, pp.392-400

이다. 그리고 1국 1당 원칙에 입각하여 만주지역에 거주하는 한인들은 중국공산당에 가입해야 하며, 이를 위반할 경우 처벌하기로 결정했다. 이에 만주지역의 공산주의자들은 조선이 아닌 중국혁명에 직접 참여함으로써 조선혁명을 간접적으로 지원하는 형태를 띠게 되었던 것이다.[28]

3. 무정부주의 세력

만주지역에 무정부주의 세력이 본격적으로 활동을 시작한 것은 김종진(金宗鎭)과 이을규(李乙奎) 등이 중심이 되어 1929년 7월 북만주 해림(海林)지역에 있는 소학교에서 재만조선무정부주의자연맹을 조직하면서부터였다. 이 조직에 가담한 인물로는 김종진, 이을규 외에 이붕해, 이종주, 이달, 김야봉, 김야운, 이덕재, 엄형순(일명: 舜奉), 이강훈 등을 들 수 있다.[29] 이들은 무정부주의라는 이념을 공감대로 하여 모인 20·30대의 젊은이들로서 지역적인 공통성은 없었다. 이들 만주지역의 무정부주의자들은 중국지역에서 활동하던 이을규의 영향을 크게 받고 있었다. 이을규는 1924년 4월 이회영, 유자명, 백정기, 정현섭 등과 함께 재중국조선무정부주의자연맹을 조직하였고, 1927년에는 남경에서 동방무정부주의자연맹을 조직한 무정부주의 운동계의 거물이었다. 1929년 봄에 김종진의 부탁을 받고 재만조선무정부주의자연맹의 조직을 위하여 북만주에 갔던 것이다.[30]

이을규 등 재만조선무정부주의자연맹원들은 사회적으로 평등한 모든 사람들이 상호부조적 자유 합작에 의하여 인간의 존엄과 개인의 자유를 완전히 보장하는 무지배의 사회, 능력에 따라 일하고 필요한 만큼 소비할 수 있는 그러한 사회 즉 무정부주의 사회의 구현을 추구하고 있었

---

28) 신주백, 앞의 논문, p.207
29) 이을규, 『시야김종진선생전』, 1963, p.88
30) 무정부주의운동사편찬위원회, 『한국아나키즘운동사』, 형설출판사, 1978, pp.289-290

다.[31] 그리고 북만주지역에서의 자신들의 당면강령을 다음과 같이 제시하였다.

1. 우리는 재만동포의 항일반공사상의 계몽 및 생활 개혁의 계몽에 헌신한다.
2. 우리는 재만동포들의 경제적 문화적 향상 발전을 촉성키 위하여 동포들의 자치 합작적 조직으로 동포들의 조직화 촉성에 헌신한다.
3. 우리는 항일전력의 증강을 위하여 또는 청소년들의 문화의 개발을 위하여 청소년 교육에 전력을 바친다.
4. 우리는 한 개의 농민으로서 농민 대중과 같이 공동 노작(勞作)하여 자력으로 자기 생활을 영위하는 동시에 농민들의 생활 개선과 영농방법의 개선 및 사상의 계몽에 주력한다.
5. 우리는 자기 사업에 대한 연구와 자기 비판을 정기적으로 보고할 책임을 진다.
6. 우리는 항일 독립전선에서 민족주의자들과 우군적(友軍的)인 협조와 협동작전적 의무를 갖는다.[32]

당명 강령에서도 볼 수 있는 바와 같이 무정부주의자들은 항일독립전선에서 민족주의자들과 우군적인 협조를 갖고자 하였다. 이러한 방침에 따라 무정부주의자들은 자신의 이상을 실현하기 위하여 당시 공산주의와의 대립에서 새로운 이념을 추구하고 있던 신민부 군정파 출신 대종교적 민족주의자들과 연합, 한족총연합회를 결성하고 무정부주의 이념을 실현하고자 하였다. 당시 신민부 군정파를 대표하는 인물이었던 김좌진은 당시 북만주의 재만동포들이 공산주의 사상에 공명하기 시작하는 한편 농민조합과 북만 청년연맹 등 공산주의 단체들이 재만동포들을 신민부에 반대하도록 선동하여 위기에 봉착하자 이를 효과적으로 극복하기 위하여 무정부주의 이념을 수용, 본부를 영안현 산시역(山市驛)

---

31) 이을규, 앞의 책, p.88
32) 위의 책, p.89

앞에 두고 한족총연합회를 조직하였던 것이다.[33]

그리고 동년 8월 선언, 강령, 사업정강 등을 발표하였는데, 한족총연합회에서는 선언문에서 "과거에 연출된 만악의 원인과 복잡한 제 현상을 청산 배제하고 우리 민중의 생활 향상과 혁명전선의 진전을 도모하는 자주자치적 생활조직을 기초로 해서 전민중적으로 연합조직을 완성해야 한다"고 하여 권력의 중앙집중을 부정하고 자주적 조직의 연합체를 지향하는 아나키즘 사회를 지향하고 있다.[34]

한편 한족총연합회는 조직된 후 간부를 임명하였는데, 김좌진(위원장), 권화산(부위원장), 한규범(조직 선전,농무부 위원장), 정신(조직, 선전, 농무부 위원장), 강석천(군사부 부위원장), 민무(중앙간부), 유현(중앙간부), 김종진(조직 선전 농무부 위원장), 이붕해(군사부 위원장), 이종주(중앙간부), 이을규(교육부위원장), 이달, 김야봉, 김야운, 이덕재, 엄형순(차장), 박경천(교육부 부위원장), 이백호(군사부 별동대 제3중대장), 박찬순(경제부 위원장)[35] 등이다. 즉 김좌진, 정신 등 신민부 군정파 출신들과 김종진, 이을규, 이붕해 등 재만조선인무정부주의자연맹등이 그 중심을 이루고 있는 것이다.

무정부주의자들은 한족총연합회의 조직을 통하여 무정부주의 이념을 추구하였다. 이를 추구하던 간부들은 상호부조와 자유연합이라는 무정부주의사회의 조직 원리를 기반으로 한족총연합회를 구성하고자 하였다. 아울러 그들은 공산주의에 반대하였다. 그들에게 공산주의는 "강권적 노예적이며 사대주의적 독재사상"으로 보였던 것이다.[36]

독립운동과 반공운동을 효과적으로 전개하기 위하여 무정부주의 세

---

33) 박환, 「한족총연합회」, 앞의 책, pp.208-211.
34) 堀内 稔, 「韓族總連合會について」, 『조선민족운동사연구』 9, 청구문고, 1993, pp.51-52
35) 이을규, 『시야김종진선생전』, p.92
36) 박환, 앞의 논문, p.212

력은 우선 농촌 자치조직으로 농무협회를 만들고자 하였다. 이 조직은 농민자신들이 자신들의 필요에 의하여 자신들 스스로가 상호 단결하여 조직한 자발적인 것이었다.[37] 그리고 효과적인 무장투쟁을 전개하기 위하여 군자금의 모집과 독립군 양성을 위한 계획도 수립하였다. 군자금의 모집은 농촌자치조직을 통하여, 또는 국내에서의 군자금 모집에 의존하고자 하였다. 그리고 재만동포들에 대한 군사훈련과 단기 군사훈련반을 통하여 독립군을 양성하고자 하였다. 이들을 바탕으로 일제와 공산주의자들의 퇴치에도 노력하였다.

무정부주의 세력의 이러한 활동도 1930년과 1931년에 연이어 핵심간부인 김좌진, 김종진의 암살과 이을규의 체포 등으로 위축되어 갔다. 이것은 무정부주의자들과 공산주의자들이 서로 적대관계를 형성하고 있었기 때문이었다.

공산주의자들에 의한 대종교적 민족주의자와 무정부주의자의 대표적 인물인 김좌진과 김종진의 희생은 한족총연합회에 큰 타격을 주었다. 그리하여 이 사건을 계기로 신민부 군정파의 대종교적 민족주의자들과 재만조선무정부주의자들 간의 대립이 시작되었기 때문이다. 결국 한족총연합회는 대종교적 민족주의자들이 이 단체를 이탈함으로써 1931년 여름에 해체되게 되었다.[38]

한족총연합회에서 이탈한 대종교적 민족주의자들은 홍진(洪震)·이청천 등과 함께 한국독립당, 한국독립군 등 민족주의 단체를 조직하여 활동하였다.[39] 한편 무정부주의자들은 중국 상해로 이동하여 그곳에서 남화한인청년연맹(南華韓人靑年聯盟)을 조직, 계속 무정부주의운동을 전개하였다.[40]

---

37) 堀內 稔, 앞의 논문, pp.53-54
38) 박환, 「한족총연합회」, 앞의 책, pp.214-226
39) 박환, 「재만한국독립당」, 앞의 책, pp.229-233
40) 박환, 「남화한인청년연맹의 결성과 그 활동」, 『박영석교수화갑기념논총』, 1993,

결국 이로써 한국독립운동 역사상 처음이자 마지막으로 독립운동과 반공운동을 전개하기 위하여 무정부주의 이념을 직접 실현해보고자 했던 무정부주의자들의 한족총연합회는 해체되고 말았던 것이다.

II. 일본제국주의의 독립운동가 탄압

일본제국주의자들은 일찍부터 만주지역에서 활동하였던 한인독립운동가들을 탄압하고자 하였다. 그리하여 구한말에는 조선통감부에 의한 간도파출소 설치, 1909년 간도협약이후에는 일본 외무성 직속의 일본영사관의 설치, 1919년에는 일본육군의 간도출병, 1920년부터는 조선총독부의 친일조직의 결성, 그리고 1920년대 중반에는 조선총독부가 중국 동북군벌인 장작림(張作霖) 정권과의 교섭을 통하여 한인독립운동을 약화시키고자 하였던 것이다. 즉 만주지역의 한인은 구한말에는 조선통감부로부터, 1909년 간도협약이후에는 일본외무성의, 1919년 3·1운동 이후에는 조선총독부의 감시와 탄압을 받았다고 할 수 있다.

1. 간도파출소와 재만 일본영사관

조선통감부는 대륙침략을 위하여 1907년 8월 23일 만주에 거주하는 한인들을 보호한다는 미명하에 간도 용정(龍井)에 간도파출소를 설치하였다. 그리고 소장 아래 총무과, 감찰과, 경무과, 조사과와 헌병분대를 두었는데, 그 중 감찰과는 한국인의 감찰 및 회유를 담당하였다. 아울러 각 지방의 중요 지점에는 헌병을 배치하기로 하고, 간도의 진입로인 용정촌과 회령 중간에 위치한 신흥평(新興坪)에 분견대를 설치한 이후 국자가(局子街)·조양천(朝陽川)·복사평(伏沙坪)에 설치하고, 1908년에는 팔도구(八道溝)·걸먼동(傑滿洞)에, 1909년 7월에는 용암평(龍岩

pp.954-958

坪)·학성(鶴城)·용택촌(龍澤村) 및 7도구(七道溝)에 둠으로써 14개소에 헌병경찰을 배치하였다.[41]

간도파출소는 항일독립운동을 탄압하고자 하였다. 그 대표적인 예로서 민족교육기관인 서전서숙의 폐교를 들 수 있다. 서전서숙은 1908년 8월 경에 이상설·정순만(鄭淳萬)·이동녕 등이 중심이 되어 용정촌에 설립한 민족교육기관이었던 것이다.[42] 또한 일제는 일본에 반대하는 한편 친청활동을 전개한 연의회(演義會) 회원들을 체포하여 투옥하기도 하였던 것이다. 아울러 1908년 4월 21일 의병이 무산간도의 복사평 분견소를 습격한다는 소식이 전해지자 헌병을 직접 파견하기도 하였다. 간도파출소에서는 또한 간도한인들을 통제하기 위하여 1907년 9월 9일부터 11월 7일까지 호적부를 조사 작성하고 이를 계속 수정하는 한편 친일교육기관의 설립도 추진하였다.[43]

이처럼 간도지역에서 활발한 활동을 전개하던 간도파출소는 1909년 9월 4일 ≪간도에 관한 청일협약≫에 의거하여 철수하게 되었다. 간도협약 제7조의 "통감부 파출소 및 문무의 각원(各員)은 되도록 속히 철퇴(撤退)를 개시하여 2개월 내에 완료하여야 한다. 일본정부는 2개월 이내에 제2조에 있는 통상지에(용정촌 국자가 두도구 백초구--필자주)영사관을 개설하여야 한다"는 것에 따른 것이었다.[44]

결국 1909년 간도파출소는 철수하고, 동년 11월 2일 용정촌에 간도총영사관이 설치되었고, 11월 3일에 국자가 분관이, 11월 9일에 두도구 분관이, 1910년 3월 1일에 백초구 분관이 설치되어 영사업무를 담당하게 됨으로써[45] 한인들에 대한 감시와 탄압도 조선통감부에서 일본외무

---

41) 권구훈, 「일제의 통감부간도파출소 설치와 성격」, 『한국독립운동사연구』 6, 독립기념관 한국독립운동사연구소, 1992, pp.209-219
42) 윤병석, 「1910년대 서북간도 한인단체의 민족운동」, 『국외한인사회와 민족운동』, 일조각, 1990, pp.15-16
43) 권구훈, 앞의 논문, pp.222-223
44) 日本外務省編, 『日本外交年表竝主要文書』上, 1965, 原書方, pp.324-325

성으로 이관되었다.

1910년 이후 일제는 1910년에는 훈춘에, 1916년에는 농안(農安), 해룡(海龍), 도녹(掏鹿)에, 1917년에는 적봉(赤峰), 통화(通化) 등지에, 1918년에는 정가둔(鄭家屯)에, 1922년에는 만주리(滿洲里) 등지에 각각 영사관과 그 분관을 설치하여 활동하였다.[46]

일제의 만주지역에 대한 영사관 설치는 만주에 거주하는 일본인들에 대한 보호와 영사업무에 대한 부분도 있지만 만주지역에서 활동하고 있는 한인독립운동가들에 대한 탄압 역시 주요한 목적이었다. 일본은 1909년 간도협약으로 간도가 청국의 영토임을 인정하였으므로 간도지역에서 자신들의 군대 및 경찰력을 활용할 수 없었다. 그러므로 일제는 일본 외무성 산하 영사관을 통하여 한인들의 동태를 감시하고 탄압하는 방식을 취하였던 것이다. 특히 일제는 조선 강점 이후 한국인이 이제 일본제국의 신민이 되었으므로 일본은 자신들에게 허락된 치외법권에 따라 그들을 보호할 권리가 있다고 주장하였다. 그리고 이를 악의적으로 이용하여 한인독립운동가들을 감시 탄압하고자 하였던 것이다. [47]

3·1운동 이후에는 영사관은 겉으로는 일본 외무성 소속이었으나 실질적으로는 조선총독부 배속하에 있었다. 영사관 경찰을 비롯해 영사관원은 모두 총독부 파견이었으며, 재만주 친일단체들도 그 지휘 아래에 있었다.[48]

---

45) 심여추, 『연변조사실록』, 연변대학출판사, 1987, p.10
46) 일본외무성, 앞의 책, 하, 附表 pp.98-99
47) 박영석, 「일본제국주의하 재만한인의 법적지위에 관한 제문제-1931년 만주사변 이전을 중심으로」, 『한국민족운동사연구』 11, 1995, pp.43-57
48) 강동진, 『일제의 한국침략정책사연구』, 한길사, 1980, p.253

2. 조선총독부의 마적이용과 일본 육군의 간도출병

1) 장강호 마적과 조선총독부

1919년 11월 조선총독부는 중국, 조선의 국경 밖에 있는 독립군을 토벌하기 위하여 마적을 이용하고자 하였다. 그리하여 총독부에서는 만주 장춘 일동사(一東社) 지사장 중야천락(中野天樂)에게 이에 대한 협조를 요청하였고, 이에 중야천락은 당시 길림성 몽강현(濛江縣)에 있는 장강호(長江好, 본명:張魁武)에게 이를 전달하였다. 이에 장강호는 이를 승낙하였다.

중야와 장강호 두 사람은 1920년 7월 초 한국의 경성으로 들어와 조선총독부 사무관 산구(山口) 고등과장과 환산학길(丸山 鶴吉) 참사관과 독립군 토벌에 대하여 논의하고 산구 고등과장의 협조 하에 경성 명치정에 있는 총포점으로부터 소총탄 2천 여 발 및 권총 등을 구입하고 또 독가스용 재료를 약방 천우당(天祐堂)으로부터 구입하였다. 그리고 1920년 9월 하순 몽강현으로 돌아왔다. 이에 장강호는 1919년 10월 하순 부하 1400명 중 정예 요원 500여명을 선발하고 잔여의 부대는 몽강현에 머무르게 하여 대기하게 하였다. 중야와 장강호는 선발한 1대의 직접 지휘를 담당하고 독립운동가들을 토벌하기 위하여 몽강현 청강강(青江崗)을 출발하여 안도현(安圖縣)으로 향하였다.[49]

이와 같이 만반의 준비를 한 장강호 마적단은 중야와 함께 서간도 지역을 무대로 한 본격적인 독립군 근거지 습격 및 한국인 학살을 자행하였다. 이들은 1920년 10월 하순 안도현 부두산(乳頭山)의 한국인 독립운동부락을 습격하면서부터 만행을 시작하였다. 이곳은 40 여 호의 조선인과 3호의 중국인으로 이루어진 부락으로서 항일운동가 마을이었다.

---

49) 독립운동사편찬위원회, 『독립운동사자료집』 10, 1983, pp.204-209

그들은 이 부락을 습격하여 가옥 40 여 호를 소각하고 광복단 연병 교관 및 제2대장, 외교부장 및 동부원(조선인으로부터 금품을 징발하는 부원) 3명, 그리고 구장, 부구장, 광복단 병졸(총기 휴대자) 등 10여명을 독가스를 사용하여 살육하였다.

이후 장강호 마적단은 1920년 11월 5일 아침 전 부대를 동원하여 장강호와 천락의 지휘 밑에 안도현성(安圖縣城)으로 향하였다. 동 6일 미명 공격을 개시하여 현성을 점령하고 4일간 동성에 체류하면서 성내 및 부근에 있는 독립군을 소탕하고자 하였는데, 이때 광복단 외교부원 및 병졸 등 27-8명을 죽이고 증거서류를 압수하였다.

다음 장강호 마적단은 국경을 넘어 함경남도 갑산군(甲山郡) 보태동(寶泰洞) 포태리(胞胎里)로 근거지를 옮겨 국경지방의 중국 직동(直洞, 長白縣 24道溝)에 있는 한국인 부락을 습격하였다. 이 부락은 무장한 한국 독립군이 국내 진입을 위해 도착하면 국경을 넘어 한국까지 독립군을 안내해주는 임무를 하던 부락이었다. 장강호 마적단은 이 부락을 습격, 17세 이상의 남자는 모두 살해하고 부녀자와 노인, 어린이는 한국의 독산리(獨山里) 주재 일본 경찰에 넘겼다.

이후 장강호 마적은 중국국경지역 한국인 마을인 장백현의 22도구, 23도구 등을 차례로 습격하여 조선인 가옥 수호를 소각하고 십수명을 총살 또는 교살하였다. 그리고 동월 하순 한국인 약 30호와 중국인 약 3호로 되어 있는 21도구 강안(江岸)에 있는 부락과 항일학교인 정몽(征蒙)학교를 습격하여 학교, 민가 등을 소각하고 독립운동가 27명을 독가스로 살육하였다. 이어서 20도구, 19도구에 이르러 독립운동가 가옥 수호를 소각하고 동 지방에서 독립운동단체 단장 최진국(崔鎭國) 이하 17명을 체포하여 24도구로 데리고 가서 이를 강금하였다. 그리고 그 후 최진국과 그의 부하 구장 2명을 총살하고, 이어서 24도구에서 최진국의 부하 14명을 총살하였다.[50]

2) 일본육군의 간도출병

3·1운동 이후 만주지역에는 다수의 무장독립운동단체들이 조직되어 국내진공작전을 활발히 전개하였다. 이에 조선총독부는 만주지역에서 활동하고 있는 독립운동세력의 제거만이 국내의 평화와 안정을 이룰 수 있다고 생각하였다. 그리하여 일제는 1920년 8월『간도지역불령선인 초토계획』을 수립하였다. 그러나 조선총독부 측에서는 중국 영토인 만주로 일본군대를 출병시킬 명분이 없었다. 그러므로 그들은 이를 위해 만주지역에서 활동하고 있는 마적들을 동원하고자 하였던 것이다. 그리하여 1920년 9월 12일 오전 5시경 중국마적 3백명으로 하여금 훈춘 시가를 습격하게 하였다. 그리고 동년 10월 2일에는 마적단 약 400여명 (그 중 러시아인 수명, 조선인 약 100명, 중국관병 수십 만 명을 혼합)으로 하여금 훈춘현성(琿春縣城)을 공격하여 일본영사관 및 이에 부속한 관사를 방화하도록 하였다. 51)

결국 이 사건을 계기로 조선군 제19사단장은 일본인의 생명을 보호한다는 미명 하에 그 날 오후 경원수비대 장교 이하 80명을 훈춘에 파견하였고, 3일 오후에는 안부(安部)소좌가 거느리는 1개 대대의 병력이 훈춘에 도착, 그 후 보병 76연대의 제3대대를 중심으로 하는 보병 제1대대를 편성하고 거기에 기병, 포병 등 각 1중대씩 배치하여 훈춘에 침입시켰다.52)

출동지구는 제1 훈춘 방면, 제2 왕청방면, 제3 용정방면, 제4는 도문강 대안부근이었다. 훈춘방면은 기림(磯林)소장이, 왕청 방면은 대촌(大村)대좌가, 용정방면은 동소장(東少將)이, 도문강 대안은 경찰관 헌병 및

---

50) 독립운동사편찬위원회, 『독립운동사자료집』 10, pp.212-217
51) 위의 자료, pp.169-170
52) 김동화, 「중국동북조선족과 훈춘사건」, 『박영석교수화갑기념논총』, 탐구당, 1992, p.353

수비대에서 수시로 강을 건너 진출하여 독립군을 소탕할 계획이었다.

기림 지대는 처음에는 10월 14일부터 훈춘 하곡(河谷) 및 훈춘 북방 산간지대를, 다음에는 10월 22일에 제11, 13사단의 부대와 연락하여 노흑산(老黑山) 및 나자구(羅子溝) 부근을 공격하였다. 그리고 목촌 지대의 경우는 10월 22일 저녁 온성(穩城)으로부터 강을 건너 왕청현 서대파(西大坡) 및 십리평(十里坪) 부근을 공격하고 독립군의 사관 학교 및 그 부근 부락을 소각을 소각하였다. 그리고 이어 왕청현 대감자(大坎子) 부근을 공격하였다. 그리고 동지대(東支隊)는 10월 16일에 용정촌에 도착하여 보병 74연대 제2대대(2중대결여)와 기관총 1소대, 그리고 보병 제73연대 3대대(2중대 결여)는 두도구 방면을, 보병 제73연대 제2대대(2중대 결여)는 천보산(天寶山) 방면을 각각 공격하였다. 또한 산전(山田) 부대의 보병 제28여단은 10월 16일 내지 10월 20일 러시아 연해주 포시에트에 상륙하여 10월 18일 내지 11월 4일에 훈춘에 도착하였다. 그리하여 본 연대는 기림지대의 노흑산 부근의 공격과 후방 연락선의 보호를 담당하였다. 그리고 28여단의 일부는 10월 25일 용정촌에 도착하여 동지대의 후방 연락선의 경비를 담당하였다.[53]

즉 일본은 동쪽에서는 블라디보스톡(浦潮) 파견군인 제11, 13, 14사단의 6,000여명, 서쪽에서는 관동군의 보병과 기병을 합한 1,200여명, 남쪽에서는 조선군 제19사단에서 9,000여명, 제20사단에서 700여명, 북쪽에서는 북만주에 파견되어 있던 안서 지대의 1,000여명의 병력 등 합계 약 18,000명에서 20,000명으로 추정할 수 있는 병력을 사방에서 침입시켰다. 이들 침략군들은 1920년 10월 12일부터 간도를 향해 4면에서 포위해 들어왔다.

일본군은 이 작전에서 별 실효를 거두지 못하자 그에 대한 보복 행위로 독립군의 모체인 한인사회와 항일단체, 학교, 교회 등에 대한 초토화

---

53) 독립운동사편찬위원회, 『독립운동사자료집』10, pp.225-236

작전을 실시하여 경신참변이라 불리는 간도지역의 한인 참살을 감행하였던 것이다.[54]

3. 친일기관의 조직 – 보민회와 조선인민회

3·1운동 이후 동년 9월 조선총독으로 부임한 제등실(齋藤實)은 민족운동에 대한 억압과 분열을 위한 가장 중요한 정책으로서 우선 친일세력의 재건책을 택했다. 이 친일파의 육성과 이용정책은 문화정치의 최대 특색이라고 할 수 있다. 그리고 그 일환으로 만주지역에도 친일단체를 조직하여 역시 독립운동가들을 탄압하고자 하였다. 그 대표적인 것으로서는 보민회·조선인민회 등을 들 수 있다. 이들 조직들을 조직, 운영해 나간 것은 조선총독부 경무국이었다.[55]

친일조직 가운데 가장 강력한 것은 보민회였다. 이 단체는 일진회와 역사적 관계를 갖고 있는 제우교도(濟愚敎徒)를 중심으로 전 일진회 회원인 이인수(李寅秀)와 최정규(崔晶圭) 등이 1920년 6월 12일에 흥경(興京)에 본부를 두고 설립한 단체였다.[56] 이 단체는 단순한 친일단체가 아니고, 하나의 강대한 첩보밀정조직으로서 관헌의 힘이 미치지 않은 곳에 주로 조직되었다.[57]

보민회의 주요 간부를 보면 총본부의 회장은 이인수, 흥경현 지부회 회장은 백형린(白衡璘), 환인현 지부장 길은국(吉隱國), 통화지부회 회장은 이동성(李東成) 등이었다. [58] 그들은 모두 일진회 간부출신으로서,[59] 그 중 이인수는 1920년 2월에 조직된 제우교의 발기인이었을 뿐만

---

54) 채영국, 「1920년 훈춘사건 전후 독립군의 동향」, 『한국독립운동사연구』 5, 1991, pp.324-325
55) 강동진, 앞의 책, p.220
56) 오세창, 「재만조선인민회연구」, 『백산학보』 25, 1979, p.134
57) 강동진, 앞의 책, pp.258-260
58) 『재등실문서』 12, 고려서림, pp.402-403
59) 강동진, 앞의 책, p.261

아니라,[60] 재등실 총독이 부임한 이래 여러 번 그를 접견한 인물로 알려져 있다.[61]

보민회는 총독부의 직접 지휘아래 있는 재만주 총영사관, 영사관과 간도주재원 일고병자랑(日高丙子郞), 간도주재 무관 제등(齋藤)대좌의 지휘 감독 아래 독립운동자의 검거에 협력했다. 이들 보민회는 독립운동가들의 최대의 공격 목표가 되었다.[62]

조선인민회는 보민회와 달리 치안유지가 어느 정도 가능했던 도시나 그 변두리에 설립된 것으로, 총독부 행정의 말단 기관으로서의 성격과 탄압기구의 방조 기관적인 기능을 아울러 지닌 특이한 친일단체였다.[63] 이 단체가 처음으로 만주에 조직된 것은 1913년 11월 안동에서였다. 그 이후 1916년, 17년에 훈춘, 용정, 두도구, 연길 등 주로 일본 영사관 소재지에 조직되었다. 그리고 1918년 8월에 하얼빈, 1919년에 봉천, 무순, 길림, 장춘 등지에 설립되었으며, 1921년 이후에는 일본정부의 보조와 지도로 조직이 확충되어 1931년 만주사변 직전에는 전 만주를 통해서 34개소에 달하였다.[64]

특히 조선인민회는 1921년 현재 연길현, 화룡현, 왕청현, 훈춘현 등 조선인들이 다수 거주하는 북간도 지역에 설치되었다. 연길현 지역에는 용정촌, 동불사(銅佛寺) 등 10개 지회가, 화룡현에는 남양평(南陽坪) 등 3 개 지회가, 화룡현에는 백초구 등 2 개 지회가, 훈춘현에는 흑정자(黑頂子) 등 3 개 지회가 설치되어 있었으며, 특히 연길현 지역에 다수가 설치되었던 것이다.[65]

조선인민회는 우선 교육에 관심을 갖고 있었다. 그 이유는 민족주의자

---

60) 『재등실문서』 12, pp.324-325
61) 강동진, 앞의 책, p.192
62) 강동진, 앞의 책, p.261
63) 강동진, 앞의 책, pp.256-257
64) 현규환, 『한국유이민사』 상, 어문각, 1967, p.405
65) 『재등실문서』 12, pp.406-409

들이 애국계몽운동의 정신을 계승하여 학교 설립을 적극적으로 하고 있었기 때문에 이에 대한 대항 차원에서였다. 또한 1922년 5월부터는 간도의 용정, 국자가, 두고구, 훈춘 등의 민회에서는 금융부를 설치하고 예금취득과 대부도 하였는데, 그 활동과 실적은 미미한 실정이었다.[66]

그밖에 친일조직으로는 조선인회, 동아보민회, 양생계(養生契), 상조계, 한교동향회, 개발대 등을 들 수 있다. 그 중 조선인회는 중국 사람이 많은 지역에 소수민족으로서 살고 있는 남만일대의 조선인을 대상으로 하고 있다. 특히 이 조직은 관전현(寬甸縣), 집안현(輯安縣) 등지에 각각 10개, 12개의 지부를 갖고 있어 이 지역에 강한 영향력을 보이고 있다.[67] 그밖에 동아보민회 등은 모두 상호부조의 명목을 내세운 일종의 첩보기관이었다.[68]

한편 일제의 친일조직에 대하여 만주지역의 독립운동단체들은 각지에서 이들 단체들에 대한 파괴공작을 전개하였다. 특히 독립군의 독립운동이 가장 활발했던 1920년대 전반기에 반친일파 투쟁도 가장 활발하였다. 그들은 밀정의 적발, 친일파, 관공리, 경찰관, 보민회와 민회간부, 투항한 반역자의 처단에 힘을 기울였다.[69]

4. 중국동북정권과의 교섭 – 삼시협정

중국동북지방에서의 항일독립운동이 어느 때보다 고조되자 이로 인하여 만주에서의 일제의 치안과 특수권익이 제대로 보장되지 않았다. 더욱이 재만한인의 항일독립운동이 중국민족에게도 많은 영향을 미쳐 중국민족주의가 고조되어 일제의 특수권익이 보장되지 않았다. 나아가 중국동북지역에서의 한국인의 적극적인 항일독립운동이 국내의 한민족

---

66) 오세창, 앞의 논문, pp.144-149
67) 『재등실문서』 12, pp.403-406
68) 강동진, 앞의 책, p.262
69) 오세창, 앞의 논문, p.150; 강동진, 위의 책, pp.277-288

의 민족의식을 고취시켰을 뿐만 아니라 일제로 하여금 한국의 식민지 통치에 불안을 느끼게 하였다. 그 뿐 만 아니라 1917년 러시아 혁명이후 공산주의 운동이 만주지역으로 침투되고 한국 내까지 영향을 주어 일제는 한국의 식민지 통치에 더욱 불안을 느끼게 되었다. 특히 일제와 중국 동북군벌은 재만한인을 위요한 문제에서는 서로 상반된 입장을 갖고 있었지만 공산주의의 침투에 대하여는 공동으로 대응하는 입장에 있었다.[70]

이에 일제는 중국동북군벌과의 교섭을 통하여도 한인독립운동가들을 체포하고자 하였다. 그리하여 1925년 6월 11일 조선총독부 경무국장 삼시궁송(三矢宮松)과 봉천성 경무국장 우진(于珍)사이에 소위 삼시협정(三矢協定)이 체결되어 중국인 관리들에 의하여 한인독립운동가들이 다수 체포되었다.[71] 이 협정 내용을 보면 다음과 같다.

1. 중국재류의 한국인은 중국관헌에서 청향장정(淸鄕章程)에 의하여 호구를 엄밀히 조사하여 패(牌)를 편성하여 서로 보증케 하고 연대책임을 부담시킴.
2. 중국관헌은 각 현에 시달하여 재류한국인이 무기를 휴대하거나 한국에 침입하는 것을 엄금한다. 범하는 자는 그를 체포하여 한국관헌에게 인도할 것
3. 불령선인 단체를 해산하고 소유한 총기를 수색하여 그를 몰수하고 무장을 해제할 것
4. 한국인 소유의 총기 화약(단 농민이 소유한 조수 구축용 총기는 제외함)은 당해 관서에서 수시로 엄중 수색하여 그를 몰수함.
5. 한국관헌이 지명하는 불령단 수령을 체포하여 한국관헌에 인도할 것
6. 중일 양국 관헌은 불령선인 취체의 실황을 상호 통보할 것
7. 중일 양국 경찰은 마음대로 월경 할 수 없다. 만일 필요한 경우에는 상호 통보하여 대신 처리방법을 청구할 것

---

70) 박영석, 위의 논문, pp.57-62
71) 독립운동사편찬위원회, 『독립운동사』 5, p.529

8. 종전의 현안은 쌍방 성의를 가지고 기한을 전하여 해결할 것
중화민국 14년 6월 11일

대정 14년(1925년) 6월 11일
봉천 교섭서에서
조선총독부 경무국장 삼시궁송
봉천전성 경무처장 우진[72]

이 삼시협약의 결과 1925년 6월부터 1926년 11월 말까지 동변도(서간도) 일대에서만 독립운동가 35명이 사살되고, 78명이 체포되었으며, 조선총독부에 인계된 수가 38명이나 되었던 것이다. 뿐만 아니라 이 협정은 중국관헌에게 재만한인을 탄압하고 구축하는 법적 근거도 마련해 주었다. 그리하여 1926년부터 31년까지 중국에서 구축되어 귀국한 재만한인 수만 해도 71,700명이나 되었다. 그리하여 1927년부터 전북 이리로부터 재만한인옹호동맹이 결성되어 전국적인 시위가 전개되고 한민족은 항일운동의 성격으로 전환되자 일제는 삼시협약이 자기들의 정책적인 단견이라는 것을 파악하고 수습책에 나섰다.[73]

결어

만주지역의 독립운동가는 크게 3부류로 나누어 볼 수 있을 것 같다. 첫째는 민족주의 세력이며, 둘째는 공산주의 세력, 셋째는 무정부주의 세력이다. 민족주의 세력은 1910년대부터 1930년대 중후반기까지 활동하였으며, 공산주의 세력은 1920년대 전반기부터 1945년 해방이 될 때까지, 무정부주의 세력은 1920년대 후반에 주로 민족주의 세력과 연합하여 활동하였다. 그 중 1920년대 후반까지는 민족주의 세력이, 1920년대

---

72) 일본외무성편, 『일본외교연표병주요문서』 하, 문서 pp.75-76
73) 박영석, 앞의 논문, p.62

후반부터 1945년까지는 공산주의 세력이 운동의 주도권을 장악하였다.

민족주의 세력은 크게 두 부분으로 나누어 볼 수 있다. 한 계열은 국내에서 애국계몽운동을 한 인물들이며, 한 계열은 의병활동을 하던 부류이다. 전자는 만주로 망명한 이후 공화주의를 주장하였고, 후자는 대한제국의 부활을 추구하는 복벽주의를 주장하였다.

공화주의 세력은 1910년대에는 복벽주의 세력과 함께 혼재하였다. 그러나 1911년 중국의 신해혁명, 1917년의 러시아 혁명, 1919년의 3·1운동 등 외적 요인과 동포들의 정치의식의 성장 등 내적 요인이 결합되어 3·1운동 이후에는 대체로 공화주의로 나아가는 경향이 농후하였으며, 1923년 전덕원 중심의 의군부가 해체된 이후에는 공화주의 세력이 운동의 중심을 이루었다

복벽주의 세력은 국내의 의병출신들이 북상하여 이룬 집단으로서 1910년대부터 1920년대 초반까지 만주지역에서 세력을 형성하고 있었다. 그러던 중 1922년에는 공화주의 세력과 함께 대한통의부를 조직하였다가 1923년 분리되어 그 세력이 크게 약화되었다.

만주지역에 본격적으로 공산주의 세력이 형성된 것은 1926년 5월 북만주 영고탑에 조선공산당 만주총국이 설치되면서부터였다. 조선공산당 만주총국의 활동은 크게 3단계로 나누어 볼 수 있다. 1단계는 1926년 5월부터 12월까지로 대체로 조직사업에 열중하던 시기이다. 2단계는 1927년 1월부터 9월말까지로 화요파의 주도권에 동요가 일어났던 시기이다. 3단계는 간도공산당 제1차 검거사건이 일어났던 1927년 10월부터 해체되는 1930년 3월까지로서 각파별로 조직이 혼란된 시기였으나 주류는 화요파의 조직이었다고 할 수 있다. 이처럼 만주지역의 공산주의 세력이 와해되는 가운데 한인공산주의 세력은 각자의 조직을 해산하고 1930년 중국공산당 만주성위원회에 입회하게 되어 공산주의운동에 큰 변화가 나타났다.

만주지역에 무정부주의 세력이 본격적으로 활동을 시작한 것은 김종
진과 이을규 등이 중심이 되어 1929년 7월 북만주 해림지역에 있는 소학
교에서 재만조선무정부주의자연맹을 조직하면서부터였다. 이을규 등은
한족총연합회도 조직하고 사회적으로 평등한 모든 사람들이 상호부조
적 자유 합작에 의하여 인간의 존엄과 개인의 자유를 완전히 보장하는
무지배의 사회, 능력에 따라 일하고 필요한 만큼 소비할 수 있는 그러한
사회 즉 무정부주의 사회의 구현을 추구하였다.

　　무정부주의 세력의 이러한 활동도 1930년과 1931년에 연이어 핵심간
부인 김좌진, 김종진의 암살과 이을규의 체포 등으로 위축되어 갔다.
이것은 무정부주의자들과 공산주의자들이 서로 적대관계를 형성하고
있었기 때문이었다.

　　일본제국주의자들은 일찍부터 만주지역에서 활동하였던 한인독립운
동가들을 탄압하고자 하였다. 그리하여 구한말에는 조선통감부에 의한
간도파출소 설치, 1909년 간도협약이후에는 일본 외무성 직속의 일본
영사관의 설치, 1919년에는 일본육군의 간도출병, 1920년부터는 조선총
독부의 친일조직의 결성, 그리고 1920년대 중반에는 조선총독부가 중국
동북군벌인 장작림 정권과의 교섭을 통하여 한인독립운동을 약화시키
고자 하였던 것이다. 즉 만주지역의 한인은 구한말에는 조선통감부로부
터, 1909년 간도협약이후에는 일본외무성의, 1919년 3.1운동 이후에는
조선총독부의 감시와 탄압을 받았다고 할 수 있다.

대종교 민족주의자 나철의 민족운동과 그 성격

서언

나철(羅喆)은 대한제국기에 일제의 침략에 저항하여 외교활동을 활발히 전개한 인물로, 또한 을사오적의 저격을 주도한 인물로 널리 알려져 있다. 특히 그는 대종교를 창시한 민족지도자로서 더욱 주목을 받고 있다. 대종교는 단군을 신앙하는 민족종교로서 시기적으로는 1910년대와 20년대, 지역적으로는 국내외, 특히 만주지역에서 독립운동의 사상적 지주로서 중심적인 역할을 하였다. 뿐만 아니라 이 시기의 주요 독립운동가 대다수가 대종교 신자였고, 대표적인 독립운동단체들이 이들 신자들로 구성되어 있었다고 해도 과언이 아니다. 만주지역의 대표적인 항일운동가로 알려진 김좌진을 비롯하여 신채호, 박은식 등이 모두 대종교신자들이었던 것이다. 또한 청산리전투를 주도했던 북로군정서, 북만주지역의 대표적인 독립운동단체인 신민부, 한국독립당 등도 이들 신자에 의하여 조직된 단체들이었다.

이처럼 나철이 창시한 대종교는 한국민족운동사상에 있어서 중요한 역할을 하였다. 그러므로 학계에서도 일찍부터 그에 대하여 관심을 기울여왔다. 그 결과 나철의 대종교 창시이전 활동과 그의 전체적인 활동에

나철

대하여 역사적, 정치적, 종교적 관점에서 대체적인 모습이 밝혀지게 되었다.[1] 그럼에도 불구하고 지금까지 나철의 생애 전반에 대한 체계적인 검토는 이루어지지 못한 것이 사실이다. 특히 대종교 창시이후의 활동 및 그의 활동의 갖는 역사적 의미에 대하여는 별반 주목하고 있지 못한 실정이다.

이에 본고에서는 나철의 민족운동과 그의 활동의 성격에 대하여 살펴보고자 한다. 이를 위하여 우선 대종교 중광 이전의 구국활동으로서 외교활동과 을사오적 저격활동을 살펴보고, 이어서 대종교 중광과 그 후 만주지역에서의 포교활동, 국내로 돌아온 이후의 순국 등에 대하여 밝혀보고자 한다. 끝으로 나철의 민족운동이 갖는 역사적 의의에 대하여 평가해보고자 한다.

결국 이 작업은 제국주의 침략에 대한 한인들의 저항의 한 단면과 그 변화상을 밝히는 작업이라고 할 수 있겠다.

---

1) 신철호, 『한국중흥종교 교조론 홍암나철대종사』, 대종교총본사, 1979.
박영석, 「대종교의 민족의식과 민족독립운동」, 『일제하 독립운동사연구』, 일조각, 1984.
박환, 「나철의 인물과 활동-대종교 창시 이전을 중심으로」, 『만주한인민족운동사연구』, 일조각, 1991.
----, 『나철 김교헌 윤세복』, 동아일보사, 1992.
이동언, 「홍암 나철의 생애와 구국운동」, 대종교중광 90주년 기념 학술회의, 1999.
정영훈, 「홍암 나철의 사상과 현대적 의의」, 『국학연구』 6, 국학연구소, 2001

Ⅰ. 제국주의 침투와 민족의식의 형성

1. 가계와 교육

1) 전남 벌교의 한미한 집안에서 출생

나철의 자는 문경(文卿)이고, 호는 경전(耕田, 經田)이다. 어린 시절에는 이름을 두영(斗永)이라고 하였으나 과거와 벼슬길에 올랐을 때에는 인영(寅永)이란 이름을 사용하였으므로 그는 나인영으로 널리 알려져 있다. 1909년 대종교를 창시했을 때에 외자 이름인 철(喆)을 이름으로 썼다. 그리고 호 역시 홍암(弘巖)으로 바꾸었으며, 당호를 일지당(一之堂)이라고 하였다.[2]

나철의 본관은 나주이며 1863년(철종 14년) 12월 2일에 출생하였다. 그가 태어난 철종 말년은 조선시대 해체기인 세도정치 시기였다. 나철은 이러한 시기에 전라남도 낙안군 남산면 금곡리 115번지(현재 전남 보성군 벌교읍 칠동리 금곡부락)에서 나용집(羅龍集)의 세 아들 가운데 둘째 아들로 태어났다.『나주나씨대동보』에 의하면, 중시조는 나원(羅源)이며, 나철은 그로부터 21대에 해당된다. 나원은 고려시대에 상온서 직장동정(司醞署 直長同正)을 지냈다. 파조인 나해윤(羅海崙)은 진사였으며, 8대조인 희(僖), 7대조 천정(天鼎)은 각각 생원과 진사를 역임하였다. 그러나 그 후에는 전혀 벼슬길에 나가지 못하였다. 따라서 나철은 신분적인 면에서 볼 때 전라도 지역의 한미한 집안 출신이라고 할 수 있겠다.

한편 나철의 집안은 경제적인 면에서 보면, 작은 농토를 갖고 겨우 생활을 꾸려나가는 자작농이었던 것 같다. 그러므로 구한말에 그와 가까

---

2) 신철호, 앞의 책, p.29; 동아일보 1931년 9월 26일자 「대종교중광유래」(1)

이 지냈던 정교(鄭喬)도 "인영의 집은 본래 가난하였다"라고 그의 저서
『대한계년사』에서 밝히고 있다. 그런 그였으므로 어려서부터 부친의 농
사일을 도와야했다.[3]

2) 전남 구례 왕석보로부터 한학과 시 배워

나철은 집안 형편 때문에 일찍부터 서당에 가서 공부할 수 있는 형편
이 아니었다. 그러나 그의 부친 용집은 나철이 총기가 있어 보였기 때문
에 서당에 보내고자 하였다. 그러나 가정 형편상 아홉 살이 되서야 비로
소 서당에 나가서 공부할 수 있었다. 서당에서 배우는 예의 범절이나
한문공부 모두가 신기하기만 했다. 서당에서 나철은 꽤 공부에 열중하였
던 것 같다. 전해오는 이야기에 따르면 서당에 들어간지 한 달도 채
못되어서 서당훈장은 해동공자가 금곡 부락에 태어났다고 칭찬해마지
않았다고 한다.[4]

나철은 서당을 마친 후 당시 호남지방에서 한학자로 널리 알려진 왕석
보(王錫輔)를 찾아 나섰다. 당시 왕석보는 전남 구례군(求禮郡) 광의면
(光義面) 지천리(芝川里)에 거주하며, 후학을 양성하고 있었고, 호는 천
사(川社), 본관은 개성이었다.[5] 그는 어려서부터 학문을 닦아 청년이
되었을 때 과거보러 서울에 갔으나 추잡한 선비들과 탐욕스러운 관리
들을 보고는 과거를 치르지 않고 고향으로 돌아왔다. 그 후로 그는 벼슬
길을 포기하고 후학교육에 힘썼으며, 문하에는 『매천야록』의 저자로 널
리 알려진 황현 그리고 구한말의 계몽운동가인 이기 등이 있었다. 특히
왕석보는 시인으로 원근에 소문이 나 있었으며, 유학이외에 임둔법(壬遁
法)과 태을성(太乙星)으로 길흉을 점치는 태을의 술서에도 밝은 인물로

---

3) 박환, 앞의 책, pp.257-258
4) 신철호, 위의 책, pp.92-93..
5) 구례군사편찬위원회, 『구례군사』, 1987, p.914. 왕석보의 아들인 師覺, 師天,
   師瓚 등도 詩文 등으로 널리 알려진 학자이다(앞의 책, p.919, 924 참조)

나철선생 유적비(전남 보성군 벌교읍 금곡부락)

널리 알려져 있었다. 뿐만 아니라 왕석보의 7대조 왕득인(王得仁)은 정
유재란 때 구례 석주관(石柱關)에서 왜적을 맞아 싸우다 전사한 7 의사
의 중심인물이었다.[6]

나철은 스승으로부터 시작(詩作)에 대하여 많은 것을 배웠을 것이다.
그 결과 그는 시골 선비치고는 시작에 대하여 일정한 견해와 자신감도

---

6) 박환, 위의 책, pp.12-13; 『구례군사』, pp.134-135; 조원래, 「정유재란과 석주
관 의병항쟁」, 『구례 석주관 7의사』, 전라남도 구례군, 목포대학박물관, 삼
화문화사, 1990, pp.127-133.

가지고 있었을 것으로 짐작된다. 또한 그는 이때 스승으로부터 지리서에 대하여도 배운 모양이다. 그래서 나철은 풍수지리에도 남다른 취미가 있어 산을 타기 좋아했고, 지리서와 종이, 붓과 먹, 그리고 생쌀을 바랑에 넣고 지리산, 백운산 등을 두루 등반하기도 하였다.[7]

한편 나철은 스승으로부터 깨우침을 받아 항일의식을 갖게 되었을 것이다. 그의 문하에는 구한말의 대표적인 우국지사로 알려진 황현, 이기 등이 배출되었음을 보아도 이러한 사실을 짐작해볼 수 있다. 나철은 스승 왕석보로부터 정유재란 시 왜군들의 약탈상과 왜군들과 용감히 싸우다 전사한 7의사에 대하여 많은 이야기를 듣고 감명 또한 받았을 것으로 생각된다. 그리고 산을 좋아한 나철은 구례 동남쪽 백운산 속에 섬진강을 끼고 있는 석주관을 찾아가서 칠 의사를 모신 칠의각(七義閣)을 누차 참배하여 그의 항일의식을 키워 나갔을 것으로 짐작된다. 스승 왕석보로부터 항일의식을 배운 나철은 좀더 큰 세상으로 나가 자신의 경륜을 펴보고 싶었을 것이다.[8]

3) 김윤식으로부터 개화사상과 자강론 공부

나철의 인생에 큰 전환점을 가져다 준 것은 상경하여 외무대신을 지낸 김윤식(金允植)의 문인이 된 것일 것이다. 나철이 김윤식의 문인이 된 것은 그이 나이 21(22)세인 1883(1884)년으로 생각된다.[9] 그는 김윤식의 문인이 됨으로써 정치적인 출세기반을 마련하고자 하였을 것이다. 아울러 그로부터 개화사상을 수용하는 한편 조선의 자강을 위하여 노력하고자 하였을 것으로 생각된다.

우선 나철의 정치적 출세에 대하여 알아보기로 하자. 특히 서울에 기반을 갖고 있지 못하고 집안도 한미하였던 그가 스승 김윤식에게 거는

---

7) 신철호, 위의 책, p.31.
8) 박환, 위의 책, pp.12-13.
9) 『속음청사』, 국사편찬위원회, 1960, 고종 28년 12월 9일조

기대는 대단하였을 것으로 짐작된다. 그러나 나철의 그러한 기대는 김윤식의 정치적 실각으로 쉽게 이루어질 수 없었다.[10] 그리하여 나철은 서울에 온지 6(7)년만인 1891년에 대과에 장원하였던 것이다. 그리고 그해 11월 25일에는 승정원 가주서(承政院 假注書)의 벼슬에 오르게 되어 고종을 알현하고 배종(陪從)하는 일을 담당하였다. 1893년 3월 19일에는 병조 사정(兵曹司正)으로서, 동년 10월 7일에는 승문원 부정자(承文院 副正字)로서 각각 일하였다. 그러나 그의 관직생활은 오래 지속되지 못하였다. 1893년 10월 24일에 사관, 징세서장(徵稅署長)에 임명되었으나 스스로 낙향하였기 때문이었다. 나철은 1894년 갑오경장이후 김윤식이 외무대신이라는 고위직에 올랐을 때에도 정계에 진출하고 있지 않다. 이런 점을 통하여 볼 때 당시 나철은 관직에 대한 미련이 없었던 것으로 보인다.

나철은 그 후 스승 김윤식이 1897년 제주도에 종신유배에 처해지자 스승을 위하여 함께 유배의길을 따라 나섰다. 5년 간 즉, 1901년 부인의 사망을 계기로 제주도를 떠날 때까지 그의 유배생활을 돌보았던 것이다. 한편 나철은 5년 동안 김윤식과 함께 제주도에 기거하면서 외무대신이었던 그로부터 외교에 대한 많은 지식을 얻었을 것으로 추정된다.[11] 아울러 제주도에서 두 번의 민란을 겪었다. 1898년 음력 방칠성(房星七) 등이 중심이 되어 일으킨 것과 1901년에 이재수(李在秀)가 일으킨 것 등이었다. 이들 난을 통하여 농민들의 고충과 프랑스로 대변되는 외세에 대하여 다시 한번 인식하였을 것이다. 아울러 이와 같이 외세와 수탈하는 관리들에 저항하는 제주도민들의 자주적인 활동은 나철에게 큰 감명을 주었을 것이다.[12]

1901년 5월 제주도를 떠난 나철은 자신의 뜻을 펴기 위하여 서울로

---

10) 박환, 앞의 논문, p.259.
11) 박환, 위의 논문, pp.260-261.
12) 박환, 위의 책, pp.23-24

향하였다. 상경한 후 구국운동을 전개하고자 하였으며, 이를 위하여 호남출신 중심의 유신회(維新會)라는 비밀 결사를 조직하기도 하였다. 이 단체에는 나철 외에 이기(전북 만경), 오기호(吳基鎬,전남 강진) 등이 참여하였다.[13)

II. 외교와 의열투쟁을 통한 구국운동의 전개

1. 동양평화론에 입각한 외교활동

나철은 1901년 서울에 온 이후부터 1905년 을사조약이 체결된 직후까지 활발한 민간외교활동을 전개하였다. 그가 외교활동에 관심을 기울인 것은 외무대신이었던 스승 김윤식으로부터 받은 감화와 국제정세에 대한 인식 등에서 출발한 것이 아닌가 짐작된다.

나철은 우선 국제공법과 한·일 양국 사이에 맺어진 약장에 호소하면 조선의 독립을 달성할 수 있다고 판단하였다. 나철의 이러한 생각을 1905년 러일전쟁이 거의 끝나갈 무렵, 일본의 승리가 확실시되었을 때에도 지속되었다. 그러므로 나철은 일본이 "대한제국의 완전한 독립을 위해 싸운다"라고 하는 대러선전포고의 구실을 믿고, 일본이 그것을 도덕적인 입장에서 지킬 경우 조선의 독립은 유지될 수 있다고 생각하였던 것이다. 따라서 나철 등은 1905년 6월 러·일강화조약이 체결되는 미국으로 가고자 하였다. 그의 이러한 계획은 주한일본공사 임권조(林勸助)의 방해로 실패하고 말았다.[14)

그러나 그 후에도 나철 등의 외교적인 노력은 계속되었다. 1905년 8월에 도일한 그는 이기, 오기호 등과 함께 일본천황에게 조선의 독립을

---

13) 대종교총본사, 『대종교중광60년사』, 1971, pp.810, 831-832.
14)『대한계년사』, 광무 11년 3월조

보존해 줄 것을 상소하였던 것이다. 그 내용이 1905년 11월 14일자 『대한매일신보』 「잡보」에 전문이 게재되어 있다. 이 상소문에서 나철 등은 일본 천황이 1895년 8월 1일과 1904년 2월 10일에 칙서를 내려 한국의 독립을 약속했음을 상기시키고, 양 국간의 약속을 지킬 것을 요구하였다. 또한 일본 정부에도 일본정부가 한국과 맺은 약속을 지킬 것을 주장하였다.

둘째, 나철은 국제공법과 양국 간의 약장을 일본이 지킬 것이라는 믿음 하에 동양평화론을 수용하였다. 1900년경부터 국운에 대한 위기의식이 고조되자 언론계와 일반 지식인들 사이에는 한·청·일은 순치보거(脣齒輔車)의 관계이므로 일본이 러시아와의 전쟁에서 지면 한국도 망한다고 생각하였다. 따라서 삼국이 힘을 합쳐 서양 백인종들의 침략을 격퇴하여야만 동양의 강토와 인종을 보존할 수 있다는 이른바 동양평화론이 적극 지지되고 있었다. 러일 간의 대립이 첨예화되면 될수록 그리하여 한국의 장래가 위태로워지면 질수록 동양평화론은 서울의 지식인들 사이에 믿어보고 싶은 그럴듯한 독립보존의 논리로서 유행하였던 것이다. 더구나 일본측은 천황의 칙서 등을 통하여 러일전쟁에서 승리하면 한국의 독립을 보장해주겠다고 주장하고 있던 터였다.15)

나철 역시 여기서 예외는 아니었다. 1905년 11월 일본의 후작 이등박문이 특파대사로서 조선을 방문하여 합방한다는 소문이 있자 나철, 오기호, 이기 등은 그에게 보낸 전갈문에서, 일본이 조선의 독립을 침해하는 것은 곧 일본, 나아가 동양의 평화를 해치는 것이라고 주장하였던 것이다.16)

그러나 나철 등의 동양평화론에 입각한 민간외교활동은 평화론의 실체를 파악하지 못한 채 이루어진 것이었다. 사실 동양평화론은 일본이

---

15) 『대한매일신보』 1905년 11월 14일자
16) 박은식, 『한국통사』, 1922, 제34장

한반도와 만주 그리고 중국대륙을 침략하기 위한 야심을 합리화시키기 위한 것이었다.[17] 그것은 일본의 동양평화론자인 송촌웅지진(松村雄之進)이 처음에는 조선의 독립을 주장하는 척 하더니 나철 등에게 통감부 고문인 내전양평(內田良平)을 소개하는 등 일본에 충성을 바치도록 회유하고 있는 데서도 그 실체를 엿볼 수 있다.[18]

2. 자신회의 조직을 통한 새로운 사회의 건설 지향

1905년 을사조약의 체결을 계기로 나철은 외교적인 방법, 즉 나라간의 약속 이행에 의한 평화적인 방법의 한계성을 느끼게 되었다. 그 결과 그는 실천적인 방향으로의 전환을 모색하였다. 을사오적의 저격 계획이 바로 그것이다.[19]

나철은 이 계획의 구체적인 실현을 위하여 1907년 2월 자신회(自新會)라는 단체를 조직하기에 이르렀다. 자신회의 구성원은 200여명에 이르렀으며,[20] 지방 장사들까지 포함하면 670명이나 되었다고 한다.[21]

지도부의 주모집단에 속하는 인물로는 나철과 오기호(전 主事), 이기(현 사범학교 교관)를 들 수 있다. 이들은 정치적으로는 전 현직관료이며, 경제적으로는 전라도 지방의 가난한 집안 출신들이었다. 재정담당은 김인식(金寅植, 전북 남원, 전 주사), 이용태(李容泰, 서울, 현 陸軍副將, 궁내부특진관), 정인국(鄭寅國, 서울, 전 군수), 윤주찬(尹柱瓚, 전남 강진, 현 농상공부주사), 이광수(李光秀,전남 담양, 전 성균관박사), 최익진

---

17) 강창일, 「일진회의 '합방'운동과 흑룡회」, 『역사비평』52, 2000년 가을호, pp.246-247.
18) 박환, 위의 논문, pp.264-265.
19) 李丁奎, 李觀稙,『우당이회영약전』, 을유문화사, 1985, p.31면에 따르면 이회영이 나철, 奇山度 등과 의논하여 을사오적을 저격하고자 하였음을 밝히고 있다.
20) 『대한계년사』1907년 3월조 국사편찬위원회, pp.227-228.
21) 독립운동사편찬위원회, 『독립운동사자료집』11, 1983, p.33.

(崔翼軫, 현 扈衛局員) 등이었다. 이들은 정치적으로는 전직 및 현직 관리들이다. 서울 및 전라도 지역 출신들이 많으며, 경제적으로는 어느 정도 부유한 계층이 아니었나 생각된다. 즉, 자신회의 지도부는 나철이 전라도 지역출신으로서 서울서 활동한 전직 관료였다는 점과 밀접한 관련이 있다고 생각된다.

한편 나철 등 지도부는 전라도, 충청도, 경상도 지역 의병들을 그들의 행동대로서 조직하였다. 저격의 시도에는 무력투쟁의 경험이 있는 의병들의 도움이 필요했기 때문이었다.[22]

자신회를 조직한 나철은 자신 등 30명이 스스로 국민의 대표라 자칭하고, 무기를 휴대하고, 법사(法司)에 나아갔다. 이때 나철은 자신이 작성한 애국가와 동맹서, 참간장(斬奸狀), 이기가 작성한 자신회 취지서, 윤주찬과 이광수 등이 작성한 한국정부와 일본 통감부사령부, 각 국 영사관의 공함(公函)과 포고내외국인민서(布告內外國人民書) 등을 지니고 갔던 것이다.[23]

이기가 작성한 자신회 설립 취지서에는 자신회의 설립목적이 잘 나타나 있다. 즉, 나라가 오래되어도 새로워지려고 노력하지 않으면 반드시 망하게 되고, 사람도 계속 새로워지려고 노력하지 않으면 반드시 죽음에 이르게 된다고 규정하였다. 그런데 오늘날 형세를 보건 데, 오 백년 정치는 이미 모두 부패하였고, 삼천리강토는 모두 황폐화하였으며, 2천만 인구는 모두 이미 노예가 되었다고 진단하였다. 그러므로 이를 극복하기 위하여 부득불 자신회를 설립하게 되었다고 그 취지를 설명하였다. 아울러 "신(新)"의 개념을 머리를 새롭게 하여 신사상을 개발하고, 마음과 힘을 다하여 새로운 사업을 이루고, 인권을 되찾아 새로운 세계를 세우는 것이 자신회의 바라는 바임을 만천하에 천명하였던 것이다.[24]

---

22) 박환, 위의 논문, pp.266-268
23) 『대한계년사』 1907년 3월조. pp. 227-228.
24) 자신회 취지서(규장각 도서 17295 동학문서 중 나인영사건)

즉, 나철이 중심이 된 자신회는 부정부패 없는 신세계, 노예가 아닌 자주적인 조선을 건설하기 위하여 을사오적을 처단하고자 하였던 것이다. 아울러 새로운 사상, 새로운 사업을 통하여 새로운 세계를 지향하였던 것이다.[25] 이러한 나철 등의 주장은 당시 계몽운동과 일맥 상통하는 것이라고 볼 수 있다. 즉 나철은 이기, 오기호, 윤주찬, 김영채, 이광수, 김인식, 최동식 등과 함께 후에 호남학회에 가입하여 활동하였던 것이다.[26]

나철이 작성한 문서 중 동맹서와 참간장, 그리고 격려사가 남아 있다. 이들 자료를 통하여 나철의 정부관리들에 대한 태도를 살펴 볼 수 있다. 먼저 나철은 동맹서에서 우리가 독립의 권리를 잃은 것은 전적으로 정부의 모든 신하들이 우리 군부(君父)를 위협하고, 우리 백성들을 현혹시키고, 우리 조상 대대로 내려온 나라를 팔아먹고, 우리 백성들을 다 진멸시켰기 때문이라고 규정하였다. 그리고 국민의 생명이 마침내 외국의 희생물이 되었으니, 그들은 다만 조종조(祖宗朝)의 죄인일 뿐만 아니라, 2천만 동포의 원수임을 설파하였다. 그러므로 이들 매국노들을 공멸하여 위로 열성조(列聖朝) 생성(生成)의 은혜에 보답하고, 아래로 2천만 동포의 원수를 갚아야 한다고 주장하였던 것이다.[27] 아울러 참간장에서는 이완용, 권중현, 박제순, 이지용, 이근택, 이하영 등의 죄악을 언급하고 이들을 반드시 죽여야함을 강조하고 있다.[28]

이처럼 자신회를 조직하고 모든 준비를 완료한 나철은 1907년 2월 13일 저격을 시도하고자 하였으나 여러 의사들의 집합이 여의치 않은 관계로 연기되었다. 몇 번 연기되다가 동년 3월 25일 오전 10시에 을사

---

25) 노용필, 「대한제국기 자신회 관련 고문서에 대한 검토」, 『한국근현대사연구』 5, 1996, p.71.
26) 『호남학회월보』1호, 3호, 4호, 5호 회원 참조
27) 동맹서(규장각 도서 17295 동학문서 중 나인영사건)
28) 참간장(규장각 도서 17295 동학문서 중 나인영사건);『독립운동사자료집』11, p.32

오적의 저격을 시도하게 되었다. 나철은 의사들에게 다음과 같이 격려하였다.

여러 의사들이여! 여러 의사들이여! 오늘의 일은 실로 대한독립을 유지하는 길이요, 우리 2000만 국민의 생사에 관한 문제입니다. 여러분, 진실로 자유를 사랑할 수 있습니까. 바라건대 결사적인 의지로 이 오적을 죽이고 국내의 병폐를 쓸어버리면 우리는 물론 우리 자손들이 영원히 독립된 천지에서 살 수 있으니, 그 성패가 오늘에 달렸으며 여러분의 생사에 관한 문제가 또한 여러분에 달려 있습니다. 재주 없는 인영이 이러한 의무를 주장함에 눈물을 흘리며, 피가 스미는 참담한 마음으로 엎드리어, 피가 끓고 지혜와 용기를 갖춘 여러분 앞에 감히 이 의로운 일을 제출하는 바입니다.
여러분! 각자 순결한 애국심을 불러 일으켜 흉악한 매국노들을 빨리 처단하고, 우리나라의 독립을 전 세계에 드높이 선포할 수만 있다면 비록 이 인영이 지옥에 빠지거나, 지독한 고통을 당한다하더라도 그저 기쁘고 즐겁기만 하겠습니다[29]

이처럼 나철은 국가의 독립과 자유를 위하여 애국심에 호소하였던 것이다. 그러나 준비 미비 및 행동대의 미숙으로 말미암아 결국 실패하고 말았다. 비록 일은 실패하였으나 소문은 곧 서울 장안으로 퍼져 실의에 빠져 있던 국민들에게 큰 용기를 심어주었다.

한편 정부당국에서는 이 사건을 정부 전복을 목적으로 한 내란 사건으로 규정하고 체포된 자들을 평리원(平理院)으로 이송하였다. 그리고 치안당국에서는 이 사건의 진상을 파악하기 위해서 조사에 착수하였다. 이러한 와중에서도 나철은 이에 굴하지 않고 재 거사를 계획하고 박대하(朴大夏) 등을 지방으로 내려보내 결사대원들을 다시 모집하게 하였다. 그러한 과정에서 서창보(徐彰輔)가 수사당국에 체포되어 사건의 전모가 들어나게 되었다. 이에 나철은 이광수(李光秀) 등에게 재 거사를 부탁하

---

29) 『독립운동사자료집』11, pp.31-32.

고 자신은 오기호, 김인식과 함께 1907년 4월 1일에 평리원에 자수하였다.[30]

이 재판에서 나철을 비롯한 18명이 형을 선고받았는데 나철은 동년 6월에 유형 10년을 받고[31] 지도(智島)로 유배갔다. 당시는 고종황제에 대한 강제 양위문제로 나철을 비롯한 이들을 인천까지 호송하여 일본군함에 일본해군과 경찰이 무장 경계하여 유배지까지 호송하였다. 그러나 나철, 오기호 등은 1907년 12월 7일에 황제의 특사로 석방되었다.[32]

유배기간이 결코 긴 시간은 아니었지만 이 기간 동안 나철은 구국방략과 신세계 건설에 대하여 보다 깊은 고민을 하였을 것으로 생각된다. 그는 일본을 방문하는 동안 일본인이 천조대신을 섬기는 것도 보았을 것이다. 또한 역사책에서 본 단군에 대하여도 주목하였을 것으로 짐작된다.

Ⅲ. 민족의 발견과 대종교적 민족국가의 건설

1. 대종교의 중광(重光) 배경 – 민족의 발견

나철은 1907년 12월 7일에 황제의 특사로 유형에서 석방되었다. 이 때는 헤이그밀사사건으로 일제가 강제로 고종을 퇴위시키고 순종을 즉위케 한 해이며, 한국군대를 강제로 해산시킨 정미칠조약이 체결된 시기였다. 나철은 기울어져 가는 국권을 되찾기 위해 새로운 투쟁 방법을 모색하게 되었다. 이때 나철은 국권회복은 몇몇의 개인에 의해서 이루어질 수 없고 전 민족이 거족적으로 일치 단결해야 한다고 인식하였다.

---

30) 『대한계년사』 광무 11년 3월조; 『대한매일신보』 1907년 4월 3일자
31) 을사오적 저격 등 구체적인 사항은 나인영 등 판결문에 상세히 기록되어 있다(판결신고서 제19호, pp.541-545, 『독립운동사자료집』11)
32) 『대한계년사』 광무 11년 3월조

아울러 나라가 이 지경이 된 이유는 기존에 모화, 사대를 중심으로 한 왜곡된 교육을 받아온 결과 민족의식이 없었기 때문임을 통감하였다. 이에 나철은 이미 나라는 망하였지만 민족에게 민족의식을 고취시켜 국권회복의 원동력을 배양하여야 한다고 판단하였다.[33] 이러한 나철 등의 인식은 그들이 일본을 수 차례 방문하면서 일본인들이 천조대신을 숭배하는 것을 보아 왔기 때문이기도 할 것이다. 즉 나철 등은 일본에 천조대신이 있듯이, 조선에는 단군이 있음을 새삼 확인하였을 것이다.[34]

그 결과 나철은 단군교의 부활이야말로 민족을 단결시키고 민족을 부흥시킬 수 있는 가장 효과적인 방법이라고 인식하였던 것이다. 중화적 세계질서 속에 사로잡혀 기자를 숭배하고 있던 조선인들에게 단군을 강조하는 인식은 획기적인 변화였다.

나철은 1909년 1월 15일(음력) 자시(子時)를 기하여 오기호, 강우(姜虞)[35], 유근, 최전(崔顓)[36] 등 수십 명과 함께 서울 북부 재동 취운정 아래 8통 10호에서 북쪽 벽에 "단군대황조신위"를 모시고, 단군교를 민족종교로서 새로이 '중광'하였던 것이다. 이 중광의 의미는 단군교를 다시 밝혔다는 뜻으로, 고려 원종 때의 몽고침입이후 약 700년 간 단절된 것을 한말에 나철이 민족의 앞날을 위해 다시 계승한다는 뜻으로 중광이라고 했다고 한다.[37] 그리고 이 때 참여한 인물 가운데에는 자신회의 구성원이 많았다.[38]

---

33) 『대종교중광60년사』, pp.77-79.
34) 박환, 위의 책, pp.49-50.
35) 강우(본명 姜錫箕)에 대하여는 『湖石文集』, 『독립유공자공적서』 및 長亭山人, 「강호석선생략사」(『한빛』 2권, 1928.2) 참조.
36) 최전의 본명은 崔東山이며, 고향은 전남 여수이다. 그는 본래 송광사의 고승이었는데 나철에게 감화되어 대종교 창시에 참여하였던 것이다(『대종교중광60년사』, pp.809-810)
37) 『대종교중광60년사』, p.80; 동아일보 1931년 9월 27일 대종교 유래와 중광
38) 일찍이 신용하는 자신회를 대종교의 창건과정과 관련하여 언급하였다(신용하, 「새 자료 한말 자신회의 취지서 동맹서 등」, 『한국학보』13, 1978, pp.205-209)

나철이 대종교를 중광할 수 있었던 배경으로는 우선 1900년대 후반기에 민족의식을 고취시키기 위하여 단군 신앙이 강조되고 있던 시대적인 분위기를 들 수 있다. 당시 학회들에서는 국어, 국사 등의 연구와 교육에 전력을 기울이고 있었다. 특히 국사교육에 중점을 두었는데, 이때 사용된 대부분의 국사교과서에는 단군을 개국시조로 다루어 자주 독립정신의 배양에 큰 공헌을 하고 있었다. 그런 가운데 나철은 일찍부터 단군에 대하여 깊은 관심을 갖고 있던 터였다.

둘째, 나철과 가까운 친구인 정교, 같은 왕석보 문하인 이기가 단군에 대한 해박한 지식을 갖고 있었던 점을 주목할 수 있다. 나철은 정교와 이기를 통하여 단군에 대한 지식을 넓혀갔을 것이다.[39]

셋째, 당시 한국으로 진출한 일본 낭인들과 일본에서 나철 등이 만난 인사들은 흑룡회 관련 인물들이 많았다. 이들은 일본과 같은 민족인 조선과 만주가 일본천황을 정점으로 하나가 되어 대아시아제국을 건설하자고 주장하였다.[40] 이에 자주적 민족으로서 위기 의식을 느낀 나철 등은 단군민족으로서의 독자성을 절감하였을 것이다. 이점은 1930년대 사학자인 박장현(朴章鉉)의『해동춘추』권47, 한기(韓紀)에서의 다음과 같은 언급에서도 짐작해 볼 수 있다.

> 일본은 한국인을 일본에 친하게 하려고 일본에는 상고시대에 천조대신이 있었는데, 한국시조 단군과 더불어 형제가 되었다고 하였다. 그리고 윤택영, 이재극 두 사람에게 권하여 사당을 세우고 두 명의 신을 받들도록 하였다

즉, 일본은 한국을 식민지화하는 과정에서 동조동근론(同祖同根論)을 내세워 한국사를 왜곡하였던 것이다. 이어서 『해동춘추』에서는 "나

---

39) 박환, 위의 논문, pp.269-270.
40) 강창일, 위의 논문, pp.226-227.

철 등이 일제가 단군과 천조대신을 형제로 모신다는데 대해 자극을 받고 이를 나라의 위기로 인식하고 국조(國祖)를 천명하여 인심을 단결시키기 위하여 서울에 단군교를 창립하였음"을 밝히고 있다.

2. 대종교적 민족국가의 건설 지향

1909년 대종교를 창시한 나철은 곧 『단군교포명서』를 발표하였다.[41] 여기에는 단군교의 교리와 창시동기, 성격 등이 잘 나타나 있다. 따라서 나철의 사상과 당시 대종교를 함께 창시한 인물들의 생각을 이해하는데 대단히 중요한 문건이라고 생각된다.

『단군교포명서』에는 우선 단군교를 믿고 따르면 자연히 한 개인이나 한 집안, 한 나라에 이르기까지 모두 영원한 복리를 누릴 수 있다고 전제하고 있다. 따라서 우리 모두 단군교를 신앙해야 함을 역설하고 있는 것이다. 그 구체적인 근거로서 역사적인 사례를 들고 있다. 은의 기자, 고구려의 동명왕, 을지문덕 형제, 그리고 백제, 신라 등이 단군교를 믿어 융성하고 발전하였음을 밝히고 있다. 그리고 고구려, 백제 등의 멸망 원인을 불법(佛法)이 침입함으로 말미암아 종가의 교를 점차 잊어버리게 되었다는 데서 찾고 있다. 그리고 발해, 고려, 조선의 경우를 언급하고 있다. 조선의 경우, 태종은 단군교를 위하여 불교를 배척하였는데, 점차 유교가 성하게 되어 나라의 유학자들이 단군 의 신성한 자취는 말하고 있지만, 공맹정주(孔孟程朱)의 책에 빠져 대황조(大皇朝)의 신성한 교는 연구하지 못하였다. 그 결과 조선은 망국의 처지에 놓이게 된 것이라고 설명하고 있다.

즉, 포명서에서는 단군교를 믿은 왕이나 왕조는 융성 발전하였으나 그렇지 못한 왕이나, 개인, 국가 등은 멸망의 길을 걸었음을 단군 이래의 역사부터 조선시대까지의 역사를 통하여 예증하고 있다. 이러한 역사적

---

41) 『대종교중광60년사』, pp.80-92

사실을 통하여 볼 때, 지금 조선이 다시 발전할 수 있는 유일한 길은 우리의 국교인 단군교를 믿고 따르는 길 외에 딴 길은 있을 수 없다는 것이다. 그러므로 나철은 모든 국민들이 단군교를 신앙하는 대종교적 민족국가 건설을 지향하였던 것이다. 결국 나철은 대종교적 민족국가 건설을 통하여 조선의 자주 독립을 실현할 수 있다고 인식하였던 것이다. 그리고 이것이 그가 자신회 설립취지서에서 밝힌 신세계의 건설이었던 것이다.

나철은 우선 대종교적 민족국가 건설을 위하여 포교에 전념하고자 하였다.[42] 그러나 상당한 어려움이 있었다. 외적으로 일제가 직간접으로 집요하게 방해를 하였기 때문이었다. 그는 대종교총본사를 서울에서 여러 번 이전하였다.[43] 내적으로는 조선에 불교, 유교 등 외래사상이 만연되어 있었기 때문이었다. 게다가 경제적인 어려움 또한 컸다. 나철 개인 역시 경제적으로 넉넉한 입장이 아니었다. 그렇다고 하여 그의 동료가운데 큰 재산가가 있었던 것도 아니었다.

이러한 대내외적인 어려운 여건 속에서도 나철은 대종교를 포교 전파하여 조선민족에게 민족의식을 고취시켜 조선의 국운을 되살리고자 하였다. 이를 위하여 우선 나철은 대종교의 격식을 마련하고자 하였다. 우선 신도들을 위하여 입교예절을 마련하였는데 여기에는 새로이 종교를 신앙하게 된 자들이 갖추어야 할 사항들이 밝혀져 있다. 아울러 대종교인들이 지켜야 할 봉교과규(奉敎課規)도 발표하였다. 또한 1909년 12월 1일에는 대종교 이념의 실천 강령으로서 5대 종지를 발표하기도 하는 등 체제를 갖추는데 노력하였다.[44]

한편 나철은 1910년 7월 30일 단군교를 대종교라고 개칭하였다.[45]

---

42) 이 당시 羅景錫도 나철로부터 감화를 받고 대종교신도가 되었다(「大敎에 귀의한 동기」, 『敎報』 기념호, 대종교총본사, 1946, p.16)
43) 『대종교중광60년사』, p.155.
44) 『대종교중광60년사』, pp.97-99;152

단군교라는 명칭자체가 민족종교임을 표방하는 것이므로 너무 항일적인 색체를 강하게 띠고 있기 때문이었다. 이는 일제에 의해 조국이 강점당하는 이 현실에 있어서는 효과적인 대일투쟁에 오히려 방해가 되리라고 생각되었기 때문이었다.

대종교로 교명을 개칭한 나철은 1910년 8월초 서울에 남부지사와 북부지사를 설치하고 오혁(오기호), 정선(鄭選, 정훈모) 등을 사교(司敎)로 임명하여 포교활동에 주력하였다. 그리고 9월 27일에는 다시 만든 교내 의식 규례를 제정 발표함으로써 대종교는 모든 종교적인 의식과 규정을 갖추게 되었다.[46]

아울러 대종교는 중광 이후 매주 일요일에 모여, 기도, 창가. 경전강의 등을 하였다. 또한 김교헌(金敎獻), 오혁(吳赫) 등 대종교의 중심인물들의 노력으로 박일병(朴一秉), 최남선 등도 항상 대종교에 참여하면서 민족의식 고취를 위해 노력하였다. 그 결과 관립 및 공립 그리고 사립학교 학생들이 감화를 받고 다수의 학생들이 참여하여 세력이 점차 증대되었다.[47]

3. 일제의 조선 강점과 만주로의 망명

1910년 8월 일제에 의하여 조선이 강점되자 나철은 활동지역을 백두산이 있는 만주지역으로 옮기고자 하였다. 만주는 압록강과 두만강을 경계로 국내와 인접해 있어서 이동하기 용이할 뿐만 아니라, 당시까지는 일제의 만주 침략이 본격화되지 않았기 때문에 이 지역은 국내보다도 활동하기가 비교적 용이할 것으로 판단하였기 때문이었다. 또한 조선후기부터 많은 사람이 이 지역으로 이주하여 정착하고 있었으므로 대종교

---

45) 『대종교중광60년사』, p.156
46) 『대종교중광60년사』 pp. 159-165.
47) 不逞團關係雜件 朝鮮人部 在内地 六(문서번호 432-2-1-4, 일본외무성사료관 소장) 조선내지의 정황 중 대종교

를 포교할 대중적인 기반이 조성되어 있었던 것이다. 그러나 무엇보다도 백두산은 신인 환웅이 화강(化降)하여 홍제인세(弘濟人世)의 대업을 펴신 영지(靈址)였으므로 백두산을 중심으로 한 대종교적 민족국가를 건설하기 위한 최적지였기 때문이었다.[48]

나철의 백두산에 대한 인식은 그가 1914년에 봉행한 천산제의(天山祭儀) 홀기(笏記)에,

> 천하에 독립한 제일 큰 산은 오직 한 백두산이시니 이 산은 곧 우리 천조산(天祖山)이시며, 천산(天山)이시며 상산(上山)이시며 제석산(帝釋山)이시며, 삼신산(三神山)이시오. 이 산 신령은 곧 한울을 열으신 큰 신령 임검이시라. 우리 천신시조도 이 산에 내려오시고 우리 천신 자손도 이 산에서 발생하고 우리 천신종교도 이 산에서 발원하고 우리 천국도 이 산에 있으니 우리들이 어찌 감히 이 산을 잊으리오. 이 산을 잊으면 곧 한배검을 잊음이라. 오늘날 한 정성으로 한 마음으로 제산(祭山)합시다[49]

라고 하여, 백두산을 천신 시조가 하강한 곳이며, 우리 민족과 대종교가 발생한 곳이며, 앞으로 이루어질 천국도 이산에 건설할 것임을 주장하여 백두산의 민족사적 종교적 의의를 강조하였던 것이다.

그러므로 나철은 국망 직후인 1910년 10월 25일 백두산이 멀리 바라보이는 북간도 화룡현 삼도구에 대종교 지사를 만주지역에 처음으로 설치하였다. 이어서 동년 11월경에는 시교사 박창익(朴昌益)을 청산리에 파견하여 그곳에 시교소를 설치하고 포교하도록 하였다. 그 결과 독립운동을 전개하기 위하여 이 지역으로 망명한 백순(白純), 박찬익(朴贊翊), 서일(徐一), 계화(桂和), 현천묵(玄天默) 등 다수의 인물들이 대종교를 신앙하게 되었다. 그리고 대종교 독립운동가들을 중심으로 1911년 3월 왕청현에서 중광단이라는 독립운동단체가 조직되었다. 단체의 명칭

---

48) 『대종교중광60년사』, pp.182-183.
49) 『대종교중광60년사』, pp.183-184

대종교총본사가 있던 청파호 마을

을 중광이라고 한 것은 단군교를 중광한 데서 유래한 것이었다.[50]

만주지역에 대종교를 포교하기 시작한 나철은 1911년 7월 21일 고적 및 단군 관련 사적지 답사를 핑계로 서울을 출발하여 강화도의 마니산 첨성단, 평양의 숭령전(崇靈殿)을 거쳐 화룡현 청파호(靑坡湖)에 도착하였다.[51] 이후 나철의 만주에서의 포교가 본격적으로 진행되게 되었던

50) 박환, 「북로군정서」, 『만주한인민족운동사연구』, pp.90-91

것이다.

나철은 우선 포교활동을 전개하기 위하여 경전의 간행에 힘을 기울였다. 즉, 1912년 3월 3일 『신고』(『神誥』)를 간행하고, 이어서 다음해인 1913년 2월에는 국한문으로 시교문(施敎文)을 작성하여 포교하였으며, 1914년 1월에는 후일 2세 교주가 되는 김교헌에게 『신단실기』(『神檀實記』)를 저술 간행케 하여 단군교 포교에 전력을 기울였다.[52]

또한 나철은 중광단원인 서일, 백순, 계화, 박찬익 등과 함께 화룡현 청파호 등지에서 직접 포교활동에 전력을 기울이기도 하였다.[53] 아울러 무송현, 훈춘현, 밀산현 등 만주 각 지역에서 포교활동을 전개하였다.[54]

만주지역에서 나철의 포교활동에 대하여 그와 함께 대종교를 창건한 강우는 1926년 8월 나철이 순국한 구월산 삼성사에서 올린 제문에서 다음과 같이 언급하고 있다.[55]

> 교당을 처음 삼도구에 설치함이어, 청호지사(靑湖支司)였습니다. 교구를 4도(道)로 확정함이어, 백산(白山)총본사였습니다. 4,5년간 홍령(葱嶺)의 고행을 하심이여, 북풍 한설을 다 겪었습니다. 수만리 근역(槿域)에 큰 도를 널리 폄이여, 악의 악식을 이루다 말하리까. 하룻밤을 피눈물로 울며 병을 단촌(檀村)에서 기도함이여, 41인의 끊어진 숨을 다시 돌이키고, 8일간 식사를 끊고 천궁(天宮)에서 비를 빌음이여, 수삼 개월 가뭄에 탄 싹이 불쑥 일어났습니다.[56]

나철은 위에서 언급하고 있듯이 악의 악식 등 고생을 무릅쓰고 포교활동을 전개하였다. 그 결과 많은 사람들이 대종교를 신앙하게 되어 1914

---

51) 『대종교중광60년사』, p.165.
52) 『대종교중광60년사』, p.166.
53) 김정명, 『조선독립운동』Ⅲ, 원서방, 1967, p.414.
54) 신철호, 위의 책, pp.100-108.
55) 祭文에 있는 내용의 구체적인 언급은 신철호의 책 pp. 100-109 참조.
56) 「湖石先生文集」, 대종사께 제사드려 고하는 글, 『문화투쟁사자료집』 12, 독립운동사편찬위원회, 1977, p.455.

년 5월 13일에는 총본사를 서울에서 만주 청파호로 이전하기에 이르렀다. 아울러 백두산을 중심으로 하여 각지에 시교당이 설치되는가 하면 신도도 몇 천명에 이르게 되었다. [57]

이처럼 대종교가 만주지역에서 활발히 운동을 전개하자 일제는 중국의 길림성 당국에 압력을 넣어 이를 탄압하고자 하였다. 그리하여 1914년 11월에 화룡현 지사는 대종교의 해산을 명령하기에 이르렀다. 그러나 중국 측의 이러한 조치는 오래 지속되지 않았다. 박찬익이 중국인 교육감의 소개로 당시의 성장(省長)이며 독군(督軍)이었던 장작상(張作相)을 만나 대종교운동이 독립운동임을 설명하여 화를 면하였던 것이다.[58] 그 후 북간도지역에서의 대종교활동은 커다란 간섭없이 진행될 수 있었다.

4. 일제의 대종교탄압과 나철의 순국

1910년 일제에 의해 조선이 강점 된 후, 일제는 종교에 대한 탄압을 실시하고자 하였다. 이러한 일제의 동향은 조선총독부에서 발간한『조선총독부시정연보』1911년 판 치안부문, 제 30절 종교 취체 항에 잘 나타나 있다. 즉,

> 종교 취췌에 관해서는 1906년 통감부령 제45호로서 내지인(內地人)의 종교선포 수속을 일정하게 한 바 있다. 그러나 조선인과 외국인의 종교에 관한 것은 하등의 법규의 근거도 없어서 그로 인해 포교소가 함부로 설치되고 있어 그 폐해가 크다. 특히 조선인의 조직과 관계되는 것으로는 천도교, 시천교, 대종교, 대동교, 태극교, 원종종무원(圓宗宗務院), 공자교, 대종교(大宗敎), 경천교(敬天敎), 대성종교(大成宗敎) 등 여러 종이 있는데, 그 종류가 자못 잡다할 뿐 아니라, 그 움직임도 정치와 종교를 서로 혼동하여

---

57)『독립신문』1920년 1월 1일자
58) 박환,「북로군정서」, pp.92-93.

순연히 종교라고 인정하기 어려운 것이 많아 그 취체를 가하여야 한다.

라고 하여 조선총독부에서는 대종교 등의 경우 정치성을 배제할 수 없으므로 단속이 불가피하다고 밝히고 있다.

그 후 조선총독부는 1915년 8월 포교규칙을 공포하고[59] 종교의 宣布에 종사하려는 자는 종교 및 그 교파, 종파의 명칭, 포교의 방법 등을 구비하고, 포교자의 자격을 증빙할 만한 문서 및 이력서를 첨부하여 조선총독에게 제출하여야 한다(제2조)고 규정하였다.[60]

포교규칙 제1조는 종교를 신도(神道), 불교, 기독교로 제한하였고, 제4조는 조선총독은 포교방법, 포교관리자의 권한 및 포교자 감독의 방법, 또는 포교관리자를 부적당하다고 인식될 때에는 그 변경을 명할 수 있게 제정되었다. 그리고 조선총독에게 종교단체에 명령할 수 있는 권한규정을 주었다. 즉,

제15조 조선총독은 필요가 유(有)한 경우에 대하여 종교유사단체로 인식되는 것에 본령(本令)을 준용(準用)할 수 있다.

라고 하여 조선민족종교를 말살하고자 하였던 것이다.

따라서 총본사가 북간도에 있는 대종교로서도 국내에서 종교활동을 하려면, 총독부에 소정의 서류를 제출하여서 인가를 얻어야만 했다. 평소부터 일제의 감시를 받고 있던 대종교로서는 난처한 일이었다. 국내교세를 살피기 위하여 1915년 음력 1월 14일 서울에 온[61] 나철은 1915년 12월 21일 신교(神敎) 포교규칙에 준하여 신청서를 조선총독부에 제출하였으나 각하 되었다. 뿐만 아니라 대종교 포교활동은 물론 심지어 나철의 수도활동도 저지하는 한편 구속하겠다고 위협하기도 하였다. [62]

---

59) 『조선총독부시정연보』, 1915년, pp.64-65
60) 『조선총독부시정연보』 1915년, 제17절, 社寺宗敎
61) 나철의 자필이력서; 홍암 대종사의 약력(『한빛』 3권, 1928년 2월)

나철의 묘소(만주 화룡시 청파호)

이에 나철은 자신이 순교함으로써 억압과 고통 속에 있는 대종교 신도들과 국민들에게 조선의 민족정신이 살아 있음을 보여 주고 싶었다. 그리고 일제에 끝까지 저항하도록 하였던 것이다. 이에 그는 1916년 8월 15일 황해도 구월산 삼성사(三聖祠)에서 순국하였다. 63) 결국 나철은 죽음으로써 일제에 저항하였던 것이다.

결어-나철의 민족운동과 그 성격

나철의 민족운동의 역사적 성격은 다음과 같이 정리해 볼 수 있을

---

62) 『대종교중광60년사』, p.186.
63) 『대종교중광60년사』, pp.186-188; 長亭學人, 「弘巖 湳石 두어론을 추억함-대종교중광절을 당하여」, 『신동아』1936.2, pp.180-181.

것 같다.

첫째, 민족종교인 대종교를 창시함으로써 일본제국주의에 대항하여 투쟁할 수 있는 이론적 근거를 종교적, 민족적인 측면에서 제시한 인물이었다. 그 결과 대종교는 1920년대까지 국내외에서 활동하던 민족주의자들의 사상적 배경이 되었다. 아울러 대종교신도들이 주축인 북로군정서, 한국독립군 등이 청산리전투, 대전자령전투 등을 통하여 일제를 몰아내는데 크게 기여하였던 것이다.

둘째, 대종교적 민족국가의 건설을 주장하였다. 나철은 새로운 사상과 새로운 사업을 통하여 새로운 세계의 건설을 구상하였다. 그것은 백두산을 중심으로 한 단군 자손들이 그 구성원이 되는 국가였을 것이다. 이러한 나철의 국가건설론은 1920년대 이후 사회주의 사상이 등장하면서 신도들에 의하여 대종교적 공화주의, 대종교적 무정부주의 등으로 변화 발전하였다.[64]

셋째, 국민들에게 자주의식을 일깨워준 인물이었다. 당시 조선 사회가 아직도 유교적이고 중화적인 세계질서 속에 안주하고 있을 때 그는 민족정신의 강조를 통해서만이 국권을 회복할 수 있다고 인식한 인물이었던 것이다. 그는 지식인 사이에 강조되고 있던 유교적인 인식을 탈피하고 민중과 대중 속에 자리잡고 있는 국조인 단군을 현대적으로 부활시킴으로서 민족정신의 회복을 통하여 국권을 회복하고자 하였던 것이다. 혹자는 나철이 기독교나 천주교 등 서양 종교를 신앙하지 않고 단군을 강조한다고 하여 전근대적인 인물로 생각하고 있는 듯한 느낌을 갖게 하는데 이는 고려해야할 인식이라고 생각된다.

넷째, 구한말 당시 누구보다도 국제적인 정세에 밝은 근대적인 인물이었다. 그러면서도 당시 현실을 누구보다도 정확히 인식하고 있던 인물 가운데 한 사람이었다. 그는 개화론자이며 외무대신이었던 김윤식의 제

---

64) 대표적인 예로서 김좌진, 신채호 등을 들 수 있다.

자였으며, 계몽운동단체인 호남학회, 대한자강회 등에서 활동하였던 것이다. 또한 자신회 취지서에서 보이듯이 새로운 사상, 새로운 사업, 새로운 세계를 추구하였던 인물이었던 것이다.

다섯째, 나철은 국권회복을 위하여 다양한 투쟁노선을 전개한 인물이었다. 즉, 외교노선, 의열투쟁노선, 종교노선 그리고 순국 등이 그것이다. 그는 정세의 변화에 따라서 투쟁노선을 변화시켜 조국의 국권을 회복하기 위하여 노력하였던 것이다. 이러한 그의 투쟁노선은 1910년 이후 대종교 신자들에 의하여 다양하게 전개되었던 것이다. 대종교 신자들이 노선상의 큰 갈등 없이 다양한 투쟁노선을 전개했던 것은 나철의 운동노선에 기인한다고 볼 수 있다. 특히 나철의 의열투쟁노선은 무장투쟁노선으로 전환되어 청산리전투를 승리로 이끄는 원동력이 되었던 것이다.

여섯째, 계몽적인 노선과 의병투쟁노선을 조화시킨 인물이었다. 즉 그는 자신회의 조직을 통하여 새로운 사상, 새로운 사업, 새로운 세계를 강조하였다. 그리고 호남학회 등 계몽운동단체에서 활동하기도 하였다. 그러면서도 그는 의병들과 연계하여 을사오적의 저격이라는 의열투쟁적 방법론을 사용하고 있다. 그는 근대적인 새로운 세계를 건설하기 위하여서는 무력으로라도 부정부패한 매국노를 처단하여야 한다고 인식하였던 것이다.

일곱째, 지역적 차이를 인식하지 않고 일본제국주의를 몰아내기 위하여 함께 투쟁하였던 인물이었다. 자신회의 을사오적 저격시에도 윤충하(尹忠夏,경남 거창), 박대하(경북 金山) 등 경상도 인물들과 지팔문(池八文, 충북 옥천), 김경선(金京善, 충남 회덕) 등 충청도 인물들과 더불어 함께 활동하였던 것이다. 또한 대종교 창시 이후에는 제3대 교주가 되는 경남 밀양 출신의 윤세복(尹世復) 등과 밀접한 관련을 맺고 투쟁하였던 것이다. 이러한 나철의 탈지방적 인식은 대종교가 전 국민의 민족적 종교로서 성장하는 기반이 되었던 것이다.

그러나 나철에게도 몇 가지 한계점이 있었다고 생각된다. 첫째, 정치노선에 있어서 공화주의 노선을 적극적으로 추진하지 못하였다. 그는 개화사상을 갖고 있던 인물이었으나 유교적인 인물로서의 한계를 극복하지 못하였던 것 같다. 둘째, 대종교적 이상국가를 건설함에 있어서 구체적인 실천방안 및 제도 등에 대한 청사진이 불명확하였다. 셋째, 민족과 종교를 전면에 내세움으로써 독립운동에 치우친 나머지 민권 등 국민의 권리 신장에 관심을 별로 기울이지 못하였다. 이 점이 결국 1920년대 사회주의 등장 이후 대종교가 쇠퇴하는 한 요인이 되었다. 넷째, 외교노선을 추구함에 있어서 일본제국주의에 대한 도덕적인 신뢰에 바탕을 두고 있는 한계를 지니고 있었다. 즉 나철 등은 동양평화론을 주장하는 일본제국주의의 실체를 정확히 인식하지 못하였던 것이다.

이와 같은 한계에도 불구하고 나철은 국권회복과 민족의식의 고양, 독립을 위하여 일생을 바친 실천적 민족운동가였다. 특히 그가 강조한 단군정신은 자주적인 민족국가건설과 통일정부수립 건설에 밑거름으로 이어지고 있는 것이다.

정이형 : 고려혁명당의 조직과 활동

서언

  정이형은 1920년대 만주지역, 특히 서간도 지역의 대표적 독립운동 단체인 대한통의부·정의부 등에서 무장투쟁을 주도한 만주지역 무장 독립운동계의 맹장으로 알려진 인물이다. 특히 1925년 3월 정의부 의용 군 제6중대장으로서 벽동(碧潼)경찰서 여해(如海)경찰출장소를 습격, 일본 순사 서천융길(西川隆吉), 임무(林茂), 신현택(申鉉澤) 등 3명을 현장에서 즉사시킨 사건은 그의 항일무장투쟁을 단적으로 보여주는 것 이라고 할 수 있다.[1]

  정이형은 항일투쟁뿐만 아니라 정당 조직을 통하여 독립운동을 한 단계 승화 발전시키고자 노력하기도 하였다. 그리하여 1923년에는 흥경 현에서 다물청년당을, 1926년에는 국내에 있는 형평사·천도교연합회 인사들과 논의하여 만주 길림에서 고려혁명당을 조직하는 데도 주도적 인 역할을 하였다. 그 중 고려혁명당에서의 그의 활동은 정부기록보존소 에 보관되어 있는 고려혁명당의 재판기록에,

---

1) 林家文書 146, p.8 및 국사편찬위원회, 『한국독립운동사』3, 1967, p.817.

정이형

정의부원으로서 활동 중 다시 앞서 언급한 바와 같이 고려혁명당의 발의자로서 1926년 3월 29일 길림성내(吉林城內) 양기탁의 집에서 동 당 조직을 위해 집회를 소집하고 앞서 언급한 동 당의 조직 시 조직자의 1인이 되고

라고 있듯이, 1920년대 중반 국내외를 떠들썩하게 했던 고려혁명당의 발의자로서 그 중추적인 역할을 하였던 것이다.

이처럼 만주지역에서 대한통의부·다물청년당·정의부·고려혁명당 등에서 활동한 정이형은 일제에 체포된 이후에도 끝까지 굴하지 않는 당당한 모습을 보여주고 있다. 즉, 1927년 12월 19일 신의주지방법원에서 열린 제1회 공판에서 재판장이 직업을 묻자 그는 "나의 직업은 00(독립: 필자 주)운동이라"이라고 명쾌히 밝히고 자세하게 공술할 기회를 주지 않는다고 하여 심리를 거부하는 대담성을 보였다.[2] 또한 그는 조선일보 1928년 3월 11일자에 "법정에선 고려혁명당원 심문을 절대 거절"이라는 제목하에,

고려혁명당 사건의 중요한 피고의 한 사람으로 제1회 공판 때에도 충분한 공술의 기회를 주지 않는다 하여 신문을 거절하여 많은 문제를 일으켰고, 제2회 공판 때에 이르러서는 형무소 측으로부터 위험한 인물이라 하여 법정 안에 간수까지 증원케 하였던 정원흠(鄭元欽은 정이형임: 필자주)이 이번에도 또한 공술을 거절하고, 입을 열지 않았던 바, 재판장이 전기 정원흠을 불러 세우자 우선 할말이 있다 하고 나서(기사 삭제됨: 필자주)하고, 입을 딱 다물어버렸다. 이에 재판장도 어떻게 할 수 없어 변호사 최창조 씨에게 의뢰하여 정원흠으로부터 공술을 하도록 권유하여 보았으나 역시 (우리같이 약한 사람은 기사 삭제됨: 필자주)로 하라지요

라고 있듯이, 일제의 신문에 강력히 저항하였던 것이다.

---

2) 동아일보 1927년 12월 21일자

결국 정이형은 1928년 3월 19일 사형을 구형 받고, 동년 4월 20일 무기징역을 언도 받았다. 그 후 그는 평양·공주·서대문·마포형무소 등을 전전하며 옥고를 치르다가 8·15광복으로 출옥할 때까지 18년 5개월 17일간이나 감옥에 투옥되어 있으면서도 일제에 끝까지 저항한 인물이며, 해방 이후에도 8.15 출옥혁명동지회에서 활동하면서 친일파의 척결을 위하여 투쟁한 대표적인 반일지사였다. 즉 그는 1946년 남조선과도입법의원의 관선위원으로서 선출된 후 1947년 「부일·반역·전범·간상배에 대한 특별법률조례」 기초위원회 위원장으로서 특별법 제정에 주도적인 역할을 담당하였던 것이다. 아울러 조선민족혁명당 중앙집행위원, 민족자주연맹 정치위원회 위원, 시국대책협의회 위원 등으로 활동하였다. 또한 정이형은 만주지역 독립운동 단체의 통합운동에 이어 해방 이후에도 남북협상에 참가, 남북한의 통일을 위하여 꾸준히 노력하였던 것이다. 이처럼 그는 만주지역에서의 항일투쟁에 이어 해방 이후에도 조국의 통일을 위하여 투쟁한 이 시대의 대표적인 항일운동가이며, 통일운동가였다. 그럼에도 불구하고 학계에서는 아직까지 정이형의 항일투쟁과 해방 이후의 활동에 별로 주목하지 못하고 있다.[3]

　　본고에서는 그 중 특히 정이형의 항일투쟁에 대하여 주목하고자 한다. 이를 위해 우선 정이형의 성장배경과 국내에서의 활동을 살펴보고, 이어서 만주에서의 활동을 대한통의부와 다물청년당 그리고 정의부와 고려혁명당 등의 순으로 검토하고자 한다. 특히 본고에서는 정이형의 고려혁명당의 조직과 활동 부분에 좀더 비중을 두고자 한다. 지금까지 학계에 알려지지 않은 몇 가지 자료를 통하여 정이형의 항일투쟁뿐만 아니라 고려혁명당의 결성과 활동에 대하여 새로이 밝힐 수 있을 것으로 기대하기 때문이다. 이와 관련하여 먼저 주목되는 자료는 정이형이 1953년

---

3) 다만 이현종이 정이형의 항일투쟁과 해방 이후의 활동에 대하여 처음으로 체계적으로 정리한 바 있다. 이현종, 「쌍공 정이형-자주와 독립을 향한 고난의 가시밭길」, 『순국』, 1991년 11월호 12월호.

부산피난 시절에 작성한 정이형 회고록과 고려혁명당 재판기록[4], 그리고 일본 산구현(山口縣) 문서보관소에 소장되어 있는 임가문서(林家文書) 중 고등법원검사국이 작성한『고려혁명당사건의 연구』등이다. 정이형 회고록은 정이형의 망명과정과 대한통의부 상황 등에 대하여 생생하게 전해주고 있어 대한통의부 이해에 큰 도움을 줄 것으로 생각된다. 그리고 고려혁명당 재판기록과 임가문서는 고려혁명당에 대한 일본측의 재판기록과 보고서로서 고려혁명당과 정이형과의 관계를 살피는 데 일익을 담당할 것으로 기대된다.

Ⅰ. 성장 배경과 3·1운동 참여

정이형은 하동(河東) 정씨로, 호적명은 원흠(元欽), 이명은 이형(伊衡), 쌍형(雙衡), 용현(用賢)이었고,[5] 호는 쌍공(雙公, 空), 친구들 사이에 부르는 이름은 저울, 별명은 머리가 노랗다고 하여 '노랑대가리'였다.[6] 그는 일본의 한국침략이 점차 노골화되던 1897년 9월 16일(음) 평안북도 의주군 월화면(月華面) 화하리(化下里) 195번지에서 출생하였다.[7] 그가 출생한 월화면은 의주에서 남쪽으로 약 22Km 떨어진 곳으로, 지형상 압록강과 가까우며, 농업·임업·축산업·광업 등이 골고루 발전하였으며, 특히 마전강(麻田江)과 호암강(虎岩江)의 관개에 힘입어 벼농사가 잘되는 지역이었다.[8]

정이형의 집은 월화면에서 상당한 재력을 가지고 있었다. 그의 부친

---

4) 정이형 회고록과 고려혁명당 재판기록은 국가보훈처에서 자료로 간행한『쌍공 정이형 회고록』(국가보훈처, 1996)에 수록되어 있으며, 정이형 회고록에 대하여는 필자의 해제가 같은 책에 수록되어 있다.
5) 고려혁명당 재판기록(총무처 문서보관소 소장) 정이형조
6) 정이형의 큰딸 鄭文卿(1922년생)과의 면담에서 청취(1996년 9월 14일, 정문경의 정릉소재 자택)
7) 국사편찬위원회,『한민족독립운동사자료집』별집 7, 1993, p.472.
8) 의주군지편찬위원회,『의주군지』, 의주군민회, 1975, p.427.

정효기(鄭孝基)는 이 지역에서 많은 토지를 소유하고 있었던 대지주였으며, 12대문의 큰집도 소유하고 있었다. 그리고 참깨를 1,000석씩이나 하였으며, 집 주변에 소작인 집이 20여 채나 되었다고 한다. 이처럼 재산이 넉넉했던 정효기는 학문 연구에도 열심이었다고 전해진다.

정효기는 일찍이 그 지역의 지주인 광산 김씨 집안과 혼인하였다. 그리하여 아들 하나 정원익(鄭元釴)와 딸 5명을 두었다. 그 후 정효기는 38살 되던 해 16살인 정이형의 어머니 수원 백씨와 재혼하여 딸 2명(누나)과 정이형을 두었는데 정이형을 특별히 귀여워하였다고 한다. 그도 그럴 것이 정이형은 형인 정원익과 30세나 차이가 났던 것이다.[9]

지주이면서 학문에 뜻이 있었던 정효기의 아들로 태어난 정이형은 부친의 영향으로 일찍부터 한문 공부에 전념할 수 있었다.[10] 그러나 부친이 그의 나이 6세 때인 1902년에 사망하여[11] 정이형은 어려움에 처하였다. 그러나 형인 정원익의 도움으로 8세부터 15세까지 서당에서[12] 독선생을 모시고 한문을 배울 수 있었다.[13] 당시 정이형에게 한문을 가르쳐준 선생님은 외가집 어른인 김평식(金平植)이었다.[14] 그는 평북 의주 사람으로 후일 1917년 만주로 망명하여 대동향약(大東鄕約)을 운영하다가 1919년 3·1운동 이후 대한독립단·의군부 등 대한제국의 재건을 주장하는 복벽주의단체에서 총무부장·정무총감 등으로 항일투쟁을 전개했던 인물이었다.[15] 정이형은 어린 시절 김평식으로부터 항일의식과 학문에 대한 이해의 폭을 크게 넓혔을 것이다. 그러므로 그는 고려혁

---

9) 정문경과의 면담에서 청취
10) 위와 같음.
11) 임가문서, p.25.
12) 위와 같음.
13) 정문경과의 면담에서 청취
14) 위와 같음.
15) 국가보훈처, 『독립유공자공훈록』4, 1987, pp.614-615; 박환, 『만주한인민족운동사연구』, 일조각, 1991, p.15.

명당 사건으로 투옥 중 중국의 정사인 25사를 읽었으며, 이에 대하여 중국인이었던 그의 조카며느리[16]가 감탄하였다고 한다. 이처럼 정이형은 김평식으로부터 한학과 더불어 항일의식, 특히 복벽주의적 사고를 익혔을 것으로 보인다.

정이형의 민족의식은 그의 형으로부터도 형성되었다. 정원익은 일찍부터 항일의식을 갖고 구한말 서북학회 회원으로 활동하였고, 1910년 이후에는 독립군에게 군자금을 제공하는 한편 광목으로 독립군의 군복을 만들어 제공하기도 하였던 것이다.[17] 뿐만 아니라 정원익의 셋째 사위 백의범(白義範) 역시 독립군이었다.[18] 그는 평북 의주 사람으로 1919년 7월 만주에서 대한독립단 단원으로, 1920년 2월에는 광복군참리부 교통사장으로 활동하였으며, 1920년 11월에는 홍식(洪植)·김시형(金時馨)·고득수(高得秀) 등과 함께 평북 의주·용천(龍川) 등지에서 활동하다가 평북 의주군 비현면(枇峴面)에서 밀정 김종희(金宗熙)의 밀고로 일경의 습격을 받아 교전 중 전사하였다.[19]

향리에서 어느 정도 공부를 마치고 민족의식도 형성된 정이형은 형의 권유로 금강산으로 들어가 수양하고자 하였다. 이것은 독립군들이 의주에 있는 정이형 집으로 자주 찾아와 어린 정이형을 만주로 데려 가려고 하자 그의 형이 금강산으로 보낸 것이라고 한다. 이때 정이형은 심신수련과 차력·불로장생 등에도 관심이 있던 터라 형의 말대로 금강산으로 가기로 하였다. 그러나 정이형의 항일의지는 꺾이지 않았다. 마침 정이형은 그곳에서 전라남도 장성(長城)에서 온 독립운동가 김계순과 서상연을 만났고, 이들과 의기투합하여 1919년 1월 이들의 고향인 장성으로 이주하였다. [20]

---

16) 정이형의 형 정원익의 아들인 鄭文海의 부인
17) 정문경과의 면담에서 청취
18) 위와 같음.
19) 국가보훈처, 『독립유공자공훈록』9, 1991, p.644.

그런데 마침 서울에서 3·1운동이 일어났다. 이에 장성에서도 만세운동이 전개되자[21] 정이형은 동지들과 함께 이 지역의 3·1운동을 주도하였다. 특히 그는 조선은 일본의 식민지가 되었기 때문에 정신적, 물질적으로 압박을 받고 있고, 또 생존권도 위협 당하고 있다고 인식하고 조선민족의 운명을 개척하고, 진실로 행복한 생활을 위해서는 반드시 조국의 독립을 이루어야 한다고 생각하였다. 그 후 정이형은 심기일전하여 조국의 독립을 위하여 동지들과 함께 활동을 전개하였다.[22]

그러던 중 그가 정읍에 잠깐 정착한 사이 14세에 결혼한 광산 김씨가 사망하였다. 이에 그는 1920년 곧 두 딸의 양육과 생활의 안정, 그리고 효과적인 독립투쟁을 위하여 장성에서 진주 강씨 강탄탄 여사(1905년생)와 혼인하여 새로운 보금자리를 이루었다. 그 후 그곳에서 학생들을 대상으로 항일운동을 전개하였다.[23] 즉, 1921년 7월 장성군 북하면(北下面) 대악리(大岳里)에 4년제 선룡(選龍)사립보통학교를 세우고[24] 학생들에게 민족의식을 고취시켰던 것이다. 특히 이때 의주에 살고 있던 형 정원익은 동생을 위하여 일금 1,000원 등 많은 자금을 제공하여 주었다고 한다. 또한 정이형은 독립운동을 위하여 한 달에도 몇 번씩이나 나들이를 하였으며, 돌아올 때는 5∼10명씩 되는 사람들과 함께 와서 밤이 늦도록 담화를 하였다고 한다.[25]

이에 일제의 감시는 계속되고 정이형은 일경에게 체포되었다가 1922년 3월 29일 풀려났으나 장성에서 더 이상 활동할 수 없게 되었다. 그러한 때에 마침 형 정원익이 의주에서 사망하였다. 이에 정이형은 형의 장례에 참석하기 위하여 1922년 10월 27일 고향으로 향하였다.[26]

---

20) 정문경과의 면담에서 청취
21) 장성군사편찬위원회, 『장성군사』, 1982, pp.314-318.
22) 임가문서, p.25.
23) 정문경과의 면담에서 청취
24) 『장성군사』, p.597.
25) 정문경과의 면담에서 청취

II. 만주로의 망명과 대한통의부 · 다물청년당에서의 활동

형의 장례를 치르기 위하여 고향 의주에 온 정이형은 장례를 마치고 형의 묘소에서 통곡하였다.[27] 정원익은 비록 배다른 형이었으나 그에게 는 아버지와 같은 존재이기도 하였다. 그는 항상 어린 정이형을 잘 돌보 아주었을 뿐만 아니라 항일의식을 심어주었고, 또한 독립운동을 위한 자금도 제공해 주었던 것이다.

이때 정이형은 만주로 망명하여 독립운동을 전개하기로 결심하였던 것 같다. 그 후 그는 만주에 산재해 있는 독립군의 상황을 파악하고 아울러 상해로 가서 임시정부의 독립운동 방침과 지도계획을 알아보고 자 하였다. 그리하여 귀로 중 고향선배이며 항일운동가인 김경하(金景 河)를 만나 망명의사를 전하였다.[28] 김경하는 평북 의주 월화면 사람으 로[29] 대한독립단에서 활동한 조병준(趙秉準)의 문인었다. 그는 1919년 에 연통제에 참여하여 의주군감(義州郡監)으로 피임되어 활동한 의주 출신의 대표적인 항일운동가였다. 또한 1920년에는 평남 강서군(江西 郡)을 중심으로 군자금을 모집하여 상해 임시정부에 송부할 목적으로 대한일신청년단(大韓日新靑年團)을 조직하여 활동 중 일경에 체포되어 옥고를 치른 사람이었다.[30] 그러므로 정이형은 김경하에게 조력을 구하 였던 것이다.

정이형의 요청을 받은 김경하는 정이형에게 만주로 가는 길을 알려주 고 대한통의부 학무부장으로 활동하고 있던 신언갑(申彦甲, 일명 申基

---

26) 이헌종, 앞의 논문, p.95.
27) 정이형회고록, p.1.
28) 위와 같음.
29) 『의주군지』, p.141, 377.
30) 『독립유공자공훈록』4, p.480.

甲, 호 南山)에게 보내는 편지를 써주었다. 신언갑 역시 평북 의주 월화면 출신으로 일찍이 만주로 망명하여 1919년에 안동현임시의사회를 조직하고 중심인물로 활동하였으며, 또한 1920년 1월 21일부터 연통제하에서 평안북도 독판부 경무사장(警務司長)·내무사장, 그리고 광복군 참리부에서는 법무사장을 역임하였고,[31] 당시에는 대한통의부 학무부장으로 활동하고 있었다.[32] 그러므로 김경하는 정이형과 동향의 인물로서 평소 정이형과 알고 지냈던 신언갑을 소개하였던 것이다. 김경하와 헤어진 정이형은 1922년 11월 신의주를 거쳐 압록강을 건넌 후, 안동현(安東縣)을 거쳐 대한통의부가 있는 관전현(寬甸縣)으로 향하였다. 정이형은 당시 관전현에서의 상황과 인간적인 고뇌를 그의 회고록에서 다음과 같이 토로하고 있다.

> 이제는 관전 땅이다. 이제는 안심하고 밥이나 사먹고 쉬여가리라 하고 객잔(客棧)을 찾아보니 먹을 것은 하나도 없었다. 강냉떡과 마화 같은 것은 중국인의 상식(上食)임에도 불구하고 한국인의 첫입에는 먹을 수 없는 악식(惡食)이었다. 수반(水飯)은 쉬어서 못 먹겠고 두부국은 냇내가 나서 못먹을 터라. 비로소 인정 풍속이 다른 만리타국에 왔구나 한 생각나서 장탄일호(長嘆一呼)하지 않을 수 없었다. 왜 나는 이 쓸쓸한 곳을 급급히 찾아왔을까. 집에 사랑하는 어머니와 처자들은 다 어찌될까. 나의 앞날은 고생이 어떠할까. 망국민족으로 생겨난 것이 죄였던가. 나의 어머님이 북으로 몇 십리만 들어와서 계셨다면 나는 이곳이 내 나라가 아니었을까.

정이형은 관전현으로 건너가 장음자(長陰子) 조국동(趙國東)의 집에서 신언갑을 만났다. 당시 신언갑은 통의부가 지역 감정과 권력 쟁탈 등으로 갈등을 겪자 학무부장을 사직하고 산서성(山西省)으로 가려던 차였다. 정이형은 신언갑으로부터 통의부의 상황에 대하여 듣고 자신도

---

31) 위의 책, pp.713-714.
32) 독립운동사편찬위원회, 『독립운동사』5, 1973, p.432.

신언갑에게 당시 국내의 운동 동향, 즉 공산주의 운동, 형평사운동, 농민운동, 사이비종교운동, 교육운동 등에 대하여 상세히 알려주었다.[33]

한편 신언갑은 정이형을 이웅해(李雄海)에게 소개해 주었다. 그런데 신언갑은 고향으로 보나 사상으로 보나 정이형을 전덕원에게 소개할 입장이었다.[34] 전덕원은 평북 용천 출신으로 의병대장 유인석의 문인이었다. 그리고 그는 만주에서 정인형의 스승인 김평식과 함께 대한독립단을 조직하여 활동하다 대한통의부에서 경무감 및 참모부감으로 활동하고 있던 터였다.[35] 그러므로 신언갑이 같은 평안도 출신의 인물로서 복벽주의 사상을 갖고 있던 전덕원에게 정이형을 소개시켜 주는 것이 자연스러운 일이었다. 그러나 신언갑은 정이형을 함경도 함흥 출신의 이웅해에게[36] 소개하였던 것이다. 당시 이웅해는 대한통의부의 민사부장이었으나 총장 채상덕(蔡尙德)이 출석하지 않아 총장대리로 일하고 있었다.[37]

대한통의부 본부로 가서 이웅해를 만난 정이형은 그의 소개로 민사부 부원 죽산(竹山) 김동현(金東鉉)을 만났다. 김동현은 민사부 부원으로서[38] 부원 이태익(李泰翊)·임시형(林時瑩)·이기신(李寄信)·김연수(金蓮秀)·최죽림(崔竹林)·홍순모(洪淳模) 등과 함께 활동하고 있었다.[39] 신언갑과 막역한 동지인 그는 정이형을 친절하게 대해 주었고, 정이형은 김동현의 소개로 교통부로 가서 교통부장인 오동진과 처음으로 만나게 되었다. 당시 교통부는 통의부 본부에서 10-20리 정도 떨어진 산 속에 위치하고 있었고,[40] 교통부감으로 신태익(申泰翼), 국장으로 황

---

33) 정이형회고록, pp.7-10.
34) 정이형회고록, p.12.
35) 박환, 「전덕원」, 『독립운동가열전』, 한국일보사, 1989, pp.59-65.
36) 『독립유공자공훈록』4, p.410.
37) 정이형회고록, p.13.
38) 위와 같음.
39) 『독립운동사』5, p.431.

동호(黃東浩), 국원으로 김경학(金景學)·장형옥(張亨玉)·고재윤(高在允)·박지수(朴枝秀)·고일준(高一俊) 등이 활동하고 있었다.[41] 오동진과의 만남은 정이형이 만주에서 활동하는 데 큰 힘이 되었을 뿐만 아니라 항일투쟁의 선봉에 나설 수 있도록 하였다. 정이형은 오동진에 대한 첫 인상을 다음과 같이 기록하고 있다. 즉,

> 내가 본 오송암(吳松岩) 선생의 첫인상은 아직도 청년이요, 평민적이요, 친절하고 열렬한 애정이 있는 친할 수 있는 선생으로 생각하였다.

라고 하여 오동진에 대하여 높이 평가하고 있다.

오동진과 만난 정이형은 밤새도록 함께 술자리를 하며 독립운동에 매진할 것을 내심 맹세하였다. 정이형은 당시의 상황을 다음과 같이 술회하고 있다.

> 밤이 깊어지자 자는 사람이 점점 늘어나서 필경은 나와 송암(오동진:필자주) 둘이서만 술을 마시며 담화를 하게 되었다. 선생은 나에게 진정으로 사생을 같이할 동지가 되어서 진정으로 다 꺼꾸러져가는 이 민족을 살려내자고 정중하게 말씀을 하는데, 나는 그 성의에 탄복하였다. "진심으로 국가를 위하고 민족을 위해서 몸을 바칠 생각을 가진 사람이라면 두 사람만도 좋고, 세 사람만도 좋다는 그 말씀이 의의 심장한 줄을 알았다. 나는 더욱 사력을 다하여 생명을 종(從)할 것을 약속하였다. 우리 두 사람은 다같이 흥분되어 잠이 오지를 아니하였다.[42]

즉, 만주로 망명한 정이형은 오동진과의 만남을 통하여 항일의 의지를 내심 되새겼던 것이다.

당시 오동진은 대한통의부의 젊은 동지들로부터 대단한 신임을 얻고

---

40) 정이형회고록, p.14.
41) 『독립운동사』5, p.432.
42) 정이형회고록, p.16.

있었다. 그는 김동현이 지적하듯이 다음과 같은 이유 때문에 더욱 청년들의 지지를 한 몸에 받고 있었던 것이다.

> 중앙 선생님들은 모두가 봉건냄새, 의병식 구투(舊套)만 가지고 있는데 오직 오송암 선생만이 평민적이요, 신사상을 가지고 또한 각처에 동지들이 산재(散在)한 관계로 정보 련락이 빠르고 모여드는 동지가 많아서 욕설을 자꾸 얻어먹으면서 무조건하고 청년들이 따르는 것이다. 그리고 돈이 있으면 있는 데로 모다 놓아 쓰고 자기 주머니에 넣어두는 법이 없다. 누구든지 아쉬운 말은 오 선생님에게 청한다. 그것이 장특점(長特點)이다. 이곳 동지들이 사용하는 돈은 반드시 재무부를 거쳐야 되고 재무부에서는 반드시 간부회의를 통과하여야 하게 되었는데 오 선생은 물론 자기 돈은 안 아끼지만은 그것을 잘 책임지고 처리하여 주는 것이다. 비로소 오 선생의 성격을 대강 짐작하였다.[43]

오동진의 이러한 성품 때문에 오동진의 주변에는 청년들이 광정단·서로군정서·광복군총영 등 여러 단체들에서 모여들고 있었다.[44]

이어 정이형은 김동현의 소개로 대한통의부 의용군 사령부를 방문하였다. 정이형은 자신의 평생 소원인 독립군을 직접 보게 된 것이다. 그는 김동현과 함께 눈길을 걸어 산골짜기로 2시간 정도가 의용군 사령부에 도착하였다. 그리고 그곳에서 사령관인 김창환(金昌煥)을 만나게 되었다.[45] 그는 경기도 광주(廣州) 사람으로 대한제국 육군 부위(副尉)를 역임하였으며, 일찍이 신민회·경학사·신흥무관학교 등에서 활동하였던 대표적인 군인이었다.[46]

정이형은 독립군을 본 당시의 감격을 다음과 같이 표현하고 있다.

---

43) 위와 같음.
44) 위와 같음.
45) 정이형회고록, pp.17-18.
46) 『독립유공자공훈록』4, pp.606-607.

나는 우리 한국 군대를 대하기가 생전 처음이라 마음에 감격에 눈물이 겨워서 어쩔 줄을 몰랐다. 오랫동안 묵묵히 앉았다가 겨우 입을 열어 우리 나라 군대를 처음 대하니 너무 감격한 것뿐입니다. 선생님 많은 군인들을 다리시고 얼마나 염려하십니까. 대단히 감사합니다 하였다.[47]

그러나 곧 정이형은 사령관 부관인 김창헌(金昌憲)으로부터 독립군들의 이름은 대한통의부군으로 통일되었으나 군대가 조직적으로 개편되지 못하였다는 이야기를 들었다. 즉 1중대는 서로군정서의 백광운(白狂雲)부대, 2중대는 독립단의 이웅해파, 3중대는 천마대(天摩隊)파, 4중대는 전덕원파가 각각 장악하고 있다는 것이다. 아울러 이들은 군웅할거식으로 각기 자신의 군대를 가지고 지도이론도 없이 운동을 지휘하니, 따라다니는 우리 청년들도 어리석지만 지도자이신 선생님들도 하나도 믿을 수 없는 것이 우리 독립군의 현실이라는 지적도 들었다. 그리고 지도자들은 청년 한사람만 보아도 모두 자기네 파로 끌어가려고 한다는 독립군의 실상에 대하여 접하였다.[48] 그런 가운데 정이형은 독립운동 단체의 통일을 위한 조직적인 독립운동 조직을 구성해야겠다고 생각하게 되었던 것이다.

한편 정의형으로 하여금 더욱 독립운동단체의 통일과 독립운동을 위한 새로운 이념의 필요성을 절실히 느끼게 한 것은 대한통의부 조직시 보직에 불만을 가진 전덕원 등에 의한 통의부 선전국장 김창의(金昌義) 사살사건이었다.[49] 사실 전덕원은 항일 경력으로 보나 연령으로 보나 대한통의부에서 높은 지위를 차지하여야 했다. 그러나 그는 부장보다 낮은 검무감(檢務監)에 임명되었다. 이에 전덕원은 나이 어린 오동진이 교통국장인데 자신은 부장에 임명되지 못하였다고 항의하였다. 오동진

---

47) 정이형회고록, p.18.
48) 정이형회고록, pp.20-22.
49) 독립신문 1922년 11월 8일자

이 부장에 임명된 것은 당시 오동진이 청년들의 지지를 많이 받고 있었고, 특히 대한통의부의 주도 인물인 양기탁의 신임이 제일 두터웠기 때문이었다.[50] 이에 전덕원은 양기탁 등 지도부에 불만을 갖게 되었던 것이다.[50] 이 사건은 정이형이 만주로 망명하기 한달 전인 1922년 10월 14일 관전현 이종성(李鍾聲)의 집에서 발생하였다. 전덕원 등 유림 계통의 군인 20여 명이 이종성의 집을 습격하여 유숙하던 김창의를 사살하고, 청년 김성국(金成國)에게 중상을 입혔으며 항일운동계의 원로인 양기탁, 법무부장 현정경(玄正卿), 검무감 이관성(金寬成), 교통국장 황동호, 비서과장 고활신(高豁信) 등을 결박하고 난타하였던 것이다.[51]

그리고 전덕원 일파는 1923년 봄 의군부를 조직하여 대한통의부에서 이탈하였고[52] 그 중심인물은 총재 박장호(朴長浩), 부총재 채상덕, 군사부장 전덕원, 정무부장 김유성(金有聲), 사령장 오석영(吳錫泳), 대대장 박일초(朴日楚) 등이었다.[53]

이 사태에 대하여 대한통의부에서는 해결방안을 놓고 부심 하였다. 그리고 대한통의부에서는 이 문제를 해결하기 위하여 간부회의를 소집하였다. 이때 정이형은 학무부장 대리 자격으로 이 회의에 참여하였다. 학무부장을 사직한 신언갑의 후임인 김동삼(金東三)이 아직 도착하지 않았기 때문이었다. 정이형은 만주로 망명한 지 얼마 안되었고, 또한 나이가 어리니 다른 사람으로 대체해 달라고 하였으나 재무부장 김상덕(金尙德)의 권유로 부득불 회의에 참석하게 되었다. 이 회의에는 교통부장 오동진, 재무부장 김상덕 등 각 부 부장들이 참여하였고 각부 부원들도 방청하였는데 분위기는 대단히 긴장감이 돌았다. 이 회의에서 부장들은 부장들이 전원 사임하기로 하고 전덕원 문제를 논의하기로 결정하였

50) 정이형회고록, pp.33-35.
51) 독립신문 1922년 11월 8일자
52) 국사편찬위원회, 『한국독립운동사』4, 1968, p.744.
53) 독립신문 1923년 5월 2일자

다.54)

　며칠 후 대한통의부에서는 지방대표자대회를 관전현 파저강(婆瀦江) 얼름 위에 옥수수 대로 지은 마차점(馬車店)에서 지방대표 50명 내외와 수행원 등 수백 명이 참여한 가운데 3일간 개최하였다. 이 회의에서 지방대표들은 전덕원 문제에 대하여 토의하였다. 참석자들은 전덕원이 의군부라는 새로운 조직을 만들어 분열한 것과 동지를 살해하고 선배와 동지를 구타한 것은 용납할 수 없다고 결정하였다. 그리고 전덕원과 타협하기 위하여 전 씨와 제일 친한 고광(古狂) 이천민(李天民)을 북경에서 불러 대한통의부의 군사책임을 맡기고 이천민에게 분열하지 않고 타협하도록 일임하고자 하였다. 그것은 동족간의 비극을 막고자 하는 지방대표들의 노력의 일환이었다.55) .

　그 이후 대한통의부에서 활동하던 정이형은 1923년 12월 대한통의부의 조직이 군사중심체제로 개편되자 군사활동에 처음으로 참여하게 되었다. 당시의 군사부장은 이천민, 의용군 사령장은 김창환, 군수국장 맹철호(孟喆鎬), 군무국장 이종건(李鍾乾), 호위국장 문학빈(文學彬) 등이었고 정이형은 평소 가까운 김창헌과 함께 사령장의 부관으로 활동하게 되었다.56) 아울러 대한통의부가 다시 실업과 교육방면에도 주력하기 위하여 부서를 개편할 때 정이형은 김창헌과 함께 사령관 신팔균(申八均)의 부관으로 일하였다. 57)

　또한 정의형은 1924년 7월경에는 본격적으로 대한통의부 의용군의 통의부 반대파 처단에도 참여하게 되었다. 즉, 그는 의용군 제6중대 제1소대장으로 활동하던 중 1924년 가을 경 부하 10여 명과 함께 중국 봉천

---

54) 정이형회고록, p.25.
55) 정이형회고록, pp.26-28.
56) 국사편찬위원회, 『한국독립운동사』4, pp.776-777; 애국동지원호회, 『한국독립운동사』, 독립문화사, 1956, p.262.
57) 애국동지원호회, 『한국독립운동사』, p.262.

성(奉天省) 환인현(桓仁縣) 홍묘자(紅廟子) 부근에 살고 있는 조모(趙某, 평북 선천 출신, 43세)를 반통의부 혐의로 환인현 육도하자(六道河子)에서 처단하였다.[58]

또한 그는 1924년 말에는 제6중대 제2소대장으로서 흥경현 왕청문(旺淸門)을 중심으로 활동하였다. 당시 정이형 소대의 병력은 무장단원 12명, 소총 5정, 탄약 400발, 권총 6정, 탄약 600발 등이었다.[59]

한편 1923년 겨울 대한통의부에서 활동하던 정이형은 새로운 이념과 독립운동 방략하에 독립운동을 전개하고자 하였다. 그러한 때에 마침 평안도 출신들을 중심으로 흥경현에서 다물청년당이라는 비밀결사가 조직되자[60] 여기에 가담하였다.[61] 그가 참여한 다물청년당은 1925년 5월 15일에 작성한 당헌에서[62] "민족의(民族義)의 소정(素精)에 기(起)하여 인류애의 본진(本眞)에 돌아간다"라고 그 주의를 밝히고 있다. 이어서 강령으로 1. 지연으로부터 문화로, 의뢰로부터 독립으로 옮겨갈 때, 자수(自修)・자양(自養)하고 자작・자급할 것 2. 공존공영의 사회성을 기초로 해서 계급상잔의 구생활을 변혁할 것 3. 전 세계 약소 민족의 해방운동과 동일 보조를 취할 것 등을 채택하였던 것이다.[63] 즉 정이형이 참여한 다물청년당에서는 민족을 강조하고 아울러 독립운동을 전개하는 시점에 있어서는 자수・자양・자작・자급해야 하고, 계급상잔의 구태 의연한 생활을 변혁하고 새로운 생활을 시작해야함을 강조하였다.

---

58) 임가문서, p.8.

59) 국사편찬위원회, 『한국독립운동사』4, p.797.

60) 신주백, 『만주지역 한인의 민족운동 연구(1925-40)-민족주의 및 사회주의 계열의 동향과 통일과정을 중심으로-』, 1995년 성균관대학교 박사학위 청구논문, p.87

61) 1925년 당시의 주요 간부는 중앙집행위원인 姜復元・金昌憲・李寅根 등이었다.(秘 高警제2394호 大正 14년 8월 6일 조선총독부경무국장 다물靑年黨憲入手ニ關スル件)(독립기념관 소장)

62) 다물청년당의 당헌은 제1장 총칙, 제2장 당원, 제3장 회의, 제4장 회의, 제5장 재정, 제6장 상벌 등으로 이루어져 있다(위와 같음)

63) 위와 같음.

나아가 전 세계 약소민족과의 연대투쟁 또한 주장하였던 것이다.

　다물청년당은 본부를 처음에는 흥경현에 두었다가 유하현 삼원포로 그리고 1924년 이후에는 봉천성 중국관리들의 취체가 엄중해지자 길림성 화전현(樺甸縣)의 정의부 중앙간부 소재지로 이전하였다. 1926년 2월 당시 당원은 200여명에 달하였으며, 1925년 11월에는 왕청문·도령(徒嶺)·해원(海原)·삼원포·하루하(下漏河)·하남(河南)·개봉(開封)·영묘(英廟)·관전·경원(京原)·흥경·무순동사(撫順東社)·화전(樺甸)·고산자(孤山子)·길림·무송(撫松)·반랍배(半拉背)·향양진(向陽鎭)·세림하(細林河) 등 20개 지역에 조직을 두었으며, 그 중 삼원포·왕청문·도령의 순으로 당원이 많았다.[64] 이러한 다물청년당에 참가한 정이형은 길림 지역을 중심으로 이성근(李誠根)·김이영(金利榮)·김상범(金尙範) 등과 함께[65] 활동하며 보다 효과적인 독립운동을 전개하기 위하여 노력하였다.

III. 정의부에서의 무장활동과 군민대표회 참가

1. 정의부에서의 무장활동

　대한통의부에서 군사활동을 전개하던 정이형은 대한통의부가 다시 정의부로 개편되자 이에 참여하였다. 당시 대한통의부가 의군부·참의부 등으로 분열된 뒤 통의부는 새로운 방향을 설정하지 않으면 안되었다. 그러한 때에 김동삼을 비롯한 대한통의부의 중진들은 1923년 상해에서 개최된 국민대표회의를 통하여 항일독립운동의 대통일을 이룩하려던

---

64) 秘 高警 제564호 大正 15년 2월 15일 조선총독부경무국장 다물靑年黨ノ近狀ニ關スル件(독립기념관 소장)
65) 위와 같음.

꿈이 깨어지고 오히려 서간도지역의 통합세력인 대한통의부 마저 다시 분열하기에 이르자 만주지역만이라도 통합을 이루고자 하였다.66) 그 결과 1924년 11월 25일 독립운동 단체의 통합을 의결하고, 단체의 명칭을 정의부라고 명명하였다.67)

정이형이 참여한 정의부는 처음에는 중앙본부를 유하현 삼원보에 두고 참의부의 세력권인 관전현·집안현(輯安縣)·환인현(桓仁縣)·통화현(通化縣) 등 4개 현의 일부를 제외한 지역에 10개의 지방총관소(地方總管所)를 설치하였다.68) 또한 중앙행정위원으로 이탁·오동진·현정경·김이대(金履大)·윤덕보(尹德甫)·김용대(金容大)·이진산(李震山)·김형식(金衡植)·이청천(李靑天) 등을 선임하여 정의부 조직을 완료하였다.69) 그리고 정의부는 중앙행정위원회에 군사부를 두고 사령관 아래 중대와 소대를 두었다. 이들 군사부는 일본육사 출신의 이청천, 대한제국 군대 출신의 김창환, 그리고 오동진 등의 지휘를 받았으며, 문학빈(文學彬)·양세봉(梁世鳳)·정이형 등 평안도 출신들이 주로 중대장과 소대장의 직책을 맡았다. 그리고 국내에서의 군자금 모집활동, 독립선전공작, 주구 암살, 일본 관리의 사살, 적기관 방화공작 등을 주로 하고 있었다.70)

정의부의 군사부에서 정의형의 무장활동을 보면 다음과 같다. 먼저 정이형의 국내진공작전을 살펴보면, 그는 1925년 3월 18일 정의부 의용군 제6중대장으로서 제8중대장 김석하(金錫河), 제6중대 제3소대장 김정호(金正浩) 등과 함께 관전현 하루하 약수동(藥水洞)에 모여 초산경찰서를 공격하고자 하였다. 왜냐하면 1924년 중 일경들에게 다수의 독립군

---

66) 경상북도 경찰부, 『고등경찰요사』, 1934, p.111
67) 정원옥, 「재만정의부의 항일독립운동」, 『한국사연구』 34, 1981, p.120
68) 변승웅, 「정의부」, 『한민족독립운동사』 4, 국사편찬위원회, 1988, p.243
69) 『고등경찰요사』, p.118
70) 채근식, 『무장독립운동비사』, 대한민국공보처, 1949, pp.137-138

들이 사살되었기 때문이었다. 그리하여 김석하는 초산경찰서 추목(楸木)경찰관 출장소를, 김정호는 동 서 외연(外淵)경찰관주재소를, 정이형은 벽동경찰서 여해경찰관출장소를 각각 습격하기로 하였다. 19일 정오 경 3개의 부대로 나누어서 각각 목적지로 향하였다. 정이형은 권총 2정을 휴대하고 부하 6명과 함께 결빙된 압록강을 건너 동일 오전 5,6시경 여해 경찰관주재소에 도착하여 동 소 근무 5명의 순사 중 서천융길, 임무, 신현택 등 3명을 현장에서 즉사시키고, 동 소 순사 시동환철랑(矢動丸鐵郎)에게는 좌대퇴부에 관통상을 입혔다. 그리고 또 출장소와 부근 김정일(金正一) 집을 방화하여 전소케 하고, 서천 순사가 소지한 38식 기총(騎銃) 일정과 방한외투 1벌을 노획하였다.[71]

한편 정이형은 1925년 7월경 정의부 제6중대 제1소대장으로서 제6중대장 문학빈, 동 중대 소대장 이성근(李成根)·김창호(金昌湖) 등과 함께 군사활동을 전개하였던 것이다.[72] 정이형은 국내진공작전 외에 군자금 모집활동도 전개하였다. 즉 1926년 3월 하순 제1중대장으로서 소대장 김형명(金亨明)을 비롯, 부하 약 20명을 인솔하고 길림성성(吉林省城)에 잠입하여 재류조선인으로부터 의무금을 징수하였다. 아울러 정이형은 조선인의 행동을 감시하는 친일 밀정배를 발각 즉시 사형에 처하라고 강경한 입장을 취하였다. 또한 당시 길림 거주 김기풍(金箕豊)·남재수(南在洙)·이덕화(李德花)·안규원(安奎元)·김영호(金永浩) 등이 도박을 하자 이들에게 각각 벌금 100원씩을 징수, 군자금으로 이용하였다. 정이형은 또한 동년 4월 상순 군자금을 모금하기 위하여 장춘에 거주하는 조선인 유두승(柳斗乘)·황도우(黃道宇) 외 수 명에게 청구서를 발송하고, 길장선(吉長線) 고유수(孤楡樹)에 있는 부하 수명을 파견

---

71) 임가문서 p. 8 및 국사편찬위원회, 『한국독립운동사』3, p.817. 국사편찬위원회 오동진판결문에는 일자가 1925년 3월 17일로, 그리고 정이형이 8중대장으로 나오고 있다.

72) 국사편찬위원회, 『한국독립운동사』4, p.815.

하여 모금하고자 하였다. 이에 대하여 길림에 있는 중국경찰에서는 독립
운동가들의 2~3개 숙소에 대한 수색을 전개하였다. 그러나 정이형은
김형명과 함께 피하여 길림성에 계속 은거하면서 활동하였다.[73]

또한 정이형은 1926년 5월 23일자 조선일보에,

> 경무당국에 도착된 정보에 의하면 평안북도 대안을 중심으로 활동 중이
> 던 정의부 제1중대 제1소대장 정이형 이하 여러 부하들은 다수한 귀갑형
> 폭발탄과 권총을 휴대하고 4월 상순이래 길림성 소공문 밖에 있는 00단원
> 최만영의 경영인 삼품공사와 및 기독교 목사 손정도의 집에 머물고 있으면
> 서 군자금을 모집 중이라는데 그들은 길림 일본총영사관 경찰서 순사 홍건
> 표, 채영묵과 및 길림 거류민회장 김정원, 부회장 김병전, 동 촉탁 채규옥·
> 홍순걸 등에게 대하여 각각 사형선고를 한 후 불원간 폭살코져 계획 중임
> 으로 일본 경찰관헌은 엄중경계 중이라 하며,

라고 하였듯이, 그 뒤에도 계속해서 길림에서 군자금 모금활동을 전개하
였던 것이다.

2. 군민대표회 참가

정의부가 발족된 지 수개월 후인 1925년 말부터 정의부 자체에 심한
내분이 발생하였는데 그것은 정의부 지도자 이상룡(李相龍)의 임정(臨
政) 국무령(國務領) 취임문제 때문이었다. 임시정부에서는 1925년 7월
4일 임시의정원에서 개정한 헌법에 따라 국무령제를 신설하고, 국무령
에 이상룡을 선임하였다. 이에 이상룡은 1925년 9월 24일 국무령에 취임
하였으며 10월에 내각을 조직하였다. 조직 명단을 보면 만주지역 주요
단체의 지도자들이 망라되었다. 예컨대 이유필(李裕弼, 참의부)·이
탁·오동진·김동삼·윤세용(尹世茸, 정의부)·김좌진·현천묵(玄天

---

73) 독립운동사편찬위원회, 『독립운동사자료집』10, 1976, pp.387-388; 고려혁명당
　　재판 기록 정이형조.

默)・조성환(曺成煥, 신민부) 등이 그들이었다. 이상룡의 이러한 계획은 뜻대로 이루어질 수 없었다. 왜냐하면 당시 일제의 삼시협정(三矢協定), 일・소간의 국교 수립 등으로 만주지역의 독립운동계가 상당히 난관에 봉착해 있었기 때문이었다. 더구나 만주 독립운동계 지도자들이 대한민국 임시정부를 재만독립운동 단체의 상위기관으로 인식하고 있지 않았다.[74]

이러한 상황에서 1925년 12월 화전현(樺甸縣)에서 개최된 정의부의 제2회 중앙의회에서 이 문제를 갖고 갑론을박하다 결국 이상룡을 추선한 중앙행정위원회에 대한 불신임을 결의했고, 이에 중앙행정위원회에서는 1926년 1월 중앙의회의 해산을 선언하게 되었다.[75] 사태가 여기에 이르자 행정위원인 간부들은 행방을 감추고, 다만 전 중앙의회 상임위원장 이해룡(李海龍)만이 남아 1926년 1월 비상수단으로 비상의회격인 군민대표회(軍民代表會)를 개최하였다.[76]

이때 정의부의 군사활동에 중추적인 역할을 한 정이형 등 군부세력은 정의부의 주도권을 장악하였다. 그리하여 정이형은 의용군 제1중대 대표 자격으로 1926년 1월 24일 제2중대 대표 양세봉, 제3중대 대표 문학빈, 제4중대 대표 이규성(李奎星), 제5중대 대표 안홍(安鴻) 등 의용군 중대장 4명과 함께 참여하였다.[77] 이들 중 정이형을 비롯하여 양세봉・문학빈・이성근 등은 모두 평북 출신으로 연령별로는 20-30대의 젊은 청년 장교들이었다.[78] 그리고 이해룡 등 지방대표 11명, 현익철(玄益哲) 등 중앙민의대표 3명 등 대표회원의 연서로서 결의사항을 포고하고 58조로 된 새로운 정의부 헌장을 제정하여 동월 26일부터 시행하기로 하는

---

74) 박영석, 「정의부연구-민주공화정체를 중심으로-」, 『일제하독립운동사연구』, 일조각, 1984, p.75
75) 『고등경찰요사』, p.118
76) 『독립운동사자료집』 10, p.387
77) 국사편찬위원회, 『한국독립운동사』4, p.842.
78) 위의 책, pp.814-815.

등 정국의 안정을 위해 노력하였다.79)

　당시 정이형 등 군사세력과 민간인 대표들은 정의부의 명칭을 그대로 두고 중앙의회의 성립을 볼 때까지 대임위원 및 중앙행정위원을 선거하였는데, 대임대표회(代任代表會) 위원은 이해룡·현익철·강제하(康濟河), 후보위원은 송학천(宋學天)·이관실(李觀實)·이동국(李東國) 등이었다. 이들은 행정당국을 감사하고 당국의 필요한 요구를 승인하고 행정위원회를 개최할 수 없을 때에는 그 사무를 대행하는 역할을 담당하였다. 그리고 중앙행정위원으로 고활신·김학선(金學善)·김탁(金鐸)·김정제(金正濟)·오대영(吳大永) 등을, 정무원에는 송학천·김성진·이정일·최병모(崔炳模)·이인근(李寅根)·송덕인(宋德仁)·김시우(金時雨)·이채강(李采江)·이관실·김광택(金光澤)·김문칠(金文七)·원유일(元有逸)·김제우(金濟雨)·백관(白寬) 등을 선출하였다.80) 이들은 지역적으로는 평안도파, 투쟁노선에 있어서는 무장투쟁론자, 연령별로는 청년층들로서 정이형 등 군사세력과 그 기반을 같이하였다. 그 결과 영남파·자치파·장년층은 소외되게 되었다.81)

　한편 정이형은 1926년 1월 26일 발표된 정의부 헌장에도 대표로서 참여하였다. 그가 참여한 정의부 헌장은 김석하·이해룡·양세봉·안홍·문학빈·현익철 등 군민대표회 대표 23명의 이름으로 발표된 것으로 전문은 6장 58조로 나누어져 있다. 제1장은 제1조에서 6조까지로 총론으로 되어 있고, 제2장은 7조, 8조로 인민의 권리 및 의무를 명시하였고, 제3장은 9조에서 23조까지로 입법기관에 대하여 명시하였으며, 제4장은 제24조에서 47조까지로 행정기관에 대하여 명시하였다. 제5장은 48, 49조로 사법기관에 대하여, 제6장은 50조에서 54조까지로 재정에 대하여 언급하고 있으며, 부칙은 54조로부터 58조로 되어 있다. 82)

---

79) 『독립운동사자료집』 10, p.377
80) 위의 책, pp.378-379
81) 위의 책, p.387

즉 정이형 등 군민대표위원들은 헌장에서 정의부를 항일독립운동 전선의 자치정부(준국가)로서, 민주적인 근대 헌법의 체제를 갖춘, 엄격한 3권 분립체제, 내각책임제, 지방자치제 등을 시행하고자 하였던 것이다.[83] 아울러 정이형 등 군부세력은 종래 정의부와 중앙행정부가 취하여 온 방침은 극히 미온적이라고 판단하고 군사행동을 강조하였다.[84] 그리고 이의 실현을 위하여 정이형은 활발한 대일투쟁을 전개하였던 것이다.

IV. 고려혁명당의 조직과 활동

1. 새로운 방법론과 새로운 이념의 지향

정의부와 다물청년당에서 활동하고 있던 정이형은 1925년 6월 중국 동북군벌과 조선총독부 사이에 삼시협정의 체결로 만주지역에서의 독립운동이 더욱 어렵게 되자 이를 타개하기 위해서 독립운동을 보다 효과적으로 전개하려고 부심하였다. 즉 정이형의 당시의 상황에 대하여 애국동지원호회편, 『한국독립운동사』에,

> 통의부 말기와 정의부 초기에 만주의 독립운동은 아무런 핵심체를 가지지 못한 산만 무조직적이라고 통한하는 이가 있었으니, 그는 만주독립운동에 많은 경험을 가진 정이형이었다. 그는 2, 3 동지와 더불어 항상 독립운동 핵심단체를 조직하기로 부심하던 바[85]

라고 있듯이, 정이형은 독립운동의 핵심이 되는 유기적이고 조직적인 독립운동 단체를 만들기 위하여 노력하였던 것이다.

---

82) 위의 책, pp.381-386
83) 『독립운동사』 5, p.496
84) 『독립운동사자료집』10, p.387.
85) 애국동지원호회, 『한국독립운동사』, pp.270-271.

정이형은, 독립운동은 지금과는 다른 새로운 방략과 이념으로서 운동을 추구해야 한다고 인식하였던 것 같다. 우선 운동 방략과 관련하여 무엇보다도 정이형은 독립운동 단체의 통일운동이 중요하다고 생각하였다. 이 점은 당시의 독립운동계의 통일운동 분위기와 밀접한 관련이 있는 듯하다. 즉 국내에서는 화요파, 북풍회파, 서울청년회파가 제휴해서 조선공산당을 성립시켰을 뿐만 아니라, 신간회를 조직하고자 하는 운동들이 전개되었다. 또한 국외에서는 만주의 남북청년총동맹, 간도의 청년총동맹 조직운동 등 통일운동이 활발히 전개되고 있었다.[86] 뿐만 아니라 정이형은 망명 초기의 전덕원 사건 등을 통하여 일찍부터 독립운동단체의 통일운동에 깊은 관심을 갖고 있었던 것이다. 이러한 때에 정이형은 최동희(崔東曦)와 연락하여 만주만의 조직이 아니라 국내와 만주지역을 통괄하는 조직체를 만들어 항일운동의 역량을 보다 강화시킬 수 있을 것이라고 판단하였다.

한편 이념적인 측면에 있어서 정이형은 지금까지의 공화, 복벽 등의 이념과 다른 새로운 이념을 추구하는 것이 독립운동을 보다 효과적으로 진행할 수 있는 방도였다고 인식한 것 같다. 1945년 최형우(崔衡宇)가 작성한 『해외조선혁명운동소사(제1집)』 「고려혁명당」란에 다음과 같이 언급되어 있다.

사회는 진화되고, 인류는 향상함으로써 그 최고의 행영(幸榮)을 누릴 수 있는 것이다. 이 역사적 과정을 과정하는 필연적으로 투쟁이 생기(生起)하는 것이요, 이 투쟁은 모든 대립적 관계 즉 계급적 혁명을 통하여서야만 그 성공이 가능한 것이다. 이것은 맑스주의적 이론에서도 이미 해명된 바이지만 민족혁명에 있어서도 이 원칙은 적용되는 것이다.

민족의 특수성을 말하는 것은 그 경제적 조건의 발전관계를 지적하는 것이요, 이외의 역사 문화 등 문제가 있다 하여도 이 근본 이념을 떠나서는

---

86) 임가문서, pp.3-6.

인민의 전적(全的) 해방 이익을 획득하기는 어려운 것이다.

설사 제국주의적 파쇼적 일시의 강압적 미봉정책이 있다 하더라도 이는 종국적 파산을 예언하는 것으로 구원(久遠)한 대중의 복리를 보장하지 못하는 것이다. 자칫 잘못하면 여기에서는 어떤 일부 특권 계급의 야망을 달성시킬 뿐, 민족도 인민도 그 존재조차 희생될 위험성이 풍부한 것이다.

그럼으로 인민은 무의식 중에서도 자기의 정상적 발전을 위하여는 진로를 명확히 포착하려는 것이요, 진보적 혁명운동자는 이런 경우에 돌격적 진군을 강행하는 것이다.

고려혁명당은 이와 같은 역사적 객관적 의의를 내포하고, 사회적 환경의 모든 어려운 문제를 배제하면서 출현한 것이다.

만주의 민족운동에서 귀중한 경험을 쌓는 동안 진정한 목적의 완수는 이런 과학적 이론을 근간으로 하는데서만 가능하다는 것을 실천적으로 인식한 원 다물단의 중진 정이형은 영웅적 투쟁과 비약적 출발을 개시하였던 것이다.[87]

즉 정이형은 대한통의부·다물청년당·정의부 등 민족주의 단체에서 활동하면서 진정으로 조선의 독립을 달성하기 위해서는 민족운동에서도 과학적 이론을 근거로 계급투쟁을 전개할 때만이 가능하다고 인식하였던 것이다. 그러나 그가 주장하는 이러한 이념은 당시 공산주의가 주장하는 이념과는 다른 것이다. 즉 정이형 등 정의부 인사들은 조선공산당 만주총국이 1926년 5월 설치될 예정으로 있는 등 만주지역에 공산주의 이념이 확산되자 민족진영의 인사들이 종래에 해오던 이념으로써는 혁명운동을 승리로 이끌 수 없다고 판단하였다. 그러므로 진보적인 민족주의를 내세움으로써만이 재만동포와 국내동포에 기반을 둔 독립운동 단체를 조직할 수 있을 것으로 판단하였던 것이다. 나아가 정이형은 일본제국주의를 몰아내기 위해서는 무장투쟁을 이념운동으로 승화시켜 각파의 혁명사상가들을 망라하여 당을 조직하고자 하였던 것이다.

---

87) 최형우, 『해외조선혁명운동소사(제1집)』, 동방문화사, 1945, pp.35-36.

그의 당 조직론은 그가 일찍이 참여했던 다물청년당의 경험이 큰 도움이 되었을 것으로 생각된다.

따라서 정이형은 국내외를 막론하고 독립운동 단체의 통일과 더불어 과학적 이론에 바탕을 둔 새로운 이념을 통한 민족운동의 전개를 주창하였던 것이다. 그리고 이러한 이론을 기반으로 고려혁명당을 만들 것을 발의하여[88] 고려혁명당 조직의 산파역을 담당하였던 것이다. 즉 정이형은 사유재산제도를 부인하는 공산제도의 실현을 목적으로 만주에 산재해 있는 정의부원, 다물청년당원, 조선에 거주하는 천도교도와 형평사원을 규합해서 고려혁명당을 조직하고자 하였던 것이다.[89]

2. 최동희와의 만남과 고려혁명당의 조직준비

정이형의 열망은 천도교연합회의 최동희를 통하여 가시화될 수 있었다. 최동희는 동학 2대교주 최시형(崔時亨)의 아들로 1925년 2월 러시아로부터 김광희(金光熙)·주진수(朱鎭壽)·이규풍(李奎豊) 등과 함께 길림으로 와 독립운동의 전개를 위하여 매진하고 있던 터였다.[90] 특히 최동희가 주도한 천도교연합회는 1923년 초 봄 진통을 거듭하던 천도교 신구파의 대립 속에서 오지영(吳知泳)을 중심으로 한 혁신파가 조직한 것이다. 그들은 동학의 종지인 '인내천'이란 무한한 자유와 평등을 의미하는 것이라고 보고, 사회주의적인 입장에서 계급차별이 없이 평등하며 경제적으로 균등화된 사회를 건설하고, 교회 내에서는 권위주의적이고, 중앙집권적이며, 계급차별적인 교회운영을 지양하고, 혁신적으로 개인과 지방 중심의 평등한 교회운영을 추구하여 나간 집단이었다.[91]

---

88) 고려혁명당 재판기록 정이형조, 이동구조
89) 고려혁명당 재판기록 이동구조
90) 애국동지원호회, 『한국독립운동사』, pp.270-271; 최정간, 『해월 최시형가의 사람들』, 웅진출판사, 1994, p.276.
91) 조규태, 「1920년대 천도교연합회의 변혁운동」, 『한국근현대사연구』4, 1996,

최동희가 길림에서 새로운 운동을 모색할 때 천도교에 깊은 관심을 갖고 있던 정이형과의 만남은[92] 최동희에게도 역시 자신의 혁명이념을 만주와 국내를 근거로 실현할 수 있는 좋은 기회라고 판단되었을 것이다. 그리하여 최동희는 당시 재만조선인 이일심(李一心)·정규선(鄭奎瑄)·양기탁·정이형 등과 함께 일본제국주의의 현존제도를 파괴하고, 혁명을 통해 조선민족을 해방시키기 위하여 정의부원, 천도교도, 형평사원을 결속해서 공고한 혁명당을 조직하고자 하였다. 이에 최동희는 서자 출신으로 백정들의 신분상승 운동체인 형평사와 천도교의 혁신파인 천도교연합회의 중심인물인 이동구(李東求)를 적절한 인물로 선정하였다.[93] 왜냐하면 그를 통하면 천도교연합회뿐 아니라 형평사 세력까지도 고려혁명당에 가입시킬 수 있을 것으로 생각하였기 때문이었다. 그리하여 최동희는 이동구를 1925년 8월 장춘으로 불러 그곳 아동여관(亞東旅館)에서 만났다.[94] 최동희로부터 혁명당에 대한 취지를 들은 이동구는 이에 동조하였다. 그리고 형평사와 천도교연합회 양 단체에 연락하기로 하였다.[95]

1926년 3월 초 서울로 돌아온 이동구는 와룡동(臥龍洞) 천도교연합회 사무소에서 동 회 간사인 김봉국(金鳳國)·송헌(宋憲)에게 당을 조직할 계획을 알렸다. 이에 그들은 찬성의사를 표시하였다. 한편 이동구는 서울 와룡동 형평사 중앙총본부에서 동사 간부인 오성환(吳成煥)도 가입시켰다. 그리고 이동구는 형평사의 대표자로서 오성환의 위임장을 받았으며, 김봉국은 천도교의 대표자로서 송헌의 위임장을 갖고, 이동락(李東洛)과 함께 3월 22일, 23일을 전후해서 길림성 길림성내에 도착하였

---

p.202.
92) 정문경과의 면담에서 청취
93) 임가문서, p.11(고려혁명당 복심재판문).
94) 위와 같음.
95) 고려혁명당 재판기록 이동구조

다.96)

　한편 정이형은 정의부의 원로 독립운동가들과 다물당의97) 원로들에게 자신의 계획을 털어놓고 고려혁명당 조직을 의논하였던 것 같다. 그리하여 평소 가까이 지냈던 양기탁·오동진·고활신 등 정의부원 가운데 진보적인 인물들과 정의부원이면서 다물당의 중앙집행위원장을 맡고 있던 현익철 등과98) 고려혁명당을 조직하고자 하였던 것이다.

3. 고려혁명당의 조직과정

　정이형의 노력으로 1926년 2월 15일, 16일 양일에 걸쳐 길림성 길림성(吉林城) 내에서 양기탁·주진수·이일심·최동희·고활신·현정경 등 6명이 모인 가운데 고려혁명당 발기회를 갖고, 고려혁명당의 조직방법·선언·강령규칙의 제정·내외에 특파원의 특파·창립대회소집건 등을 협의 결정하였다. 이 발기회에는 정이형의 중계로 양기탁·고활신·현정경 등 정의부와 다물당 측 중심인물들과99) 최동희 등 천도교연합회 중심 인물들이 참여하였다.100) 이 중 주목되는 것은 주진수 등 러시아 블라디보스톡을 중심으로 활동을 하던 인사가 참여하고 있다는 점이다.101)

　발기회 이후 이동구 등 국내의 천도교연합회, 형평사 세력들이 길림성

---

96) 위와 같음.
97) 다물청년당은 1925년 말 또는 1926년 상반기에 다물당으로 변경되었다고 한다(신주백, 앞의 논문, p.88) 앞으로 다물당에 대하여는 좀더 검토가 이루어져야 할 것으로 생각되며, 특히 다물당과 정의부, 다물당과 고려혁명당, 고려혁명당과 정의부와의 상호 관계가 보다 깊이 논의되어야 할 것으로 생각된다.
98) 朝保秘 제1182호 大正 15년 9월 30일 조선총독부경무국장 다물黨ノ近情ニ關スル件(독립기념관 소장)
99) 『독립운동사』5, pp.497-500
100) 조규태, 앞의 논문, p.219.
101) 『무장독립운동비사』, p.139.

에 도착하자 이들은 즉시 예비회의를 갖고 고려혁명당의 조직에 박차를 가하였다. 즉 1926년 3월 25일 발기회에 참석한 양기탁 등 외에 이동구·김봉국·김광희·이동락·이규풍 등 국내 및 러시아에서 활동하던 인사들이 대거 참여하여 고려혁명당의 선언·강령·당규·당약(黨約) 등을 의논하고, 맹약 등의 제정위원으로 이규풍·이동락·김광희 3명을 선정하였다.[102] 아울러 3월 26일에 정이형은 양기탁·이동구·최동희·김봉국·이동락·고활신·이일심·주진수·김광희·이규풍·현정경·현익철·이성계(李成桂) 등과 함께 양기탁 집에 모여 재차 결사의 조직을 준비하였다.[103]

이어 1926년 3월 29일에는 단체 조직의 이름을 고려혁명당이라고 명명하고,[104] 고려혁명당 결당(結黨)대회를 개최하였다. 즉 길림성내 후호동(後胡洞) 양기탁의 집에서 앞서 언급한 11명이 회합하여 양기탁을 의장, 고활신을 서기로 선출하였고, 선언·강령·당략(黨略)·당규·맹약의 결정·기타 간부·정당원의 승인·사무분담·당기(黨旗)·당원장(黨員章)·당인(黨印)·당암호·당기념일·통신의 장소·당원 1만인 모집·당재정·제3국제공산당과 중국국민당과의 연락·외교위원, 당원 양성과 당의 연호 등에 관한 건을 결정하였다.[105] 그리고 조직부·선전부·경리부·검사부 등 혁명운동의 집행기관을 조직하였다.[106]

그리고 다음과 같은 고려혁명당 선언을 발표하였다.[107]

---

102) 임가문서 p. 12
103) 국사편찬위원회, 『한국독립운동사』3, p.818.
104) 임가문서, p.11.
105) 임가문서, pp.12-13
106) 국사편찬위원회, 『한국독립운동사』3, p.818.
107) 당시 1926년 3월 29일자 선언문에 서명한 사람은 김봉국, 이동락, 이동구, 양기탁, 최동희, 고활신, 김광희, 현정경, 이규풍, 주진수 등 10명이다(임가문서, p.29)

복수가 피압박 계급이 소유하고 있는 진리임이 판명됨과 동시에 계급만
능주의의 사생아인 과거 인류의 역사는 이미 우리들의 면전에서 그 참패의
종국을 자인하고 말았다. 그리고 우리들의 안중에는 우리들의 존엄과 권위
로써 창조전의 인간 사회의 그 모습은 남기지 못하였다.

　　고려혁명은 즉 고려와 같은 새로운 인간사회를 창조하여야 할 존엄과
권위를 지니는 각 피압박 군중과 피압박 군중을 약동하는 위대한 신생명의
소유자를 새로운 인간사회가 창조해야 할 결승적 최후의 전투의 일원인
것으로부터 출발해서 단결해서 우리들의 혁명의 적인 군벌과 재벌의 근거
를 박멸하기 위하여 근본적으로 단결해야 한다. 모두가 함께 단결하여 진
검(眞劍)을 뽑아 세계적 흑막(黑幕)의 참극에서 충일한 죄악적 암조(暗潮)의
대혈해(大血海)를 횡단하고, 인류의 성공의 절정(絶頂)에서 고무되는 역사
적 긍요(矜耀)의 신광탑(新光塔)에 진지하게 혁명 제단에 성결(聖潔)한 희생
이 되어야 한다.108).

　　즉 정이형 등 고려혁명당 당원들은 인간의 존엄과 권위를 인정받는
새로운 인간사회를 창조하고자 하였으며, 이를 위해 혁명 제단의 성스러
운 희생이 되자고 강조하였던 것이다.

　　이들은 드디어 1926년 4월 5일 길림성성(吉林省城) 영남반점에서 고
려혁명당을 창당하였다.109) 그리고 이날은 천도교의 천일(天日)기념일
즉 최제우의 득도일로서 천도교 신자들에게는 특별한 의미가 있는 날이
기도 하였다.110) 이때 참석한 인물은 정이형과 주진수·고활신·양기
탁·최동희·이규풍·이동락·김광희·오동진·현정경·곽종욱　등
이었다.111)

　　아울러 정이형 등 고려혁명당 당원들은 강령을 통해 그들이 추구하는
사회의 보다 구체적인 모습들을 보여주고 있다.

108) 朝鮮總督府 警務局 保安科, 『朝鮮の治安狀況 昭和2年版』, pp.170-171.
109) 『무장독립운동비사』, p.139.
110) 조규태, 앞의 논문, p.208.
111) 애국동지원호회, 『한국독립운동사』, p.271.

1. 우리들의 인간 실생활의 당면한 적인 모든 계급적 기성 제도와 현재
   조직을 일체 파괴하고, 물질계와 정신계를 통해서 자유평등의 이성적
   신 사회를 건설하자.
2. 제국주의와 자본주의에 대한 그 근본적인 반항, 우리들에게 공명하는
   각 피압박 민족과 결합해서 동일전선에서 일치된 보조를 취하자.[112]

즉 정이형은 물질적 정신적인 측면에서 자유평등의 이상적 새로운
사회를 건설하고자 하였던 것이다. 아울러 이의 구체적 실천을 위하여
정이형 등 고려혁명당원들은 다음과 같은 당략을 결정하였다.

1. 대국의 성세(聲勢)에 향응하고 지리의 관계를 이용해서 만주를 최선의
   전지(戰地)로 삼는다.
2. 최고 간부는 상해에 두고, 동양의 피압박 민족과 연락을 취하고, 만주
   책전상(策戰上) 필요관계가 있는 때는 임시로 적당한 지대로 전치(轉置)
   한다.
3. 동양운동의 필요상 제3국제공산당과 합치하는 책략을 취한다.[113]

즉 고려혁명당에서는 만주를 최선의 전투지역으로 삼고 이 지역을
기반으로 하여 독립운동을 전개하고, 동양운동의 필요상 제3국제공산당
과 합치하는 책략을 취하고자 하였다. 그리하여 고려혁명당은 국제공산
당・중국국민당의 원조를 얻어 만주를 근거지로 하여 파괴・암살・방
화 등 직접 행동으로 혁명운동의 성공을 기하고 우선 만주를 공략하여
이를 수중에 넣은 다음에 일제를 파멸시켜 새로운 국가를 건설할 것을
목적으로 하였던 것이다.[114]
한편 창립대회 당시 고려혁명당의 주요 간부 명단을 보면 다음과 같다.

---

112) 『朝鮮の治安狀況 昭和2年版』, p.171.
113) 위의 책, pp.171-172.
114) 朝鮮總督府警務局, 『在滿不逞團竝社會主義團體の狀況』(독립기념관 소장),
    1928년 3월, pp.3-9.

- 위 원 장 : 양기탁
- 책임비서 : 이동구
- 위   원 : 정이형·현정경·고활신·오동진·이동락·김봉국·현익
  철·이규풍·최동희·주진수·곽종육.[115]

    정이형과 함께 활동한 고려혁명당의 주요 간부를 보면 만주지역의
정의부·다물청년당, 국내의 천도교연합회·형평사 등의 인물이 그 중
심을 이루고 있다. 즉 정의부에서 활동한 인물로는 위원장 양기탁을 위
시하여 정이형·현정경·고활신·오동진·현익철·곽종육 등을 들 수
있으며,[116] 다물청년당에서 활동한 인물로는 정이형·현익철 등을 들
수 있다.[117] 천도교연합회 회원으로는 최동희·이동구·이동락·김봉
국 등을,[118] 형평사 관련 인사로는 이동구를 들 수 있다. 이동구는 천도
교인으로서 형평사의 중심 인물이었다. 즉, 그는 1924년과 1925년에 형
평사 총본부 중앙집행위원이었던 것이다.[119] 그 외에 오성환은 충남 강
경 출신으로 장지필(張志弼)·조귀용(趙貴用) 등과 함께 형평사 혁신동
맹에 참여하였던 인물이었다.[120] 한편 이규풍·주진수 등은 민족주의

---

115) 애국동지원호회, 『한국독립운동사』, p.271. 한편 오동진과 정이형은 1926년
    4월 7일 吉林城내 吉精所에서 개최된 고려혁명당 회의에서 창립회원 및
    중앙회원으로 결정되었다고 한다(임가문서, p.13)

116) 『무장독립운동비사』, p.139.

117) 현익철은 1924년에 홍경현에서 활동하였다(高警 제564호 大正 15년 2월 15
    일 조선총독부경무국장 다물靑年黨ノ近狀ニ關スル件) 그리고 그는 1926년
    6월에 사퇴하기 전까지 다물당의 중앙집행위원장으로 활동하였다(朝保 秘
    제1182호 大正 15년 9월 30일 조선총독부경무국장 다물黨ノ近情ニ關スル
    件)(독립기념관 소장) 그 밖에 다물청년당에서 활동한 인물로는 李東林·金
    元植·李鍾乾·池龍基·金剛·金履大·康濟河·金寬聲·承震·文學彬·金
    昌憲 등을 들 수 있다(高警 제564호 大正 15년 2월 15일 조선총독부경무국
    장 다물靑年黨ノ近狀ニ關スル件)

118) 조규태, 앞의 논문, p.219.

119) 김중섭, 『형평운동연구』, 민영사, 1994, p.252.

120) 고숙화, 『일제하 형평사연구』, 1995년도 이화여자대학교 박사학위청구논문,
    pp.79-83.

운동을 전개하였던 인물들이었으나 당시에는 러시아에서 활동하다 만주로 이동해 온 인사들이었다.[121]

한편 정이형은 4월 8일 오동진·현정경·양기탁 등과 함께 '책임 분담의 건', '정당원 승인의 건' 등을 결의하였다.[122] 그리고 4월 9일에는 동지 12명과 함께 양기탁을 의장으로 하고, 각지에 청년단을 창설할 것과 당의 방침에 위반되는 기성 청년단의 해방, 당 학교의 설립, 교과서 편찬 등에 대하여 결의하기도 하였다. 그리고 4월 12일에는 경비의 분담, 세포의 조직, 중앙심사위원으로 양기탁·오동진·이동락·주진수·이규풍을 정하고, 정이형 자신은 비서가 은신해 있을 장소를 결정하기로 하였다.[123]

지금까지의 고려혁명당의 조직과정을 표로서 작성하면 다음과 같다.

<표 1 > 고려혁명당의 조직과정

날짜	회의 명칭	회의 장소	참가자
1926.2.15	예비회의	길림성성	양기탁, 주진수, 최동휘, 고활신, 이일심, 현정경
동년3.25	발기회		양기탁, 주진수, 최동휘, 고활신, 이일심, 현정경, 김봉국, 김광희, 이동락, 이규풍, 이동구
동년3.29	결당대회	길림성내 후호동 양기탁 집	위와 같음
동년 4.5	창립대회	길림성 영남반점	양기탁, 이동구, 정이형, 현장경, 고활신, 오동진, 이동락, 김봉국, 현익철, 이규풍, 최동휘, 주진수, 곽종륙

---

121) 『독립유공자공훈록』 4, pp.917-918(주진수)), pp.784-785(이규풍), 이규풍은 1925년 2월경에는 블라디보스톡에 있는 高麗部의 간부로서 활동하고 있었다.(제3호 咸北高秘甲第1028號ノ一 大正 14년 2월 25일 함경북도지사 警務局長殿 日露條約 成立後ノ浦潮地方狀況ニ關スル件(독립기념관 소장)
122) 임가문서, p.13.
123) 임가문서, pp.12-13.

동년 4.7.	간부임시회	길림성성내 길정소(吉精所)	양기탁, 이동락, 주진수, 김광희, 최동휘, 이규풍, 고활신
동년 4.8	간부임시회	위와 같음	양기탁, 이동락, 주진수, 김광희, 최동휘, 이규풍, 고활신, 정이형, 오동진, 현정경 외 2명
동년 4.9	당대회		위와 같음
동년4.12	당대회		위와 같음

4. 고려혁명당에서의 활동과 세포조직을 위한 노력

고려혁명당을 조직한 후 정이형 등 고려혁명당 당원들은 국제공산당과 중국국민당의 원조를 받아서 만주를 근거지로 해서 암살·파괴·방화 등 모든 직접 행동에 의지하여 혁명을 일으키고자 하였다. 이를 위하여 먼저 만주를 공략한 후 조선으로부터 일제를 구축하고자 하였던 것이다.[124]

이를 위해 정이형 등 고려혁명당 간부들은 최동희를 소련 북경주재 대사 카라한에게 파견하였다. 또한 최동희를 당 대표의 자격으로 장개석을 만나기 위하여 1926년 7월 1일 중국국민당 최고회의가 열리는 노산(盧山)으로 파견하기도 하였다.[125] 이러한 시기에 정이형은 당의 발전을 위하여 유동열(柳東悅)에 이어 청년장교단 대표로 중국국민당에 가고자 하였으나 뜻대로 이루어지지 못하였다.[126]

한편 정이형 등 고려혁명당 간부들은 당원의 확보와 조직을 위하여 동분서주하였다. 그리하여 만주 지역을 중심으로 우선 약 100명 정도의

---

124) 『朝鮮の治安狀況 昭和2年版』, p.168.
125) 애국동지원호회, 『한국독립운동사』, pp.270-271.
126) 최형우, 앞의 책, p.40.

당원을 확보하였으며,[127] 만주 지역에 다수의 세포조직을 확보하였다. 이를 보면 다음과 같다.[128]

<표 2 > 고려혁명당 세포조직 일람표

조직명	위치	조직시기	당원수
길성(吉城) 제1포	길림성성내	1926.4.16	16
미자하 제2포	화전현 미하자(味河子)	동년 4.27	7
○○구(溝) 제3포	액목현 교하진(交河鎭) 황지강자(荒地崗子)	미 상	9
횡도하자 제4포	길림성 19 횡도하자(橫道河子)	동년 7.4	3
소오가자 제5포	봉천성 회덕현 서소오가자(西小五家子)	동년 7.5	3
소강철도 제6포	길돈철로(吉敦鐵路) 송화강철교(松花江鐵橋) 공사장	동년 7.14	5
상장대(尙腸垈) 제7포	봉천성 개원현(開原縣)	동년 7.17	4
한가둔 제8포	길림현(吉林縣) 19 한가둔(韓家屯)	동년 8.2	3
의기구자(義氣溝子) 제9포	액목현 교하진(交河鎭) 의기강자(義氣崗子)	동년 8.3	3
춘등하(春登河) 제10포	화전현	동년 8.7	3
정의부 제1공포(公胞)	영길현(永吉縣) 신한둔(新韓屯)	동년 8.21	7

즉 정이형 등 고려혁명당 당원들은 만주지역의 조직 확대에 일단 심혈을 기울였다. 그 결과 1926년 8월 경에는 길림성·봉천성 등 각 지역에 세포를 조직하였던 것이다.

5. 정이형 등의 체포와 고려혁명당의 와해

고려혁명당의 활동도 당시 중앙집행위원으로 활동하던 이동락이 1926년 12월 28일 오전 11시 30분 경 장춘 서정(曙町) 3정목에 있는

---

127) 임가문서, p.14. 애국동지원호회의 『한국독립운동사』, pp.270-271에는 당원과 준당원을 합하여 1,500명 정도였다고 하고 있다.
128) 임가문서, p.14.

동아정미소에 유숙하던 중 현지 경찰에게 체포됨으로써 크게 위축되었다. 당시 이동락은 당의 선언서·강령·당략·규약·맹약 등 다수의 문서를 갖고 체포되었기 때문에 이를 발단으로 주요 동지들이 다수 체포되었다.[129] 이를 바탕으로 서울 시내 형평사 본부의 집행위원인 서광훈(徐光勳)·장지필·조귀용 등과 형평사 인천지사 간부인 오성환 등이 1월 20일을 전후하여 체포되었다. 그리고 얼마 후에 만주에서 천도교 간부인 홍병기(洪秉箕)와 송헌 등이 체포되었으며, 2월 17일에는 상해에서 나와 있던 이동욱(李東郁)이 서대문 경찰서에 체포되었다.[130]

김봉국은 고려혁명당 사건 직전에 공산주의를 선전했다는 혐의로 기소되었다가 평양 복심법원에서 1926년 12월 15일에 무죄로 석방된 후 얼마 후에 이동락이 체포되었다는 것을 알고 만주로 피신하였다가 봉천에서 안동현 경찰서에 체포되어 신의주로 압송되었다.[131]

한편 정이형은 동지들과 함께 하얼빈으로 이동하여 재기계획을 추진하고 있었다.[132] 즉 그는 길림성 북극문 부근에 표면적으로 추전양행(秋

---

129) 임가문서, pp.28-29. 이동락이 체포되면서 일제측에 빼앗긴 문서에는 서명자 명단 등이 있어 고려혁명당의 이해에 큰 도움을 주고 있다. 이를 보면 다음과 같다. 맹약(1926년 3월 30일자, 김봉국, 이동락, 而笑(이동구), 양기탁, 최동희, 고활신, 김광희, 현정경, 이규풍, 주진수, 李一心 등10명 서명), 맹약(4월 7일자, 정이형, 오동진, 현익철, 이동락, 이동구 외 3명 서명), 고려혁명당 발기록(2월 16일자, 발기인, 양기탁, 주진수, 최동희, 고활신, 이일심, 현정경 등 6명 연서), 고려혁명당 대회결정서(책임비서 이동구 서명), 고려혁명당 결당대회 결의서(4월 1일자, 김봉국, 이동락, 이동구, 양기탁, 고활신, 주진수 외 5명 서명), 위임장(3월 1일자, 천도교연합회 서무부위원장 송헌, 동 선전부위원장 이동락 , 동 經過部위원장 김봉국으로부터 김봉국에게), 위임장(동 형평 4년 3월 5일(단기 4259년)자, 형평사 중앙총본부 서무부 오성환, 외교부 장지필, 재무부 조귀용으로부터 이동구에게), 위임장(1926년 4월 고려혁명당 중앙집행위원 고활신, 김봉국, 이동구로부터 최동희에게), 三黨交涉案(삼당은 제3국제공산당을 지칭한다), 고려혁명당 당원명부, 고려혁명당 결당 예비회의록, 세포명부, 日誌외 서류수통 등이다.

130) 최익환, 「고려혁명당 하」, 『신인간』, 360, 1978년 9월, p.69.

131) 최익환, 앞의 글, p.70.

132) 『在滿不逞團竝社會主義團體の狀況』, pp.9-10.

田洋行) 지점을 설치하고 관원의 감시를 피하며 독립운동을 전개하고 있었던 것이다.[133] 일면 그는 홍콩을 경유, 미국으로 망명하여 공부를 계속할 까도 생각하였다.[134] 그러던 중 하얼빈 전가전(傳家甸) 대고(大古) 13도가(道街) 조선인 박경종(朴慶鍾)이 경영하는 농업공사에서 1927년 3월 11일 새벽 하얼빈 영사관 경찰 7명에게 동지 6명과 함께 체포되었다.[135] 당시 정이형과 함께 체포된 인물은 이동구·방찬문(方贊汶)·이한봉(李漢鳳)·이원주(李元柱)·유공삼(柳公三)·박기돈(朴基敦) 등이었다.[136] 그들은 4월 7일 하얼빈총영사관 경찰서로부터 신의주서에 압송되었다가 5월 6일 신의주서로부터 신의주지방법원 검사국에 송치되었다.[137]

신의주형무소에 수용된 정이형 등 고려혁명당의 주요 간부 14명은 형무소 내에서 옥중투쟁을 전개하여 항일의지를 고양하기도 하였다. 특히 정이형은 1927년 12월 19일 신의주에서 열린 제1회 공판에서 이동구와 함께 금일 공판에서 경어를 사용할 것을 요구하였고,[138] 고려혁명당에 대한 신문에 대해서는 완전히 침묵하여 대답을 하지 않았다.[139] 이어 1928년 2월 8일에 있었던 2회 공판에서도 "나는 약자이다. 나는 하고자 하는 바를 했을 뿐이다"라고 말하고 입을 다물어 버려 이 사건으로 법정에 소요가 일어나게 되었다.[140] 동년 3월 9일에 있었던 3회 공판에서도 정이형은 재판을 시작하려고 할 때에, "나는 절대로 공술하지 않을 터이오, 당신 내 임의로 처리하고 시픈대로 하시오. 그리고 다른 피고들은

133) 동아일보 1926년 8월 1일자
134) 정문경과의 면담에서 청취
135) 『在滿不逞團並社會主義團體の狀況』, pp.9-10, 임가문서, p.31.
136) 동아일보 1927년 4월 22일자
137) 임가문서, p.31.
138) 동아일보 1928년 2월 9일자
139) 임가문서 p. 32.
140) 동아일보 1928년 2월 9일자; 송상도, 『기려수필』, 국사편찬위원회, 1974, p.271.

속히 판결을 지으시오"라고 한 후 최창조 변호사의 권유도 듣지 않고 시종 공술을 거부하는 대담함을 보였던 것이다.[141]

정이형의 완강한 공술 거부에도 불구하고 재판은 진행되어 정이형은 동년 3월 19일 제4회 공판에서 사형을 구형 받았다. 당시 그와 함께 구형 받은 동지들은 이동구 징역 7년, 김봉국 징역 7년, 이동락 징역 7년, 이동욱 징역 7년, 송헌 징역 5년, 서광훈 지역 5년, 조귀용 징역 5년, 홍병기 징역 5년, 박기돈 징역 5년, 유공삼 징역 5년, 이원주 징역 10년, 방찬문 징역 10년 등이었다.[142] 즉 정이형은 동지들 가운데서 가장 중형인 사형을 얻도 받았던 것이다.

그 후 동년 4월 20일에 개최된 언도공판에서 정이형은 무기징역을 언도 받았다.[143] 정이형은 이에 불복하여 공소하였다가 복심의 개최가 지연되자 동년 6월 4일 동지 이동락 · 방찬문 · 이원주 · 유공삼 등과 함께 공소를 취하하고[144] 1심의 언도대로 평양형무소에서 옥고를 치렀다. 그 뒤 8.15해방을 맞아 1945년 8월 17일 공주형무소에서 출옥하였다.[145]

결어

정이형은 1920년대에 만주지역을 중심으로 대한통의부 · 정의부 등에서 활동한 대표적인 무장투쟁가였다. 사실 그는 학력과 경력으로 보아 무장투쟁을 전개할 만한 군사지식을 갖춘 인물이 되지 못하였다. 그러나 그는 조선의 독립을 달성하기 위해서는 무장투쟁노선을 견지해야 한다고 생각하고 있었다. 그러므로 대한통의부에서 의용군에 가담하였으며,

---

141) 동아일보 1928년 3월 12일자
142) 동아일보 1928년 3월 21일자
143) 동아일보 1928년 4월 22일자
144) 동아일보 1928년 7월 13일자
145) 정문경, 이규창(정이형의 사위, 남화한인청년연맹에서 활동)과의 면담에서 청취

정의부 등에서도 의용군의 소대장·중대장 등으로 활동하였던 것이다. 그리고 대한통의부와 정의부에서 군자금 모집, 국내진공작전, 일본 경찰서 습격 등 압록강 대안과 길림·장춘 지역을 중심으로 전개된 수많은 항일운동의 중심인물로서 활동하였다.

그러나 정이형은 무장투쟁만을 전개한 운동가가 아니었다. 그는 항상 독립운동 단체의 통합과 통일을 강조한 인물이었다. 그러므로 그는 그 당시로서는 획기적인 형평사·천도교연합회 등 국내 조직과의 통합운동을 전개하였던 것이다. 아울러 주진수·이규풍 등 자신과 이념을 달리하는 세력과의 통합 역시 강조하였던 것이다. 이러한 그의 통일의지는 망명 초기에 그가 대한통의부에서 목격한 의군부와 참의부로의 분열 등에 기인하는 것이라고 하겠다.

또한 정이형은 재만동포들을 위한, 그리고 독립운동을 보다 효과적으로 전개하기 위한 새로운 이념의 추구자였다. 그는 다물청년당과 고려혁명당이라고 하는 이념 정당을 조직하여 이념에 따라 통치할 수 있는 정당 정치를 추진하였던 것이다. 그럼으로써 동포들에게 새로운 세계에 대한 청사진을 제시하여 효과적인 대일투쟁을 유도하고자 하였던 것이다. 그리고 이러한 새로운 이상향의 추구는 당시 새로운 이념인 사회주의 사상의 영향 또한 크게 받은 것으로 보인다. 즉 정이형은 1925년 말 1926년 초 정의부의 내분으로 군민대표회의에 군인 대표의 일원으로 참가하면서 정의부의 나아갈 방향에 대하여 고민하였던 것 같다. 정의부의 새로운 헌장을 만들면서 정의부가 추구할 새로운 이념이 누구보다도 정이형에게는 요청되었을 것이다. 그러한 과정에서 정이형은 정의부를 이끌어 나갈 수 있는 새로운 정당을 조직하려고 하였을 것이다. 그 과정에서 탄생한 것이 결국 고려혁명당인 것으로 생각된다.

결국 정이형은 독립투쟁 방략으로는 무장투쟁노선을, 정치이념으로서는 진보적 민족주의 이념을 추구한 투쟁가이며 사상가라고 할 수 있겠다. 그의 이러한 항일역량은 체포된 뒤에도 옥중투쟁으로 지속되었고, 해방 이후에는 민족의 통일운동과 반민족자 처벌운동으로 계속되었다.

정이형 회고록 : 대한통의부에 관한 새로운 자료

서언

　정이형은 1897년 평북 의주에서 출생하여 1919년 3·1운동 당시에는
전남 장성에서 만세시위에 참여하는 한편 민족교육을 전개하였으며, 그
후 일제의 추적을 피하여 1922년 11월 만주로 망명하여 서간도 지역의
대표적인 독립운동단체인 대한통의부, 정의부 등에서 무장활동을 전개
한 무장투쟁가였다. 뿐만 아니라 그는 고려혁명당을 조직하여 새로운
이념을 통한 독립운동의 발전을 위하여 노력하던 중 1927년 하얼빈에서
체포되어 1945년 광복이 이루어지기까지 약 19년 동안 투옥되었던 민족
운동기의 대표적인 항일투사였다.
　그는 해방 이후 출옥과 동시에 8·15 출옥 혁명동지회에 참여하는
한편 일제의 부역자 처리에도 적극적이었다. 즉 그는 민족정기의 회복을
위해서는 부역자에 대한 정당한 평가와 처리가 이루어져야 한다고 인식
하였던 것이다. 그러므로 정이형은 남조선과도입법의원에서 친일파처리
를 위한 특별법을 제정하는 데 있어서도 중추적인 역할을 담당하였다.
즉 남조선과도입법의원의 관선의원인 정이형은 1946년 12월 20일 제6
차 본회의 원법 초안 제2회 독회과정에서 <부일협력자 민족반역자 간상

배조사위원회>를 특별위원회의 하나로 설치할 것을 제안, 동의를 구함으로써 친일파제거를 위한 특별법 제정의 직접적인 계기를 마련해 주었던 것이다. 이어서 1947년 1월 11일 정이형은 <부일협력자 민족반역자 전범 간상배에 대한 특별법률조례> 기초위원회의 위원장으로서 친일파 척결에 큰 기여를 하였다.

한편 정이형은 해방 이후에도 민족의 조직화운동에 심혈을 기울였다. 즉 그는 8.15출옥혁명동지회의 기관지인 ≪혁명≫(1946.1) 창간호에 기고한 "민족조직화운동에 대하여"에서,

> 현재에 있어서도 우리는 민족조직화운동을 무엇보다도 간절히 요구하는 것이다. 소련의 슬라브 민족처럼 독일민족처럼 비록 패전국이라 하더라도 우리는 독일민족처럼 단결되기를 희망한다. 미·영의 앵글로색슨처럼 조직화되기를 바라는 바이다.(중략)
> 좌익은 좌익으로서 좌익적 역할을 하고, 우익은 우익으로서 우익적 역할을 하면 차(車)의 양륜(兩輪)같이 정치상에 서로 감시하고 서로 연구하여, 우리민족의 번영 발전만을 위하여 나간다면 그 얼마나 행복스럽고 경하할 일일 것이라!

라고 하여, 우익과 좌익이 서로 자신의 역할을 하며 우리민족의 번영 발전만을 위하여 매진할 것을 강조하였던 것이다. 이러한 그의 주장은 곧 그의 통일론으로 이어졌으며, 그는 이를 실현하기 위하여 김구, 김규식 등과 함께 남북협상 차 평양을 다녀오기도 하였던 것이다.

그러나 남북협상의 실패, 그리고 5·30선거에 무소속으로 마포 을구에 출마했다가 낙선한 뒤로 그는 정계에서 물러나 은둔생활을 하게 되었다. 그 후 6·25가 일어나 동족상잔의 비극을 겪고 병마에 시달리던 정이형은 마지막으로 자신의 생애를 기록해 둠으로써 독립운동의 잃어버린 역사를 복원시키고자 하였던 것이다. 그리하여 그가 작성한 것이 바로 자신의 만주망명기와 대한통의부에서 체험한 것들을 기록한 것이

다. 정이형은 자신의 이 기록을 부산 피난 시설인 1953년부터 그가 죽음을 맞게 되는 1956년까지 집필하였던 것이다. 그러므로 그의 이 기록은 그의 마지막 육필 수기이며, 그의 민족정기 회복을 위한 유언장과도 같은 기록이라고 할 수 있다. 다만 안타까운 것은 그의 정의부, 고려혁명당 등에서의 활동에 대하여는 기록을 남기고 있지 않은 점이다.

본고에서는 대한통의부를 중심으로 정이형 회고록의 구성과 내용, 그리고 그 사료적 가치와 역사적 의미 등에 대하여 살펴보도록 하겠다. 이를 통하여 항일투사인 정이형 개인의 이력뿐만 아니라 1920년 대 만주지역 독립운동사의 일면을 살펴볼 수 있을 것이다.

I. 구성과 내용

정이형 회고록은 독립운동가 정이형(1897-1956)에 의해 저술되었다. 이것은 현재 정이형의 첫째 딸인 정문경(鄭文卿,1922년 생)과 둘째딸 정소항(鄭昭降, [1]1946년 생)이 보관하고 있다. 필사본이며, 국한문 혼용체로 쓰여진 이 자료의 크기는 가로 30cm, 세로 20cm이며, 총 39면으로 이루어져 있다. 저술 시기를 알 수 있는 내용을 본문에서 살펴볼 수는 없으나 큰 딸 정문경의 증언에 따르면 1953년 부산 피난시절에 쓰여졌다고 한다.

이 자료는 모두 8장으로 나뉘어져 있는데 이를 보면, 나의 망명추억기(1면-4면), 차자간 고우(故友)를 만나서(5면-7면), 국내정세보고(7면-12면), 통의부 본부를 찾아서(12면-17면), 처음으로 독립군의 정규무장대를 만나다(17면-23면), 지방대표자대회를 보고(24면-28면), 전덕원씨의 반통의부 이유와 그 사실(29면-38면), 대회후의 통의부는 무엇을 하였는가

---

1) 정이형은 자신의 딸의 이름을 일본의 昭和가 항복하였다고 하여 소항이라고 지었다고 한다.

(38면-39면) 등이다. 목차에서 볼 수 있는 바와 같이 정이형의 회고록은 정이형의 망명과정, 통의부 본부와 대한통의부 의용군의 모습, 전덕원 등의 양기탁 구타사건 등에 대한 대한통의부 측의 대응과 그 실상 등에 대하여 밝히고 있다. 특히 그 가운데 전덕원씨의 반통의부 이유와 그 사실이 10면으로서 가장 많은 분량을 차지하고 있어 당시 대한통의부 내 권력의 실상과 내부의 갈등을 생생히 보여줄 수 있을 것으로 기대된다.

다음에는 각 장별 내용과 그 특징들에 대하여 간단히 살펴보도록 하겠다.

1장 <나의 망명 추억기>에서는 정이형의 망명시기, 망명계기, 그리고 구체적인 망명과정 등에 대하여 언급하고 있다. 즉 정이형은 대한민국 4년(1922년) 11월에 망명했다고 밝히고 있다. 그가 서기나 단기를 사용하지 않고 대한민국이라 쓴 것은 그가 대한민국임시정부를 정통으로 하고 있음을 보여주는 단적인 예라고 할 수 있다. 아울러 자신의 망명 목적에 대하여 "만주에 산재한 우리 독립군의 정체를 찾자보고, 상해에 가서 우리 망명정권 임시정부의 독립운동 방침과 지도강령 등을 들어보려는 것이다" 라고 밝히고 있다. 그리고 정이형이 의주에서 신의주, 안동현 구시가, 삼도만(三道灣)을 거쳐 관전현으로 가는 과정과 그 과정에서 느낀 점들, 그리고 관전현 장령자(長岭子)에서 조국동(趙國東)과의 만남 등에 대하여 서술하고 있다.

2장 <차자간 고우(故友)를 만나서 >에서는 고향 선배인 대한통의부 학무부장인 신언갑(申彦甲,호: 南山)과의 만남에 대하여 언급하고 있다. 신언갑은 이 대목에서 당시 통의부의 상황에 대하여 "새사람이 새 정신을 가지고야 이 판국을 바로 잡지 우리 같이 썩은 인간은 별수가 없는 것이다. 그래서 나는 명일 산서성(山西省)으로 떠나가는 길이다. 독립도 되기 전에 세력 다툼이 무엇인고. 나는 그런 썩은 인간들은 한시간이라도 보기가 실어서 "라고 하여 통의부에 대하여 비관적으로 언급하고 정이형 등 새로운 젊은 인력들이 항일운동 참여의 필요성에 대하여 강조하고 있다. 아울러 신언갑은 정이형에 대하여 "동지는 나보다도 조숙하여서 3·1운동 전부터 일찍이 집을 떠나 다니면서 세상에는 별별 잡음이 많이 떠돌았으나 나는 다 짐작하여요. 망명을 하여도 이렇게 늦어서야 해외를 떠나는 분이 모를 이치가 있소" 라고 하여 정이형이 3·1운동 이전부터 항일운동에 참여하였음을 알려주고 있다.

3장 <국내정세의 보고>에서는 신언갑과 조국동에게 국내정세를 보고한 내용을 소개하고 있다. 당시 신언갑 등은 국내정세에 대하여 대단히 궁금해하였다. 그러므로 정이형은 자기가 알고 있는 3·1운동 이후 국내에서 전개되고 있는 내용들에 대하여 소상히 밝히고 있다. 즉 국내 청년들이 사회주의로 경도되고 있다는 내용과 지방인들이 아직도 몽매하여 사교를 다수 신봉하고 있는 점, 다행스럽게도 3·1운동 이후 소학교 교육이 흥기하고 있는 점, 그리고 조선총독의 식민정책의 실상 등에 대하여 소상히 전해주고 있다.

4장은 <통의부 본부를 찾아서>이다. 이 부분에서는 신언갑의 소개로 통의부를 찾아간 정이형이 그곳에서 민사부장인 이웅해를 만났으며, 이어 민사부원 김동현(金東鉉)을 통하여 교통부로 안내되어 오동진과 만난 것들이 주요 내용이다. 여기에는 대한통의부 교통부의 위치와 현황, 그리고 민사부원 김동현의 대한통의부 및 오동진에 대한 평가, 오동진의 면모 등을 알 수 있는 내용들이 다수 포함되어 있다. 특히 이 가운데 만주지역 무장투쟁계의 대표적인 인물인 오동진의 실제적인 면모를 살필 수 있는 부분들은 주목된다고 하겠다.

5장은 <처음으로 독립군의 정규무장대를 만나다>이다. 이 부분에서는 대한통의부 의용군의 현황에 대하여 잘 살필 수 있다. 즉 대한통의부 의용군이 당시 통일적으로 개편되지 못하고 각자 군웅할거식으로 이루어져 있다는 점, 대한통의부 호위대의 중심인물인 백광운(白狂雲)에 대한 설명, 대한통의부 의용군의 무장정도, 무기의 구입경로와 가격 등에 대하여 소상히 밝히고 있어 대한통의부 의용군의 현황을 생생하게 잘 이해할 수 있다.

6장은 <지방대표자대회를 보고>이다. 이 부분에서는 전덕원 등이 의군부란 새로운 조직을 만들어 분열한 이유, 그들에 대한 대한통의부의 대책에 대하여 소상히 알려주고 있다. 즉 대한통의부 지도부에서는 지방 대표자 회의에 앞서 간부회의를 미리 개최하였던 것이다. 이때 정이형은 학무부장 신언갑의 대리로 참석하였다. 그러므로 정이형은 당시 간부회 의의 결정사항에 대하여 알고 있었다. 그 내용은 모든 부장들이 보직을 사퇴하고 전덕원의 사태에 대하여 논의하기로 한다는 것이었다. 이어서 수일 후에 50여명이 참여한 가운데 개최된 지방대표자 대회에 대하여 상세하게 서술하고 있다. 이 회의에서는 간부들의 사표를 반려하고 전덕 원이 동지 및 선배를 구타하고 살해한 점, 의군부라는 단체를 조직하고 분열한 점등에 대한 비판이 있었으며, 문제의 원만한 해결을 위해 전씨 와 제일 친한 고광(古狂) 이천민(李天民)을 북경에서 불러다 군사책임을 맡기고 타협하고자 하였음을 밝히고 있다.

7장은 <전덕원씨의 반통의부 이유와 그 사실>이다. 이 부분에서는 먼저 대한통의부의 설립과정에 대하여 밝히고 있다. 특히 그 중 주목되 는 것은 대한통의부의 설립에 있어서 양기탁과 이관린(李寬獜), 장철호 (張喆鎬)의 노력에 대한 부분이다. 양기탁의 망명과정에 이관린, 장철호 등이 이 주요한 역할을 한 사실과 만주에서의 양기탁의 통일운동의 전개 등에 대한 사실은 새롭다. 그리고 이 부분에서 정이형은 이관린에게 본 인이 직접 들은 무용담을 길게 소개하고 있어 흥미롭다.

다음으로는 전덕원이 대한통의부에 불만을 갖게 된 이유에 대하여 밝히고 있다. 주요 내용은 당시 전덕원이 항일경력으로 보나 당시의 추 종세력으로 보나 오동진, 이웅해 등 부장급들보다 우세함에도 불구하고 부장보다 못한 검무감에 임명된 것이 발단이 되었다고 밝히고 있다. 즉 감투문제가 주요 갈등의 원인이 되었던 것이다.

이어서 전덕원 편에 선 독립단 계열의 군대에 대하여 밝히고 있다. 특히 주동적인 역할을 한 김시영(金時英)의 작태에 대하여 언급하고 있다. 즉 그는 여자문제로 대한통의부의 제재를 받은 인물이었다. 그러나 이 인물을 전덕원이 유인하여 김소영이 독립단 군인을 이끌고 있는 김창천(金昌天)에게 명령하여 김창의(金昌義) 등을 사살하고 양기탁, 현정경, 김관성(金寬成), 황동호(黃東浩) 등을 구타하였다는 것이다. 다음에는 문제의 해결을 위하여 사령장 김창환(金昌煥)과 전덕원이 벌인 회담에 대하여 소상히 소개하고 있다. 김창환은 총장부 비서로 있던 고활신(高豁信)의 요청으로 군인 1개 중대를 이끌고 전덕원을 만나 타협하고자 하였다. 그러나 이 회의는 상호간의 오해로 말미암아 결렬되고 말았다. 그러나 그 과정에서도 군인들은 동족간에 전투를 벌이지 않기 위해 끝까지 노력하고 있는 모습을 보여주고 있다.

8장은 <대회후의 통의부는 무엇을 하였는가>이다. 여기서는 오동진이 지방대표자 회의 후 북경, 남경, 상해, 광동, 러시아령 등 각지에 있는 동지들에게 보낸 편지의 내용을 소개하고 있다. 즉 오동진은 다음과 같이 서술하고 있다.

우리는 김창의 동지의 죽음을 애도합니다. 그것은 동지의 눈물이나 나의 눈물이나 꼭 같이 뜨겁고 서러울 줄 압니다 만은 김창의 동지에 대한 복수적 행동은 단념하였습니다. 그것은 동족상살의 죄악을 범할 때에 우리의 가슴은 오늘보다 더 한층 아플 것을 염려함입니다. 동지는 나더러 동지간의 우정이 없다고 책하지 마십시오.

라고 하여 오동진이 동족간의 살상만은 막아보고자 무진 애를 쓰고 있었음을 단적으로 보여주고 있다. 이때 정이형도 오동진을 도와 여러 장의 편지를 대신 작성하였다고 밝히고 있다. 그리고 이러한 편지는 오동진 외에 당시 김이대(金履大), 현정경 등도 작성하였다고 밝히고 있다.

이후 대한통의부는 일신하여 대한통의부를 보다 잘 이끌어 나가려 했다고 밝히고 있다. 즉 대한통의부에서는 간부회의를 개최하고 군인들을 국내로 파견할 것, 항일투쟁을 전개할 것 등을 결정하였으며, 아울러 재만동포의 부담을 경감할 것, 교육, 민생문제, 토호숙정 문제들을 결의하였다. 특히 재만동포의 생활안정을 도모하기 위하여 독립운동단체에 대한 부담을 경감시키기로 하였다고 밝히고 있다.

II. 사료적 가치

본 자료는 만주에서 무장투쟁을 전개한 항일운동의 중심인물인 정이형이 직접 작성한 회고록이라는 측면에서 특별히 주목된다. 지금까지 만주지역의 독립운동에 관한 자료는 대체로 일본 밀정의 보고 등에 주로 의존하고 있는 실정이었다. 이러한 시점에서 대한통의부, 정의부 등에서 중대장과 소대장으로서 무장투쟁에 앞장섰던 정이형의 기록은 대단히 중요한 의미를 갖는다. 특히 대한통의부에 관한 자료는 일본측 밀정의 보고 기록과 독립신문, 동아일보, 조선일보 등 당시의 신문 자료에 의존하고 있는 실정임을 감안할 때, 이 자료의 발굴은 대한통의부 내부의 구체적인 문제들을 하나하나 생생하게 보여주고 있다는 점에서 신선미를 더해주고 있다.

정이형의 회고록에서 먼저 우리의 흥미를 끄는 것은 정이형 자신의 망명 노정(路程)과 대한통의부에서의 활동에 대한 부분이다. 전자의 경우를 보면, 정이형은 의주에서 신의주를 거쳐 압록강을 넘어 안동현, 그리고 삼도만(三道灣)을 경유하여 대한통의부의 본부가 있는 관전현에 도착하고 있다. 이러한 여정은 관전현으로 이동하는 일반적인 노선이었던 것 같다. 정이형 이전에 서간도 지역으로 이동한 양기탁 역시 서울에서 압록강을 경유하여 안동현에 도착한 다음 관전현으로 이동하고 있는 것이다. 그리고 대한민국임시정부 국무령을 한 이상룡 역시 회인현으로 이동시 신의주에서 압록강을 건너 관전현을 경유하여 회인현으로 이동하고 있다.[2]

후자의 경우, 정이형의 대한통의부 지방대표자대회 참가와 오동진이 국내외에 있는 동지들에게 전덕원 등 동족과의 싸움을 절제해 줄 것을 요청하는 서한을 작성함에 자신이 이바지하고 있음 을 밝히고 있다. 일반적으로 자신의 회고록을 쓸 경우 자신의 활동에 많은 양을 할애하는 경우가 허다한데 본 자료는 전덕원의 김창의 살해 사건 등 당시 대한통의부가 직면한 문제들에 더욱 비중을 두어 서술하고 있다.

다음은 본 자료를 통하여 새로이 알 수 있는 대한통의부에 대한 내용들을 중심으로 살펴보도록 하겠다. 앞서 언급한 바와 같이 본 자료는 대한통의부에 대한 서술이다. 정이형은 1922년 11월 만주로 망명하여 대한통의부의 본부가 위치한 관전현으로 갔다. 그리고 그곳에서 대한통의부의 중심인물인 학무부장 신언갑, 민사부장 이웅해, 교통부장 오동진, 사령장 김창환 등 대한통의부의 주요 인물들과 면담하였다. 뿐만 아니라 그는 전덕원의 김창의 사살사건 이후 개최된 대한통의부의 지방대표자회의 등에도 참여하여 전덕원 사건의 진상을 밝히는 데도 큰 도움을 주고 있다. 그 이후 그는 계속해서 대한통의부에서 활동하였고, 대한통의부가 발전적으로 해체되어 조직된 정의부에서도 활동한 인물이다. 그러므로 대한통의부에 대한 그의 언급은 상당한 신빙성을 갖고 있는 것으로 생각된다.

우선 이 회고록과 관련하여 주목되는 부분은 첫째, 대한통의부의 성립

---

2) 박영석, 「일제하 재만한인사회의 형성-석주 이상룡의 활동을 중심으로-」, 『한민족독립운동사연구』, 일조각, 1992, p.104.

과 관련된 부분이다. 지금까지 학계에서는 대한통의부의 성립에 있어서 양기탁, 이관린, 장철호 등의 역할에 대하여 거의 주목하고 있지 못하다. 다만 최형우가 작성한 『해외혁명운동소사』(동방문화사, 1945, 6면)에서만 대한통의부의 조직에 있어서 양기탁과 이관린이 중요한 역할을 하였음을 간단히 지적하고 있을 뿐이다. 그러나 정이형은 자신의 글에서 특히 양기탁이 대한통의부의 성립에 있어서 중요한 역할을 하고 있음을 새롭게 밝히고 있다. 즉 그는,

> 본래 만주에는 여러 가지 명칭을 가진 단체가 많았다. 모두 목표가 같은 독립운동 사업이지만은 세상 어느 곳이나 마찬가지로 자연발생적으로 위작(爲作)되는 초기에 있어서는 각개가 문호를 달리하고 나선 것은 사실이다. 이것은 조금도 개의치 않는 것이다. 삼일운동이 일어난 지도 벌써 3년이 지냈으니 만치 각자 별별 개개로 분립하여 있는 단체를 동일한 계통으로 조직하여야 할 시기도 도래하였거니와 여기에 한 중대한 지도적 역할을 한 선생이 있다. 이 분은 105인 사건 시에 왜놈들에게 미움을 받아서 고금도(古今島)로 정배를 갔었던 운강 양기탁 선생이다. 선생이 배소(配所)에서 3년만기가 되어 서울에 도라 와 계신 줄을 여걸 장청(丈青) 이관린 여사가 알고서 만주에서 가만히 서울로 들어와서 선생을 보시고 만주로 망명하시도록 모든 비밀 공작을 하신 것이다. 이장청 여사가 서울로 들어와서 이러한 비밀공작을 하던 중에는 별별 일화도 많이 있고, 사실이 그렇게 신중을 기하고 비밀을 누설하지 아니하였으므로 소망을 성취하였을 것이다. 내가 직접 이장청 여사에게 들은 말로는 定州 어느 곳을 지내오는데 왜경의 눈을 놓이기 위하여 거짓으로 장철호(後에 중대장까지 하신 분)씨는 남편이 되고(하략)

라고 하여 양기탁의 만주로의 망명에 있어서 이관린과 장철호가 중요한 역할을 하였음을 밝히고 있는 것이다.

만주로 온 양기탁은 만주지역의 독립운동 단체의 통일운동에 정진하였던 모양이다. 당시의 상황에 대하여 정이형은,

양기탁 선생이 만주로 들어서면서 제1성으로 호호(號呼)한 것은 독립운동 단체의 통일인 것이다. 우리운동이 세계의 강국 일본을 상대로 하는 운동이니만치 강력한 조직을 가지고 강력한 행동을 할 터인데 우리의 적은 힘을 모두 다 뭉쳐야 커진다는 것이다. 그래서 이 양 선생님 주창에 따라서 선두에 나선 것이 광한단에 현정경, 광복군총영에 오동진 등 제씨였다. 그래서 각 단체에 교섭을 하고 수 차례에 걸쳐 회의를 한 결과 통군부가 되었다가 후에 통의부로 개칭하고 8개의 단체와 9개의 회가 명의를 취소하였던 것이다. 8단 9회뿐만 아니라 기존의 임정 직계의 기관도 많이 있었으며, 소소한 단체가 많이 회동하고 명의를 없이하였던 것이다.

라고 하여 양기탁이 만주로 망명한 후 독립단체의 통일을 강조하였음을 밝히고 있다. 아울러 양기탁은 광한단의 현정경과 광복군총영의 오동진의 도움을 받아 대한통의부를 결성하게 되었다고 하여 통의부의 결성주체에 대하여 알려주고 있는 것이다. 이러한 정이형의 주장은 상당히 설득력이 있어 보인다. 왜냐하면 대한통의부의 조직 당시, 현정경과 오동진은 각각 법무부장, 교통부장으로 대한통의부의 중책을 맡고 있었던 것이다.[3]

그러면 양기탁을 국내로 모시러 간 이관린과 장철호는 누구인가. 그들은 대한통의부의 조직과 관련하여 중요한 인물임에도 불구하고 거의 알려지지 않은 인물이다. 이관린은 평북 삭주에서 중산층의 집안에서 출생하였다. 그러나 계모와의 갈등으로 집을 나와 평북 의주에서 양실학교에 입학·졸업하였으며, 후에 평양여자고등보통학교 기예과를 다녔다. 그 후 독립운동에 가담하여 조선국민회에 참여하는 한편, 평양에서 3·1운동에 참여하였다. 그리고 만주로 망명하여 오동진이 활동하고 있던 광제청년단에서 총무로 활동하였으며, 양기탁을 남만주로 안내해 왔던 것이다. 그 뒤 그녀는 대한통의부 여자단 총무를 역임하였으며, 대한

---

3) 박걸순, 「대한통의부연구」, 『한국독립운동사연구』4, 독립기념관한국독립운동 사연구소, 1990, p.226

애국부인협회 회장, 고려혁명당 후원회 회원 등으로 활약하였다.[4] 그리고 장철호는 1887년 평북 의주출신으로 대한통의부 등에서 활동하였으며, 정의부가 조직되었을 때에는 제5중대장으로 활동하기도 하였다.[5]

둘째, 1922년 말 당시의 대한통의부 의용군 사령부의 현황에 대한 생생한 언급이다. 즉 정이형은 자신이 의용군 사령부를 찾아가는 길에 있었던 의용군의 경비태세를 다음과 같이 묘사하고 있다.

> 나는 죽산(竹山)형(김동현-필자주)의 인도로 대한통의부 의용군 사령부를 방문하였다. 나의 평생 소원인 독립군의 정체를 목견(目見)할 때가 왔다. 설로(雪路)를 무릅쓰고 내를 넘고 산을 넘어 몇 십리나 되는지 모르나 두시간이나 허비하여 한 골목에 들어서니 갑자기 누구야! 소리가 벽력같이 들린다. 죽산은 발을 곧 멈추고 나요 민사부 누구요, 국내서 들어온 동지를 데리고 사령장님 찾아왔소 한다. 사람은 보이지 않는데 군호! 앞으로를 부른다. 죽산은 곧 무엇이라고 외마디소리를 한 즉 바로 길 옆에서 군인이 무장한 채 나타나면서 조금 기다리십시오 하고 군사용어로서 보고니 전령이니 하는 말들을 외치니까 각처에서 산상(山上)에서 혹은 깊숙한 숲에서 응답이 주고받고 한다. 바로 통과하라는 통고를 받고, 산곡(山谷)을 들어섰다. 또 산모퉁이를 당도하니 누구요 소리가 난다. 죽산은 나요 하고 성명을 부른다. 곧 가시요 하고 멈춤이 없이 통과한다. 이렇게 무릇 네곳을 지나서 깊숙이 들어가니 인가가 있다. 지붕에 백설(白雪)을 덮은 5, 6채의 초가가 있고, 사람들의 인적이 있어 보인다.

라고 하여 의용군 사령부가 깊은 산 속에 위치하고 있으며, 가는 길목마다 초벽들의 철저한 경계가 이루어지고 있음을 보여주고 있다. 아울러 사령부에 5-6채의 인가가 있는 것으로 보아 사령부의 인원을 추측해 볼 수 있다. 지금까지 이처럼 독립군 부대의 모습을 묘사한 기록이 없어 이 부분은 대한통의부 군대를 이해하는 데 크게 도움을 주고 있다.

---

4) 朝鮮總督府警務局, 『國外における容疑朝鮮人名簿』, 1934, p.311
5) 위의 책, p.208

아울러 정이형의 기록은 당시 대한통의부가 비록 하나의 명칭으로 통일된 부대이기는 하나 각자 독자적인 세력을 형성하고 있어 국내에서 인원이 보급되면 서로 자신의 부대에 소속시키려고 하고 있음을 안타깝게 표현하고 있다.

　셋째는 전덕원 사건에 대한 진상규명이다. 이와 관련하여 정이형은 상당히 자세하게 많은 분량을 할애하고 있다. 그것은 정이형이 누구보다도 이 부분에 대하여 많은 사실을 접하였기 때문인 것으로 생각된다. 정이형은 1922년 11월 만주로 망명하였다. 그런데 전덕원의 양기탁 등에 대한 구타사건과 김창의 살해 사건은 동년 10월 14일에 발생하였던 것이다. 그러므로 정이형은 당시 상황에 대하여 많은 것을 들었을 것이고, 그 또한 이 문제 해결을 위한 대한통의부의 간부회의 및 지방대표자대회에 참여하였던 것이다. 이를 통하여 볼 때 정이형의 기록은 상당히 신뢰성이 있을 것으로 보인다. 또한 이 사건은 만주로 망명한 초기에 접한 것이고 그에게 가장 큰 충격을 주었던 사건이었기 때문에 더욱 그러할 것으로 인식된다. 그러므로 정이형은 그 후 독립운동 단체의 통합에 큰 관심을 기울였던 것이다.

　정이형은 전덕원의 양기탁 및 대한통의부 주요 간부의 구타사건 및 김창의의 살해 사건에 대하여 그 원인으로 전덕원의 감투에 대한 불만을 꼽고 있다. 이것은 당시의 독립신문 등에 보도된 내용과 거의 일치하므로 이 기록의 신빙성을 재확인해 주는 부분이라고 할 수 있다. 정이형의 기록에는 이외에 전덕원이 양기탁 등의 구타사건을 도모하는 과정, 구체적인 실천의 내용 등에 대하여도 소상히 밝히고 있어 주목된다. 즉 전덕원은 대한통의부에서 멸시를 받고 있던 자파 계열인 대한독립단 김시영(金時英)을 이용하여 군대를 동원, 양기탁 등을 구타하였던 것이다.

　넷째는 대한통의부의 동족간의 갈등을 막기 위한 끊임없는 노력에 대하여 상세히 기술하고 있어 대한통의부의 통합운동의 일면을 새로이 잘 보여주고 있다. 즉 대한통의부에서는 지방대표자대회를 개최하여 전덕원 등과의 분열과 동족간의 살상을 막고자 하였다. 특히 이 회의에서는 북경에 있는 이천민(李天民)을 대한통의부 사령장으로 초빙하여 전덕원과의 갈등을 해소하고자 결정하였음은 주목되는 대목이라고 할 수 있다. 뿐만 아니라 고활신의 요청을 받은 사령장 김창환은 전덕원과의 단독 회견을 통해 화해를 추진하였으며, 이 회의가 결렬되자 군인들 상호간에도 타협을 위한 노력들이 전개되었음을 보여주고 있다. 또한 대한통의부의 주요 간부인 오동진 역시 중국과 러시아 등지에 있는 동지들에게 편지를 보내 동지간의 살상을 금지하고자하는 노력을 보여주고 있다.

다섯째, 본 자료는 1920년대 전반기 만주지역 독립운동단체에서 활동하고 있는 독립운동단체 및 독립운동가들의 경향성을 이해하는 데 도움을 주고 있다. 즉 전덕원의 사건에서 볼 수 있는 바와 같이 당시 만주지역의 독립운동가들은 공화주의와 복벽주의 등 사상적 차이, 새로운 단체 조직 시에 권력 배분에 따른 갈등, 청년층과 장년층간의 갈등, 독립군의 실질적 통합이 이루어지지 못하고 개별적인 세력을 갖고 있는 점 등이 시기의 운동권 내부의 고민들을 적나라하게 보여주고 있는 것이다. 결국 이러한 갈등과 문제점들을 해소하기 위하여 1920년대 독립운동 단체들은 새로운 이념과 방략을 추구하게 된다고 할 수 있겠다.

결어

지금까지 정이형 회고록의 구성과 내용, 그리고 사료적 가치 등에 대하여 살펴보았다. 그 결과 이 자료가 1920년대 만주지역의 독립운동, 특히 서간도 지역의 대표적인 항일무장조직인 대한통의부를 생생하게 이해하는 데 큰 도움을 주고 있다는 사실을 알게 되었다. 특히 그 가운데서도 본 자료는 대한통의부 성립에 있어서 양기탁의 중요한 역할을 했음을 새롭게 밝혀주고 있을 뿐만 아니라, 의용군 사령부 본부의 현황, 의용군의 운용실태 및 현황 등에 대하여도 소상히 밝히고 있다. 또한 통의부 내의 공화파와 복벽파 간의 이념투쟁 및 권력투쟁에서 발생한 전덕원계의 김창희 등 살해사건의 진상, 대한통의부의 동족간 갈등을 막기 위한 끊임없는 노력 등에 대하여도 구체적으로 서술하고 있어 대한통의부의 실상을 보다 정확히 이해하는 데 크게 도움을 주고 있다.

앞으로 본 자료를 통하여 1920년대 전반기 만주지역의 독립운동, 나아가 한국독립운동사의 전체적인 모습을 이해할 수 있을 것으로 기대된다. 아울러 해방 이후 정이형의 정치활동에 대하여도 깊은 연구와 자료 발굴이 이루어져 정이형의 전체적인 모습이 보다 확연히 드러날 수 있기를 바란다.

김좌진의 투생노선과 정치이념

서언

1910년 국망 이후 1945년 해방이 되기까지 국내외에서 많은 민족운동가들이 항일투쟁을 전개하였다. 그 가운데서 김좌진은 청산리전투를 승리로 이끈 대표적인 민족운동가이며, 무장투쟁론자로서 널리 알려져 왔다.[1] 그 결과 청산리전투와 관련하여 김좌진에 대한 많은 연구들이 이루어져 왔다.[2] 또한 1920년대 중반이후 북만주에서 김좌진이 주도적으로 활동한 신민부, 한족총연합회 등에 대한 연구와[3] 아울러 최근에는 중국

---

1) 김좌진의 항일운동에 대한 전체적인 연구는 1993년 흑룡강성 해림시에서 먼저 이루어졌다. 주요 논문 및 면담록을 보면 다음과 같다. 강용권, 「산조의 성장으로부터 본 김좌진」, 박기봉, 「김좌진장군」, 「김좌진피살설에 대한 연구」, 김원석, 「김좌진 평가에 관한 연구」, 안화춘, 박경재, 「김좌진 암살설에 대하여」, 오기송, 「김좌진에 대한 나의 견해」, 서재춘, 「백야 김좌진과 산시-양환준선생방문록」.
그후 국내에서는 박영석, 중국 연변에서는 박창욱에 의하여 본격적으로 이루어졌다(박영석, 「백야 김좌진장군 연구」, 『국사관논총』51, 국사편찬위원회, 1994;박창욱, 「만주에서의 무장독립운동(김좌진)」, 제3회 『대전 충청인의 독립건국운동』, 광복52주년 기념 국제학술회의, 배재대학교 인문과학연구소, 1997)
2) 대표적인 성과로서 신용하의 글들을 들 수 있다. 신용하, 『한국민족독립운동사연구』, 을유문화사, 1985.

김좌진 장군

---

3) 박환, 「신민부」, 「한족총연합회」, 『만주한인민족운동사』, 일조각, 1991.

학자들에 의하여 김좌진의 암살에 대한 새로운 견해가 제시되기도 하였으며,[4] 2000년 8월에는 청산리전투 승전 80주년 및 2000년 8월 문화인물 선정 기념 학술회의가 개최되기도 하였다.[5]

이와 같은 연구의 결과 항일운동가로서의 김좌진에 대하여 상당한 부분이 밝혀졌다고 생각된다. 앞으로는 이를 토대로 지금까지 제대로 밝혀지지 않았던 김좌진의 러시아지역에서 활동, 귀만(歸滿) 이후 신민부 조직이전의 활동, 러시아공산당과의 관계, 재만한인 사회와의 관계, 일본, 중국, 러시아 등의 대한인정책 사이에서 독립운동을 전개하기 위하여 고뇌했던 김좌진의 모습, 국내와의 관계 등이[6] 사실적인 차원에서 보다 구체적으로 밝혀질 필요가 있다고 생각된다. 또한 청산리전투 등 그의 승리에 대한 내용들도 보다 객관화 될 필요가 있지 않나 짐작된다. 또한 한 걸음 더 나아가 김좌진의 투쟁노선, 정치이념 등 그의 사상과 노선 등에 대하여도 평가해보는 시도들이 필요한 때가 아닌가 한다. 본고는 이런 문제의식 속에서 북만주지역에서의 김좌진의 항일운동을 특히 그의 정치이념과 투쟁노선을 중심으로 살펴보고자 한다. 아울러 그의 항일운동의 성격과 역할에 대하여도 알아보고자 한다.

---

4) 박창욱, 「김좌진장군의 신화를 깬다」, 『역사비평』계간 24호, 역사비평사, 1994년 봄호.
5) 백야 김좌진 장군 기념사업회에서 『백야 감좌진 장군』이란 주제로 개최된 학술회의시 발표된 논문은 다음과 같다. 조규태, 「김좌진장군의 항일운동의 연원」, 신용하, 「김좌진 장군과 청산리독립전쟁」, 박환, 「북만주에서의 김좌진의 항일독립운동」, 원성희, 「항일독립운동에 있어서의 김좌진장군의 위상」.
6) 일본측 기록에 따르면 신민부는 보천교로부터 상당한 보조금을 받고 있다고 하고 있다(국사편찬위원회, 『한국독립운동사』4, 1968, p.760).

Ⅰ. 김좌진의 투쟁노선

1. 무장투쟁노선의 형성기

김좌진은 충남 홍성 출신의 양반자제였으나 어려서부터 병정놀이를 좋아했으며, 영웅호걸들의 이야기인 삼국지, 수호전 등을 애독하며 호연지기를 키웠다고 한다. 또한 나라가 어려워지자 남아가 세상에 태어나서 책상 앞에만 앉아 있을 것이 아니라 군사학에도 관심을 가져야 한다고 생각하고 이에 노력하였다고 한다. 7)

서울에서 1905년 대한제국육군무관학교를 졸업한 김좌진은,8) 1908년 일본사관학교를 졸업하고 러일전쟁에 참전했던 윤치성(尹致晟), 그리고 노백린(盧伯麟), 이갑(李甲), 유동열(柳東悅), 신현대(申鉉大), 권태진(權泰鎭), 임병한(林炳漢) 등과 함께 계동 148번지 윤치성의 집에서 장차 항일운동을 어떻게 전개할 것인가에 대하여 논의하였다. 김좌진은 일본육군사관학교 출신이며, 구한국군인 출신인 이들 장교들과의 대화 속에서 군사학에 대해 많은 것을 배웠다. 당시 스스로 깨우친 종래의 병서와 우리 나라의 고전적인 군사학밖에 몰랐던 그는 이들과의 만남을 통하여 일본군을 상대하여 독립전쟁을 전개하기 위해서는 일본의 군사전략과 군사학을 공부하지 않으면 안 된다는 것을 깨닫고 새로운 군사학을 배우는데 전력을 기울였다.9)

즉 김좌진은 1910년 이후 무장독립투쟁에 나섰던 노백린, 이갑, 유동열 등으로부터 군사학의 중요성을 깨달았고 또한 그들의 교시로부터

---

7) 박영석, 위의 논문, pp.186-192
8) 「백야장군해적이」, 『나라사랑 』41, 백야김좌진특집호, 1981, p.16.
9) 조선일보 1930년 2월 17일자 노백린 윤치성 등과 군사학을 전심연구

무장투쟁노선을 견지하게 되었다고 생각된다. 특히 그는 노백린 등과의 만남을 통하여 한국 고유의 전통적 방법론과 더불어 일본의 신식 군사학에 대하여도 깊은 이해를 갖게 되었을 것으로 보인다.

그 후 1910년 일제에 의하여 조선이 강점되자 1910년과 1911년 두 해에 걸쳐 만주지역에 독립운동 근거지를 마련하기 위한 군자금 마련에 열중하였다. 그러나 일이 뜻대로 이루어지지 못하여 체포 투옥되기도 하였다. 1913년 출옥한 이후에는 1915년 박상진(朴尚鎭)이 주도하여 조직한 대한광복회에 참가하여 부사령관으로서 활동하였으며, 1917년 9월 총사령관 박상진의 명령에 따라 만주 목단강(牧丹江)지역에 독립군 사관학교를 설치하기 위하여 만주로 망명하였다. 그러나 김좌진의 이러한 임무는 국내에서 박상진 등이 체포됨으로써 성공할 수 없었다.[10]

2. 무장투쟁노선의 실현

1) 북간도 지역 한인사회를 바탕으로 한 무장투쟁노선

김좌진의 무장투쟁에 대한 의지는 만주로 망명한 이후 무장독립운동 단체인 대한독립의군부, 길림군정사(吉林軍政司), 북로군정서 등에 참여하여 활동함으로써 현실로써 구체화되었다.[11] 북로군정서에서의 그의 무장투쟁방략은 군자금을 모금하여 무기를 구입하고 독립군을 양성하여 적절한 시기에 국내로 진공하여 일제를 몰아내고 조선의 독립을 쟁취하려는 독립전쟁론에 기반을 둔 것이라고 할 수 있다. 그는 이 계획을 실현하기 위하여 러시아 국경과 멀지 않고 산림지대가 많은 길림성 왕청현 지역에 근거지를 형성하고 독립군을 양성하였다. 러시아와 가까이 위치하고 있었고 3·1운동이후 민족의식의 고양으로 재만동포들의

---

10) 박영석, 위의 논문, pp.194-195
11) 박환, 「북로군정서」, 『만주한인민족운동사연구』, pp.97-100

청산리 골짜기

적극적인 후원에 힘입어 무기를 구입하는데 편리하여 다수의 무장력을
확보할 수 있었다. 또한 재만한인들이 많이 거주하고 있는 연길(延吉),
훈춘(琿春) 등지와 멀리 떨어져 있지 않은 산림지대에 위치하고 있었으
므로 재만한인들을 기반으로 독립운동준비를 할 수 있었을 뿐만 아니라
일제의 감시를 효과적으로 피하면서 독립전쟁에 대비할 수 있었다. 그리
고 그곳에는 김좌진과 같이 대종교를 신앙하는 동포들이 역시 많이 거주

하고 있어 신앙공동체로서도 대중적인 지지가 이루어질 수 있었다. 그러므로 왕청에서의 그의 무장투쟁방략은 일반 대중들의 지지를 통하여 성공적으로 수행될 수 있었다. 그 결과 1920년 10월에 있었던 청산리전투에서 그의 무장투쟁 방략은 성공적으로 일제를 몰아내는데 기여할 수 있었다고 생각된다.[12]

1920년 10월 청산리전투 이후 김좌진은 러시아로 이동하였다가 다시 만주로 이동, 중소 국경지대인 밀산(密山), 영안(寧安) 또는 동녕(東寧) 지대에 부대를 편성하여 무장투쟁을 준비하게 되었다.

2) 중소국경지대에서 동녕현과 러시아 연해주 지역 한인사회를 바탕으로 한 무장투쟁노선

북만주 동녕, 밀산, 영안 등지에서 김좌진은 계속 그의 무장투쟁방략에 따라 독립운동을 전개하고자 하였다. 다만 재만동포들의 민족의식이 3·1운동 직후 보다 약화된 점, 북간도지역에 비하여 재만동포들이 다수 거주하고 있지 않은 점, 러시아와 국경을 바로 접하고 있다는 점등은 그 이전과 다른 환경이라고 할 수 있다. 또한 김좌진은 1921년 6월 자유시참변을 통하여 만주 독립군 대다수가 무장해제를 당하자 볼세비키와 이르크츠크파 등에 대한 강한 거부감을 갖게 되었을 것이다.

김좌진은 청산리대첩 이후 1920년 말 밀산현에서 대한독립군단을 조직하여 참모장으로 활동하였다. 그 후 러시아령으로 이동하여 노령 음마하(飮馬河)에서 통군서(統軍署)를 조직하여 사령관으로 일하였다. 1922년에는 북만주지역으로 이동하여 수분하(綏芬河)와 북만주 일대에서 대한독립군단을 조직하여[13] 총사령관으로 활동하였다.[14] 본부는 중소 국

---

12) 박환, 「북로군정서」, pp.110-120.
13) 「고김좌진동지의 약력」, 『탈환』 9호, (1930년 4월 20일 간행)
14) 김좌진이 대한 5년 3월에 대한독립군단 총사령관으로서 발한 部令 제11호에서 확인(흑룡강성 당안관 소장)

청산리항일대첩기념비

경지대인 동녕현을 본거지로 하였다. 대한독립군단은 이범윤(李範允)을 중심으로 한 대한제국의 재건을 주장하는 복벽주의자들과 김좌진을 중심으로 한 공화주의자들의 연합적인 성격을 띤 단체였다고 할 수 있다. 이때 김좌진은 무장투쟁에 의한 국권의 회복을 강조하였다. 15)

당시 그가 동녕현에 본부를 둔 것은 소·만 국경을 배경으로 만주와 연해주지역의 동포들을 바탕으로 독립전쟁을 전개하고자 하였기 때문이 아닐까 한다. 그것은 1923년 8월 경 당시 김좌진부대의 경우 대한군정서원 400여명 외에, 소수분무관학교(小綏芬武官學校) 생도 60명과 연해주로부터 모집한 무관학교 후보생 120명 등 합계 580여명이 있었다는 보고를 통해 짐작해 볼 수 있다.16) 즉 김좌진은 이범윤, 박두희(朴斗熙) 등과 함께 동녕현 소수분을 중심으로 소수분에 무관학교를 설립하여 독립군을 양성하고 그 인적자원을 러시아 연해주 한인사회를 바탕으로 제공받았던 것이다.17)

김좌진은 당시 총사령관으로서 군자금 모집, 독립군 징모 등에 상당히 고심하였을 것으로 추정된다. 1919년 3·1운동 이후에는 대중적인 지지 속에서 군자금을 모금할 수 있었으나 1920년 일본군의 만주출병 이후 경신참변을 겪으면서 일본군에 대한 두려움 때문에 재만한인 사회가 크게 위축되었기 때문이었다. 이에 김좌진은 재만동포들에게 대한 회유와 더불어 강력한 경고를 통하여 이 문제를 해결하고자 하였다. 이점은 대한독립군단 총사령관 김좌진의 명의로 1924년 3월에 발표한 부령(部令) 제11호에 잘 나타나 있다. 이를 보면 다음과 같다.

---

15) 박환, 「신민부」, 『만주한인민족운동사연구』, pp.160-166
16) 불령단관계잡건 조선인부, 재만주 36, 432-2-2-3, 1923년 9월 3일, 김좌진 행동에 관한 건
17) 불령단관계잡건 조선인부, 재만주 37, 432-2-1-3. 1924년 1월 18일, 북만주에 있어서 독립운동가의 소재 및 그 계획에 관한 건 보고.

부령 제11호

제1조 각 지역에서 나라 일에 진력하다가 순직한 씨명을 조사해서 역사
      책에 기입한다.

제2조 나라 일을 위해서 부상 또는 병기가 있는 자에 대해서는 상당한
      구휼을 한다.

제3조 적의 우롱을 받아서 귀순한 자와 생활을 위해서 일시적으로 따라
      동화한 자에 대해서는 정상을 참작해서 벌하는 것을 논의하고,
      개정의 정이 확실한 자는 사면한다.

제4조 본 군단의 징모대 또는 모연대를 적 또는 외국관헌에 고발한 자는
      극형에 처한다.

제5조 본 군단에 있어서 징모한 병사로서 병역의 복무를 기피하는 자는
      중벌에 처한다.

제6조 본 군단에서 청연(請捐)한 군자금의 납부를 거절한 자는 중벌에
      처한다.

대한민국 5년 3월 대한독립군단 총사령관 김좌진[18]

김좌진은 부령 11호에 근거하여 군자금 모집을 적극적으로 추진하였
다. 즉 부령 제12호를 보면 다음과 같다.

부령 제12호

일금 5천 원정

위 금액은 본 년 음력 4월말까지 본 사령부 경리부에 직접 납입해야
한다. 만약 기일을 어길 경우에는 부령 제11호 제6호에 의거하여 처벌한다.

대한민국 5년 음 4월 20일
대한독립군단 총사령관 김좌진 [19]

---

18) 부령 제11호(흑룡강성 당안관 소장)
19) 부령 제12호(흑룡강성 당안관 소장)

아울러 김좌진은 주민들에 대하여 군자금을 요청하면서 대한국민으로서 배달민족으로서 자각해서 그 의무와 천직을 다해줄 것을 요청하였다.[20] 그럼에도 불구하고 군자금 모금활동은 주민들로부터 원성을 샀다. 이에 중국지방관헌은 대한독립군단의 간부들을 체포하려 하였다.[21]

김좌진의 군자금 모집은 그 본부가 있는 동녕현 일대뿐만 아니라 영안지역에서도 이루어졌다. 그는 1923년 영안에 살고 있는 김서기(金西基)에게 군자금 5천 원을 요구하였다는 사실이 일본 첩보기록에 나타나고 있다.[22]

즉 김좌진은 1922년 이후부터 신민부가 조직되는 1925년 이전까지도 계속하여 무장투쟁노선을 견지하였다. 그러나 이 시기의 그의 무장투쟁노선 견지는 재만동포들의 민족의식 저하 등 주변요건의 변화로 상당한 위기에 봉착하지 않았나 생각된다. 그러나 김좌진은 이러한 여러 어려움을 극복하고 1925년 북만주지역의 독립운동단체와 민간조직, 대종교 등 종교조직 등을 전체적으로 결합시켜 신민부 탄생의 견인차 역할을 하였다.

당시 북만주지역에서 활동하고 있던 독립운동지도자들은 김규식(金奎植), 현천묵, 이범석(李範錫), 조성식(曺成植)(同賓縣), 최진동(崔振東, 동녕현 삼차구), 최계화(崔桂華), 이기호(李奇鎬), 김백(金伯)(영안현 영고탑), 한문극(韓文極), 안기동(安基東)(영안현 목단강), 전세웅(全世雄), 김태승(金泰勝)(영안현 해림) 등이었다.[23]

---

20) 대한민국 5년 음력 4월 20일자로 김좌진이 동포들에게 드린 글(독립기념관 소장)
21) 신주백, 『만주한인민족운동사』, 아세아문화사, 1999, p.60
22) 1923년 6월 14일자 재하일빈 총영사가 일본 외무대신에게 보낸 문서, 「김좌진의 군자금 강요에 관한 건」(독립기념관 소장)
23) 위와 같음.

3) 북만주 농촌지대를 배경으로 한 무장투쟁노선

김좌진은 신민부의 조직을 통하여 동녕현의 소·만 국경지대에서 벗어나 광활한 북만주 농촌지대를 바탕으로 한 무장투쟁을 추구할 수 있었다. 아울러 그는 신민부라고 하는 한인자치기구를 이용하여 무장투쟁의 기반을 마련할 수 있었다. 김좌진이 이끈 신민부의 무장투쟁노선은 영안현 영고탑(寧古塔)에서 개최된 창립총회의 결의안에 잘 나타나 있다.[24] 즉 신민부는 동포들의 자치기구로서의 역할도 하였지만 기본적으로 무장투쟁을 추진하기 위한 단체였다. 그러므로 신민부에서는 이를 위하여 징병제와 군구제(軍區制)의 실시, 사관학교 설립 등을 주장하였던 것이다. 징병제와 군구제를 실시한 것은 신민부가 북만주 벌판을 계기로 안정된 바탕 위에서 장기적이고 체계적인 무장투쟁노선을 추구하는 것을 의미한다고 할 수 있겠다. 또한 무관학교의 설립은 독립군 장교의 양성을 추진하고자 함을 밝히고 있는 것이다. 김좌진은 또한 효과적인 무장투쟁을 전개하기 위해 자신이 군사부위원장, 총사령관직책을 맡고 무장투쟁을 진두 지휘하였으며, 자신의 휘하에 보안대, 제1대대, 제2대대, 제3대대, 제4대대, 제5대대, 별동대 등을 두었다.[25]

신민부라는 북만주 한인을 대표하는 조직을 만든 김좌진은 크게 고무되었을 것이다. 그는 이 조직을 바탕으로 활발한 무장투쟁을 전개하여 조선의 독립을 추구하고자 하였을 것이다. 그의 궁극적 목적은 조선국내로 진공하여 독립을 쟁취하는 것이었다. 그러므로 그는 이 계획을 실천에 옮기기 위하여 조선국내에 군대를 파견하여 예비조사를 실시하고자 하였다. 즉 1927년 8월 김좌진은 이중삼(李重三) 등 특수공작대를 국내에 파견하여 함경도, 강원도, 경상도, 전라도지역의 작전지도 작성과 일본주재소의 위치 등을 파악하였다. 이 공작대의 임무는 성공적이었다고

---

24) 국사편찬위원회, 『한국독립운동사』4, 1968, pp.809-810
25) 위의 책, pp.810-811

할만한 것이었다. 26)

또한 김좌진은 국내에 사람을 보내 제등실(齋藤實)의 암살을 기도하였다. 1925년 3월에 김좌진은 강모(姜某) 등 신민부원에게 수십 개의 폭탄과 권총을 제공하고 총독의 암살을 지령하였다. 이 계획은 실패하고 말았지만 그가 만주지역의 활동에만 집착하지 않고 국내에까지 대원을 파견하여 총독을 암살하고자 한 것은 국내진공작전의 일환으로서 주목할 만한 일이라고 하겠다.27)

국내진공작전을 계획한 김좌진은 이의 구체적 실현을 위하여 신민부의 관할 하에 있는 전 지역을 군구제로 편성하였다. 즉 관할구역 내의 만 17세 이상, 만 40세 이하의 남자를 군적에 기록하여, 이를 바탕으로 대오를 편성하여 독립군을 양성하고자 한 것이다. 그런데 일시에 독립군을 수용할 만한 병사가 없었으며 또한 군량도 큰 문제였다. 그러므로 평소에는 농업에 종사하다가 농한기에 훈련을 받도록 하고 유사시에 정규군에 편입시키려 한 것이다. 그러나 군구제의 실시는 계획대로 이루어지지 못하였다. 일본의 하얼빈 영사관의 방해가 심하였기 때문이다.28)

김좌진은 일제와의 무장투쟁을 위하여 지휘관을 양성하고 군인의 질적 향상을 위하여 목릉현(穆陵縣) 소추풍(小秋風)에 성동사관학교(城東士官學校)를 설립하여 연 2기의 속성 교육을 실시하였다. 이 학교의 교직원 명단을 보면 교장 김혁(金赫), 부교장 김좌진, 교관 오상세(吳祥世), 박두희, 백종열(白鍾烈) 외 5인, 고문 이범윤, 조성환(曺成煥) 등이었다.29)

신민부는 아울러 둔전제(屯田制)도 실시하고자 하였다. 훈련을 받으며 농사도 지어 자급자족하고자 하였던 것이다. 둔전지역으로 신민부에

---

26) 채근식, 『무장독립운동비사』, 1948, pp.115-116
27) 『諺文新聞差押記事輯錄』(시대일보, 중외일보), 1932, p.103
28) 채근식, 위의 책, pp.109-110
29) 채근식, 위의 책, p.108

서는 밀산을 택하였다. 이곳은 서일, 김좌진 등이 중심이 되어 대한독립군단을 결성하였던 곳으로 독립운동이 활발하였던 지역이었다. 그러므로 신민부에서는 1926년 5월에 심판원장인 김돈(金墩)과 그의 비서 겸 수행원으로 이강훈(李康勳)을 파견하였다. 그러나 이 지역의 상황이 과거와 달라져 계획은 실패로 돌아가고 말았다.[30]

김좌진은 무장투쟁을 전개하기 위하여 무엇보다도 군자금이 필요했다. 군자금은 무기의 구입, 독립군의 양성, 무장활동을 위해서 절대적이었다. 신민부는 군자금의 대부분은 관할구역에 거주하는 재만동포의 의무금에 의존하고자 하였다.[31] 그러나 이러한 계획은 순조롭게 이루어지지 못하였다. 우선 당시 북만주 동포의 대부분이 소작농으로서 경제사정이 좋지 못하였다. 여기에 더하여 북만청년동맹 등 공산주의 단체의 조직적인 반대공작이 있었던 것이다.[32]

김좌진의 국내진공을 위한 원대한 꿈은 재만동포들에게 큰 부담으로 닦아왔다. 그들은 군사훈련에 동원되어야 했고 또한 어려운 살림에도 불구하고 군자금을 제공해야만 했다. 결국 이러한 제반 조건의 미비는 김좌진의 무장투쟁을 북만주에 있는 친일파 제거에 국한시키게 되었다. 아울러 민심의 이반을 초래하였다.[33]

결국 김좌진의 무리한 무장투쟁노선의 추구와 일반주민들의 이에 대한 이해 부족은 신민부의 분열로 나타났다. 즉, 신민부는 길림성 위하현 석두하자(石頭河子)에서 개최된 총회에서 군정파와 민정파로 양분되었다. 분열의 발단은 1928년 1월에 일본경찰과 중국군 1개 중대의 습격으

---

30) 林墹, 「北滿新民府」, 1945, 필사본, pp.18-21
31) 흑룡강성 당안관에 소장되어 있는 신민부 관련 군자금 모집통지서 중 하나를 보면 다음과 같다. 1. 금액: 大洋 3千元. 1. 기일:양 내월 5일까지에 準備完畢할 것 1. 금액분배: 朴敦化 대양 1천원, 金如伯, 高衡鎭 대양 5백원. (중화민국 17년 11월 26일)
32) 국사편찬위원회, 『한국독립운동사』 4, p.809
33) 박환, 「신민부」, 앞의 책, p.197

로 중앙집행위원회의 위원장인 김혁과 경리부 위원장인 유정근(兪政根), 그리고 본부 직원인 김윤희(金允熙), 박경순(朴敬淳), 한경춘(韓慶春), 남중희(南重熙), 이정화(李正和), 남극(南極) 등이 체포된 데서 시작되었다.[34]

이에 대한 대책의 숙의에서 군사부위원장 겸 총사령관인 김좌진이 이러한 희생을 계기로 보다 적극적인 무장투쟁을 주장했다. 반면에 민사부위원장 최호(崔灝)는 이에 반대하였다. 그는 우선 교육과 산업을 발전시켜야 한다고 주장한 것이다. 이때 의견의 마찰로 신민부는 김좌진을 중심으로 한 군정파와 최호를 중심으로 한 민정파로 각각 분열되어 나름대로의 조직을 갖고 각기 자신들의 조직이 신민부임을 주장하게 되었던 것이다.[35]

김좌진은 신민부가 군정파와 민정파로 분열된 이후 계속 무장투쟁노선을 견지하였다. 특히 김좌진은 대외적인 무장세력과 직접적인 연계를 모색하는데 가장 적극적이었다. 그리하여 1928년 5월에는 일제와의 항쟁을 위해 중국국민당과의 연합을 시도하기도 하였다. 그러나 이러한 시도는 중국군벌 장작림(張作霖)에 의하여 수포로 돌아가고 말았다.[36] 아울러 1928년 10월 20일 빈주(賓州)사건의 발발로 군정파로부터 민심은 더욱 이반되었다.[37] 이에 김좌진은 무장투쟁노선을 보다 효과적으로 추진하기 위한 방략 마련에 골몰하였다.

---

34) 동아일보 1927년 1월 28일, 2월 1일자
35) 林墹, 위의 책, pp.15-16. 군정파와 민정파는 서로 심한 갈등을 보였다. 1928년 8월15일 신민부 중앙군정위원회에서는 민정파의 중심 인물인 김돈, 송상하 등 3명을 혁명의 敵探, 공인 위조, 공금절취 등의 명분을 내세워 이들에 대한 처단을 府令 제4호로 공고하고 그들의 죄상과 인상착의를 구체적으로 묘사하고 있다.(흑룡강성 당안관 부령 제4호)
36) 신주백, 위의 책, p.104
37) 신주백, 위의 책, p.94 주 140번 참조

4) 농촌대중을 바탕으로 한 무장투쟁노선의 현실화

김좌진은 무정부주의자인 유림(柳林), 김종진(金宗鎭)의 등의 도움으로 무정부주의 사상에 접하게 되고 그럼으로써 재만동포들의 지지를 통한 무장투쟁노선을 지지하였다.[38]

1920년대 후반 신민부 군정파가 관할하고 있던 북만 지역에 거주하고 있는 농민들의 경제적인 사정은 엉망이었다. 그들은 빈손으로 이 지역으로 이주해 왔기 때문에 중국인 지주들에게 황폐한 땅을 빌려서 사용료를 지불하고 이 토지를 피땀 흘려 개간하였다. 그리하여 옥토로 만들어 놓으면 지주들은 엄청난 소작료를 요구하여 거절할 수 없는 입장이었다. 그러므로 재만동포들은 계속 곤궁한 생활을 할 수밖에 없었다.[39]

이러한 북만 동포들에게 반일·반공사상이나 민족정신 같은 것은 현실적인 관심의 대상이 되지 못하였다. 따라서 그들로 보아서는 신민부 군정파와 같은 독립운동 단체조차 자신들 위에 군림하는 관료주의적 조직이었다. 그러므로 그들은 신민부 군정파의 지시에 응하려 하지 않고 우선 배척부터 하고 보자는 습성이 강했다. 실제로 독립운동 자금이나 조직 운영비의 명목으로 각출되는 많은 돈은 그들에게 큰 부담이 되었던 것이다. 이러한 상황에서 김좌진은 김종진·이을규(李乙奎) 등의 도움을 얻어 한족총연합회가 관할하던 지역에 농촌 자치 조직을 결성하고자 하였다.[40]

또한 이러한 농촌 자치 조직 하에서 생활하고 있는 농민들의 이익과 편의를 위하여 1929년 10월에는 산시참(山市站)에 정미소를 설치하여 운영하였다. 당시 목릉현에서 황공삼(黃公三)이 경영하는 것 이외에는 한국인이 경영하는 정미소가 없었다. 그러므로 중국 상인들에게 비싼

---

38) 박환, 「한족총연합회」, 위의 책, p.213
39) 鄭華岩, 『이 조국 어디로 갈 것인가』, 서울 자유문고, 1982, p.122.
40) 李乙奎, 『是也金宗鎭先生傳』, 1963, pp.114-115.

요금을 치르며 의지해야만 했다. 김좌진은 농민들의 이러한 불이익을 감소시켜 주기 위하여 정미소를 설치하였던 것이다 그리고 그 성과 역시 큰 것이었다.[41] 아울러 그는 농촌 자치 조직을 통하여 공동 판매·공동 구입·경제적 상호 금고의 설치 계획 등을 시도하기도 하였다. [42]

결국 김좌진은 1920년대 후반 민심 이반 등 여러 가지 조건들을 고려하여 그의 투쟁노선을 대중에 바탕을 둔 무장투쟁노선으로 현실화하였다. 이를 통해서만이 주민들의 생활을 안정화할 수 있고, 지속적인 무장투쟁의 바탕을 형성할 수 있기 때문이었다. 또한 그래야 만이 무장투쟁이 지속화될 수 있기 때문이다.

II. 김좌진의 정치이념

김좌진이 신민부를 조직한 북만주지역은 대종교신도가 다수 거주하는 지역이었다. 1910년대에는 이 지역에 한인들이 다수 거주하지 않았으나 1920년대에 이르러 동경성, 영안, 밀강(密江), 영고탑, 밀산 등지에 한인촌이 형성되면서 대종교의 중심 축은 북만주로 이동하였다. 1922년 4월 대종교는 총본사를 북만주 영안현 남관(南關)으로 이동하여 각처에 포교당을 설치하였다. 그 결과 1922~23년 2년 동안에 48개처에 시교당을 설립하고, 포교활동에 전념하였다. 북만주지역에서 이주한인사회가 일찍 형성된 곳은 동녕현과 영안현이었다. 그리고 특히 이들 지역에서 대종교는 번창하였다. 그러므로 1925년 신민부의 조직에는 대한독립군단 및 대한군정서 등 독립운동단체 외에 대종교가 중요한 위치를 차지하고 있었다고 할 수 있다.[43] 따라서 이러한 기반 위에서 활동하였던 김좌

---

41) 위의 책, pp.99-100.
42) 1985년 6월 27일에 가졌던 李康勳과의 대담에서 청취.
43) 서굉일, 「북만주에서의 한국독립운동」, 『중국동북지역 한국독립운동사』, 집문당, 한국독립유공자협회엮음, 1997, pp.383-384.

청산리 전투 승전 후의 북로군정서군

진은 대종교에 바탕을 두고 독립운동을 전개하였던 것이다.[44] 그의 정치
이념은 바로 대종교적 민족주의와 대종교적 공화주의였던 것이다. 이러
한 그의 이념은 북로군정서 시절부터 계속 이어져온 것이라고 할 수
있다.[45]

1. 대종교적 민족주의

김좌진은 신민부의 주요 구성원의 대부분이 그렇듯이 그 역시 대종교
인이었다. 그가 추구한 대종교 이념은 조선인의 민족정신, 단군을 중심
으로 한 민족정신을 배양하여 이상국가인 배달국을 지상에 재건하는

---

44) 김좌진은 1917년 대종교에 입교한 것으로 알려져 있다(「백야장군해적이」,
 p.17)
45) 박환, 「북로군정서」, 위의 책, pp.108-110

것이었다.[46] 김좌진이 꿈꾼 이상국가인 배달국의 구체적인 모습은 어떠한 것이었을까. 우선 단군의 자손을 구성원으로 하였을 것임에는 틀림이 없을 것이다. 영토는 한반도의 전지역과 만주지역을 그 대상으로 하였다. 그 범위 속에 신민부가 관할하던 북만주지역 역시 포함된다. 이곳은 과거에 발해가 있던 지역이다. 이 점은 북만주지역에서 독립운동을 전개하고 있던 김좌진 등 대종교적 민족주의자들에게는 중요한 사실이었다. 그들은 이곳을 우리의 영토로서 인식하게 된 것이다. 이러한 대종교인의 영토관념은 이 지역에 거주하고 있던 북만주 동포들에게 정신적 위안이 되었을 것이며, 신민부에 대한 신뢰를 확보하는 계기가 되었을 것이다.

신민부가 위치한 북만주 지역에는 공산주의자들이 많이 거주하고 있었다. 1917년 러시아 혁명이후 만주지역에는 지속적으로 공산주의사상이 전파되어 1926년 5월에는 화요파 중심의 조선공산당 만주총국이 북만지역의 영안현에 설치되었다. 그리하여 재만한인사회와 민족주의진영에 속하는 민족운동단체에도 공산주의사상이 더욱 강하게 전파되었다. 특히 북만주지역은 지리적으로 소련과 직접 접속되어 있어서 다른 지역보다 공산주의자들의 활동이 더욱 활발할 수 있었다.

북만지역에 병존하고 있던 김좌진 등 신민부의 대종교적 민족주의자들은 화요회파 공산주의자들과 대결의 양상을 보이게 되었다. 그것은 1921년에 있었던 자유시참변에서 연유한다고 생각된다. 아울러 대종교가 민족주의적 색채를 강하게 가지고 있었으므로 국제성을 강조하는 사회주의에 반대하였기 때문이었다. 김좌진의 화요회계 공산주의자들에 대한 증오심은 러시아에서 돌아온 김좌진이 북만주 밀산에서 공산주의를 배척하기 위하여 1922년 4월 통일당을 조직한 것에서도 짐작해볼 수 있다. 김좌진은 공산주의를 배척하고 서일 사망이후(1921년 겨울) 북로군정서 세력을 만회하기 위하여 북경을 경유 상해에 가서 통일당을

---

46) 대종교총본사, 『대종교중광60년사』, 동진출판사, 1971, pp.503-504

결성하고 밀산으로 돌아왔던 것이다. 그가 조직한 통일당의 당헌, 당강
(1922년 4월 6일) 등을 보면 다음과 같다.

당강(黨綱)
1. 국민의 마음과 힘을 통일하여 조국광복의 신시대의 이상에 기초한 신 국가를 건설함에 있다.
2. 인본주의(민본주의)의 창명(創明)으로부터 구육지구국사회(舊陸地舊國 社會)를 신육지신사회(新陸地新社會)로 개조해서 조선의 신문화를 세계 에 건설함에 있다.
3. 전 인류의 자유평등을 위해 강권을 배척하고, 세계에 대동사회를 실현함 에 있다.
4. 산업과 교육의 새로운 시설을 도모해서 인류의 공동생활의 행복을 증진 함에 있다.

당헌(黨憲)
제1조 본당은 통일당이라고 명명한다.
제2조 본당은 세계개조의 벽두에 서서 인본주의적 신문화를 세계에 건 설하고 인류의 이상적 신생활을 실현하는 것을 주지(主旨)로 한 다.
제3조 당원은 본당의 당강에 절대 찬동하는 고상순결한 20세 이상의 남녀로 한다.
제4조 본당은 본부를 조선 경성에 두고 다만 임시 상해에 둔다. [47)]

즉 김좌진은 공산주의를 배격하고 개조사상에 입각하여 새로운 사회
를 건설하고자 하였던 것이다. 그 사회가 바로 대종교적 민족주의에 기
반을 둔 사회가 아닌가 하는 것이다.
그렇다고 하여 김좌진이 모든 공산주의세력과 대결 양상을 보였던
것은 아닌 것 같다. 김좌진은 1925년 초 서울 청년회 계열과 합작하여

---

47) 불령단관계잡건 조선인부 재만주 33(일본외무성 문서 432-2-1-3) 중 1922년 7월 8일 김좌진의 통일당 편성

공산주의자동맹을 결성하였고,[48] 1925년 11월 북만노력청년총동맹의 결성에도 협력하였다. 이 과정을 통하여 김좌진은 조선국내의 청년회파와 연계하였다. 또한 1927년에는 김좌진의 부관이었고 보안사령관인 박두희도 최창익(崔昌益)과 접촉하면서 소련과 연계하여 매년 20-30명 좌우의 청년들을 소련사관학교에 보내어 양성하려고 계획하고 동년 하반기에 직접 소련으로 들어갔다. 또한 1928년부터 민족유일당 시기에도 김좌진 등 군정파들은 공산주의 계열 ML파와 그 외곽단체인 남만농민동맹과 연계를 맺고 있었던 것이다.[49] 또한 1925년 4월 1일 창간된 신민부 기관지 『신민보』에서는 서울청년회의 최창익이 주필을 담당하였으며, 동년 8월 1일에 간행된 『신민보』 11호의 「생활운동과 경제투쟁」에서는 우리들의 생활을 지배하는 경제조직을 개혁하자고 주장하고, 경제투쟁은 무산자의 계급적 단결로서 최후의 승리를 이루어야 한다고 강조하고 있다.[50]

이러한 점을 통해서 볼 때 김좌진은 자신과 직접 이해관계가 있는 화요회파 만주총국 등에 대하여는 반대 의사를 표명하였으나, 그 외의 공산주의 세력에 대하여는 탄력성 있는 유연한 태도를 보였던 것이다. 바로 이점이 김좌진이 1929년 무정부주의사상을 수용하여 한족총연합회를 조직할 수 있었던 배경이 되었던 것이 아닌가 한다.

2. 대종교적 공화주의

김좌진은 공화주의를 추구하였다.[51] 그것은 신민부가 공화주의를 정체로서 채택하고 있던 대한민국 임시정부의 연호인 '민국'을 연호로 사

---

48) 신주백, 앞의 책, p.61.
49) 박창욱, 위의 논문, pp.47-48
50) 『불령단관계잡건』 조선인부, 신문잡지 5, 1925년 9월2일 불온신문 신민보의 기사에 관한 건
51) 국사편찬위원회, 『한국독립운동사』 4, p.760

용하고 있는 점에서도 알 수 있다. 즉 주권은 국민에게 있다는 사상을 견지하고 있었던 것이다. 그의 이러한 사상은 대종교에 기본을 둔 공화주의였으므로 대종교적 공화주의라고 할 수 있다. 또한 김좌진은 위원제도와 당제도 등도 실현하고 있었다.

우선 위원제의 구체적인 모습을 보면, 중앙집행위원회는 신민부의 최고기관으로서 여기에는 군사, 교육, 선전, 법무, 실업, 민사, 외교, 교통 등을 담당하는 여러 부서가 있었고 각 부에는 위원장과 위원을 두어 사무를 처리했다. 이러한 위원제의 채택은 구의회, 지방의회, 중앙의회 등을 통하여 오로지 민의에 의하여 모든 일을 결정하고자 하는 바램의 소산이라고 하겠다. 신민부의 이러한 위원제는 당시 남만주 지역에 있던 정의부와 참의부에서도 거의 꼭 같이 시행되고 있었다.[52]

두번째 주목되는 것은 당제도이다. 김좌진은 1926년 9월에 한국귀일당(韓國歸一黨)을 조직하여 정당활동을 통한 신민부의 운영을 지향하였다. 귀일당은 본부를 영안현 영고탑에 두었고 당원은 천명이나 되었다. 주요 간부는 김좌진, 정신, 유현 등으로 이들 구성원의 대부분은 대종교인이었다. 한국귀일당은 대종교적 민족주의자들을 주요 구성원으로 하고 대종교적 민족주의를 이념으로 표방하는 이념정당이었던 것이다.[53]

김좌진 등 신민부의 대종교적 민족주의자들에 의한 위원제도와 당제도의 실현은 괄목할 만한 것이었다. 왜냐하면 지금까지 대종교인이 중심이 되어 조직하였던 중광단, 정의단, 흥업단, 북로군정서 등에서는 찾아볼 수 없는 양상이었기 때문이다. 대종교적 민족주의자들이 이러한 제도를 수용하게 된 이유는 무엇이었을까. 이에 대한 정확한 해답은 내릴 수 없지만 1926년 조선공산당 만주총국 설치를 전후한 시기의 공산주의 사상의 침투에 효과적으로 대응하고 이국인 만주지역에서 독립운동을

---

52) 국사편찬위원회, 『한국독립운동사』 4, p.757
53) 박환, 「신민부」, 앞의 책, pp.187-188

전개함에 있어 무엇보다도 재만동포의 의사를 최대한 수용할 수 있었기 때문이 아닌가 한다.[54]

3. 대종교적 무정부주의사회의 추구

1) 무정부주의사상의 수용 배경

청산리마을 전경

1925년 일제와 중국 동삼성(東三省) 봉건군벌사이에 소위 삼시협정이 체결되었다. 여기에서는 대종교에 대한 포교금지령을 내렸다. 또한 1926년 장작림은 다시 삼시협정의 부대조항에 의거해 대종교도들을 체포하고 그들의 재산까지 수탈하였다. 일제뿐만 아니라 중국의 동북정권도 대종교를 불법단체, 위험스런 단체로 규정하여 그 포교를 금지시켰다. 이것은 대종교가 만주로 총본사를 이전한 후 가장 큰 위기였다. 결국 1928년 1월 영안 해림참(海林站)에서 개최된 제6회 대종교 교의회에서 포교금지 해제가 있을 때까지 당분간

총본사를 밀산 당벽진(當壁鎭)으로 이동하여 교리, 내부행정 등을 정비하는 시간을 만들기로 하였다.[55]

그 결과 김좌진이 이념으로 하고 있던 대종교 세력은 급격히 약화되었고 아울러 공산주의 사상이 점차 만연되기 시작하였다. 이러한 가운데

---

54) 박환, 위의 논문, p.188
55) 서굉일, 앞의 논문, pp.387-388

김좌진의 신민부 군정파에 대한 주민들의 이탈현상이 두드러지게 되었다. 그 이유로서 우선 언급할 수 있는 것은 농민들이 신민부 군정파, 즉 무장 독립운동단체에 대하여 위협을 느끼고 있다는 점이다. 군정파는 적을 토벌하고 적기관을 파괴하는 것을 사명으로 하고 있었다. 실제 친일한국인의 암살 및 국내 진입을 위한 예비 공작 등을 수행하였다. 이러한 공작의 수행은 희생적 모험을 수반하는 것이었다. 그러므로 그들은 신민부가 통치하고 있는 구역의 농민들이 안식처를 제공해 주고 생활을 보장해 주기를 바라고 있었다. 그러나 이것은 대체로 이루어질 수 없었다. 왜냐하면 농민들이 가난한 탓도 있었지만 그들이 무장 대원들에게 위협을 느끼고 있었으므로 협조를 잘하지 않았기 때문이다. 물론 그것은 일부 주민의 항일민족의식의 부족에도 기인한다. 그러나 군정파원의 행동에도 문제가 있었다. 이들 가운데는 마치 무슨 권력이나 쥔 듯이 위세를 부리는 사람들이 있었기 때문이다.[56] 때로는 농민들을 사살하는 경우도 있었다. 그 대표적인 인물이 군정파의 중심 인물인 김좌진의 총애를 받던 이백호(李白虎)였다.[57] 결국 농민들은 자연히 군정파에서 멀어져 갔다. 또한 김좌진을 "마왕 · 폭군"이라고까지 지칭하게 되었다.[58]

두 번째는 군정파가 재만동포에 의해 자발적으로 조직된 것이 아니라 독립운동가들이 조직한 항일 단체라는 인식이다. 신민부 군정파원들은 중앙에서부터 점과 선만을 얽어 놓고는 그 지역에 거주하고 있는 동포들을 모두 자기 기관에 속하게 하였다.[59] 그리고 의무금을 징수하는 한편, 군구제와 징병제 · 둔전제 등을 실시하였다. 그러므로 일반 동포들은 표면적으로 독립운동 단체라고 존경하는 척하면서도 내면으로는 위협과 공포를 느끼고 있었다. 즉 신민부를 권력 조직이요, 그들 위에 군림하는

---

56)『是也金宗鎭先生傳』, p.80.
57) 1985년 3월 17일에 가졌던 李康勳과의 대담에서 청취.
58)『是也金宗鎭先生傳』, p.80.
59) 李康勳,『抗日獨立運動史』, 1985, p.116.

관청 정도로 인식하였던 것이다.[60] 따라서 신민부의 교육·산업·선전 및 군자금의 모집 등의 정책이 효과를 볼 수 없었던 것이다.

더욱이 통치 구역 가운데에는 신민부의 조직에 반대하는 사태까지 발생하게 되었다. 목릉현은 그 대표적인 경우이다. 이 지역은 독립운동가들의 내왕이 빈번하였고, 또 그들의 유족들도 많이 정착하고 있어서 항일 의식이 강했던 지역이었다. 안중근의 유족이며, 북간도에서 대한국민회의 회장이었던 구춘선(具春先) 등 수많은 지사들이 정착하거나 또는 거쳐갔다. 그러나 목릉현은 신민부에 반대하였다. 목릉현의 지도자인 황공삼이 "남북 만주에 솥발의 형세로 설치되어 있는 3부(정의부·참의부·신민부)가 마치 기성국가에서 치자계급이 피치자에게 대하는 태도처럼 행동하는 작풍을 지양하고 모두 민중 속에 들어가서 같이 호흡하고 고락을 하는 작풍을 만들라"[61]라고 한 데서 그 이유를 찾아볼 수 있다. 이처럼 재만동포들이 신민부 군정파에 대하여 비판적이었으므로 이들은 공산주의에 공감하기 시작하였던 것이다.

사태가 여기에 이르자 신민부 군정파의 지도자 김좌진은 정신(鄭信) 등과 함께 공산주의자들의 침투에 대한 효과적인 대처를 위하여 부심하였다. 그 해결방안으로서 재만조선무정부주의자연맹과 연합하여 무정부주의 이념을 제공받고자 하였던 것이다. 김좌진 등에게 무정부주의 사상을 소개한 것은 그의 족제인 김종진과 유림이었다.[62] 처음에 김좌진은 무정부주의 사상을 수용하여 신민부를 개편하는데 대하여 신중한 자세를 보였다. 특히 특정 이념을 내세우는 부분에 있어서 보다 신중한 입장을 보였던 것이다. 즉 김좌진은 주의는 주의로 라야 대항할 수 있다고도 생각할 수 있으나, 주의가 궁극적 목적이 아니라 인간의 행복이요 동시에 우리 민족이 복되게 잘 살자는 것이 염원인 이상에야 그 목적을

---

60) 『是也金宗鎭先生傳』, p.80.
61) 李康勳, 앞의책, pp.72-73.
62) 『是也金宗鎭先生傳』, pp.77-78.

김좌진 장군 흉상(산시)

위하여 우리의 특수한 처지에 알맞는 이론을 세워야 할 것이지 꼭 남들이 주장하여 오는 무슨 주의라야 될 것은 아니라고 인식하고 있었던 것이다. 아울러 김좌진은 이런 문제는 대중에게 미치는 영향이 클 뿐 아니라 단결과 협동이 시급히 요청되는 이때에 자칫하면 운동자가 자체 내에 파란을 야기 시킬 우려가 없지 않으므로 신중히 다루어야할 문제라고 생각하고 있었던 것이다.[63]

2) 대종교적 무정부주의 국가의 건설

김좌진은 신민부 간부 16명과 함께 1929년 7월 21일 동지연선(東支沿線) 석두하자에서 북만인민대표대회를 개최하고, 종래 혁신의회를 해체하고, 새로 한족총연합회의 조직을 결의하였다.[64] 김좌진이 조직한 한족총연합회는 동년 8월 선언, 강령, 사업정강 등을 발표하였는데, 한족총연합회에서는 선언문에서 "과거에 연출된 만악의 원인과 복잡한 제 현상을 청산 배제하고 우리 민중의 생활 향상과 혁명전선의 진전을 도모하는 자주 자치적 생활조직을 기초로 해서 전 민중적으로 연합조직을 완성해야 한다"고 하여 권력의 중앙집중을 부정하고 자주적 조직의 연합체를 지향하는 아나키즘 사회를 지향하고 있다.[65]

아울러 한족총연합회에서는 다음과 같은 강령과 사업정강을 제시하였다.

<강령>
1. 본회는 국가의 완전한 독립과 민족의 철저한 해방을 도모한다.
1. 본회는 민족의 생활 안정을 도모하고 동시에 혁명적 훈련의 철저를 기한다.
1. 본회는 혁명 민중조직완성의 실현을 기한다.
<사업정강>
<혁명>
1. 파괴, 암살, 폭동 등 일체 폭력운동을 적극적으로 진행한다.
1. 일반민중을 혁명화하고, 혁명은 군사화할 것
1. 내외를 불문하고 합법운동과 기회주의자를 박멸할 것
1. 반민중적 정치운동이론을 철저히 배척할 것

---

64)『外務省警察史』만주부, SP 205-4, 128626
65) 堀内 稔,「韓族總連合會について」,『조선민족운동사연구』9, 청구문고, 1993, pp.51-52

1. 파벌을 청산하고 운동선을 완전히 통일할 것
1. 운동산 전국면에 우의단체와의 친선을 도모할 것
1. 세계사조와 보조를 동일히 할 것
1. 세계혁명자와 친선적 연락을 계획하고 상호운동의 정세를 선전할 것
    <산업>
1. 주민의 유량생활 방지
2. 토지공동조득(租得)장려
3. 공농제(共農制)의 적극적 실시
4. 산업에 대한 기능 보급
5. 부업 적극 장려
    <행정>
1. 지방자치체 확립
2. 각 지방자치체와 상호 연락
3. 민중의 피치적 노예적 습성 개선
4. 지도계급전제(指導階級專制) 행동방지
    <교육>
1. 실생활에 적합한 교육정책 실시
2. 교육 자격 선택
3. 교과서와 학제통일
4. 중등교육기관 적극 설치
5. 여성과 청년운동의 지도 장려
6. 비현대적 인습 타파
    <경제>
1. 공동판매, 공동소비조합설치의 적극 장려
2. 농촌식산금융조합 설립
3. 농민창고 설립 66)

 김좌진은 한족총연합회에서 무정부주의 이념을 추구하였다. 그는 상
호부조와 자유연합이라는 무정부주의사회의 조직 원리를 기반으로 한

---

66) 『外務省警察史』 만주부 SP 205-4 12826-12830.

청산리의 조선족 아이들

족총연합회를 구성하고자 하였다. 아울러 공산주의에 반대하였다. 그에게 공산주의는 "강권적 노예적이며 사대주의적 독재사상"으로 보였던 것이다. 아울러 김좌진은 대종교인으로 민족주의를 강조하였으므로 국제성을 강조하는 사회주의에 반대하였던 것이다.

김좌진은 독립운동과 반공운동을 효과적으로 전개하기 위하여 무정부주의사회를 건설하고자 하였다. 그 일환으로 우선 농촌 자치조직으로 농무협회(農務協會)를 만들고자 하였다. 이 조직은 농민자신들이 자신들의 필요에 의하여 자신들 스스로가 상호 단결하여 조직한 자발적인 것이었다.67)

김좌진은 효과적인 무장투쟁을 전개하기 위하여 군자금의 모집과 독

---

67) 堀內 稔, 앞의 논문, pp.53-54

립군 양성을 위한 계획도 수립하였다. 군자금의 모집은 농촌자치조직을 통하여, 또는 국내에서의 군자금 모집에 의존하고자 하였다. 그리고 재만동포들에 대한 군사훈련과 단기 군사훈련반을 통하여 독립군을 양성하고자 하였다. 이들을 바탕으로 한족총연합회에서는 일제와 공산주의자들의 퇴치에도 노력하였다.[68]

결국 김좌진은 대종교적 민족주의자인가 아니면 무정부주의자인가. 김좌진의 무정부주의논리는 그의 사상의 종착점인가 아니면 과도기적 이행기의 한 부분인가. 필자의 생각으로는 김좌진은 양반출신으로서 강한 민족의식을 갖고 있는 인물이었다. 그러나 그가 갖고 있던 대종교적 민족주의와 공화주의로는 시대의 흐름에 적극적으로 대처할 수 없었던 것 같다. 1920년대 전반기 대종교라는 끈으로서 묶여질 수 있었던 재만동포들은 1920년대 중 후반에는 미래의 비젼을 제시하는 이념으로서만이 결속될 수 있었던 것이다. 이에 김좌진은 민족적 입장에서 무정부주의 사상을 수용했고 양반중심이 아닌 재만동포를 위한 민족주의를 추구하였던 것 같다. 즉 그의 이념은 대종교적 민족주의에서 대종교적 무정부주의로 변화하였다고 생각된다. 그가 추구한 대종교적 무정부주의는 단군을 정점으로 한 배달국을 건설하되 그 내용은 권력자가 군림하는 사회가 아니라 동포들의 자치에 바탕을 둔 민주적인 이상국가였던 것이다.

Ⅲ. 김좌진 암살문제

구한말부터 1930년까지 국내, 만주, 노령 등에서 끊임없이 항일투쟁을 전개하였던 김좌진은 항일운동의 현장 흑룡강성 산시에서 공산주의자 박상실(朴尙實)에 의하여 암살 당하였다.[69] 그의 죽음에 대하여 여러

---

68) 박환, 「한족총연합회」, 위의 책, pp.222-226.
69) 김좌진이 암살 당하는 상황에 대하여는 「남편 김좌진의 초혼-미망인 나혜국 여사의 방문기」, 『삼천리』 1932.3에 잘 나타나 있다.

견해가 있다.[70]그러나 분명한 것은 김좌진의 죽음이 이념의 장벽을 넘어 보다 객관적인 입장에서 조명되어야 한다는 것이다. 아마도 하얼빈 일본 총영사관의 한족총연합회의 대종교적 민족주의 세력과 무정부주의 세력간의 분열 및 한족총연합회와 공산주의 세력간의 분열책으로 이루어진 것이 아닌가 추정된다. 이와 관련하여 우선 당시 김좌진장군 장례위원회에서 1929년 음력 2월자로 낭독한『고김좌진동지의 약력』에 따르면, 1929년 음력 12월 25일 오후 2시 중동선 산시 자택에서 고려공산당 청년회 및 재중한총동맹원(在中韓總同盟員) 박상실(金信俊)이[71] 살해했다고 밝히고 있다.[72]

아울러 재중국조선무정부주의자연맹의 기관지『탈환』(9호)에 실린「산시사변의 진상」이란 글에는 주모자는 지난번 북경에서 김천지(金天支)와 함께 공산주의 간행물『혁명』을 발행한 김봉환(金鳳煥, 일명 金一星)으로서[73] 고려공산당 만주총국의 주요 간부라고 밝히고 있다. 그 외에 이주홍(李周弘), 이철홍(李鐵洪), 김윤(金允) 등의 연루자가 있다고 밝히고 있다. 그리고 원래 그들의 계획은 김좌진을 암살해서 한족총연합회에 내분이 발생하였다고 선전하여 동회의 분열을 조장하고자 하였던 것이다. 그리하여 백치인 박상실을 매수 이용한 결과 김좌진을 암살하는

---

70) 김좌진의 암살에 대한 대표적인 논고로서는 박창욱의 글을 들 수 있다. 박창욱,「김좌진장군의 신화를 깬다」,『역사비평』1994년 봄호. 그에 따르면 첫째 설은 김좌진이 사생활문제로 정적에게 암살당하였다는 것, 둘째 설은 공산주의자들과의 모순으로 인해 암살당하였다는 것, 셋째 설은 일제에게 매수당한 자가 조선공산당 화요회파에 잠입, 음모를 꾸며 암살하였다는 것, 넷째 설은 김좌진이 일제에 변절하였기 때문에 암살하였다는 설 등이다

71) 조선공산당 만주총국에서 활동한 梁煥俊은 김좌진을 암살한 인물이 공도진 (일명 이복림, 최동범)이라고 한다(강용권,「양환준선생방문록」,『김좌진장군 학술화의논문집』, 중국 조선족 민족사학회, 흑룡강성 해림, 1993.

72)『外務省警察史』만주부, SP 205-4, 12973

73) 김봉환은 1925년 1월부터 북경에서 金星淑, 尹宗默, 李民昌 등과 함께 매월 1회 <혁명≫을 간행하였다(불령단관계잡건 선인의 부,신문잡지 5, 불온신문 혁명기사에 관한 건)

김좌진 장군 장례식

데 성공하였다. 이 사실은 공범 이주홍의 취조 결과 나타났다고 한다.[74]
즉 탈환에 따르면 김좌진을 암살한 행동대원은 박상실이지만 그 중심에
는 김봉환과 이주홍 등의 사주가 있었다고 밝히고 있다.

그런데 김봉환은 하얼빈 일본영사관측과 연결되어 있는 인물로 알려
져 있다. 즉 일제는 북만주지역의 한인독립운동세력을 전멸시키기 위하
여 화요회파 김봉환을 사주하였고, 김봉환은 박상실을 하수인으로 이용
하였다고 볼 수 있다. 바로 일제는 화요회파를 이용하여 김좌진을 암살
함으로써 화요파와 한족총연합회 사이를 이간시키고 아울러 한족총연
합회의 무정부주의자와 대종교적 민족주의자의 연결고리인 김좌진을
암살함으로써 양파의 분열 또한 더욱 촉진시키는 이중효과를 올리고자
하였던 것이다. 즉, 일본 하얼빈 총영사관이 공산주의세력과 한족총연합

---

74) 『外務省警察史』 만주부, SP 205-4, 12975-12979.

회 세력의 갈등을 조장하기 위한 계책에 화요파 공산당이 넘어간 것이
아닌가 추정된다.

그 결과 1930년 1월 김좌진이 암살 당한 후 한족총연합회와 고려공산
당과의 알력이 점차 노골화되어 쌍방 소위 암살대를 조직하여 파견하여
상호 적극적으로 행동을 전개하였다. 일면은 중국관헌을 이용하여 반대
파의 체포에 노력하였으며, 혹은 격문을 배포하여 반대파의 죄악을 선전
해서 자파의 세력을 유지 확장하고자 하였다. 특히 1930년 7월 5일 한족
총연합회에서는 시세의 추이에 의해서 청년의 대부분이 공산주의 사상
에 기울어지고 민족주의 세력의 기운이 점차 쇠퇴하자 국민부와 제휴하
여 조선대독립당을 조직하기 위하여 1930년 5월 하순 산시에서 창립위
원회를 개최하고 7월 5일 부로 조선대독립당주비회의 이름으로써 격문
을 배포하기도 하였던 것이다.[75]

결어

지금까지 김좌진의 투쟁노선과 정치이념, 김좌진의 암살문제 등에 대
하여 전반적으로 살펴보았다. 이를 토대로 김좌진의 항일무장투쟁의 성
격과 역할에 대하여 살펴보고자 한다.

김좌진은 주지하는 바와 같이 일제하 항일명장 가운데 대표적인 인물
이다. 그가 승리로 이끈 청산리전투는 일제하 한국독립군이 이룩한 가장
대표적인 전투로 손꼽히고 있다. 아울러 이 전투에서의 승리는 한국민들
에게 큰 민족적 자긍심을 심어주었으며, 일제와 전투하여 승리할 수 있
다는 강한 자신감을 심어주었다는 측면에서 높이 평가받고 있다.

김좌진은 특히 민족주의계열을 대표할 만한 장군으로 양세봉, 홍범도,
이청천, 김경천 장군 등과 더불어 만주지역 항일투쟁을 선도한 무장투쟁

---

75) 『外務省警察史』 만주부, SP 205-4, 13014

론자였던 것이다. 그는 특히 자신이 처한 지역의 현황과 상황을 최대한 활용하는 방향으로 투쟁노선을 지향하였다는 점에서 주목된다. 즉 북간도, 북만주 등지에서 추구한 그의 노선은 각각 다른 면모들을 보여주고 있는 것이다. 아울러 1920년대 후반에는 농촌대중을 바탕으로 무장투쟁 노선을 현실화하기도 하였다.

김좌진은 무장투쟁론자일 뿐만 아니라 해방 후 건설될 국가상을 염두에 두고 독립운동을 전개한 인물이었다는 점 또한 주목된다. 그의 출발은 대종교적 민족국가의 건설이었다. 그러나 그는 대한제국과 같은 군주국가를 희망하지 않았다. 그는 대종교적 공화주의를 추구하였던 것이다. 또한 아울러 1920년대 후반에는 대종교적 무정부주의 국가를 추구하여 공산주의에 대항하면서 농민들의 지지를 받을 수 있는 방향으로 민족국가론을 변경시키고 있는 것이다. 이러한 측면에서 김좌진은 가장 현실적인 전략가였다고 할 수 있을 것이다.

김좌진은 1910년대 만주로 망명한 이후 계속 그가 순국할 때까지 무장투쟁의 현장을 떠나지 않은 독립운동가였다. 그에게도 대한민국 임시정부의 중요 직책을 맡으라는 제의가 있었고 또한 현장을 떠나 상해 등 중국관내로 이동할 기회가 주어지기도 하였다. 그러나 그는 초지일관 독립운동의 현장에서 독립군들과 생사고락을 함께 하였던 것이다. 또한 그는 독립군 양성에도 큰 힘을 경주하였다. 북로군정서 사관학교, 신민부의 성동사관학교의 설치를 통하여 끊임없이 독립군을 양성하기 위하여 노력하였던 것이다. 아울러 조국의 독립을 위하여 무정부주의세력 및 중국 국민당 정부, 그리고 나아가 소련과도 연계하여 투쟁하고자 한 이념을 초월한 독립운동가였음이 주목되어야 할 것이다.

김좌진은 대종교인으로서 대종교적 민족주의와 대종교적 공화주의를 추구하였다. 그러나 1927년 신민부가 군정파와 민정파로 분열되면서 민심이 이반되자 무정부주의 이념을 적극적으로 모색하여 1929년에는 이를 수용 대종교적 무정부주의 사회를 건설하고자 하였던 것이다. 즉 그는 민족성을 추구하면서 자유연합을 추구하였던 것이다. 그의 이러한 정치이념의 변화는 대중적인 지지하에 무장투쟁을 전개하여야 한다는 일념에서 나온 것이라 할 수 있다.

지금까지 살펴본 바와 같이 김좌진은 무장투쟁론자로서, 아울러 여러 정치이념을 추구한 민족운동가로서 인식되고 있다. 그러나 기본적으로 김좌진은 군인이었고 군인으로서 할 수 있는 본분에 충실한 민족운동가였다. 따라서 그의 정치이념은 그 자신에 의하여 창출되기보다는 주변 인사들의 권유와 개인적 의지의 통합적인 성격을 갖고 있는 것이라 할 수 있을 것이다. 즉 김좌진은 정치사상가라기 보다는 무장투쟁을 추구한 독립군이었던 것이다.

한편 김좌진의 무장투쟁노선은 주민들로부터 배척당하는 경우도 있었다. 따라서 신민부 시절 김좌진을 중심으로 한 군정파에 대항하여 민정파가 등장하기도 하였던 것이다. 또한 일부 주민들은 김좌진을 "민중의 생명을 학살하고, 혁명전선의 교란자, 혁명적 사기한"으로 규정하기도 하였던 것이다. 이러한 지적은 김좌진의 민족운동이 갖는 한계의 일면을 보여주는 것이기도 하다는 점에서 주목할 필요가 있다고 생각된다.

결국 김좌진은 1920년대 일제하 만주지역 무장독립운동을 주도한 대표적인 인물이라고 할 수 있겠다. 특히 그의 정치이념과 투쟁노선의 변화는 항일무장투쟁을 효과적으로 전개하는 데 크게 기여하였다고 할 수 있을 것이다.

만주지역 항일무장독립운동가 김혁

서언

1910년 일제에 의하여 조선이 강점된 이후 수많은 애국지사들이 항일운동을 전개하였다. 그 가운데는 관료출신, 농민출신, 군인출신 등 다양한 직업과 신분의 사람들이 참여하였다. 그 중 구한국군인출신들은 1907년 군대해산 이후 의병에 참여하거나, 해외로 망명하여 항일투쟁을 전개하거나 현실에 안주하는 등 다양한 모습을 보여주고 있다. 본고에서 다루고자 하는 김혁(金赫)은 대한제국무관학교 출신으로 구한국에서 정위(正尉)라는 고급 장교출신이었다. 그는 1919년 3·1운동 직후 40대 중반의 나이에도 불구하고 만주로 망명한 인물이며 그 지역에서 흥업단 부단장, 대한통의부 군무부감, 신민부 중앙집행위원장과 성동사관학교 교장, 고려혁명자후원회 회장을 역임하는 등 1920년대에 남북만주의 대표적인 항일운동단체의 중추적인 역할을 한 독립운동가이다. 그러므로 학계에서도 일찍부터 그에 대하여 주목하였다. 그러나 자료가 극히 제한되어 학문적인 연구는 최근에 이르러서야 개척적인 연구가 이루어진 정도였다.[1] 그러나 기존의 연구에서는 김혁의 민족의식의 형성과 3·1운동 등에 별로 주목하지 못하였다. 아울러 만주지역의 경우도 자료의 제한

김혁 장군

---

1) 김생기, 「오석 김혁의 생애와 활동에 대한 일고찰」, 『한국민족운동사연구』26, 2000.

대륙으로 간 혁명가들

등으로 그의 활동을 심층적으로 밝히지 못하였다. 이에 필자는 최근에 입수된『김혁의 가출옥문서』,『중국당안자료』등의 자료를 보완하여 김혁의 민족운동에 보다 구체적으로 접근하여 보고자 한다.

본고에서는 우선 그의 민족의식 형성에 주목하고자 한다. 여기에서는 그의 가계의식, 스승 맹보순의 영향, 대한제국 육군무관학교시절의 영향 등으로 나누어 살펴보고자 한다. 민족운동의 전개는 국내와 만주로 나누어 밝혀보고자 한다.

Ⅰ. 민족의식의 형성

1. 용인의 양반 집안에서 출생

김혁은 김혁(金爀)이라고도 하며, 본명은 김학소(金學韶)이다.[2] 자는 순익(舜翼), 호는 오석(吾石) 또는 오석(烏石)이다.[3] 1875년 10월 6일 경기도 용인시 기흥읍 농서리에서 출생하였다.[4] 농서리는 본래 용인군 기흥면지역으로 1914년 행정구역 통폐합시 농사동(農事洞)과 내서천(內書川)의 일부를 합쳐 농서리라 하고 용인군 기흥면에 편입되었다.[5]

김혁은 경주김씨 갈천공파(葛川公派)이다. 갈천공파는 기흥읍 신갈리, 상갈리, 구갈리 등 주로 기흥읍을 중심으로 하여 사는 대표적인 성씨

---

2) 『소화 10년 김혁의 가출옥문서』(이하 가출옥문서로 약함) 언제부터 김혁이라 불리워졌는지는 알 수 없으나 기록상으로는 만주지역에서 활동하였을 때부터 나온다. 어쩌면 대종교에 귀의하면서 김혁이라 불리웠는지 모르겠다. 1912년 대종교에 입교하면서 그리고 대종교 자료에 그는 김혁이라고만 언급되고 있다.

3) 『慶州金氏葛川公派譜全』(이하 족보로 약함)

4) 족보 및 『대한제국관원이력서』, 국사편찬위원회, p.509. 본적은 京畿道 水原郡 台章面 梅灘里 504번지이다.(가출옥문서 및 수원시 팔달구 발행 김학소 제적등본)

5) 용인군지편찬위원회, 『용인군지』, 1990, p.1149.

이다.[6] 갈천공 김원립(金元立)은 신라 경순왕 29세손으로 조선개국공신 김곤(金稇)의 9세손이다. 1590년에 출생하였다. 1636년 병자호란 때는 능주목사로서 의병을 모집, 창의군을 조직하여 과천에 이르러 청군과 접전을 전개하여 적 500-600명을 참수하였다. 갈천공은 노후에 갈천에 낙향하여 살면서 지역 발전에 기여하였다.[7]

김혁은 갈천공 김원립의 11대손이다.『경주김씨갈천공파보 전』에 따르면 고조인 김용원(金用遠)은 진사였고, 증조부 지상(芝商)은 증부제학(贈副提學)이었다. 조부는 벼슬이 없었으며 김은(金澱)이었다. 부친인 김태식(金泰植)은 법부 참서관(參書官)을 지낸 것으로 되어 있다. 이런 점으로 보아 김혁의 집안은 지방의 양반가문이었던 것으로 보인다. 또한 당시 무관학교의 입학 자격조건이 지배층에 속하는 관료의 자제였던 것이다.[8] 한편 김혁의 어머니는 윤현숙(尹顯淑)이었고 그는 외아들이었다. 김혁은 성장하여 전주이씨 부인과 결혼하였으며 자식이 없자 함종어씨(咸從 魚氏) 차용성(魚用成)의 차녀 어유순(魚裕順)과 1906년 혼인한 것으로 보인다.[9]

용인 지방의 양반집안에서 출생한 김혁은 8세 때부터 21세까지 향리에서 한문수업을 받았다. 가출옥문서의 『교육의 정도』에, 김혁은 10수년 동안 한문을 수업 받은 후 대한제국무관학교에서 3년 동안 공부한 것으로 되어 있다. 김혁은 기본적으로 한학에 대한 조예가 있었으므로 수감생활 중에도 한학서적을 두루 섭렵하였던 것 같다. 주로 읽은 서적은 『출세물어』(『出世物語』), 『맹자』 등이었다. [10]

김혁의 집안은 용인지방의 양반이었으며, 재산도 어느 정도 있었다고

6) 용인문화원 향토문화연구소, 『기흥읍지』, 2000, p.1277.
7) 『기흥읍지』, PP. 1277-1278 「金元立 倡義碑」
8) 임재찬, 『구한말 육군무관학교 연구』, 제일문화사, 1992, pp.32-37.
9) 족보
10) 가출옥문서

한다. 그의 부친이 법부 참서관을 지낸 점이 이러한 점을 반증해 주고 있다고 볼 수 있지 않을까 한다. 그러나 그가 출옥한 1930년대 중후반에는 어려운 생활을 영위하였던 것 같다. 손자 김진홍의 증언이나 가출옥 문서에 재산은 「가옥과 토지 등 견적 약 500원 정도이고 소작농」이라고 되어 있는 점 등을 통해 볼 때 그리 추정된다.

즉 김혁은 용인지방에 대대로 거주하던 경주김씨 갈천공파의 후손으로 그 지역의 지방양반집안에서 출생한 인물이라고 할 수 있다.

2. 향리에서 맹보순으로부터 공부

김혁은 1894년부터 무관학교에 입교한 1898년 전까지 용인향교에서 대유학자 동전(東田) 맹보순(孟輔淳)으로부터 한문을 공부하였던 것 같다. 당시 신갈에 사는 김화식(金華植)이 향교교육의 쇠퇴함을 안타깝게 여겨 당시 경기도 안성에 살고 있으면서도 한강 이남에서 학자로서 명성이 드높았던 맹보순을 모셔다 학동들을 가르치기 시작하였던 것이다.[11] 맹보순은 1908년 1월에 기호흥학회가 설립되자 이 학회에서 활동하였다. 또한 1910년 일제가 조선을 강점하자 압록강을 건너 만주로 망명하였다.[12] 그 후 그는 국내외를 오가며 독립운동을 전개하였는데 1913년 봄에는 극비리에 왜적의 형사대가 이동녕, 이회영, 이시영, 장도순, 김형선 등 다섯 사람을 암살하거나 체포하기 위하여 남만주로 출발할 모양이니 신속히 피신하라는 연락을 주기도 하였다.[13] 또한 그는 김화식의 아

---

11) 용인문화원 향토문화연구소, 『구성면지』, 1998, p.450.
12) 정광순, 「용인 명륜학교일기에 관하여」, 『경기향토사학』4, 전국문화원연합회 경기도지회, 1999, pp.204-205.
13) 이관직·이정규, 『이회영약전』, 을유문화사, 1969, p.50. 한편 맹보순과 김학조는 1922년 11월 14일에 경성에서 이른바 전조선유림대회가 개최되어 새로운 유림단을 신설 할 계획을 수립하고 대회 선언서를 통해 총독통치에 충실히 지켜나갈 것을 결의하였는데 이때 이 단체에 발기인으로 참여한 기록이 나타나고 있다(이명화, 「조선총독부의 유교정책」, 『독립운동사연구』7, 1993, 주 134참조)

들 김학조(金學祖)[14]와 만주 안동현에서 족질의 별호인 성재를 따서 성신태라는 가게를 내어 장사를 하기도 하였다고 알려지기도 한다. 그는 그곳을 연락과 정보의 거점으로 삼으며 독립운동가를 후원하는 한편 은밀히 신흥무관학교의 재정을 후원하기도 하였다.[15]

김혁은 무관학교에 입학하기 전에 스승의 영향으로 자연스럽게 민족의식을 가졌을 것으로 보인다. 어쩌면 그의 무관학교 입학도 스승의 권유에 따라 구국의 일환으로 이루어졌을 가능성도 크다.

3. 대한제국육군무관학교 입학과 민족의식의 형성

김혁은 1898년 6월 22일 대한제국무관학교에 입학하였다.[16] 당시 이 학교는 젊은이들에게 선망의 대상이 되었다. 우선 독립협회의 여망과 같이 당시 대한제국이 서구 열강들의 틈바구니에서 완전한 자주독립을 지켜나가기 위해서는 무엇보다도 강병이 우선해야 한다는 시대적 요청과 당시 무관의 품계와 급료가 다른 직종에 비해서 높았을 뿐만 아니라 무관학교를 졸업하게 되면 직업이 보장된다는 현실적인 문제, 그리고 신학문을 배울 수 있는 좋은 조건 때문이었다.[17]

김혁이 다닌 대한제국육군무관학교는 군부 또는 원수부에 예속된 군사교육기관으로서 초급무관을 양성하는 것을 목적으로 하고 건양 원년 (1896년) 정월에 설립되었다가[18] 융희 3년 (1909년) 9월에 폐지되었다. 이 무관학교는 1898년부터 1904년까지가 제일 전성기였다. 이 당시 무관학교는 국가의 완전한 자주 독립을 열망하는 국민적 여론과 이를 디딤

---

14) 김학조의 외조부가 맹보순이다.
15) 정관순, 「용인 명륜학교일기에 관하여」, pp.204-205.
16) 『대한제국관원이력서』 김학소
17) 임재찬, 위의 책, pp.22-26.
18) 차문섭, 「구한말 육군무관학교 연구」, 『조선시대 군사관계연구』, 단국대학교 출판부, 1996, p.300.

돌로 하여 자주 개혁을 추구한 국왕의 의지, 그리고 1898년부터 비롯된 서구 열강간의 세력균형 등을 바탕으로 조선정부가 자주적으로 무관학교를 재 설립했다는 점에서 그 의의가 매우 크다. 이때의 무관학교는 제도적으로 완비되었을 뿐만 아니라 교육시설, 교관 및 훈육관, 각 종 교범 등 실질적인 교육조건을 갖추어 명실상부한 무관양성기관으로서의 역할을 담당하였다.[19]

무관학교에서 배운 군사학과 신학문은 김혁의 운동노선에 큰 영향을 끼친 것으로 보인다. 당시 무관학교에서 가르치는 교육과목은 전술학, 군제학, 병기학, 축성학, 지형학 등 군사학과 불어, 독어, 영어, 중국어, 러시아어, 일어 등 외국어학이었다. 무관학교가 군사교육기관이기 때문에 군사학이 큰 비중을 차지하고 있는 것은 당연하지만 외국어학이 중요시되던 까닭은 무관학교에서 배우는 군사교범이 외국책이고, 또 당시 대한제국의 군제가 이들 강대국의 영향을 많이 받았기 때문인 것으로 생각된다.[20]

김혁은 1900년 1월 7일 대한제국육군무관학교를 졸업하고 동년 1월 19일 육군 참위(參尉)로 임명되었다.[21] 그는 대한제국무관학교 제1회 졸업생이었다. 졸업식은 고종이 참여한 가운데 성대하게 거행되었다, 함영전(咸寧殿)에서 개최된 졸업식에 고종이 대원수의 자격으로 참석하였고, 이들에게 직접 졸업장을 수여하였다고 한다.[22]

김혁은 1900년 7월 23일에는 친위 제1연대 제1대대에 부임하였다. 1902년 4월 24일에는 시위 제1연대 제3대대로 배속되었다. 그리고 1903년 4월에는 부위(副尉)로 승진되었으며, 1905년 4월 18일에는 시위보병

---

19) 임재찬, 위의 책, pp.136-137.
20) 임재찬, 위의 책, p.47. p.139.
21) 『대한제국관원이력서』, p.509.
22) 한시준, 「몽호 황학수의 생애와 독립운동」, 『사학지』, 단국사학회, 1998, p.540; 『관보』 광무 4년 1월 23일자

제1연대 제3대대, 1906년 4월 21일에는 시위보병 제1연대 제3대대 부관으로 임명되었다.[23)

1907년 8월 1일 군대해산이 있던 당시 김혁은 정위(正尉)였다.[24) 당시 그가 속했던 제1연대 제3대대의 정원은 참령이하 장교 21명, 하사졸이 591명이었다. 그 가운데 103명이 해산식에 참여하지 않았다.[25) 김혁의 군대해산 참여여부는 알 수 없다. 다만 당시 구한국군 정위인 그가 느꼈을 치욕과 분노는 충분히 짐작이 간다. 1907년 8월 1일 군대해산을 거부한 시위대 봉기병과 해산병, 및 진위대 봉기병과 해산병들은 대부분 지방 의병부대와 합류하거나 단독으로 의병부대를 조직하여 활동하였으므로 항일투쟁의 새로운 전기를 마련하였다.[26)

4. 대종교를 통한 독립국가의 추구

군대해산 후 향리에 와 있던 김혁은 1910년 국망의 치욕을 맛보았다. 군인으로서 김혁은 심한 좌절감과 모욕감을 느꼈을 것이다. 이러한 가운데 김혁은 1910-1913년경에 민족종교인 대종교를 신앙함으로서 구국의 길을 모색하게 된다.

대종교는 나철이 1909년 1월 15일(음력) 자시(子時)를 기하여 오기호 등 수십 명과 함께 서울 북부 재동 취운정 아래 8통 10호에서 북쪽 벽에 "단군대황조신위"를 모시고, 단군교를 민족종교로서 새로이 '중광'하였던 것이다. 이 중광의 의미는 단군교를 다시 밝혔다는 뜻으로, 고려 원종 때의 몽고침입이후 약 700년간 단절된 것을 한말에 나철이 민족의 앞날을 위해 다시 계승한다는 뜻으로 중광이라고 했다고 한다.[27)

---

23) 『대한제국관원이력서』, p.509.
24) 가출옥문서
25) 임재찬, 위의 책, p.118.
26) 임재찬, 위의 책, p.121.
27) 대종교총본사, 『대종교중광60년사』, 1971, p.80; 동아일보 1931년 9월 27일

1909년 대종교를 창시한 나철은 곧 『단군교포명서』를 발표하였다.[28] 여기에는 단군교의 교리와 창시동기, 성격 등이 잘 나타나 있다. 즉, 포명서에서는 단군교를 믿은 왕이나 왕조는 융성 발전하였으나 그렇지 못한 왕이나, 개인, 국가 등은 멸망의 길을 걸었음을 단군 이래의 역사부터 조선시대까지의 역사를 통하여 예증하고 있다. 이러한 역사적 사실을 통하여 볼 때, 지금 조선이 다시 발전할 수 있는 유일한 길은 우리의 국교인 단군교를 믿고 따르는 길 외에 딴 길은 있을 수 없다는 것이다. 그러므로 나철은 모든 국민들이 단군교를 신앙하는 대종교적 민족국가 건설을 지향하였던 것이다. 결국 나철은 대종교적 민족국가 건설을 통하여 조선의 자주 독립을 실현할 수 있다고 인식하였던 것이다. 대종교에 입교한 김혁 역시 나철의 이러한 독립국가 구상론에 동의하였을 것으로 보인다.

1910년 8월 일제에 의하여 조선이 강점되자 나철은 활동지역을 백두산이 있는 만주지역으로 옮기고자 하였다. 만주는 압록강과 두만강을 경계로 국내와 인접해 있어서 이동하기 용이할 뿐만 아니라, 당시까지는 일제의 만주 침략이 본격화되지 않았기 때문에 이 지역은 국내보다도 활동하기가 비교적 용이할 것으로 판단하였기 때문이었다. 또한 조선후기부터 많은 사람이 이 지역으로 이주하여 정착하고 있었으므로 대종교를 포교할 대중적인 기반이 조성되어 있었던 것이다. 그러나 무엇보다도 백두산은 신인(神人) 환웅이 화강(化降)하여 홍제인세(弘濟人世)의 대업을 펴신 영지(靈址)였으므로 백두산을 중심으로 한 대종교적 민족국가를 건설하기 위한 최적지였기 때문이었다.[29]

그러므로 나철은 국망직 후인 1910년 10월 25일 백두산이 멀리 바라보이는 북간도 화룡현 삼도구에 대종교 지사를 만주지역에 처음으로

대종교 유래와 중광
28) 『대종교중광60년사』, pp.80-92.
29) 『대종교중광60년사』, pp.182-183.

설치하였다. 이어서 동년 11월경에는 시교사 박창익(朴昌益)을 청산리에 파견하여 그곳에 시교소를 설치하고 포교하도록 하였다.[30)]

나철은 악의 악식 등 고생을 무릅쓰고 포교활동을 전개하였다. 그 결과 많은 사람들이 대종교를 신앙하게 되어 1914년 5월 13일에는 총본사를 서울에서 만주 청파호로 이전하기에 이르렀다. 아울러 백두산을 중심으로 하여 각지에 시교당이 설치되는가 하면 신도도 몇 천명에 이르게 되었다. [31)]

이처럼 대종교가 만주지역을 중심으로 활발한 활동을 전개할 때인 1914년 4월 29일 김혁은 대종교 참교(參敎)[32)]가 되었다. 또한 1917년 11월 11일에는 지교(知敎)[33)]에 이르렀던 것이다.[34)] 그러므로 김혁은 적절한 시기가 도래하면 대종교의 교도들이 활동하고 있는 만주로 망명하여 대종교인들과 함께 독립운동을 전개하고자 하였다.

II. 민족운동의 전개

1. 용인에서의 3·1운동 참여

김혁은 1907년 군대해산 이후 퇴직한 후[35)] 스승인 맹보순과 밀접한 연관관계를 갖고 있었을 것이다. 1910년대 그가 압록강 대안인 안동현

---

30) 박환, 「북로군정서」, 『만주한인민족운동사연구』, 일조각, 1991, pp.90-91.
31) 『독립신문』 1920년 1월 1일자
32) 참교는 시교당, 수도원에서 선출하여 총본사의 인준을 얻되, 그 자격은 신앙한지 1년이상인 교우로 종문의 오대종지와 교인의 오대 의무를수행하여 靈戒式을 마친 자를 말한다.
33) 지교는 총본사와 도본사에서 선출하여 총본사의 인준을 얻되, 그 자격은 참교된 3년 이상으로 信行이 독실하고 항상 교리공부에 노력하는 교우로서 종문의 5대 종지와 교인의 5대 의무를 준행하는 이로 한다.
34) 개천4433년 5월 改修, 『倧門榮秩』 참교편, 대일각 참조.
35) 동아일보 1928년 3월 22일자

및 만주지역을 전전한 것도 맹보순과 김학조[36] 등 향리의 일가친척과 스승과 무관하지는 않을 것으로 보인다. 그러므로 1914년 만주 안동현으로 가 독립운동 방안을 모색하며 이곳 저곳을 다녔다.[37] 만주에서 귀국한 김혁은 동지들에게 만주지역에서의 독립운동을 권유하기도 하였던 것 같다. 후에 서로군정서와 신민부, 광복군 등에서 활동한 황학수(黃學秀)는 이때 무관학교 동기인 김혁으로부터 만주일대에서 독립운동가들이 활동하는 상황과 함께 그곳이 지리적으로 독립군을 양성하는데 적합하다는 이야기를 듣게 되었다. 그리고 이것이 계기가 되어 황학수는 만주로 망명하여 독립운동을 전개하게 되었던 것이다.[38] 이처럼 1910년대 해외에서의 독립운동을 모색하고 있던 시절, 국내에서 만세운동이 전개되었고 이는 그가 만주로 망명하는 계기가 되었다.

1919년 서울을 중심으로 만세운동이 전개되자 용인지역에서도 만세운동이 전개되었다. 동년 3월 28일 경기도 용인군 수지면 고기리의 안종각(安鍾珏)은 이장 이덕균(李德均)과 독립만세시위를 계획하였다. 이튿날인 3월 29일 부락민 100여명을 규합하여 독립만세시위 진행 중에 인근 동천리(東川里) 주민 100여명과 합세되어 계속하여 독립만세시위를 선도하였다. 오후 2시경에는 수지면사무소 광장에서 면민 600여명이 운집한 가운데 독립선언문을 낭독하였다.[39] 이처럼 용인지역에서도 3·1운동이 전개되자 김혁은 자신의 거취에 대하여 망설였을 것이다. 이때 기흥면 하갈리에 거주하던 김구식(金九植, 1881-1947)이 찾아왔다. 김구식은 일찍이 일본사람들이 선심공세로 주민에게 나누어준 일본제품을 수거 폐기한 혐의로 징역 4년을 받은 바 있는 인물이었다.[40] 그는 3월

---

36) 김학조는 김학소와 같은 항렬로 당시 기호흥학회 본회 찬무원이었다.
37) 가출옥문서
38) 한시준, 위의 논문, p.545.
39) 국가보훈처, 『독립유공자공훈록』「안종각」
40) 『기흥읍지』, p.222.

28일 읍삼면(구성리)시위에서 일경이 주민들에게 무차별 총기를 난사한 데에 대하여 격분하여 반드시 이들을 응징해야 한다고 김혁을 찾아왔다. 그리고 3월 30일 10시를 기하여 탑안골 강변에서 만세운동을 전개할 것이므로 선언서를 낭독해 주기를 요청하였다. 이에 김혁은 3월 30일 오전 10시 주민 300여명이 모인 가운데 선언서를 낭독함과 아울러 만세 3창을 하고 만세운동을 하였다. 그 후 일제의 검거망을 피해 망명길에 올랐던 것이다.[41)]

2. 만주로의 망명과 대종교적 민족운동의 전개

1) 흥업단·북로군정서 · 대한독립군정서에서의 활동

김혁은 국내에서 3.1운동이 전개되자 만세운동에 참가한 후 단신으로 1919년 5월 만주 유하현으로 망명하였다.[42)] 당시 유하현 삼원보 등지에는 한족회, 신흥무관학교, 서로군정서, 대한독립단 등 여러 독립운동단체들이 활동하고 있었다.[43)] 유하현에 도착한 김혁은 대종교도였으므로 자연히 대종교인들이 조직한 단체를 찾아 나섰을 것이다. 당시 백두산 서남쪽 봉천성 무송현 하북(河北)서 흥업단이 조직되어 활동하고 있었다. 이 단체는 백두산하 화룡현에 있던 대종교총본사와 백두산 동북록인 왕청현에 있던 북로군정서와 긴밀한 연락을 취하며 활동하였다. 1919년 8월 김혁은[44)] 바로 이 흥업단에 가입하여 부단장으로서 단장 김호(金虎), 총무 윤세복(尹世復), 재무 이원일(李元一), 경호 오제동(吳濟東), 교섭 이현익(李顯翼) 등과 함께 활동하였다.[45)]

---

41) 용인문화원 향토문화연구소, 『기흥읍지』,2000, 쪽쪽.221-224; 『독립운동사자료집』 5, p.402.
42) 가출옥문서
43) 박환, 『만주한인민족운동사연구』 참조.
44) 가출옥문서
45) 『독립운동사』 5, p.325.

무송지역의 산간지대를 중심으로 자리잡은 흥업단은 농민과 군민이 따로 없이 낮에는 밭갈고 밤에는 군사훈련을 행하는 병농겸행시책을 취하며, 동포사회의 안녕질서를 확립하는 데에도 공헌하였다.[46] 김혁은 이 흥업단에서 1920년 7월까지 독립운동을 전개하였다.[47]

1920년 8월 이후 김혁은 흥업단을 떠나 북로군정서에서 활동하게 된다. 김혁이 활동한 북로군정서는 1919년 10월 북간도 왕청현에서 대한정의단과 길림군정사가 연합하여 조직된 무장독립운동 단체이다. 주요 구성원은 대부분 대종교신자로서 단군을 중심으로 한 민족정신을 배양하여 일제를 물리치고 이상국가인 배달국을 지상에 재건하고자 하였다. 대표적인 활동으로는 청산리독립전쟁에서의 승리를 들 수 있다.[48]

김혁은 1920년 8월 북로군정서에서 이성규(李成奎)를 국내로 보내어, 대한제국시대의 육군 장교로 활약하던 전 부위 김규식・전부위 홍충희(洪忠熹)・전 참위 김찬수(金燦洙)・박형식(朴亨植) 등을 동반하여 올 때 그도 유우석(柳佑錫)과 함께 무송현으로부터 북로군정서에 왔다.[49] 당시 이 단체에서 김혁이 주로 어떠한 활동을 하였는지 구체적으로 알려진 바 없다. 다만 그가 흥업단의 부단장이었고, 대한제국육군무관학교 출신이고 또한 대한제국의 정위까지 한 인물이므로 그는 군사적 자문과 사관양성 등에 도움을 주지 않았을까 추정된다.

1920년 8월 맹부덕(孟富德)의 중국군이 독립군을 수색「토벌」한다고 했을 때, 김혁은 서일, 김좌진 등과 함께 북로군정서의 중심인물로 중국 측에 의하여 평가되었다. 특히 여기서 조련상황과 관련하여 구한국육군 식의 조련방법을 채택하고 있음을 통해 볼 때[50] 김혁은 군대조련과 관련

---

46) 국가보훈처, 『독립운동사』5, p.327.
47) 가출옥문서
48) 박환, 「북로군정서」, 위의 책, pp.97-120.
49) 『독립운동사』5, p.365; 김정명, 『조선독립운동』 2, 원서방, 1967, pp.976-977.
50) 강덕상편, 『現代史資料』27 「朝鮮」 3, p.371.

하여 일정한 역할을 하였을 것으로 보인다.

한편 북로군정서에서는 1920년 2월 초 사관연성소를 왕청현 서대파 (西大坡) 산촌(上村)에 설립하였다. 소장은 사령관 김좌진이 맡고, 교수부와 학도단을 두어 교수부장에는 나중소, 본부교사에는 이범석(李範奭), 학도단장에는 박영희(朴寧熙)를 임명하였다. 북로군정서 사관연상소의 제1회 졸업식은 1920년 9월 9일 군정서 본영에서 성대하게 거행되었다. 이때 김혁은 조성환(曺成煥)과 함께 축사를 하여 학생들의 민족의식 고취에 기여하였다.[51]

1920년 10월 김혁은 북로군정서원들과 함께 청산리 전투에 참여하였다는 기록은 보이지 않고 있다. 그러나 당시 그의 위치나 입장으로 보아 전투에 참여하여 청산리전투를 승리로 이끄는 견인차 역할을 한 것으로 보인다.

청산리전투 후 김혁은 1920년 음력 10월중 봉천성 안도현(安圖縣) 삼인방(三人坊)에서 홍범도, 이청천 등 수백명과 함께 조선독립을 목적으로 의용군이라 칭하는 결사를 조직하고 동시에 이 조직의 부관으로서 동년 음력 12월까지 활동하였다[52] 그 후 그는 1921년 음력 1월 중 길림성 도목구(吉林省 倒木溝)에서 김좌진, 서일 등 수십명과 기존의 서로군정서, 북로군정서를 합쳐서 조선의 독립을 목적으로 하는 대한독립군단을 조직함과 동시에 이 단체의 군사부장으로서 1921년 음력 5월까지 활동하였다.[53] 한편 그는 대한독립군 총재 대리의 명의로서 왕청, 연길, 두개 현 하에 심복부하 김관영(金官永)을 파견하여 대한군사 탐사원을 모집하는 등 전 대한 군정서 사관연습생과 밀접한 연락을 취하기도 하였

---

51) 「진중일지(陣中日誌)」, 1920년 9월 9일조, 《독립운동사자료집》 10, pp.58-59; 신용하, 「대한(북로)군정서 독립군의 연구」, 『한국독립운동사연구』2, 독립기념관 한국독립운동사연구소, 1988, p.223.
52) 가출옥문서
53) 가출옥문서

다.54)

그 후 북만주 밀산(密山)으로 이동한 김혁은 그곳에서 대한독립군단을 조직하여 참여한 후55), 러시아로 이동하여 1921년 6월의 자유시참변으로 큰 타격을 받게 되었다. 그러나 독립군들은 만주로 재이동하여 1921년부터 조직을 정비하며 재기하였다. 그리하여 1922년 8월 30일에 환인현(桓仁縣) 남구 마권자(馬圈子)에서 서로군정서, 대한독립단, 한교회(韓僑會), 대한광복단군영, 대한정의군영, 대한광복군총영, 평북독판부대표 및 통군부 대표 등 8개단체 대표 71명이 참석하여 대한통의부를 조직하였다. 김혁은 이때 군사부감으로 선출되어 군사부장 양규열(梁圭烈), 사령장 김창환(金昌煥) 등과 함께 항일투쟁에 적극 참여하였다고 한다.56) 그러나 당시 상황으로 보아 김혁이 대한통의부에서 활동하였다는 사실은 좀더 구체적인 검토가 필요할 것 같다.

김혁은 북로군정서를 재건하기 위하여 1924년 3월 북만주 동빈현을 근거로 하여 대한독립군정서를 조직하였다.57) 당시 총재 현천묵, 군사부장 조성환, 서무부장 나중소, 재무부장 계화(桂和) 등이었으며 그는 참모로서 김규식, 이장녕(李章寧), 김필(金弼), 권영준(權寧濬) 등과 함께 활동하였다.

대한독립군정서는 1924년 4월 하순에 영고탑에 있는 대종교당에서 대한군정서 연합총회를 열고 다음과 같은 사항을 결의하여 항일독립전쟁을 준비하게 되었다.58)

① 본부를 동빈현(同賓縣)에 두고 지부를 영안현에 둔다.

---

54) 『독립운동사자료집』 9, p.832.
55) 채근식, 『무장독립운동비사』, 대한민국공보처, pp.98-101.
56) 『독립운동사』5, p.431.
57) 『독립신문』, 1924년 3월 29일자, 「북로군정서총선거(北路軍政署總選擧)」 참조; 박환, 「신민부」, 위의 책, pp.165-166.
58) 『독립운동사』5, pp.452-453.

② 통신기관을 하얼빈 ·모아산 ·일면파 ·오딜밀하 ·해림 ·목단강·
목릉 ·소수분 ·동녕에 설치한다.
③ 지급히 군인 모집에 착수하고 모연사무를 개시하여 무기 ·군복을 준비
한다.
④ 재정을 긴축하여 기금을 공고히 하며 각 지방과의 통신연락을 일층
실속 확실하게 한다.
⑤ 조선민족으로서 왜노의 밀정이 되는 자는 곧 살육한다.
⑥ 본 년은 갑자 년에 해당하고, 조선독립 실현의 기운이 익어오고 있다.
두만강을 건너 삼각산 상에 태극기를 세우고 만세를 높이 부르며 우리
민족이 왜노의 압정을 제거하고 열국에 우리의 독립을 선포하는 최초
시기가 되는 것이다. 우리의 행동을 방해하는 군법에 의하여 엄히 처벌
할 것이요, 우리 민족된 자는 이 때를 당하여 전력을 다해서 후원하여야
할 것이다.[59]

즉 대한독립군정서는 자금을 모집하여 무기를 구입, 이를 바탕으로
일제의 밀정을 사살하는 한편 국내로 진격하여 일제를 완전히 축출하고
자 하였다. 또한 이 단체는 이의 실현을 위하여 흑룡강성 오운현(烏雲縣)
에 사관학교를 설치하여 군인을 양성하고자 하였다.[60]

2) 신민부에서의 활동

1924년 7월에 길림에서 개최된 전만주통일회의주비회의 결과 남만주
지역을 통괄하는 통일체인 정의부가 성립되었다. 이에 북만주지역의 독
립운동단체들도 독립운동단체의 통합을 위하여 1925년 1월 목릉현(穆
陵縣)에 모여 부여족통일회의를 개최한 결과 동년 3월 10일에 영안현
영안성 내에서 신민부를 조직하게 되었다. 창립총회 때 서명한 단체와
지역 대표의 명단을 보면, 단체대표로는 대한독립군단의 김좌진 ·남성
극(南星極) ·최호 ·박두희(朴斗熙) ·유현(劉賢), 대한독립군정서의 김

---

59) 『독립운동사』5, p.452.
60) 박환, 「신민부」, 위의 책, pp.165-166.

혁·조성환·정신 등을 들 수 있다. 즉 김혁은 신민부 조직 당시 대한독립군정서의 대표의 1인으로 참석하고 있다.

신민부의 조직은 3권분립제도로서 중앙집행위원회(행정기관), 검사원(사법기관), 참의원(입법기관) 등으로 이루어져 있다. 그러나 검사원은 대한민국 임시정부와 정의부에서도 그랬던 것처럼 실제 운영할 수는 없었다. 또한 참의원도 독립전선에서는 유명무실하였다. 따라서 중앙집행위원회에 모든 권력이 집중되어 있었다. 조직 당시의 중앙집행위원회 위원들을 보면, 김혁이 중앙집행위원장을 맡고, 민사부위원장 최호, 군사부위원장 김좌진, 참모부위원장 나중소, 외교부위원장 조성환, 법무부위원장 박성태(朴性泰), 경리부위원장 유정근(兪正根), 교육부위원장 허빈(許斌), 선전부위원장 허성묵(許聖黙), 연락부위원장 정신, 실업부위원장 이일세(李一世), 심판원장 김돈(金燉), 총사령관 김좌진, 보안사령관 박두희, 제1대대장 백종열, 제2대대장 오상세(吳祥世), 제3대대장 문우천(文宇天), 제4대대장 주혁(朱赫), 제5대대장 장종철(張宗哲), 별동대장 문우천 등이다. 이들 주요 구성원을 신민부 가입 이전 가맹 단체, 종교, 학력, 신분, 출신지역 등 몇 가지 기준에 의해 살펴보면, 출신단체로는 북로군정서 출신이, 종교적으로는 대종교 신자가, 학력상으로는 무관학교 출신들과 전통적인 한학을 공부한 인물들이, 출신지역 별로는 경기도, 충청도, 함경도 출신 등이 다수였다.[61] 김혁은 바로 신민부의 핵심기관인 중앙집행위원회의 최고 책임자인 위원장이었던 것이다. 그가 위원장이 될 수 있었던 것은 그의 나이(50세), 항일 경력, 인품, 통솔력 등이 다양하게 검토되었을 것이다.

한편 김혁은 1926년 4월 15일 김좌진 등과 함께 미국에 있는 이승만에게 서찰을 보내어 내정, 경제, 무력준비 등 여러 방면의 지도를 요청하기도 하였다.[62] 또한 전 서로군정서 군사부장 황학수를 맞아들여 중앙집행

---

61) 박환, 「신민부」, 『만주한인민족운동사연구』, pp.169-175.

위원 겸 참모부위원장으로 임명하였다.[63] 김혁은 자신을 찾아 중동선(中東線) 이도하자(二道河子)에 온 황학수를 만나 기뻤고 그의 군사적 경험으로 신민부는 더욱 활기를 띠었다.[64]

또한 신민부에서 군인의 질적 향상을 위하여 목릉현 소추풍에 성동사관학교를 설립하자 교장에 임명되어 부교장 김좌진, 교관 박두희·오상세·백종열 등과 함께 신민부 군인 양성을 위하여 노력하였다.[65] 성동사관학교는 전후 5백 여명의 졸업생을 내어 독립군 간부로서 활동하게 하였다.[66] 학교운영에는 그의 대한제국육군무관학교 시절의 교육 내용과 항일투쟁 경험 등이 큰 기여를 하였을 것으로 보인다.

김혁은 나이에도 불구하고 신민부 시절 젊은 운동가들과도 깊은 유대를 가졌던 것으로 보인다. 당시 신민부의 젊은 혁명아였던 이강훈에게 그의 호인 청뢰(청구반도의 우뢰 또는 청천백일하의 우뢰라는 뜻)를 손수 지어 주셨던 것이다. 김혁은 직접행동으로 적괴를 무찌르고 세상에 큰 충격을 줄만한 기회를 만들고 싶다는 이강훈에게,

> 젊은 혁명가의 당연한 포부일 것이나, 군은 교육가로서 많은 혁명투사를 배출시키고 마지막 에 지금 말하는 직접행동을 실천하도록 의지를 굳히고 있음이 어떨까

라고 하고 있듯이 김혁은 혁명투사의 양성에 심혈을 기울였던 것이다.[67]

중앙집행위원장었던 김혁은 본부에만 있는 것이 아니라 직접 운동의

62) 김혁, 김좌진 등이 이승만에게 보낸 서한(1926년 4월 15일자), 『운남 이승만 문서 동문편 제16권 간찰 1』, 중앙일보사 연세대학교 현대한국학연구소, 1998, pp.423-426.
63) 채근식, 『무장독립운동비사』, p.108.
64) 한시준, 위의 논문, pp.558-560.
65) 채근식, 위의 책, p.108.
66) 채근식, 위의 책, p.108.
67) 「김구, 김좌진 그리고 육삼성의거」, 『신동아』.1993년 6월호, p. 625.

현장을 다니며 운동을 지도하기도 하였다. 그는 독립운동 근거지인 각 지역을 탐방하기도 하였던 것이다. 1926년에는 엄우영(嚴宇泳)을 대동하고 밀산 평양진(平陽鎭)으로 가 그곳의 현황을 살펴보고 이강훈을 동반하고 밀산현 전역을 순회하기도 하였다.[68] 당시 신민부에서는 둔전제를 실시하고자 하였다. 훈련을 받으며 농사도 지어 자급자족하고자 하였던 것이다. 둔전지역으로 신민부에서는 밀산을 택하였다. 이곳은 서일, 김좌진 등이 중심이 되어 대한독립군단을 결성하였던 곳으로 독립운동이 활발하였던 지역이었다. 그러므로 신민부에서는 1926년 5월에 심판원장인 김돈과 그의 비서겸 수행원으로 이강훈을 파견하였다. 그러나 이 지역의 상황이 과거와 달라져 계획은 실패로 돌아가고 말았다.[69]

한편 김혁은 위하현(葦河縣) 석두하자(石頭河子)에서 송상하, 이철우 등과 협의하여 상해의 살왜단 이재희(李在熙)와 연락하여 살왜단을 조직하기도 하였다. 이 단체의 대원은 약 200명이고 회비는 매인 1각(角)이며 기타 자금을 모금하여 유지하기로 하였다. 총단장은 김준(金準)이 맡았으며, 각 지방의 단장은 신민부의 구장이 맡기로 하였다.[70]

또한 김혁은 고려혁명자후원회를 조직, 그 위원장으로 선출되어 책임을 맡기도 하였다. 고려혁명자후원회는 (연도미상) 8월 석두하자 한인학교에서 각 단체의 대표자들이 모인 가운데 총회를 통하여 창립되었다. 이 단체의 주요 내용을 보면 다음과 같다.

<목적>
혁명자로서 물질과 정신으로 후원한다. 예를 들면 혁명자가 체포, 구금되었을 때, 혁명자의 가족이 빈곤에 빠졌을 때, 교전하거나 사변으로 하여 혁명자가 부상을 입었을 때 원조한다.

---

68) 『신동아』, p.627.
69) 林塬, 「北滿新民府」, 1945, 필사본, pp.18-21.
70) 길림성 당안관 『신민부의 일반상황』 살왜단의 조직. 자료상에 김혁은 金革이라고 언급되고 있다.

<조직>

1. 조직은 남북만주에 둔다.

2. 회원은 15세 이상으로 인격이 정직한 고려인으로 한다. 매 개인은 입회시 금 5십전을 납부하고 매월 회비로 5전을 납부한다. 당인(黨人)들은 월급 의 5%를 납부한다.

3. 본부는 석두하자에 둔다

4. 지회는 회원이 3명 이상인 지역에 설치한다.

5. 회제(會制)는 위원제로 한다.

6. 회원은 현재 약 천명이다.

7. 정기총회는 매년 7월로 한다.

8. 각 지방분회의 통상회(通常會)는 매월 1회, 위원회는 매주 1회로 한다.

9. 위원장은 오석(烏石)[71], 각 위원은 신민부 구장이 겸임한다.[72]

고려혁명자후원회는 혁명자가 체포, 구금되었을 때, 혁명자의 가족이 빈곤에 빠졌을 때, 교전하거나 사변으로 하여 혁명자가 부상을 입었을 때 원조하는 조직으로서 당시 사회주의계통의 국제혁명가후원회(모플) 의 영향으로 조직된 것으로 보인다.[73]

III. 체포와 투옥

1928년 1월 25일 일제는 음력 정초를[74] 기하여 중동선 석두하자 역에

---

71) 오석은 김혁의 호이다.

72) 길림성당안관 자료, 『신민부 일반상황』 고려혁명자후원회

73) 1930년대 초 사회주의 계열의 원로 이동휘도 원동변강의 국제혁명가후원회 위원으로 활동하고 있는 점으로 보아 김혁 역시 신민부의 원로로서 이일을 담당한 것으로 보인다.

74) 김혁의 체포일자에 대하여는 이견이 있다. 동아일보 1928년 1월 28일자와 2 월 4일자, 조선일보 1월 28일자에서는 1월 25일이라고 하고 있고, 동아일보 3월 7일자, 조선일보 3월 7일자에서는 1월 15일경이라고 하고 있다. 그리고 동아일보 3월 22일자에서는 음력 정월 경, 10월 30일자에는 음력 정월 초 5일경이라고 하고 있다.

서 신민부 총회를 한다는 첩보를 입수하였다. 이에 하얼빈 주재 일본 총영사관에서는 고야(高野), 강도(岡島) 등 두 순사부장 이하 순사 10명과 중국 순경 32명의 응원을 얻어 새벽에 극비리에 석두하자 역에 당도하였다. 그리고 오전 8시경 조선인부락 17호를 일제히 포위하고 수색한 결과 권총 탄환 80 여 발, 태극기, 상해, 광동 등지의 독립운동단체와 연락한 문서, 미국하와이 독립운동단체에서 발행한 신문, 러시아 과격문서 등을 다수 압수하였다 아울러 신민부 주요인물 10명을 검거한 후 하얼빈 영사관으로 엄중 경계 속에 호송하였다. 당시 마을로 순행을 나갔던 김좌진만은 화를 면하였다.[75] 당시 체포된 명단은 다음과 같다.

1. 김혁(54세, 김학소) 아호: 오석
   본적: 경기도 용인군 기흥면 농서리
   현 주소: 북만주 석두하자
   직책: 집행위원장

2 유정근(41세)
   본적: 충청남도 천안군 갈전면
   현 주소: 석두하자
   직책: 경리부 및 민정부 심판부장

3. 황처준(黃處俊, 36세)
   본적:평안남도 선천군 신창면 신창리
   직책:별동대원

4. 이춘섭(李春燮, 31세)
   본적: 함경남도 풍산군 천남면 유평리
   현 주소: 석두하자

---

75) 동아일보 1928년 1월 28일자, 1928년 2월 4일자

5. 이원학(李元學, 21세)
　본적: 강원도 금화군 금화면
　현 주소: 석두하자참
　직책: 문화부장

6. 윤영순(尹永順, 48세)
　본적: 함북 회령군
　현 주소: 석두하자
　직책: 별동대장

7. 김봉훈(金鳳勳, 43세)
　본적: 평안북도 희천군 장동면 관동리
　현 주소: 석두하자

8. 박동춘(朴東春, 23세)
　본적: 함경북도 고원군 상산면 봉현리
　현 주소: 석두하자

9. 박춘재(朴春載, 24세)
　본적: 함경북도 경흥군 웅기면 연상동

10. 김윤희(金允熙, 55세)
　본적: 평안북도 후창군
　현 주소: 석두하자76)

　신민부는 독립운동단체로 그 근거지는 절대 비밀로 부쳐 단원이외에
는 아는 사람이 없고 , 또는 오래 동안 일정한 곳에 두는 법이 없이
시세와 형편에 따라 귀신도 모르게 장소를 바꾸는 까닭에 신민부는 일제
의 습격을 당한 일이 없었다. 그러던 중 1927년 여름 국내에 잠입하여

---

76) 동아일보 1928년 2월 4일자

활동하던 이모 등 몇 명의 부원이 체포되어 내부 비밀의 일부가 드러나면서 경찰당국의 주목을 받게 되었다. 그곳은 바로 길림성 중동선 해림(海林) 정거장에서 300리 정도 떨어진 석두하자라는 작은 마을이었다. 이 마을에는 중요 간부들의 가족들이 살고 있었고, 조선사람들이 많이 살고 있어 고려촌이라고 불리우기도 하였다 한다. 우연한 기회에 신민부의 근거지를 알게 된 일제는 신민부의 본부를 습격하고자 기회를 엿보고 있었다. 그때 마침 김좌진이 부하 전부를 통솔하고 모처로 출진하였음을 파악하고 그 틈을 타 일시에 습격을 가하였던 것이다.[77] 당시의 상황을 동아일보 1928년 3월 22일자에서는 다음과 같이 묘사하고 있다.

> 때는 음력 정월 초 엿새날 아침 여섯시! 공교히 한 곳에 모여 있다가 한자리에서 잠을 자던 신민부의 중요 간부 열 두 사람은 불의의 습격을 당하여 미처 대항도 못하고 뒷문으로 나왔으나 이곳저곳에 매복하여 있는 것은 경관 뿐이요, 김좌진은 그림자도 안보이매 최후수단으로 각각 헤어져서 피신코자 하였으나 나는 새도 벗어날 수 없이 경관대는 겹겹이 에워싸고, 그들은 전기 석두하에 있는 고려소학교(조선인 자영)로 길을 열고 맹렬히 습격하므로 전지 12인은 할 수없이 전기소학교로 은신을 하려 할 때에는 벌써 철통같은 포위망은 갈수록 견고하여 12인 전부가 체포된 것이다.

석두하자에서 하얼빈으로 잡혀간 김혁이 하얼빈 유치장에 갇혀 있을 때의 한 일화가 있다. 그는 부하 한 청년이 석두하자에서 체포되어 같은 감방에 들어오자 일경을 불러 크게 화를 내며 <내가 아무리 체포된 몸일망정 혁명 운동자도 아닌 청년을 같은 방에 가두느냐>하고 외쳤다. 일경도 이 말을 듣고 즉시 그 청년을 다른 방으로 옮겼다가 농민으로 알고 수일 후에 석방하였다고 한다.[78]

하얼빈에서 김혁은 1928년 3월 10일 신의주경찰서로 이송되었다.[79]

---

77) 동아일보 1928년 3월 22일자
78) 『무장독립운동비사』, p.117.

그 후 취조를 거듭 받다가 4월 4일 신의주 검사국으로 회부되어 신의주 지방법원 예심판사 좌등(佐藤)에 의해 6개월 동안 조사를 받던 중 황처준은 폐병으로 사망하고 말았다. 그리고 동년 10월 동지들과 함께 예심을 마쳤는데 14명의 동지 중 김혁을 포함하여 9명만이 유죄가 확정되었다.[80] 유죄가 확정된 9명의 명단은 김혁(54세, 김학소), 유정근, 남준희(본적 충남 홍성군 , 석두하자 거주, 약종상, 55세), 이춘섭(31세), 김봉훈(43세), 김윤희, 윤영순, 서광수(34세, 강원도 고성군 현남면 마원리, 영안현 입참), 박광원(강원도 홍천군 남면 신대리) 등이다. 무죄로 방면된 사람은 박동춘, 이원학, 박춘재, 이성덕, 이원화 등이다.[81]

김혁은 1929년 6월 5일 신의주지방법원에서 대정 8년(1919년) 제령(制令) 제7호 치안유지법 위반으로 7년형을 구형 받았으며,[82] 1929년 6월 12일 신의주 지방법원에서 구형보다 3년 많은 징역 10년형을 언도 받았다. 그 외 동지들인 유정근은 15년, 김봉훈은 6년, 박광원, 남중희는 각 4년, 서광수, 김윤희, 이춘하는 각각 2년을 얻도 받았다.[83] 동년 7월 8일 평양복십법원에 공소를 취하하여 10년형이 확정되었다.[84] 그 후 그는 7년여의 수형 생활 끝에 1936년 8월 25일 서대문형무소에서 가출옥하였다.[85]

출옥 후 김혁은 경기도 용인군 기흥면 농서리 254번지에 살고 있는 장남 김용기(金龍基, 29세)집으로 가서 거주하였다. 그의 아들은 가족 4인(김혁의 부인 魚裕順, 장남 용기의 부인 申雙喜, 장녀 鎭順, 김혁의 차남 麟基) 함께 소작농으로 어려운 생활을 영위하고 있었다.[86]

79) 동아일보 1928년 3월 7일, 3월 16일자, 10월 30일자
80) 동아일보 1928년 10월 30일자
81) 동아일보 1928년 10월 30일자
82) 동아일보 1929년 6월 9일자
83) 동아일보 1929년 6월 14일자
84) 동아일보 1929년 6월 29일자. 가출옥문서.
85) 가출옥문서

김혁 장군 기념비

---

86) 김용기는 1951년 1.4후퇴시 중국군에 의하여 기흥에서 총살당하였다고 한다
   (김혁의 장손 김진홍「1935년생, 용인시 원삼면 좌항리 황골 203번지」과의
   면담에서 청취)

출옥 후 김혁의 행적에 대하여 알려진 것은 거의 없다. 다만 1937년 4월 13일 만주에서 활동하던 김동삼이 마포형무소에서 옥사한 후 서울 심우장에서 5일장을 지냈는데, 이 때 문상을 다녀 간 것이 알려져 있을 뿐이다.[87] 결국 김혁은 옥고로 인한 병환으로 완쾌되지 못하고 1939년 4월 23일 용인 농서리 자택에서 순국하였다.[88]

결어 -한국독립운동선상에서의 김혁의 위상

지금까지의 검토를 바탕으로 김혁의 항일투쟁상의 특징을 살펴보는 것으로 결어에 대신하고자 한다.

김혁은 용인지역의 양반가정에서 태어나 대한제국무관학교를 졸업하였고, 구한국군인 장교로서 복무하였던 조선시대의 기득권 계층이라고 할 수 있다. 그런 그가 현실에 안주하지 않고 조상의 선산이 있고 부모와 가족이 있는 용인을 떠나 40대 중반의 나이에 독립운동을 위하여 망명하였다는 것은 운동의 크고 작음을 떠나 주목할 만한 것이라 생각된다. 그가 이처럼 떠날 수 있었던 것은 바로 경주김씨 갈천공파의 시조인 김원립의 애국정신, 스승 맹보순의 구국교육, 대한제국 무관학교의 군인정신, 대종교의 민족의식 등이 중요한 역할을 하였다고 생각된다.

첫째, 김혁은 구한국의 군인으로서 항일운동에 참여했다는 특징을 갖고 있다. 그런 그였으므로 그는 자연히 무장투쟁의 성지라고 할 수 있는 만주로 망명하였으며 무장투쟁의 대표적인 단체인 북로군정서와 항일투쟁을 같이 했으며, 그 후신인 신민부의 최고 책임자인 중앙집행위원장으로 활동하였던 것이다.

둘째, 대한제국 무관학교출신이라는 특징 또한 갖고 있다. 그런 그였

---

87) 서중석, 『신흥무관학교와 망명자들』, 역사비평사, 2001, pp.422-423.
88) 김승학, 『한국독립사』 하, p.95; 장손 김진홍과의 면담에서 청취; 가출옥문서

으므로 신민부에서 설립한 성동사관학교 교장으로서 독립군 배출에도 크게 기여하였던 것이다. 또한 북로군정서 사관양성에도 큰 기여를 하였을 것으로 보인다.

셋째, 김혁은 대종교인이었다. 그러므로 그는 만주에서 대종교단체에서 주로 활동하였던 것이다. 흥업단, 북로군정서, 대한독립군정서, 신민부 등이 모두 대종교적 민족주의자들로 구성된 단체들이며 대종교적인 이상국가의 건설을 추구하였던 것이다.

넷째, 김혁은 살왜단을 조직하는 등 실제적으로 행동하는 지성의 모습을 보여주었으며 일면 고려혁명자후원회의 책임을 맡아 독립운동 중 희생된 동지들의 후원에도 적극적인 관심을 기울였던 것이다.

결국 김혁은 대종교인으로서 만주지역에서 활동한 구한국군인출신 무장투쟁론자로서 높이 평가되는 인물이라고 할 수 있다. 특히 그는 직접적인 현장의 투사라기 보다는 참모로서 책임자로서 무장투쟁의 방향성과 무관의 교육에 심혈을 기울였던 독립운동가라고 할 수 있겠다.

II

러시아지역 항일독립운동가

최초의 주러한국 상주공사 이범진:
연해주지역 한인민족운동

서언

한국근대사에 있어서 이범진(李範晉)은 대단히 중요한 인물이라고 생각한다. 그는 아관파천을 주도하였으며, 주미·주불·주러시아 한국공사로 활동하였던 것이다. 그럼에도 불구하고 그에 대한 연구는 냉전시대의 결과 그리 활발히 이루어지지 못하였다. 다만 주미공사로서의 그에 대한 주목이 있었을 뿐이었다.[1] 그러나 1990년대 이후 냉전시기가 종결되고 한국과 러시아와의 문화교류가 활발해 지면서 이범진이 새롭게 부각되고 있다. 박종효 교수등에 의하여 한러관계 외교문서 및 이범진과 그의 아들 이위종에 대한 새로운 사료들이 다수 발굴되어 학계에 기여하고 있기 때문이다. 또한 강인구, 박종수 등에 의하여 이범진에 관한 자료, 자결장소, 묘소의 위치 등에 대한 보고와 관심이 계속되고 있어 새로운 바람을 일으키고 있다.[2] 또한 최근에는 국사편찬위원회에서 『한불관계자료』를[3] 간행하여 주불공사로서의 이범진을 이해하는데도 큰 도움을

---

1) 방선주, 「서광범과 이범진」, 『최영희선생화갑기념한국사학논총』, 탐구당, 1987.
2) 강인구, 「러시아자료로 본 주러 한국공사관과 이범진」, 『역사비평』 2001년 겨울
   박종수, 『러시아와 한국』, 백의, 2001
3) 국사편찬위원회, 『한불관계자료-주불공사, 파리박람회, 홍종우』, 2001.

ЛИ БОМ ДЖИН

1853 - 1911 г. г.

РОДОМ ИЗ КОРОЛЕВСКОЙ СЕМЬИ ДИНАСТИИ
ЧОСОН. ВОЗГЛАВЛЯЛ ПЕРВУЮ КОРЕЙСКУЮ
ДИПЛОМАТИЧЕСКУЮ МИССИЮ В РОССИИ.
ПРИНАДЛЕЖАЛ К ПРАВЯЩИМ КРУГАМ КОРЕИ
ПРОРУССКОЙ ОРИЕНТАЦИИ. ОКАЗЫВАЛ ПОСТОЯННУЮ
МАТЕРИАЛЬНУЮ ПОДДЕРЖКУ АРМИИ "ЫЙБЕН". В
ЗНАК ПРОТЕСТА АННЕКСИИ ЯПОНИЕЙ КОРЕИ
ПОКОНЧИЛ ЖИЗНЬ САМОУБИЙСТВОМ.

이범진 공사

주고 있다. 이와 같은 분위기에 힘입어 최근 국내에서는 이민원씨에 의하여 『명성황후 시해와 아관파천』(국학자료원, 2002)이 간행되어 이 분야 연구에 크게 기여하고 있다. 앞으로 격동의 시대 속에서 한국과 러시아 외교의 중심에 서 있었던 이범진에 대한 본격적인 검토가 이루어질 시점에 와 있다고 생각된다.

그런데 학계에서는 정작 민족운동가로서의 이범진에 대하여는 별로 주목하고 있지 못한 것 같다. 1910년 국망 이후 러시아에서 자결 순국한 인물로서 알려져 있을 뿐이다.[4] 그러나 사실 이범진은 조선과는 너무도 멀리 떨어져 있는 러시아의 수도 쌍·뻬제르부르크에 있으면서도 항상 조국의 국권회복과 독립을 위해 노심초사하였던 것이다. 그는 러일전쟁 시에는 국권회복을 위하여 러시아편에서 활동하기도 하였다. 또한 1907년 헤이그밀사 파견 시에도 자신의 아들 이위종을 파견하여 일익을 담당하였을 뿐만 아니라, 그 후에는 이위종을 러시아 연해주 지역에까지 파견하여 대표적인 의병조직인 동의회의 결성에 중추적인 역할을 하도록 하였던 것이다.

그럼에도 불구하고 학계에서는 지금까지 이범진의 구국운동에 대하여는 별반 주목하지 못하고 있는 것이다. 특히 이범진이 러시아 연해주 지역의 항일운동을 적극 후원하였다는 사실을 알고 있는 사람은 많지 않다. 이에 본고에서는 이범진의 연해주 지역 항일운동과의 관계에 대하여 살펴보고자 하는 것이다.

---

[4] 이범진의 자결에 대하여는 일본측에서도 깊은 관심을 갖고 러시아측 신문에 나타난 그의 사망에 대한 자료들을 수집하고 있다.(『불령단관계잡건 조선인부 재서비리아 2』, 1911년 2월 17일 재블라디보스톡 총영사가 일본 외무대신에게 보낸 「이범진자살에 관한 러시아신문기사 번역문 송부의 건」)

I. 『해조신문』간행과 이범진

1900년이래 주러 한국공사였던 이범진은 러시아의 힘을 빌어 한국의 독립을 유지하고자 한 친러적인 인사였다. 그는 1904-5년 러일전쟁 당시에는 러시아에 각종 정보를 제공하는 등 러시아의 승리를 위해 노력한 인물이었다.[5] 그 결과 그는 러시아 정부로부터 성 스따니슬라브 1급 훈장을 타기도 하였다.[6] 그 후에도 헤이그 밀사를 후원하는 등 계속하여 러시아를 통하여 한국의 국권을 유지하고자 하였다. 또한 극동 연해주 지역의 대표적인 민족운동가들과 계속적인 연계를 통하여 애국계몽운동과 의병활동에도 기여하고자 하였던 것이다.

러일전쟁에서 승리한 일본은 1905년 11월 한일협약을 체결하여 한국의 외교권을 완전히 박탈하여 버렸으며 독립국가로서 한국의 국제적인 지위는 말살되다시피 하였다. 아울러 1907년 6월에 네덜란드 헤이그에서 개최된 만국평화회의에서 고종이 파견한 이상설, 이준, 이위종 등 3인이 억울한 사정을 국제사회에 호소하자 일본은 오히려 이 기회를 이용하여 지배의 강화를 꾀하려 하여 고종을 강제로 퇴위시키고 황태자로 하여금 그 뒤를 있게 하였다.[7] 한편 일본은 고종의 양위에만 만족하

---

5) 이범진은 러시아 당국에 한국인으로서 일본스파이로 활동하고 있는 인물들의 신원조사에 대한 대책을 제안하고 있다. 즉 그는 간첩 혐의자를 블라디보스톡 한인단체 회장에게 보내주기를 요청하고 있다(러시아대회관계-- 폰드 150, 오피스 493, 젤로 592, 리스트 1-2) 또한 그는 1904년 람즈도르프 외상을 통하여 제1만주 주둔군 사령관 꾸로파트끈에게 한국정세에 대한 보고를 전해주고 있다.(러시아대외관계, 폰드 150, 오삐스 493, 제로 589, 리스트 1-5, 1904년 9 월 24일)

6) 러시아국립군사문서보관소 폰드 150(일본문서군), 오삐스 493, 젤로 1575, 리스트 1-8 연도 1905년. 이범진공사에게 훈장 수여.

7) 헤이그 밀사 사건 이후 고종의 강제퇴위, 군대해산 등에 대한 일제의 정책에 대하여는 러시아 측 자료에 구체적으로 잘 나타나 있다. 플란손의 비밀 지급 전보, 서울 1907년 7월 26일 No 46

지 않고 더욱 가혹한 속박의 손을 뻗은 결과 한일신협약(정미칠 조약)을 체결하였다. 그로서 통감은 한국의 내정에 일일이 간섭할 수 있는 권한을 정식으로 갖게 되었다. 이어 1907년 8월에 일본은 고종이 모르는 가운데 순종의 허락을 얻어 한국의 군대를 아주 해산해 버렸다. 그리고 이에 저항하는 군인들을 2시간 여의 전투 속에서 진압되고 말았다.[8]

국내에서 들여오는 이러한 소식들은 재러동포들을 흥분시켰다. 특히 헤이그에서 들려온 이준의 사망 소식은 러시아 연해주 각처의 한인들은 더욱 격분시켰으며, 한인들은 의병을 일으킬 준비를 전개하였던 것이다.[9] 사태가 여기에 이르자 전 주러 한국공사인 이범진은 재러동포들을 바탕으로 러시아의 힘을 빌러 조선의 국권을 회복하고자 하였던 것 같다. 이에 이범진은,

> 현재 한국인으로서 외국에 거주하는 자가 북미에 약 3만인, 하와이에 약 1만인이 있는데, 북미거주자는 공립신보를 가지고 있고, 하와이에도 역시 한 잡지가 있어 동포를 지도한다. 그러나 블라디보스톡에는 이미 4만 5천의 한인이 살고 있으면서도 아직도 하나의 신문도 없다. 표면적으로 러시아인이 경영하는 신문사를 세우고 국권회복에 공고한 사상을 가진 장지연을 초빙하여 일본의 통감 정치를 공격하는 한편, 의병을 일으켜 일본인의 구축에 힘써야 한다.[10]

라고 하여, 블라디보스톡에서 민족의식 고취를 위한 신문 간행의 필요성을 주장하였다.

이에 『해조신문』이 창간되자 이범진은 『해조신문』에 편지를 보내 신

---

8) 플란손의 비밀 지급 전보 서울 1907년 7월 26일 No. 46
9) 한인신보, 강동쉰해, 1917년 9월 24일자
10) 『주한일본공사관기록』「재러한인발행신문」중 '블라디보스톡에 있어서 신문지 발행의 건' 참조. 장지연의 『해항일기』에 보면 장지연은 블라디보스톡에 온 이후 이범진의 아들 이위종과 자주 만나는 모습을 볼 수 있다(1908년 4월 1일, 5월 28일, 6월 14일, 6월 16일, 6월 22일, 6월 23일)

문 간행을 축하하는 한편 독립을 위해 노력해줄 것을 간곡히 부탁하며 재정적인 후원도 아끼지 않았던 것이다. 즉, 이범진은 『해조신문』에 보낸 편지에서,

> 해조신문을 낭독하니 상연히 가슴을 해치고 청년을 본 듯하며, 그 논설이 곡창방통하고 (중략) 하물며 함경도는 우리 태조 고황제 폐하 용흥하신 지방이라. 인민의 충의 지심과 영맹지기가 다른 도의 비할 데 아니며, 또한 귀 신문이 경세지목탁과 풍우에 홀로 우는 닭과 같아서 여러 중생의 긴 밤의 꿈을 실로 깨워 일으켜 구미 각 국 고명한 백성과 비견하게 되여 이미 망한 우리나라를 중흥하고, 또다시 독립 자주하여 만국의 동등되기를 주소축전하오니 귀 신문 광장하기 위하여 금화 50원을 부송함. (1908년) 3월 5일 이범진.[11]

라고 하여, 동포들에게 우리나라를 증흥시키고 또다시 자주 독립 할 수 있도록 하자고 하였던 것이다.

이범진이 간행을 촉구한 해조신문은 러시아에 거주하던 한국인들이 만든 최초의 한글신문으로, 1908년 2월 26일부터 동년 5월 26일까지 3개월 동안 총 75호가 간행되었다. 비록 짧은 기간 동안 발행된 신문이기는 하지만 해조신문은 재러한인의 민족운동 발전에 일익을 담당하였다. 뿐만 아니라 국내에도 전달되어 동포들의 민족의식을 고양시키는 데에도 큰 기여를 하였다. 해조신문은 이처럼 국내동포들에게도 자유사상과 독립정신을 환기시키고자 하였기 때문에 국내에서 발매가 금지되기도 하였다.[12]

---

11) 해조신문, 1908년 5월 7일자 기서
12) 박환, 「해조신문, 『러시아한인민족운동사』, 탐구당, 1995.

II. 동의회 조직과 이범진

동의회는 1908년 러시아 연해주 크라스키노에서 조직된 대표적인 의병조직이었다. 중심인물은 최재형, 이범윤, 엄인섭, 안중근 등이었다. 이 단체의 조직에 이범진은 그의 아들 이위종을 파견하여 의병조직에 주도적인 역할을 하였다.[13]

이범진은 러일전쟁 이후 러시아 연해주지역에서 주도적으로 활동하던 전 간도관리사 이범윤과 여러 차례 편지를 주고받았다. 그 편지는 안전을 확보하기 위하여 항상 연해주 군무지사 ≪흘우그≫의 손을 경유하였다. 편지에서 이범진은 "연해주 방면에서 두만강을 건너서 일거에 함경도를 점령하고, 길게 몰아쳐서 서울에 들어가 승리의 노래를 연주해야 한다"라고 하였다. 아울러 러시아 관헌은 항상 우리들을 후원하고 있다고 하고, 이범진이 스스로 총 사령관이 되고 이범윤을 부사령관으로 하여 국내로 진공할 것임을 거듭 천명하고 있었다.[14]

이때 이범윤의 막하에 있는 엄인섭과 안중근 역시 이범진의 편지 내용을 접하고 있었다. 이때 엄인섭, 안중근 등은 혹시 이범진이 러시아의 힘으로 현재 고종황제를 폐하고, 한국황제가 될려고 하는 것이 아닌가 의심하기도 하였다. 그러나 이범진이 군자금을 보내 의병을 후원하겠다고 누차 언급하자 이범진의 뜻에 동의하였다. 한편 이범윤은 엄인섭을 이범진에게 소개하였다. 이에 1907년 7월 10일 이범진은 엄인섭에게 다음과 같은 내용의 서신을 발송하여 의병 봉기를 촉구하였던 것이다.

---

13) 박환, 「구한말 러시아 연해주 최재형의병 연구」, 『한국독립운동사연구』13, 1999. 이위종이 구체적으로 1908년 몇 월에 블라디보스톡에 도착하였는지는 알 수 없으나 1908년 4월 1일에 양성춘, 장지연 등과 함께 만나는 기록이 나오는 것으로(장지연의 『해항일기』, 1908년 4월 1일조) 보아 동년 3월에 온 것이 아닌가 추정된다.

14) <재서비리아> 5, 「배일선인 이위종에 대하여」

엄인섭 형께

관리영감(이범윤)의 서한을 통해 (귀하)의 성명과 국사에 진력하는 뜻을 매번 전해들었습니다. 한번 만나뵙기 희망하던 차에 다행히도 귀하가 보내신 편지를 접하여 대단한 기쁨을 감당할 수 없습니다. 그 후 더욱 건승하시어 국사에 진력하시고 관리연감에게도 안부 전해 주십시요. 어쨋든 한마음으로 협력하여 열성으로서 일을 처리하여 일본에 대한 원수를 갚고, 국권을 회복하고자 함을 뜻하여 밤낮으로 국사를 잊지 않았기 때문에 통곡함을 참을 수 없습니다. 금후로는 때때로 서신을 통하고 싶습니다. 바라건대 귀하의 건강을 기원합니다.

광무 11년(1907년) 7월 10일 러시아력 6월 27일 이범진[15]

라고 하여 이범진은 엄인섭에게도 나라를 위해 노력해줄 것을 당부하였던 것이다.[16] 또한 이범진은 1907년 11월 10일(러시아력)에도 엄인섭에게 편지를 보내 상호간에 연락을 취하고 있다. 또한 그는 1907년 4월 28일 블라디보스톡의 한인지도자 조창호에게 보낸 편지에서도 같은 마음 같은 힘으로 힘을 합쳐 한국의 충신이 되자고 강조하고 있다.

1908년 4월 이범진은 연추지역을 중심으로 의병단체를 조직하고자 하는 움직임이 있다는 소문을 듣자, 이를 후원하기 위해 자신의 아들 이위종과[17] 그의 장인인 놀껜 남작(바레리안 까르로프 놀껜)을 파견하였

---

15) <재서비리아> 5, 「배일선인 이위종에 대하여」

16) 이범진은 1907년 11월 10일(아력)에도 엄인섭에게 편지를 보내 상호간에 연락을 취하고 있다. 또한 그는 1907년 4월 28일 조창호에게 보낸 편지에서도 같은 마음 같은 힘으로 힘을 합쳐 대한의 충신의 되자고 강조하고 있다.

17) 이위종은 어릴 때부터 부친 이범진을 따라 미국에 갔었으며, 12세시 부친이 러시아 주재공사로 임명되자 역시 그곳으로 함께 갔다. 이위종은 뻬쩨르부르크 러시아중학교에서 3년동안 공부하고, 다시 1902-1904년까지 프랑스 생실 사관학교에 입학하여 공부하다 러일전쟁의 발발로 퇴교하고, 4학년때 뻬쩨르부르크에 돌아와서 미수료의 중학과정을 마쳤다. 중학교 6년과정을 마쳤을 때 당시 나이 22세였으며, 러시아 휴직 육군 대좌 남작 놀껜의 딸과 결혼했다. 그는 1906년 1월 23일(러) 러시아 황제의 칙령으로 스따니슬라프

다. 이때 이범진은 이위종에게 금 일만 루불을 휴대하고, 러시아의 수도를 출발해서 연추의 최재형 집에 도착하게 하였다.[18] 당시 러시아 국경지대 관리는 이 내용에 대하여 다음과 같이 보고하고 있다.

> 뻬제르부르크에서 전 주러 조선공사의 아들이 왔다. 블라지미르 세르게에비치 리(이위종)이라고 한다. 그는 남작 놀껜(토볼주 총독이였던 것으로 여겨짐)의 딸과 결혼하였다. 그는 그의 장인과 함께 왔다. 파리에서 교육을 받았다. 그의 말에 의하면 그는 만국평화회의에 조선에 대한 지지를 호소하기 위한 유명한 한국대표단의 일원이었다고 한다.[19]

러시아 연해주로 전 주러공사의 아들 이위종의 출현과 그의 장인 토볼주 총독이었던 백작 놀껜의 출현은 러시아에 거주하는 재러한인들에게 큰 힘이 되었을 것이다. 아울러 국경지대에 있는 러시아국경 수비대들도 이들의 출현에 심히 당황하였을 것이다. 이범진이 그의 아들과 더불어 그의 장인 러시아 귀족을 파견한 것은 무엇인가 남다른 정치적 계산이 있었기 때문은 아닌가 한다. 그러므로 이에 대하여 국경지역의 러시아 관리는 정부의 방침에 대하여 알려고 하였다. 1908년 4월 5일 남우수리스크 지역 국경수비위원이 연해주 군총독지사에게 보낸 보고서에서,

> 황제폐하께 이런 사실을 보고들이면서, 본인은 일본인과의 관계 면에서 정치적인 실수를 저지르지 않도록 이 까다로운 사안을 어떻게 처리해야 할 것인지에 대하여 지시를 내려주시기를 바랍니다.(중략) 이위종이 그의 장인 남작 놀껜씨과 함께 자금을 가지고 여기에 나타난 분명한 이유를 외무부에서 모른다는 것은 있을 수 없는 일입니다.(중략) 이범윤과 이위종

3급 훈장을 수여받았다. (<재서비리아> 5 1915년 5월 17일 배일선인 이위종에 대하여), 러시아국립군사문서보관소 폰드 409, 오피스 2, 젤로 14177, 리스트 10-31. 1915년 이위종 사관학교 입교서류)
18) <재서비리아> 5, 「배일선인 이위종에 대하여」
19) 1908년 4월 5일 남우수리스크 지역 국경수비위원이 연해주 군총독지사에게 보낸 보고서

은 내게 그들이 노보께예브스크에 2달 이상 체류하지는 않을 것이라고 했지만, 정작 어디로 갈 것인지에 대해서는 말하지 않았습니다. 앞으로 동쪽과 북쪽의 변경지역, 압록강과 두만강 상류의 삼림지대에서 유혈드라마가 더욱 왕성하게 전개되리라는 것을 추측하기란 어려운 일이 아닐 것입니다.[20]

라고 하여 외무부에서 지침을 내려주기를 기대하는 한편 러시아 국경대표부는 한국의 국경에서 재러한인 의병부대와 일본군 사이에 격렬한 무력충돌이 있을 것을 예견하고 있다. 즉 이위종의 크라스키노 출현은 바로 이러한 무장충돌이 있기 바로 전의 일로서 무장투쟁을 고무하고 조직의 결성을 위한 것이었다고 할 수 있다. 이에 대하여 현역군인인 연해주 주지사 흘우그는 남 우수리지방 국경행정관 스미르노프에게 1908년 5월 3일자로, 한인 빨지산 조직에 관심도 갖지 말고, 처벌도 하지 말아라. 그러나 격려하지도 말라고 [21]묵인하는 입장을 취하였던 것이다. 그러나 러시아의 입장은 점차 한인무장부대의 활동을 금지하는 방향으로 나아가고 있다. 1908년 6월 6일 연해주 주지사 흘우그는 아무르강 연안 제주 총독에게 일본정부가 불만스럽게 생각하는 얀치혜 촌장 최재형의 활동을 감시하고 러시아 영토 내에서 한인 무장부대의 활동을 금지하도록 지시하고 있는 것이다.[22]

이위종이 그의 장인과 함께 최재형가에 도착한 이후 연추 지역에 있던 최재형과 이범윤 그리고 뻬제르부르크에서 온 이위종을 중심으로 크라스키노의 의병들이 중심이 되어 발기해 동지역에 동의회를 조직하였다. 이때 참석한 발기인 중 중요한 인물은 이범윤, 최재형, 엄인섭, 안중근,

---

20) 1908년 4월 5일 남우수리스크 지역 국경수비위원이 연해주 군총독지사에게 보낸 보고서
21) 러시아국립대외관계문서보관소 폰드 150, 오삐스 493, 젤로 1969. 리스트 1-32
22) 러시아국립대외관계문서보관소 폰드 150, 오삐스 493, 젤로 1969. 리스트 1-32

이위종[23] 등이었다. 동의회 발기인들은 1908년 4월 최재형 집에서 회의를 개최하고, 동의회를 조직할 것을 결의하였다. 이어서 그들은 수백명이 참석한 가운데 총회를 개최하고, 총장 부총장, 회장, 부회장, 기타임원의 선거를 시행하였다. 당일 임시회장은 이위종이 담당하였다. 선거결과 총장(총재)에 최재형, 부총장(부총재)에 이범윤, 회장 이위종, 부회장 엄인섭, 서기 백규삼 등이 선출되었다.[24]

연해주 지역의 대표적인 의병조직인 동의회는 이범윤 중심의 창의회가 그 모태가 되었으며, 여기에 더하여 최재형의 자금과 인적자원(귀화한인, 러시아인), 이범진, 이위종의 외교적인 노력과 자금 지원이 일정한 역할을 하였던 것이다.[25]

동의회는 조직 이후 활발한 국내진공작전을 전개하였다. 이때 러시아 크라스키노 지역과 블라디보스톡을 내왕하며 활동 중이던 이위종은 한인의병이 패배하자 만약을 대비하여 1908년 7월 말 블라디보스톡을 떠나 뻬쩨르부르크로 향하였다.[26]

결어- 한민학교와 이범진

이범진공사는 그 직책을 그만 둘 당시 약 30만 루불의 돈을 가지고 있었다고 한다. 그 중 15만 루불은 서울로 송금하고, 일부는 아들 이위종에게 제공하여 그는 처와 함께 마차와 자동차를 구해서 자못 윤택한 생활을 하였다. 그러므로 이범진이 자결할 당시인[27] 1911년 초에 그는

---

23) <재서비리아> 5, 「배일선인 이위종에 대하여」
24) <재서비리아> 5, 「배일선인 이위종에 대하여」
25) 박환, 위의 논문 참조
26) 이위종의 1920년대 초 행적에 대하여는 다음의 기록이 참조된다. 1921년 8월경 러시아 노동정부로부터 공산주의 선전비로서 많은 선전비를 갖고 블라고베센스크에 왔다가 문창범의 무고로 돈을 빼앗기고 체포된 후 투옥되었다. 그 후 방면되어 치타방면으로 갔다는 기록이 있다(<재서비리아> 12, 1921년 10월 6일, 선인행동에 관한 건)

7만 루불 정도를 갖고 있었다고 한다. 일제의 조선강점에 분함을 느끼고 분사할 때 그는 미주 국민회에 5,000루불, 미주 무관학교에 3,000루불, 미주 신문사에 1,500루불, 하와이에 1,000루불, 블라디보스톡 청년회에 2,000루불, 블라디보스톡 신문사에 1,000 루불을 기증했다고 한다. 아울러 자신의 장례비로 5,000루불, 그리고 이위종 부부에게 약간의 금액을 유언으로 남겼다고 전해진다. 그러나 그 정확한 배부금과 배부처에 대하여는 자료마다 다른 기록이 나타나고 있다.[28]

이범진이 블라디보스톡에 남긴 3,000 루불은 어떻게 사용되었는가? 1905년 을사조약체결이후 러시아에 거주하고 있는 한인들은 민족의식의 고취를 위하여 학교 건립에 노력하였다. 그 결과 블라디보스톡 개척리에는 계동학교를 설립하여 학교교육을 시행하였다. 교장에는 이종호가 일하였으며, 학생수는 70명 정도였다. 그런데 1911년 길림성과 흑룡강성에 페스트가 창궐하자 당국은 위생실행위원회의 결의를 거쳐 한인들의 이주를 명령하였다. 이에 한인들은 블라디보스톡의 변두리지역에 한인마을을 형성하고 이를 신한촌이라고 하였다. 그리고 1912년 3월 중순 한민학교를 건축하여 민족교육실시에 노력하였다. 이 학교 현관 정면과 각 교실 안에는 구한국의 상징인 "태극"도안을 새겨 넣었고, 교과서에는 배일사상과 국권회복에 관한 표어가 들어 있었으며, 수업은 항상 항일의식 고취와 구한국독립정신을 배양하는 것이었다. 바로 이

---

27) 이범진공사의 자결에서 장례식에 이르는 과정 등에 대하여는 박종수, 『러시아와 한국』, 백의, 2001, pp.138-141에 자세히 기록되어 있다.

28) <재서비리아> 5, 「배일선인 이위종에 대하여」:이범진은 자결하면서 연해주 지역 한인들에게 4천루불의 돈을 남겼다고 한다. 그러나 그 분배처에 대하여는 여러설이 있다. 일설은 재블라디보스톡 조선인 거류민회, 청년회(한민학교) 각 1천루불, 성명회, 유인석, 이상설, 김현토 각 500루불이라고 한다 (<재서비리아>2, 1911년 2월 16일자 조선인근황보고의 건). 또는 민회, 청년회(한민학교), 안중근 유족, 신문사 각 1천루불이라고 하기도 한다(<재서비리아>2, 1911년 2월 24일자 12월 10일 이후 블라디보스톡 지방 조선인 동정)

학교의 설립에 이범진의 유증금(遺贈金)이 이용되었던 것이다. 즉, 1911년 7월 2일자 신한촌민회 평의원회에서는 한민학교의 유지경영은 중요 사항으로서 건축에 있어서는 이범진의 유증금 1,000 루불로써 충당하되, 이를 러시아 은행에 예금할 것을 결의하였던 것이다.[29]

이범진이 자결한 후 그 소식은 연해주에도 전해졌다. 그리하여 연해주 지역의 한인들은 최봉준의 발기로 1911년 2월 8일 민회에서 동포들이 참여한 가운데 추도회를 개최하였다. 이 때 김학만, 김규섭, 조장원, 조창호 등 연해주 지역의 주요 인사들이 참여하였다.[30] 그리고 1917년 블라디보스톡에서 간행되어 만주, 러시아 등지의 한인들에게 많이 읽힌 『애국혼』에도 「이범진공」이란 글이 실려 그를 <생명을 충성으로 버리고, 재산을 의로씀>이란 부제하에 높이 평가하고 있다.

지금까지 살펴본 바와 같이 이범진은 구한말 연해주 지역의 최초의 한글 민족신문인 해조신문의 간행과 가장 대표적인 의병조직이었던 동의회의 조직 및 활동에 큰 기여를 하였던 것이다. 아울러 블라디보스톡 신한촌의 대표적인 민족교육기관인 한민학교 설립에도 재정적인 지원을 아끼지 않은 러시아지역 한인 민족운동의 모태가 된 인물이라고 할 수 있겠다. 그런 그가 순국을 하지 않고 러시아 연해주로 이동하여 항일운동의 현장에서 재러동포들과 더불어 국권회복운동을 전개하였다면 그에 대한 평가는 어떠하였을까. 그러나 그는 1911년 당시 60대의 노인이었다.

---

29) 『노령연해주 이주조선인의 상태』, pp.172-173. 정태수, 「국치 직후의 신한촌과 한민학교연구(1910-1914)」, 『박영석교수화갑기념논총』, 1992, pp.1178-1182.
30) <재서비리아부 2> 1911년 2월 24일자, 12월 10일 이후 블라디보스톡 지방 조선인 동정,

〈부록〉
뻬제르부르크 소재 이범진 관련유적과 후손 면담록

이범진의 추도비(러시아 뻬쩨르부르크)

2002년 7월 14일부터 외교통상부가 주관하는 한러친선특급행사에 일원으로 참가하였다. 이 행사는 블라디보스톡으로부터 모스크바까지 18박 19일에 걸쳐 블라디보스톡, 하바로브스크, 이르크츠크, 노보시비리스크, 에카제린부르크 등 시베리아의 주요 도시를 탐방하며 한국과 러시아의 친교를 맺는 뜻깊은 행사였다. 행사의 말미에는 이범진 공사 탄신 150주년을 기념하는 학술회의와 당시 주러한국공사관이었던 건물에 현판식, 그리고 이범진공사의 묘역에 추도비 제막식 등이 예정되어 있어 모든 이들의 관심의 대상이 되었다.

뻬제르부르크에서의 이번 이범진 관련 행사는 이재춘 전 주러 한국대

러시아지역 항일독립운동가   **209**

사가 부임한 후 2001년 2월에 이범진 공사에 대한 자료발굴을 지시하여 박보리스, 박벨라, 강인구 박사 등의 협조하에 다수 자료가 수집되었다고 한다. 또한 금년 들어 정태익 대사가 부임하면서 학술회의, 현판식, 추도비 건립 등이 보다 적극적으로 추진되었다고 한다. 특히 이번 한러 친선특급행사 덕택에 러시아정부 당국의 허가가 보다 빨리 이루어져 여러 행사들이 보다 효율적으로 진행될 수 있었다.

1. 학술회의

이범진 공사 탄신 150주년을 기념하는 학술회의는 7월 29일 뻬쩨르부르크 대학에서 한국과 러시아 학자들이 참여한 가운데 성대히 베풀어졌다. 이재달 국가보훈처장, 정태익 주러한국대사 등의 축하인사가 있었고, 곧이어 한국외국어대학교 기연수 교수와 전 콤소몰대학 교수였던 한막스 교수의 사회로 회의가 진행되었다. 발표자와 주제는 다음과 같다.

<제1회의>
- 박환(수원대), 이범진과 러시아 연해주 지역 민족운동
- 박보리스(동방학연구소), 이범진의 항일운동
- 윤병회(국사편찬위), 이범진, 이기종, 이위종: 가계도 및 활동
- 이민원(국사편찬위), 고종의 아관파천:한러관계에 대한 새로운 조명
- 박벨라(동방학연구소), 이범진공사의 마지막 활동

<제2회의>
- 리 블라지미르(러 외교아카네미 아태지역 센터 소장), 19-20세기 한러 정치외교관계의 교훈
- 데니소프(전 북한 러대사, 무기무대학), 한러관계: 회고와 전망
- 사벨리에프(극동문제연구소 한국학센터 부소장), 현대 국제관계에서의 한국문제
- 쿠르바노프(상트 페테르부르크대 한국학센터 소장), 19-20세기 러시아

대륙으로 간 혁명가들

학술문헌에 나타난 한국문제

<제3회의>
- 피스쿨로바(외교아카데미), 이범진의 애국사회활동
- 김영웅(고려인 민족문화자치회 부회장), 이범진 활동과 3.1운동 정신과
  의 관계

첫 번째 발표는 필자에 의하여 이루어졌다. <이범진과 러시아 연해주
지역 민족운동>이라는 주제 하에 이범진은 구한말 연해주 지역의 최초
의 한글신문인 해조신문의 간행과 가장 대표적인 의병조직이었던 동의
회의 조직 및 활동에 큰 기여를 하였으며, 아울러 블라디보스톡 신한촌
의 대표적인 민족교육기관인 한민학교 설립에도 재정적인 지원을 아끼
지 않은 러시아지역 한인 민족운동의 모태가 된 인물이라고 평가하였다.

동방학연구소의 박보리스 교수는 이범진의 출생연도에 대하여 1852
년 또는 1853년 설이 있음을 지적하고 앞으로 통일할 필요가 있음을
개진하였다. 또한 고종이 니꼴라이 2세에게 보낸 편지에 큰 형님이라고
했을 정도로 고종은 러시아황제를 친근하게 여겼음과 한국에서는 한국
의 초대 외교관들에 대한 연구를 해야 함을 강조하였다.

동방학연구소의 박벨라 박사는 이범진의 묘소 발견 경위에 대하여
발표하였다. 그녀에 따르면, 묘의 기록에 의하면 이범진은 1911년 1월
21일에 우즈펜스키 묘역 378번에 묻혔다. 그곳은 루터교인들이 묻히는
곳으로 후에는 묘지 중앙에 철로가 관통하였다고 한다. 철도주변을 중심
으로 이범진 묘소를 추적하였다. 현재 옛날 야로슬라브길 등이 아직도
남아 있다. 묘소는 사원 옆에 있었을 것으로 추정된다고 한다. 한 묘지당
70평방 미터를 넘지 않는다고 알고 있으며, 금속탐지기까지 동원하여
묘역 조사 작업을 했으나 정확한 위치는 파악하지 못했다. 이번 추도비
는 뻬제르부르크시에서 이범진 묘역으로 추정되는 일정 지역 중 빈터

가운데 위치도 좋고, 교통도 좋은 곳을 배려해 주어 그곳에 추도비를 세우는 것이라고 밝혔다. 박 벨라 박사의 발표에 대하여 정태익 대사는 현재 그곳 묘소는 옛날 개인의 묘 위에 다시 사람을 매장한 상태이므로 현재 위에 묻힌 사람 가족이 동의하지 않으면 아래 묻힌 사람의 시신을 확인할 수 없는 어려움이 있다고 알려 주었다.

외교아카데미의 리 블라지미르 교수는 발표에서 이범진의 사상 형성 배경으로서 그의 유년 시절, 어머니의 영향 등에 주목할 필요가 있다고 주장하였다. 아울러 이범진이 연해주에 보낸 돈은 조선 황제의 대리인 자격으로 보낸 것으로 파악하여야 된다고 보았으며, 이범진의 외교관, 세계관, 국제관에 대하여도 깊이 있는 검토가 필요하다는 탁견을 피력하였다.

한편 국사편찬위원회의 윤병희씨는 이범진과 그의 아들 이기종, 이위종에 대한 새로운 견해를 중심으로 발표하여 주목을 받았으며, 이민원씨는 아관파천과 관련하여 이범진을 조망하였다.

특히 본 학술회의에서는 이범진의 아들인 이위종의 최후에 대하여 후손과 러시아, 한국학자들 사이에 다양한 의견이 개진되었다. 이위종의 최후에 대한 필자의 질문에 외손녀인 에피모바 류드밀라는 1차 세계대전 당시 실종되었다고 할머니인 놀겐 부인에게 편지가 왔다고 증언하였다. 이에 대하여 박보리스 교수는 1919년 8월 12일에 모스크바에서 한인단체모임(3.1절 모임)이 있었다. 이위종이 당시 발언하였는데 붉은 군대 장교였다. 이에 대하여 그는 다른 사람일 수도 있다고 전제하였다. 이에 대하여 필자는 1921년 8월경 러시아 노동정부로부터 공산주의 선전비로서 많은 선전비를 갖고 블라고베센스크에 왔다가 문창범의 무고로 돈을 빼앗기고 체포된 후 투옥되었다. 그 후 방면되어 치타방면으로 갔다는 기록이 있다(<재서비리아> 12, 1921년 10월 6일, 선인행동에 관한 건)고 주장하여 이위종이 빨치산 활동을 한 것으로 추정하였다. 이러한 내용은 『현대사자료』(조선 3, 1970, 290면)에서도 확인된다. 즉 이위종이 빨지산의 사령관으로 그 부하 조선인 4천명을 이끌고 이르크츠크 이서 각지에서 활동하고 있다고 언급하고 있는 것이다. 이위종의 최후에 대하여는 앞으로 보다 신중한 검토가 이루어져야 할 것으로 사료된다.

2. 뻬제르부르크에 있는 이범진 공사 유적

학술회의를 마친 후 박벨라 박사와 함께 이범진 관련 유적 답사에 나섰다. 그녀는 뻬제르부르크에서 오랫동안 문서보관소에서 일한 이 분야 최고의 전문가였다. 그녀의 도움으로 유적지조사에 나섰다.

처음에는 이범진 공사가 거쳐했던 공사관들을 답사하기로 하였다. 처음 간 곳은 넵스키대로 118번지에 위치한 악짜브리스트 호텔이었다. 1900년 6월 30일(7월 12일) 니꼴라이 2세는 뻬제르고프 궁전에서 이범진이 제출한 한국정부의 신임장을 접수했다. 당시 뻬제르부르크에서 이범진이 임시숙소와 사무실로 사용하던 곳이 세베르나야호텔이었다. 그 호텔은 지금은 없어지고 러시아 10월 혁명을 기념하는 악짜브리스트 호텔이 들어서 있었다. 이곳은 뻬제르부르크 철도역 바로 인근에 있어 누구나 쉽게 방문할 수 있는 곳이다. 이범진 공사 역시 열차역에서 가깝고 교통이 편리하며 궁전에서도 가까운 곳에 숙소를 마련했구나 하는 생각이 절로 들었다.

다음에 우리 일행은 시묘노프스카야 11번지로 향하였다. 1901년 3월 12일자로 이범진은 겸임 공사직에서 해제되어 러시아 상주공사에 임명되었고, 외교활동무대를 뻬제르부르크로 완전히 옮긴 이후에 이범진이 처음 거쳐했던 장소가 바로 이곳이었기 때문이었다. 건물은 크고 웅장하였다. 그러나 이곳에서도 역시 그의 흔적은 찾아낼 수 없었다.

이범진이 상주공사로서 1901년 11월부터 1905년 6월까지 거주하며 공사관으로 활용하였던 곳은 빤젤레이몬스까야거리 5번지였다. 이곳은 관광객들이 반드시 들러보는 명소가운데 하나인 "여름정원"바로 옆, 외국공관이 즐비했던 시내 중심가의 외교관구역이었다. 그 가까이 브라질공관, 중국공사관, 오스트리아대사관 등이 자리잡고 있었다. 또한 이곳은 러시아의 문호 푸쉬낀이 1833년부터 34년까지 살았던 곳이기도 하며, 또한 레닌 역시 1905년 혁명 후 한때 거주하기도 했던 역사적인 곳이다. 오늘날 이 거리는 뻬스첼거리로 불리워지고 있으며, 5번지 건물은 당시의 모습 그대로 보존되어 있다. 이곳 공관시절 이후 이범진은 바로 옆 거리에 위치한 마호바야거리 25번지에서 잠시 거주했다고 한다.(강인구, 「러시아자료로 본 주러 한국공사관과 이범진」, 『역사비평』 2001년 겨울 참조)

우리 일행은 뻬스쩰라 5번지를 답사하였다. 현재 아파트로 사용되는 이 건물은 5층 건물로 1층은 상점으로 이용되고 있었다. 1층 벽면에는 "이 건물에는 1901년부터 1905년까지 이범진 러시아 주재 대한제국 초대 상주공사가 집무하셨습니다."라고 한글 및 러시아어로 현판이 부착되어 있었다. 이국 땅에서 바로 보는 한글 현판은 우리의 마음을 감동시키기에 충분하였다. 이 건물의 3층 6호, 7호에 공사관이 있었다고 박벨라 박사는 말하였다. 계단을 따라 3층으로 올라가면서 이공사의 숨소리를 느끼는 듯하였다. 우리 일행은 6호의 집주인인 미하일 세르게이비치 유마스르로프의 도움으로 집안을 볼 수 있었다. 그는 수리하기 전에 큰 방 3개가 있었고, 내부에 큰 벽이 있었다고 알려 주었다. 집안은 러시아의 신흥 부자의 집답게 아주 화려하게 꾸며져 있었다. 집안에서 길 밖을 보며 이범진공사가 된 것 같은 착각에 쌓이기도 하였다.

다음에 우리 일행은 이범진공사가 자진하기 전에 자신의 관을 구입하는 한편 시신을 블라디보스톡으로 운반해주길 요청하였다는 블라디미르 장의사가 있던 곳으로 향하였다. 향하는 길목마다에서 장의사를 찾아가는 공사의 비통한 마음을 읽을 수 있었다. 장의사는 블라지미르스키

프로스펙트 11번지에 위치하고 있었으나 현재에는 신발가게로 변해 있었다.

이범진의 순국장소(러시아 뻬쩨르부르크)

이범진 공사는 1911년 1월 13일 낮 12시 노바야 제레브나 체르노레첸스까야 거리 5번지 거실에서 천장 전등에 밧줄을 설치하고 목 메달아 자진하였다. 그의 사망은 곧 바로 비서에 의하여 경찰당국에 신고되었고, 시신은 뻬뜨로빠블롭스키 병원 영안실에 안장되었다. 병원은 리바똘스코보 4번지에 위치해 있었고, 현재에도 병원, 카페 등으로 이용되고 있었다.

다음에 우리 일행은 이범진의 순국장소인 체르노레친스카야 5번지로 향하였다. 이곳에서 이범진은 1905년 6월부터 1911년 1월 순국 시까지 거주하였으며, 이위종 부부와 헤어져 혼자 비서와 함께 살았다. 나무로 만든 큰 집이며 방이 6개 있었다. 이범진은 냅스키 프로스펙트에 있는 레스토랑 크리시산, 도미니크, 메드베츠 등에 자주 다니며 귀족으로서의 생활을 하였다고 한다. 경찰기록에 따르면 자주 레스토랑도 가고, 사람도 만나고, 자주 인근에 있는 여름 공원도 산책했다고 박벨라 박사는 말하였다. 그는 경제적인 어려움 때문에 옷, 큰 시계 등을 전당포에 막기고 돈을 빌려 쓰기도 하였다고 한다. 공사가 순국한 집은 2차 세계대전 당시 불타 없어져 오늘날은 그 흔적을 찾아볼 수 없으며, 아파트 공간 내 휴식처로 변해 있었다.

이범진 공사는 을사조약 이후 공관이 폐쇄된 이후에도 끝까지 러시아에 남아 러시아당국과의 외교교섭 및 연해주지역의 민족운동 지원에 심혈을 기울였다. 그러나 1910년 8월 국망은 고종황제에게 그가 남긴 유서에 "우리의 조국 한국은 이미 죽었습니다. 전하께서는 모든 권리를 빼앗겼습니다. 소인은 적에게 복수할 수도, 적을 응징할 수도 없는 무력한 상황에 처해 있습니다. 소인은 자살 이외에는 다른 아무 것도 할 수 없습니다. 소인은 오늘 생을 마감합니다."라고 있듯이 그에게 비통함과 절망감을 안겨주었다. 결국 그는 죽음으로서 일제에 저항하고자 하였던 것이다. 그의 자진 상황에 대하여, 일간지 ≪쌍뻬제르부르그스카야 베도모스찌≫1911년 1월 14일자는 다음과 같이 기록하고 있다.

> 1월 13일 낮 12시 노바야 제레브나 체르노레첸스까야 거리 5번지 거실에서 뻬제르부르크 전 한국공사인 왕자 이범진(59세)이 천장 전등에 밧줄을 설치하고 목 메달아 죽었다. 밧줄로 목을 맨 상태에서 권총으로 자신을 향해 3발을 쏘았으나 탄환이 벽과 천장을 향해 빗나갔다. 왕자를 밧줄에서 끌어내렸을 때는 이미 숨져 있었으며, 밧줄 때문에 목뼈가 부려져 있었다. 고인은 노보제레벤스끼 지역 간할 경찰서장 앞으로 유서를 남겨 두었는데, 그 유서에는 그의 죽음은 "그 누구에게도 잘못이 없고 지극히 평정한 마음 상태에서 자결한 것이며 이는 조국이 주권을 빼앗긴 상태에서 더 이상 목숨을 부지할 명분이 없고 적에게 복수할 수도 없기 때문"이라고 적혀 있었다.

1월 13일 순국한 이범진의 시신은 그의 유언처럼 블라디보스톡을 통하여 국내로 옮겨지지 못하였다. 일제가 그의 시신에 모욕을 가할지 모른다는 이위종의 판단에 의한 것이었다. 이범진의 장례식은 1월 21일 뻬드로빠블롭스키 병원에서 엄숙히 거행되었다. 이국 땅에서 거행되는 한 애국자의 장례식을 상상하여 보라. 그 비통함과 서글픔을 어찌 다 표현 할 수 있을 까. 일간지 ≪쌍뻬제르부르그스카야 뻬도모스찌≫

1911년 1월 22일자는 다음과 같이 장례
식의 모습을 묘사하였다.

이범진의 외증손녀 예비모바 류드밀라

　　어제 이른 아침부터 뻬뜨로빠블롭스
키 병원 영안실 인근에 수많은 군중들이
모였다. 오전 10시에 교회의 높은 단위에
애국왕자의 시신이 들어 있는 큰 참나무
관이 놓여 있었고, 고인의 아들 부부, 사
돈인 놀켄 남작부부, 뻬제르부르크 한국
교민 대표단, 모스크바와 트베리 등 다른
지역에 거주하고 있는 한국조문객들이
교회로 모였다. 고인의 아들이 관을 운반
하기 전에 고인의 관 위에 대형조화를 놓
았다. 그리고 한국국민명의의 다른 조화
도 놓여 있었다. 오전 11시경 관 뚜껑은
닫히고, 한번 더 견고하게 고정되었다.
친인척과 조문대표단들이 직접 관을 안고 교회를 나와 흰 천으로 덮인
6필의 백마가 끄는 흰 마차에 그것을 안치했다. 낮 12시에 구슬픈 장의행렬
이 병원에서 나와 핀란드역으로 향했다. 행렬 선두에는 한국조문대표단이
고인의 영정과 훈장 등을 운반하고, 관 뒤에는 아들과 친인척, 한국교민대
표단들이 뒤따랐다. 12시 30분에 장의행렬은 특별 운구열차가 대기하고
있는 핀란드역에 도착한 후 운구용 차량으로 옮겨졌다. 관 위에는 태극기
가 놓여 있었다. 오후 1시 15분에 친인척과 평소 고인과 가까이 지내던
조문객을 태운 3량의 운구 열차가 플랫홈을 떠나 우즈펜스키 묘지를 향했
다. 그곳에 시신이 안장되었다. 뻬뜨로빠블로보스끼 병원 영안실 예배당에
서도 , 묘지에서도 그 어떤 장례의식과 추도사도 행해지지 않았다.

　　우리 일행은 당시 필림을 통하여 이범진 공사의 장례식 장면을 볼
수 있었다, 눈 덮인 추운 겨울날. 상주도, 조문객도, 말도, 마치도 모두
흰색 천지였다. 사방이 모두 그의 죽음을 애도하는 듯하였다. 날씨라도
좀 춥지 않았더라면 조문객의 마음이 조금이라도 덜 아팠을 터인데. 공

사가 순국한지 90여 년이 지난 7월 30일 오전 우리 일행은 공사관의 현판식에 이어 북부 묘지에서 이 공사의 추모비 제막식을 가졌다. 서울에서 온 이범진 공사의 증손자 이원갑씨, 모스크바에 살고 있는 이범진의 외증손녀 에피모바 류드밀라, 뻬제르부르크에 살고 있는 외증손자 비딸리 바실리예비치 등 후손들과 정태익 주러한국대사, 이재춘 전주러한국대사와 최선옥(의병장 허위의 손부), 최왈렌찐(대한민국 임시정부 재무총장 최재형의 손자)씨 등 독립운동가 후손들, 그리고 학자, 기업인, 대학생 등 수많은 조문객이 참여한 가운데 의식은 성대히 거행됐다.

이범진 공사의 추도행사에 이어 앞으로 보다 많은 이들의 잃어버린 한 많은 세월들이 올바로 복원되고 평가되기를 바라는 마음 간절했다.

3. 이범진의 외증손자 비딸리 바실리에비치와의 면담록

지금까지 학계에서는 이위종의 손녀만이 생존해 있는 것으로 알고 있었다. 그런데 이위종의 손자(류드밀라의 오빠)가 뻬제르부르크에 있음이 확인되었다. 오빠에 따르면 이위종의 부인인 놀껜은 1943년경 독소전쟁 당시 볼고그라드에서 굶어죽었다고 한다. 이위종은 딸 3명을 두었다. 베라, 니나, 예브게니아 등이 그들이다. 비딸리 바실리에비치와 예비모바 류드밀라 등은 2번째 딸인 니나의 아들과 딸들이다. 비딸리의 기억에 의하면 어머니는 검은 머리칼과 검은 눈동자를 가졌다고 한다.

면담은 2002년 7월 30일 뻬제르부르크 이범진 추도비 제막식으로 이동하는 버스 안에서 이루어졌다.

면담자: 이름은
구술자: 비딸리 바실리예비치 꼬로로프입니다.

면담자: 몇 살입니까, 몇 년도 출생이지요
구술자: 71세, 1931년 생입니다.

비딸리 바실리에비치

면담자: 지금 어디에 살고 계십니까

구술자: 예전에는 뻬제르부르크에 살았으나, 현재는 뻬제르부르크 교외에 살고 있습니다.

면담자: 전화번호나 주소를 알고 싶습니다.

구술자: 알 필요가 없지 않은가. 연락할 일이 있으면 동생인 에피모바 류드밀라에게 하면 됩니다. 알 필요가 없습니다. 과거에는 뻬제르부르크에 살았으나 현재는 건강이 안좋아서 뻬제르부르크 교외 다차(별장)에서 살고 있습니다.

면담자: (당황)

면담자: 혹시 할아버지 이위종에 대하여 들은 적이 있습니까

구술자: 이범진은 증조할아버지이고, 이위종은 할아버지입니다. 놀껜은 할

머니입니다.

면담자: 놀겐 할머니의 이름과 그녀는 언제까지 사셨습니까
구술자: 1943년경 독소전쟁시 볼고그라드 전투 시 굶주려서 사망하였습니다.

면담자: 할머니의 정확한 이름은 무엇입니까
구술자: 잊어 버렸습니다.

면담자: 어머니의 이름은 무엇입니까
구술자: 니나입니다. 언니는 베라인데 14세시 디프테리아로 사망하였습니다. 막내는 예브게니아입니다.

면담자: 형제는 어떻게 됩니까
구술자: 남매입니다. 류드밀라는 제 여동생입니다. 저는 1931년 생이고, 류드밀라는 1936년생입니다.

면담자: 당신이 오빠이군요
구술자: 예. 그렇습니다.

면담자: 아버지의 이름은
구술자: 러시아인이며, 뾰또르 바실리예비치입니다. 좋은 분이셨습니다.

면담자: 아버지의 직업은 무엇이었습니까
구술자: 군인이었습니다. 2차 조국전쟁시(독소전쟁-필자주) 참전한 군인이었습니다. 그때 다치셨습니다.

면담자: 부친은 언제 사망하셨습니까
구술자: 1983년에 사망하셨습니다.

면담자: 집에 혹시 자료나 사진 등이 있습니까. 할머니의--
구술자: 있었는데

면담자: 선생님은 어디에서 태어나셨습니까

구술자: 뻬제르부르크에서 태어나고 자랐습니다.

면담자: 당신은 무엇을 했습니까

구술자: 노동자, 근로자로 생활을 하였습니다. 아버지가 카자흐스탄 전쟁에 파견되었을 때 나도 따라가 우주베크 타쉬켄트에 가 그곳에서 소년군사학교를 다녔습니다. 당시 아버지가 군인으로서 중국과의 전쟁을 위해 카자흐에 파견되었습니다. 1941년도에 파견되었습니다.

면담자: 증조 할아버지 추도행사에 대하여 어떻게 생각하십니까

구술자: 너무 늦은 것 같습니다. 내 나이가 벌써 70입니다. 아버지가 생존해 계셨다면 잘 아실 터인데. 나는 잘 기억을 못하고 있습니다.

면담자: 할아버지가 한국인이란 것이 부끄러웠습니까

구술자: 무슨 차이가 있습니까. 그 당시 모두 똑같은 사람인데 무엇이 부끄럽습니까

면담자: 아버지와 어머니의 사망연도는?

구술자: 아버지는 1983년도에, 어머니는 1940년도 33세에 돌아가셨습니다. 어머니가 돌아가셨을 때 아버지를 카자흐스탄에 파견 보냈습니다. 옛날에 어머니의 사진이 3장 있었는데 동생인 류드밀라가 갖고 있었습니다. 어머니는 검은 눈동자와 검은 머리칼을 갖고 있었습니다.

면담자: 어머니가 아버지(이위종)를 닮았군요

구술자: 예. 어머니는 한국인처럼 보였습니다. 그리고 예브게니아가 있습니다.

면담자: 예브게니아는 어머니의 동생이지요

구술자: 예, 제냐(예브게냐의 애칭임)는 흑해연안에 뚜아체란 작은 도시에
　　　　살고 있었는데, 연락이 후손들과 끊겼습니다. 이모에게 아들이 하나
　　　　있었는데 유리입니다. 재혼했을 때 남편에게 아들이 있었습니다.

면담자: 에피모바 류드밀라는 화학선생을 했지요
구술자: 모스크바에서 대학을 마치고 엔지니어였습니다. 현재 정년퇴직자
　　　　입니다.

면담자: 우리가 이위종의 사진을 갖고 있는데 눈 있는 곳이 특히 선생님과
　　　　많이 닮은 것 같습니다.
구술자: 그렇습니까. 아버지는 러시아인이었습니다.

면담자: 감사합니다.

러시아지역 항일운동의 원류 최재형:
러시아로의 이주와 정착

서언

　최재형(崔才亨)은 일명 최재형(崔在亨)이라고도 하며, 그의 러시아 이름은 최 뽀또르 세메노비치이다. 그는 함경북도 경원(慶源)의 노비출신으로서 1860년대에 경제적인 이유로 러시아 연해주로 도주하여 1880년대 러시아에 귀화한 뒤, 그 지역의 도헌(都憲) 및 자산가로 성장하여 재러한인사회를 이끈 대표적인 지도자였으며, 러시아 당국으로부터 가장 신망받는 친러적인 인사였다. 그는 1905년 이후 적극적으로 항일투쟁에 참여하여 1920년에 시베리아에 출병한 일본군에게 처형될 때까지 독립운동을 전개하였다. 즉, 1900년대에는 러시아지역의 가장 대표적인 의병조직인 동의회의 총재로서 뿐만 아니라, 블라디보스톡에서 발행된 민족 언론인『대동공보』와『대양보 』의 사장으로서 활약하였으며, 1910년대 초반에는 권업회의 총재, 1919년 3·1운동 이후에는 대한국민의회의 명예회장으로 활약하는 등 1900년대부터 1920년까지 러시아지역에서 조직된 주요 단체의 책임자로 일하였던 것이다. 그리하여 3·1운동 이후 상해에서 성립된 대한민국임시정부의 초대 재무총장에 임명되기에 이르렀던 것이다. 이처럼 그는 한국독립운동사상의 중심적인 인물이

최재형

대륙으로 간 혁명가들

었던 것이다. 그가 1920년 4월 연해주 우수리스크에서 일제에 의해 총살되자 대한민국임시정부 국무총리였던 이동휘는 다음과 같이 그의 활동을 칭송하며 죽음을 슬퍼하였다.

상해 거류민단 주최로 고 최재형, 양한묵 양선생 및 순국 제열사의 추도회가 지난 22일 오후 8시에 동단에서 거행되다. 고 최재형씨의 역사를 이동휘씨가 술하다.

"최재형선생의 역사를 말하자면 한이 없겠소. 선생은 원래 빈한한 집에 생하야 학교에 다닐 때는 설상에 맨발로 다닌 일까지 있소. 선생이 12세시에 기근으로 인하여 고향인 함경북도 경원에서 도아(渡俄)하야 사업에 착수하여 크게, 교육에 진력하였소. 학생에게 학비를 주며 유학생을 연연히 파견하였소. 선생은 실로 아령의 개척자이었소. 선생의 이름은 아국인이라도 모르는 자가 없었소. 또한 당시에 군자치회 부회장이 되며, 다대한 노력이 있었소. 또한 연전 한일조약의 수치를 참지 못하고 안중근씨와 합력하야 한 단체를 조직해 가지고 회뢰 등지에서 왜적을 토벌한 사실이 있소. 그리고는 작년 3월 이후에 임시정부 재무총장에 피임되었었소. 여사(如斯)한 위대한 노력을 하다가 지난 4월 5일에 불행히 적에게 포박되어 적은 야만적 행동으로 공판도 없시 씨를 총살하였소.[1]

즉, 최재형이 아령(俄領)의 개척자로서 항일투쟁에 적극 동참하였음을 밝히고 있다. 국내에서 발행되고 있던 『동아일보』에서도 그의 죽음을 대서 특필하였다. 즉, 『동아일보』 1920년 5월 9일자에서도,

지난 4월 4일에 해삼위에서 로군 군대와 일본군대가 교전하게 된 이래로 신한촌에 있던 일본을 배척하는 조선사람들은 형태가 위태함으로 니코리스크로 몸을 피하여 로서아 과격파와 연락을 하여 가지고 일본군에게 반항하다가 육십칠 명이 체포되어 그 중에 원 상해가정부 재무총장 최재형 외 3명은 일본군에게 총살당하였다함은 작지에 이미 보도하였거니와 최재형은 금년 63세의 노인이요, 함북 경흥 태생이니 어려서부터 가세가 매우

---

1) 『독립신문』 1920년 5월 27일자

곤궁하야 그가 열 살 되었을 때에 할 일없이 그 부모를 따라 멀리 두만강을 건너 로시아 지방으로 건너가게 되었다. 그곳으로 건너간 뒤에도 몇 해 동안은 또한 로국인의 고용이 되어 그 주인에게 충실하게 뵈었음으로 열 다섯살 되는 봄에는 주인의 보조를 받아 소학교를 다니게 되었고, 재학 중에도 교장의 사랑을 받아서 졸업 후에는 로국 경무청 통역관이 되었는데, 원래 인격이 있음으로 만인이 신망하게 되어 25세 때에는 수백 호를 거느리는 노야라는 벼슬을 하게 되었고, 그는 다시 한푼 돈이라도 생기기만 하면 공익에 쓰고 사람을 사랑하므로 일반 인민의 신망은 나날이 두터워져 마침내 도노야(都老爺)로 승차하게 되야 수 십 만인의 인민(로국인이 대부분)을 거느리게 되어 로국의 극동정치에도 손을 내미러 적지 안이한 권리를 가지고 지냈다. 글하여 그는 마침내 로시아에 입적까지 하였었고, 작년에 과격파의 손에 총살당한 니꼴라이 2세가 대관식을 거행할 때에 수십만의 로국 인민을 대표하여 상트페트로그라드에 가서 황제가 하사하시는 화려한 예복까지 받은 적이 있으며, 리태왕 전하께서 을미년에 로국 영사관으로 파천하신 후 널리 로만국경에 정통한 인재를 가르실세 최씨가 뽑히어서 하루빨리 귀국하여 국사를 도우시라는 조서가 수참차나 나리셨으나 무순 생각이 있었던지 굳게 움직이지 아니하였으며, 이래로 그 지방에 있어서 배일사상을 선전하고 작년에 상해 가정부 재무총장까지 되었었는데, 이번에 총살을 당한 것이오.

라고 하여 재러한인사회의 지도자이자, 대한민국임시정부의 재무총장으로 활동하던 최재형이 총살되었음을 애도하고 있다. 또한 박은식도 그의 저서 『한국독립운동지혈사』에서[2]

　　최재형은 함경도 경원사람으로 9살 때에 러시아의 연추로 옮겨가서 살았다. 사람됨이 침착하고 강인하고 날쌔고 씩씩하여 모험을 감행하였다. 러시아의 글과 실정에 익숙하여 러시아관원의 신임을 얻었으므로 우리 겨레의 노동자를 위하여 비호한 일이 매우 많았다. 두 번이나 러시아의 수도 페테르부르크에 가서 러시아황제를 뵙고 훈장을 받고, 연추 도헌의

2) 박은식, 「한국독립운동지혈사」, 『박은식전서』 상권, 단국대학교부설 동양학연구소, 1975, p.470.

관직을 받으니 연봉이 3,000원이었다. 이것을 은행에 저축하여 두고 그 이자를 받아 해마다 학생 1명을 러시아의 서울에 보내어 유학하게 하였다. 우리 겨레 학생 중 러시아 유학 출신이 많은 것은 다 그의 힘이었다. 그는 비록 어린 나이로 떠돌아 다니며 러시아의 국적을 갖기는 하였으나 조국을 그리워하였으며, 박영효를 만나보기 위하여 일본에 간 일도 있다.

　　1908년에 이범윤이 거의를 모의하고 최재형을 대장에 추대하니 주러시아공사 이범진이 3만원을 보내어 자금으로 삼게 하였다. 이에 안중근, 장봉한(張鳳翰), 최병준(崔丙俊), 강만국(姜晩菊), 조항식(曹恒植), 백규삼(白圭三), 오하영(吳河泳) 등이 군무를 분담하여, 그 해 7월에 군사를 거느리고 강을 건너 경원의 신안산(新牙山)에서 싸워 승리하였다. 전진하여 회령의 영산(永山)에서 크게 전투를 벌였으나 중과부적으로 패전하고 로령으로 돌아갔다. 오랜 후에 군자치회의 부회장이 되었으며, 맏아들 운학(雲鶴)은 러시아군의 장교가 되었다. 1919년 3월 1일 우리나라 국민들이 독립운동을 전개하여 임시정부를 수립하자 그는 재무총장에 임명되었으나 사퇴하고 취임하지 않았다. 이듬해 4월 일본병이 러시아의 신당과 싸워 쌍성(雙城)을 습격 파괴하고 죄 없는 수많은 우리 겨레들을 함부로 체포하였다. 그래서 최재형은 김이직(金理直), 황경섭(黃景燮), 엄주필(嚴柱弼) 등과 함께 모두 총에 맞아 사망하였다.

라고 하여, 최재형의 교육활동과 의병활동에 대하여도 높이 평가하고 있다. 또한 1920년 9월 12일 블라고베센스크에서 대한국민의회에서 간행한 『자유보』 창간호에 실린 최재형 등의 추도식에 관한 기사에,

　　최재형공은 당년이 62세이다. 40년 전에 노령 한인 자제의 교육에 착수하여 오늘까지 성력을 다하였다. 그러므로 지금 노령 한인사회에 책을 들고 능히 외우며 붓을 들고 능히 쓰는 사람은 공의 힘을 아니 입은 자가 없으며, 10년간의 남도소 회장, 권업회 명예총재, 전로한족회장으로 우리 사회발전에 참 성력을 다하였으며, 또 10년 전 무신 기유의 간에 수천명의 의협 남아를 규합하여 함께 두만강을 건너 원수와 수십 회를 싸웠다. 공은 과연 교육가이며, 군사가이며 시회 열심가라고 하며

라고 하여 최재형의 교육가 및 군사가로서의 면모에 비중을 두고 있다.

한편 일제측에서도 최재형을 독립운동의 주요 인물로서 주시하고 있었다. 즉 일본외무성 사료관에 소장되어 있는 『불령단관계잡건 선인의 부 재서비리아 5』중 「대정 3년(1914)~5년(1916), 배일선인의 부」 <최재형이력>에,

> 최재형(崔才亨) 61세, 현주소 노령 연추, 원적 함북 경원.
> 혹은 최재형(崔在亨)이라고도 한다. 오랫동안 연추의 도헌이어서 재주
> 선인으로부터 최도헌이라고 경칭(敬稱)된다. 러시아의 훈장과 휘장을 13개
> 나 소지하고 있다. 엄인섭의 숙부, 고 이범진의 종질, 러시아 귀화인, 성품
> 이 강직하고 영리, 어려서 부친을 따라 연추에 이주해서 18세 때 러시아병
> 영의 통역이 되고, 다음에 러시아 해군소위, 경무관 등에 봉직, 35세의 저문
> 때 통역을 사직하고, 연추지방 재주선인의 대표자로서 도헌으로 15개년
> 근무, 러시아황제 즉위식에는 주민을 대표해서 갔었고, 그 후 연추 군대의
> 어용상인으로서 우육 등을 납품하고, 거만의 자산을 가졌으나 작년 사업에
> 실패해서, 가산이 기울어 소유의 토지를 경매에 붙였고, 1908년 4월 이위종,
> 이범윤 등과 발기해서 동의회라고 하는 배일결사를 조직한 한사람으로서,
> 당시 군자금으로서 동회에 1만 3천원을 출금하고 일찍이 국민회 블라디보
> 스톡 지방회 평의원 및 회장, 블라디보스톡 권업회장, 동회 총재, 선인 노령
> 이주50년기념제 발기인, 동회장, 치따 발행 대한인정교보 찬성원 등 노령
> 에 있어서 배일선인의 수령으로서 항상 국권회복의 폭거를 기획.

라고 하여 최재형을 노령에 있어서의 항일독립운동계의 '수령'으로 파악하고 있는 것이다.

이처럼 최재형은 러시아지역에서 일제에 대항하여 투쟁한 독립운동계의 가장 주요한 인물이었다. 그럼에도 불구하고 지금까지 그의 생애에 대하여 알려진 것이 거의 없었다. 이것은 최재형에 대한 자료가 그만큼 제한되어 있었기 때문이었다. 그런데 한·러수교가 이루어진 후 러시아와의 학문적 교류가 빈번해지면서 최재형의 자녀들과의[3] 만남이 이루어

최재형의 딸 올가

최재형의 딸 루드밀라

채재형의 딸 엘리자베타

3) 최재형의 자녀 가운데 현재 생존해 있는 인물로는 모스크바에 거주하고 있
   는 최 올리가(1905년생)와 키르키즈공화국 까라꼴에 살고 있는 최 류드밀라
   (1910년생), 카자흐스탄 알마아타에 거주하고 있는 최 엘리자벳다(1912년생)
   등이 있다. 필자는 최 올리가와는 1997년 7월에, 최 류드밀라와 최 엘리자벳
   다와는 1996년 7월에 각각 그들이 살고 있는 러시아와 카자흐스탄과 키르키
   즈공화국에서 면담을 가졌다.

질 수 있었고, 그들을 통하여 자료를[4] 다수 입수할 수 있게 되었다.

　우선 주목할 수 있는 것은 최재형의 아들 최 왈렌찐과 딸 최 올리가 등이 각각 작성한 부친에 대한 회고록과 생존해 있는 그의 딸들인 최 올리가, 최 류드밀라, 최 엘리자벳다 등과의 면담을 들 수 있다. 이것은 지금까지 알려지지 않았던 1905년 이전의 최재형의 가정환경과 성장과정, 도헌이 되기 전까지의 상황 등을 이해하는데 많은 도움을 주고 있다. 다음으로는 최근에 공간된 러시아발행 한글신문인『해조신문』,『대동공보』,『권업신문』,『청구신보』,『한족신보』등과 [5]『자유보』등을 주목할 수 있다. [6] 뿐만 아니라 일본 외무성 사료관에 소장되어 있는 러시아 한인독립운동에 관한 자료들도[7] 새로운 것들이다.

　필자는 이러한 자료를 바탕으로 최재형에 대하여 본격적으로 검토하고자 한다. 이에 먼저 본고에서는 그 일환으로 최재형이 1905년에 본격적으로 민족운동에 참여하기 이전까지 어떠한 활동을 폈는가에 주목하고자 한다. 이 부분은 1905년 이후의 최재형의 항일노선과 운동의 성격을 이해하는 대단히 중요한 부분이라고 생각된다. 그럼에도 불구하고 지금까지 이에 대한 검토가 제대로 이루어지지 못하였던 것이다.[8]

---

4) 최재형의 생존한 자녀들이 작성한 「19세기 말 및 20세기 초 한인들의 반일 투쟁시기 최재형이 벌인 계몽 및 민족해방운동」, 1992, 모스크바.(이하 최재형 전기로 약함) 그리고 최재형이 아들 최 왈렌찐이 작성한 「최재형의 이력서」(1992.3)와 부친에 대한 회상기인 「아버지에 대해 기억하고 있는 것과 이해하고 있는 것」, 「최재형연보」(1992.3), 최 올리가가 작성한 자서전(제목 나의 삶)발췌본(『고려사람』, 뻬쩨르부르크, 1993)과 전문 등을 들 수 있다.

5) 『대동공보』는 1993년 국가보훈처에 의하여 영인되었고, 『권업신문』, 『대한인정교보』, 『청구신보』, 『한인신보』등은 1995년에 한림대학교 아시아문화연구소에 의해 영인 간행되었다.

6) 『자유보』는 블라고베센스크의 대한국민의회에서 1920년 9월 12일부터 간행한 신문이다. 현재 창간호(1920.9.12), 2호(1920.9.26), 3호(1920.10.3), 4호(1920.10.17), 6호(1920.11.12), 7호(1920.11.21), 8호(1920.11.18), 10호(1921.2.20), 11호(1921.3.1), 13호(1921.3.22) 등이 국사편찬위원회에 소장되어 있다.

7) 일본외무성 사료관에 보관되어 있는 『不逞團關係雜件 朝鮮人部』「在西比利亞」16冊（일본외무성 분류번호 432-2-1-2)

8) 이정은이 러시아에 생존해 있는 최재형의 자녀들이 작성한 부친에 대한 회

이에 본고에서는 1905년 이전의 최재형에 대하여 살펴보기 위하여 우선 최재형의 가정환경과 러시아로의 이주 경위에 대하여 살펴보고, 이어서 최재형의 가출과 선원생활, 도로통역과 도헌에의 선출, 자산가로의 성장 등의 순으로 밝혀보고자 한다.

Ⅰ. 조선말 함경도 지방의 흉년과 최재형가의 러시아로의 이주

최재형은 1860년 8월 15일 함경북도 경원군에서[9] 노비 최흥백의 셋째 아들로[10] 출생하였다.[11] 부친 최흥백은 그 당시 경원 지주의 머슴으로 일하고 있었다.[12] 그러던 차 1869년 7월 함경도 지역에 홍수가 나서 많은 동포들이 굶어죽는 참경이 벌어지자 최재형가의 생계는 더욱 어려워지게 되었다. 당시 일반 백성 중에 생존을 위해 만주와 러시아지역으로 몰래 이주하는 사람이 많았다.[13] 이러한 어수선한 분위기에서 최재형가도 생존을 위해 방책을 찾아야만 했다. 이러한 때에 노인들로부터 두

고기를 중심으로 연구한 「최재형의 생애와 독립운동」(『한국독립운동사연구』 10, 1996)이 있을 뿐이다.

9) 생년월일 1920년당시 최재형 62세---자유보 창간호
최재형의 출생지에 대하여는 경원이라는 기록과 경흥이라는 기록이 있다. 경원은 최재형의 자식들과 일본측 사료(불령관계잡건 조선인의 부, 재시베리아 5, 최재형의 이력) 및 러시아지역 한인들의 간행한 신문기록(『자유보』 3호 (1920.10.3) 중 「최재형공의 약사」)에 나오고 있으며, 경흥이라는 기록은 『독립신문』의 이동휘 추모사와 박은식의 『한국독립운동지혈사』 등에 나오고 있다.

10) 『자유보』 3호 중 「최재형공의 약사」, 최재형의 형의 한국 이름은 알 수 없다. 러시아어 이름은 최 알렉세이였다(연해주 고려인 재건 기금회에서 발행한 신문 『원동』(1995년 8월 호, 「사진 속의 한 가족의 역사」(История одной семьи в фотографиях」

11) 최재형의 딸 최 엘리지벳다가 작성한 최재형의 이력서 참조. 한편 재소한인 작가 김세일이 작성한 「최고려의 자서전에 대한 해설」(한국정신문화연구원 편, 『한국독립운동사자료-홍범도편』, 1995, p.342)에는 최재형은 함경도 온성 오부자집 종이었다고 보다 구체적으로 밝히고 있다).

12) 「최재형 전기」.
13) 「추풍개척」, 『아령실기』(독립신문 1920년 3월 1일).

두만강 철교

만강을 건너가면 비옥한 땅이 많다는 이야기를 듣게 되었다.[14] 이에 최재형가는 최재형이 9세시인[15] 1869년 9월 9일 할아버지, 부모님, 형과 함께 연해주 포시에트지역 지신허로 도망하였다.[16] 최재형가가 러시아로 이주할 수 있었던 것은 그들이 살고 있던 경원 지역이 두만강을 끼고 있는 북만주 또는 러시아 연해주로 나가는 출구인 훈춘과 마주보고 있었기 때문이었다.

---

14) 「최재형전기」.

15) 최재형이 몇 세에 러시아 연해주로 이주하였는지에 대하여도 정확한 기록은 보이고 있지 않다. 『자유보』 3호(1920.10.3)의 「최재형공의 약사」에는 7세, 박은식의 『한국독립운동지혈사』와 뒤바보의 『아령실기』 등에는 9세시로 나와 있으며, 『독립신문』 1920년 5월 15일자와 『동아일보』 1920년 5월 9일자에는 10세, 그리고 『독립신문』 1920년 5월 27일자에는 12세로 나오고 있다.

16) 『고려일보』 1991년 6월 26일자 최 왈렌찐(최재형의 아들)이 작성한 최재형의 일대기

최재형가가 이주한 지신허는 1864년 봄에 무산(茂山) 사람 최운보(崔運寶)와 경흥 사람 양응범(梁應範)이 몰래 두만강을 건너 새롭게 개간한 곳이다. 당시 이곳 연해안에는 중국인 10 여호가 농업에 종사하고 있었다. 그 외에 흑정자(黑頂子, 연추지대의 한지점)에 러시아 군인이 약간 주둔하고 있었을 뿐이었다. 그 후 경흥, 온성 등지에서 몰래 지신허로 이주하는 사람들이 점차 증가하였다. 그리하여 이듬해인 1865년에 한인 부락이 형성되었고, 이곳에 이주한 동포들은 만주토비인 홍수적(紅鬚賊)을 방어하기 위하여 사포대를 설치하기도 하였다.[17]

최재형가가 경제적인 문제를 해결하기 위하여 기대를 갖고 이주하였던 지신허 역시 어렵기는 매 한가지였다. 뒤바보가 작성한 『아령실기』에는 당시의 상황에 대하여, "의접(依接)할 가막(家幕)도 없고, 게다가 호구할 양식도 없어 형용할 수 없는 기한(飢寒)을 절규"하는[18] 상황이라고 하고 있을 정도였다. 이에 연해주 군무지사 푸루곌름은 군무지사의 권한으로 블라디보스톡 창고로부터 4,000 푸두의 저질 보리와 2,000 푸드의 밀가루를 방출하여 빈곤한 한인들에게 나누어주기도 하였다.[19] 그러나 이것만으로는 러시아로 이주한 한인들의 경제난을 해결할 수는 없는 것이었다. 1870년 봄이 되어도 상황은 호전되지 않았다. 그리하여 연추, 목허우(포시에트), 지신허 등지에 굶어죽은 시체가 길가에 널려 있었다.[20] 그렇다고 하여 그들은 월경죄 때문에 다시 고국으로도 돌아갈 수도 없는 처지였다.

그러므로 지신허에 정착한 농민들 가운데는 생존을 위하여 다른 지역으로 이주하는 사람들도 있었다.[21] 예컨대, 지신허 빈민 가운데 96명은

---

17) 「지신허의 개척」, 『아령실기』(『독립신문』, 1920년 3월 1일)
18) 「추풍개척」, 『아령실기』(『독립신문』 1920년 3월 1일)
19) 이상근, 『한인 노령이주사 연구』, 탐구당, 1996, 90쪽.
20) 「소왕령개척」, 『아령실기』(『독립신문』 1920년 3월 1일). 『해조신문』 1908년 3월 26일자에 실린 「본사주 최봉준 역사」에 대한 글에서도 이러한 내용을 찾아볼 수 있다.

청나라 배 3척에 나누어 타고 추풍으로 가고자 하였다. 그러나 그들은 블라디보스톡에 이르러 배가 암초에 부딪쳐 22명이 익사 당하는 비극을 겪기도 하였다. 그리고 생존자는 러시아인의 구원을 받아 흐림물에 상륙하여 하루에 10리를 걸어 8일만에 겨우 소왕령에 도착하였다. 그리고 이곳에서 과거에 러시아군인들이 주둔하였던 토굴에 임시 거처하며 개척을 시작하였다.[22] 그러나 다행히 그해에는 황무지를 개간하고 옥수수와 감자를 심어 겨우 연명할 수 있었다.[23] 이처럼 어려운 시절에 최재형가 역시 지신허에서 경제난에 허덕였다. 그 후 몇 해 동안 최재형은 러시아인의 고용으로서 일하였다.[24]

II. 러시아 한인사회의 교육과 최재형의 러시아학교 입학

1864년 봄 이후 지신허에 한인들의 이주가 증가하여 점차 한인부락들이 생겨났다. 이에 따라 동포들은 자연히 자제들의 공부를 위하여 부심하였다. 그리하여 한인들에 의하여 자제들을 위한 교육시설이 설립되었는데 그 교육내용은 조선에서의 교육을 답습하는 정도였다. 즉 그들은 공자·맹자 등 전통한학을 가르치는 정도였던 것이다.[25]

그러한 가운데 러시아당국에서는 이주 한인들을 러시아화하기 위하여 1870년부터 러시아극동지방에 학교를 설립하기 시작하였다.[26] 러시아지역에 한인을 위한 교육기관이 처음 설립된 것은 1872년 최재형이 살고 있던 지신허와 얀치헤에 러시아정교 교회가 설립되면서부터이다.

---

21) 최봉준의 경우도 경제적인 어려움 때문에 추풍으로 이주하였다(『해조신문』, 19208년 3월 26일자 「본사주 최봉준 역사」)
22) 「소왕령 개척」, 『아령실기』(『독립신문』 1920년 3월 1일)
23) 『해조신문』 1908년 3월 26일 「본사주 최봉준 역사」
24) 『동아일보』 1920년 5월 9일자
25) 「교육」, 『아령실기』(『독립신문』 1920년 4월 3일)
26) 김승화저 정태수 편역, 『소련 한족사』, 대한교과서주식회사, 1989, p.197.

동년에 바실리 삐얀꼬프 목사가 지신허 교구에 한인학교를 창설된 것이 처음이 아닌가 한다.[27] 이 학교의 수업은 러시아어로 행해졌고, 모국어로 교육하는 것은 금지시켰다. 또한 교육내용도 러시아에 관한 것이었다.[28]

그러나 한인들은 이에 적극 협조하지 않았다. 1883년의 기록이기는 하나 당시의 상황을 짐작하는 데는 별 무리가 없다고 생각된다. 즉 러시아학교가 연추에 설립되어 취학연령에 이른 한인자제를 모집하였다. 이때 어떤 부모는 이를 기피하다가 부득이한 경우에 이웃집 자제에게 품삯을 주고 대신 학교에 다니게 한 적도 있을 정도였다. 그리고 설령 자기 자제를 취학케 한다고 하더라도 그 이유는 고상한 인격을 배양하고자 한 것이 아니라 일상생활의 편리를 도모하기 위해서였던 것이다.[29] 즉 당시 재러한인 사회의 일반적인 분위기는 러시아 학교에 자제를 보내지 않는 분위기였던 것이다. 이러한 보통 분위기와 달리 최재형의 부모는 자식을 러시아학교에 보냈다.[30] 그것은 최재형의 집안이 별로 내세울 것이 없었던 노비의 집안이었기 때문에 가능하지 않았나 생각된다. 또한 남의 나라에서 먹고살기 위해서는 그리고 장래를 기약하기 위해서는 러시아어를 알아야 했기 때문이었다. 그리하여 최재형은 이주한지 2년 후 [31] 한국인으로서 러시아학교에 입학한 첫 학생이 되었다.[32]

당시 최재형의 집안은 곤궁하여 그의 학비를 대줄 형편이 되지 못하였다. 때문에 그는 고용주인 러시아인의 도움으로 학교에 다니게 되었던

---

27) 이상근, 앞의 책, pp.207-208.
28) 김승화, 앞의 책, p.197.
29) 「교육」, 『아령실기』(『독립신문』 1920년 4월 3일)
30) 『동아일보』 1920년 5월 9일자에 따르면, 최재형은 몇해 동안 러시아인의 고용인이 되어 주인에게 충실하게 보여 15세 되는 봄에 주인의 보조를 받아 소학교에 다니게 되었다고 한다. 이에 따르면, 최재형은 1874년에 소학교에 입학한 것이 된다.
31) 『자유보』3호 「최재형공의 약사」
32) 「교육」, 『아령실기』(『독립신문』 1920년 4월 3일)

것이다.33) 그럼에도 불구하고 최재형의 학교생활은 경제적으로 매우 어려웠던 것 같다. 뒤바보가 작성한『아령실기』「교육」란에는 빈한하게 고생하며 공부한 대표적인 인물로서 최재형을,

　　빈곤하기 때문에 취학하기 불능한 사실의 일례를 든다면 최재형씨의 유시(幼時) 고학한 것이 실증이 되었다. 그가 러시아학교에서 수업할 때에 그 빈한함이 뼈에 사무쳤는지, 굿을 하는 집에 가서 떡 조각을 빌어먹어 허기를 채운 일도 있었고, 삼동(三冬)이면 양말과 신이 없어서, 짚단을 가지고, 눈 위를 걸어다니다가 그 짚단을 펴고, 질족(跌足)의 동기(凍氣)를 어(禦)하였다고 한다.

라고 하여, 최재형이 어려운 가운데 고학하였음을 보여주고 있다. 학교에 입학한 최재형은 그후 4년 동안 러시아의 문학과 언어를 공부하여 러시아 풍속의 대개와 물정을 파악하게 되었다.34)

III. 최재형의 가출과 선원 생활

　　러시아학교에서 공부하던 최재형은 그의 나이 12세시35) 일생의 전환점이 되는 가출을 시도하게 된다.36) 경제적인 어려움 외에도 형수와의 갈등이 깊었기 때문이었던 것 같다. 최재형의 자녀들이 공동으로 작성한 부친에 대한 회상기「19세기 말 및 20세기초 한인들의 반일투쟁 시기 최재형이 벌인 계몽 및 민족해방운동」에서는 이를 다음과 같이 묘사하고 있다.

---

33)『동아일보』 1920년 5월 9일자
34)『자유보』 3호, 「최재형공의 약사」
35)『자유보』 3호 「최재형공의 약사」
36) 최재형의 가출 시기가 정확히 언제인지는 알 수 없다. 다만『동아일보』 1920년 5월 9일자에는 가출에 대한 기록은 없고 그가 15세 되는 봄에 주인의 보조를 받아 소학교를 다니게 되었고, 재학 중에 교장의 사랑을 받아서 졸업 후에 러시아 경무청 통역관이 되었다고 밝히고 있다.

세월이 흐르자 형이 결혼을 했다. 사실은 기뻤지만 그에게는 노는 것이 불행이었다. 형수는 시동생을 미워하였던 것이다. 시일이 흐를수록 최재형은 형수에 대한 반감이 커갔다. 형수의 잔소리 등이 듣기 싫어서 그는 부모 집에서 튀어 나왔다.

가출한 최재형은 포시에트에서 상선의 어린 노동자로 일하게 되었다.[37] 선장과 부인은 최재형을 귀여워하여 자기 집에 살게 하고 세례를 받게 한 후 뽀뜨르 세묘노위츠라는 러시아 이름도 지어 주었다. 최재형은 선장부부의 만남을 통해 러시아어를 공부하고 교양을 넓힐 수 있었다. 뿐만 아니라 항해를 통하여 견문을 넓혔는데 특히 러시아의 수도 뻬쩨르부르크의 방문 등은 시골 소년인 최재형에게 큰 감명을 주었다.[38] 최재형의 자녀들은 가출 이후 최재형의 삶을 다음과 같이 기록하고 있다.

선장의 아내는 소년을 불쌍히 여겨 친아들처럼 받아드렸다. 원양 상선 선장과 그의 부인의 이름을 밝히지 못하는 것이 참으로 안타깝다. 그들은 향후 블라디보스톡을 떠났다.
선장이 소년을 아내에게 데려오자 그의 부인은 잘 씻겨주었고 선원복을 입혀주었다. 최재형은 러시아어를 몰라 애를 태웠다. 바다 세월이 꽤 흘러 그 동안 최재형은 러시아말을 꽤 하게 되었고, 책도 제법 읽게 되었다. 서양문명도 파악하게 되었다. 선장의 아내는 인테리로서 소년에게 러시아어뿐만 아니라 유럽의 문화와 인간에 필요한 학과목을 가르쳐 주었다. 최재형도 열심히 공부하였다. 향후 그들 사이는 부모와 친아들 같은 사이가 되었다. 세월은 흘러 최재형은 러시아말을 유창하게 하게 되었고, 또 중국어까지 배우게 되었다. 결국 이로서 최재형은 헐벗고 굶주린 소년에서 유식한 인테리가 되었던 것이다. 선원 생활에서 그는 상당한 생활 경험을 얻었고, 외국 체류시 그 나라 사람들의 생활도 알게 되었고, 뻬쩨르브르크

---

37) 『자유보』 3호 「최재형공의 약사」에서는 최재형이 러시아극동함대 군함에 자원하여 고용되어 5년동안 해군생활을 하였다고 밝히고 있다.
38) 최 올리가, 「나의 삶」 참조

체류시에도 많은 것을 배우게 되었다. 최재형은 6년 동안 상선대에서 일하면서 그동안 블라디보스톡과 뻬쩨르브르크를 다니면서 그 거리를 합하면 세계를 거의 두 번이나 돈 셈이다. 뻬쩨르브르크를 두 번째 갈 때에는 그의 나이 17세였다. 그는 선원들과 여러 항구를 들릴 때마다 세계의 많은 사람들의 생활을 익힐 수 있었다.[39]

5(6)년 동안의 선원 생활을 통하여 최재형은 러시아의 언어와 러시아인들의 생활방식을 익혔을 뿐만 아니라 견문도 넓혀 러시아에 대하여 정통한 청년으로 성장하였다. 1877년 항해에서 돌아오자 그는 17세시부터[40] 블라디보스톡에 정착하게 되었다. 선장의 배가 낡아서 더이상 항해를 할 수 없었기 때문이었다.[41] 선장은 그를 무역회사를 경영하는 자신의 친구에게 소개해 주었다. 그는 블라디보스톡에서 조그마한 상점을 열어 4년 동안 [42] 장사에 대한 많은 일들을 배웠다.[43] 블라디보스톡에서의 생활은 앞으로 최재형이 블라디보스톡과 연추 등지를 중심으로 생활해나가는 인적기반, 특히 러시아인들과의 유대 관계를 돈독히 하는데 중요한 토대가 된 것이 아닌가 한다. 특히 최재형은 상선에서 6년 동안 일하였기 때문에 블라디보스톡에 있는 러시아 상인들과 밀접한 관계를 맺었을 것으로 추측된다.

IV. 연추로의 귀향과 도로통역을 통한 재러한인사회에서의 지위 구축

블라디보스톡에서 1877년부터 1880년까지 4년 동안 상업에 종사하면

---

39) 『고려일보』 1991년 6월 26일자
40) 『자유보』 3호 「최재형공의 약사」
41) 최 올리가, 「나의 삶」
42) 『자유보』 3호 「최재형공의 약사」
43) 「최재형전기」

서 어느 정도의 자산을 모은 최재형은 부모님과 형을 생각하게 되었다. 최재형은 1881년[44] 포시에트 구역에 가서 아버지와 형의 거처를 수소문한 결과 그들을 안치혜에서 찾아냈다. 얀치혜촌은 노보끼예브스크에서 3-4보르스타(1 보르스탄는 1.067키로미터) 떨어진 곳에 위치한 한인들이 다수 거주하고 있는 곳이다.[45] 1890년에 이 지역을 방문한 영국의 비숍 여사는 이 지역의 주변 상황을 다음과 같이 묘사하고 있다.

> 평평한 지역은 깊고 비옥한 검은흙으로 이루어져 있어서 모든 곡식과 식물들이 매우 잘 자란다. 모든 곡물들이 여기 모여져 있었으며, 땅은 깨끗하게 경작되어 있었다. 이 지역에 위치하고 있는 한국의 촌락들은 한국에서라면 매우 강력한 지배계층의 저택일 그러한 집이 많았다. 한국인 촌락은 그 지역 주위에 산재하고 있었다. 그 주위에 큰 부류에 속하는 촌락들은 보통 9십 2만평의 비옥한 농지를 가지고 있으며, 그런 땅에 보통 140여 세대가 거주한다.[46]

비숍여사도 지적하고 있는 바와 같이 얀치혜는 토질이 좋은 곳이므로 최재형은 블라디보스톡에서 번 돈을 가지고 그곳에 개인농장을 만들어 농사일에 전념하고 있었다.[47]

한편 최재형은 조선과 중국, 중국과 러시아지역과의 국경 지대인 얀치혜에서 18세시인 1878년부터 러시아병영의 통역으로 일하기도 하였다.[48] 왜냐하면 그가 이 지역에서 처음으로 러시아어 학교에 입학한 인재로서 러시아어에 능통할 뿐만 아니라 다년간의 해외 선상 생활을 통하

---

44) 최재형연보
45) 「최재형전기」
46) 이사벨라 버드 비숍지음 이인화옮김, 『한국과 그 이웃 나라들』, 도서출판 살림, 1994, p.206.
47) 「최재형전기」
48) 『在西比利亞』 5, 鮮人의 部, 1915년 최재형 이력에는 최재형이 18세시 러시아 병영의 통역이 되고, 다음에 러시아 해군 소위, 경무관 등에 봉직하였다고 하고 있다.

여 러시아의 문화에도 대단히 익숙한 인물이었기 때문이었을 것이다. 즉, 당시 연추 지역에는 최재형처럼 러시아에 대하여 잘 알고 있는 인물이 없었던 것으로 생각된다. 그 후 최재형은 러시아 해군 소위, 경무관의 통역 등 러시아 군부와 치안 당국의 통역으로 일하면서 이들의 신임을 얻게 되었다고 생각된다. 앞서 언급한 바와 같이 박은식도 그의 저서 『한국독립운동지혈사』에서, "러시아의 문물에 익숙하여 러시아관원의 신임을 얻었으므로 우리 겨레의 노동자를 많이 비호하였다. 두 번이나 러시아의 수도 페테르부르크에 가서 러시아황제를 뵙고 훈장을 받았으며"라고 밝히고 있는 것이다.

20세에 여러 사람의 신망을 얻은 최재형은 연추 남도소의 러시아어 서기로 피선되었다. 그리하여 3년 동안 문서정리와 사무처리를 하면서 많은 경험을 얻었다.[49]

그의 나이 23세시 [50] 연해주 당국은 1884년[51] 군사적인 목적으로 조선 국경까지 군사도로를 개설하고자 하였다. 그 도로는 블라디보스톡--라스돌노예--자나드워롭까-바라바시-슬라비얀카--노보끼에프스크---끄라쓰노예 촌을 경유 연결하는 군용도로였다. 이 군용도로를 건설하는 데 러시아어에 능통한 최재형 역시 통역원으로 동원되었다.[52] 그들은 1884년 최재형에게 영군 300명을 거느리고 연추에서 멍고개까지 도로를 건설하도록 하였던 것이다.[53] 그 당시 도로건설은 노동자들에게 매우 힘든 작업이었다. 도구라고는 삽, 곡괭이, 담가 등밖에 없었다. 노동조건은 말할 여지도 없었다. 특히 통역 즉 통사(通辭)들은 조선인 노동자의 입장을 대변하기보다는 오히려 자신의 부를 축적하는데 급급하였다. 이

---

49) 『자유보』 3호 「최재형공의 약사」
50) 『자유보』 3호 「최재형공의 약사」
51) 정확한 시기는 파악할 수 없다. 『한인신보』 1917년 9월 10일자 「강동쉰해」에는 1884년이라고 하고 있고, 「최재형연보」에는 1882년이라고 되어 있다.
52) 『고려일보』 1991년 9월 26일자.
53) 「강동쉰해」, 『한인신보』 1917년 9월 10일.

러한 통사들의 행위에 대하여 『아령실기』에서는 다음과 같이 묘사하고 있다.[54]

　　(통사는) 러시아어를 아는 사람의 칭호인데, 그 종류의 구별이 적지 않다. (중략) 화차나 윤선(輪船)이나 그 나마 어떠한 노동장이던지 그들의 폐단을 이루 말할 수 없다. 어느 방면으로 보던지 자기 동포에게 이익을 준 것이 10분이라면, 해독을 끼친 것은 100분이 된다. 그네들이 배운 것은 러시아어 뿐, 본 것은 러시아 풍속 뿐, 아는 것은 사사로운 이익뿐 그런 까닭에 조국 문명을 경시하고, 또 동포를 초개(草介)로 여기는 일이 많았다. 러시아어를 모르는 토공들은 청부인들의 불공정한 행사를 알면서도 항의를 하지 못하는 상황이었다.

이처럼 일반적으로 다른 통역원들이 노동자를 속이는 등 부당한 행위를 하는 것과는 달리 최재형은 청부인들과 토공들간에 충돌이 발생하면 항상 토공들의 편에 섰다. 노동자들 가운데 일을 마치고 향촌에 귀향한 농민들은 모두 최재형의 인간성, 정당성에 대해 칭찬을 늘어놓았다.[55] 결국 최재형은 도로건설에 관여하는 등 통역으로 10년 동안 일하면서 많은 조선인들과 가까워졌으며, 그들의 신임도 얻게 되었다.[56]

V. 도헌으로의 임명과 재러한인사회의 지도자로서 성장

1. 러시아의 행정제도

러시아정부는 19세기에 새롭게 점유한 시베리아지역을 동시베리아 정구(政區)와 서시베리아 정구로 나누어 총독을 두고, 관할 구역을 주와

---

54) 『독립신문』 1920년 3월 18일자.
55) 「최재형전기」.
56) 『자유보』 3호 「최재형공의 약사」, 『고려일보』 1991년 6월 26일.

도로 나누어 여기에 군무지사 또는 지사를 두어 총독에 예속시키는 제도를 시행하였다. 1883년에 이르러 서부총독정구를 폐지하여 이를 독립된 주와 도로 변경하여 러시아에 직속시키고, 동부총독정구는 두개의 구로 분할하였다. 즉 동부시베리아 총독정구와 흑룡총독정구로 이분하였는데, 연해주와 아무르주를 합쳐서, 프리아무르주라고 통칭하였다.[57] 그리고 아무르총독 정구는 총독이 하바로브스크에 있었으며, 프리모르스키 이주, 아무르주, 자바이칼주, 사할린주 등으로 이루어져 있었다고 한다. 프리아무르주는 러시아제국에서 파견된 총독의 지배를 받았다. 총독은 군대통수권을 포함한 일체의 정무권한을 위임받았던 행정관이자, 군사령관으로서 절대권한을 행사하였다. 따라서 총독의 견해와 정책에 이주 한인들이 커다란 영향을 받았다.[58]

한편 극동지방의 행정편제는 1894년에는 자바이칼 지방이 동시베리아 총독의 관할에 귀속됨으로써 분리되었다. 극동 변강의 행정책임자는 총독이었으며, 각 지방의 책임자는 군무지사로 불리었고, 그 밑에 군, 면에 해당하는 행정 단위로써 우에즈드, 볼로스트 등이 있었다.[59]

1884년 러시아당국에서는 농촌부락이 많이 생겨남에 따라 행정구역을 개편하여 새로운 읍을 만들었는데 얀치혜를 소재지로 한 읍도 형성되었다.[60]

2. 러시아에 살고 있는 한인들의 지위

1876년 개항을 거쳐 1884년에 조로수호통상조약이 체결되었다. 이를

57) 정태수, 「국치 직후의 신한촌과 한민학교 연구(1910-1914)」, 『수촌박영석교 수화갑기념 한민족독립운동사논총』, 탐구당, 1992, pp.1154-1156.
58) 조선총독부, 『조선휘보』(西伯利號), 1918.4, p.200
59) 권희영, 「한민족의 노령 이주사연구(1863-1917)」, 『국사관논총』 41, 1993, p.160.
60) 『고려일보』 1991년 6월 26일.

계기로 최초로 한인 이주에 대한 법적 문제가 거론되어 지금까지 방임상태에 있었던 이주 한인들이 생명과 재산의 안정 및 보호를 받을 권리를 갖게 되었다. 그러나 노령지역의 한인들의 법적 지위가 확정된 것은 1888년 조로육로통상장정의 체결에 이르러서였다.[61] 이에 따라 노령의 한인들은 3그룹으로 구분되어 1884년 6월 25일 조로수교가 이루어지기 전에 노령으로 이주한 한인들은 러시아 국적을 취득할 수 있게 되었다. 그리고 가족당 15데샤치나의 토지를 할당받았으며, 러시아 농민과 같이 금전 및 현물납세를 할 수 있게 되었다. 그리고 1884년 국교수립 이후에 이주하여 노령에 계속 거주하기를 희망하는 한인들에게는 2년 간 기간을 주고 매년 러시아의 비자를 발급 받도록 하였으며, 납세는 첫 번째 그룹과 마찬가지로 하는 것으로 규정하였다. 마지막 세 번 째 그룹은 변강에 일시 거주하는 자로서 정주할 자격을 가지지는 못하지만 매년 세금을 납부해야 하고 비자도 발급 받도록 하였다.[62]

그후 1893년 두호프스키 총독은 변강의 식민화에 한인들을 동원하는 것이 유용하다고 판단하고, 한인들을 러시아화 시키려고 하였다. 이때 비로소 1884년 이전에 노령으로 이주해온 사람들이 러시아국적을 취득하고 토지를 받게 되었는데[63] 실질적으로는 1895년 9월부터 한인들의 러시아 입적이 허락되었다. 그해 1,500호 정도가 입적하였다.[64] 최재형은 일찍이 러시아로 들어왔으므로 귀화가 허락되었다. 그리하여 최재형은 군인과 공무원에 등용될 수 있는 특전과 토지를 무상분배 받을 수 있는 권한을 부여받았다.[65] 그리고 최재형 등 입적 농민들은 대개 그들

---

61) 이상근, 앞의 책, pp.95-96.
62) 권희영, 「한민족의 노령이주사 연구(1863-1917)」, 『국사관논총』 41, 1993, p.166.
63) 권희영, 위의 논문, p.166
64) 『해조신문』 창간호 러시아력 1908년 2월 13일자에 실린 「최봉준의 발간하는 말」, 『한인신보』 아력 1917년 9월 17일 「강동쉰해」
65) 고승제, 「연해주 이민의 사회사적 분석」, 『백산학보』 11, 1971, p.165.

의 촌락을 따로 가지고 있었는데 이를 원호촌(元戶村)이라고 하였다. 한편 러시아 국적에 편입되지 못한 한국인 이주민들은 농토를 분배받지 못하였다. 그러므로 그들은 할 수 없이 원호나 러시아인들의 토지를 빌려 소작해야 했는데 소작조건은 대단히 불리하였다. 흔히 한인들이 러시아인의 황무지를 소작지로 개간할 때, 처음 2년 간은 소작료를 물지 않았지만 3-4년부터는 소작료를 납부하게 되었는데, 지방에 따라 다르지만 소작료는 대개 4할 이상이었다.[66] 그러므로 귀화하지 않은 한인들은 살기가 어려웠다. 그러므로 한인들이 러시아국적에 편입하기 위하여 러시아관헌에게 각종 방법을 이용하여 교섭하는 사례가 적지 않았는데, 이때 한국인촌의 자치단체의 중요임무는 외국인 신분을 가진 한국인 이민들을 러시아 국적에 편입시키는 교섭을 추진하는 것이었다.[67] 한편 소작한인의 비율은 1905년에는 30%, 1910년경에는 70%, 1917년경에는 90%에 달하였다고 한다.[68]

1898년 총독 그로데코프도 두호프스키의 정책을 계승하여 첫번째 그룹에 속하는 사람들 중 남은 사람들에게 입적을 허락하였고, 두번째 그룹에 있는 사람들에게는 5년 이상 변강에 거주한 사람들에 한하여 입적을 허용하는 조처를 취하였다. 그리고 세 번째 부류의 한인들에게도 이만, 호르키, 아무르강변에 정착할 수 있도록 하여 주었다. 그러나 1905년 운테르베르게르가 총독으로 부임하면서 한인들에 대한 정책은 일변하여 한인들은 불안한 생활을 영위하지 않으면 안되게 되었다.[69]

3. 도헌으로의 임명

러시아당국에서는 1895년 연추 지역에 한인촌락이 다수 형성되자 얀

---

66) 권희영, 앞의 논문, p.180.
67) 고승제, 앞의 논문, p.180.
68) 권희영, 앞의 논문, p.180.
69) 권희영, 앞의 논문, p.167.

치혜촌을 중심으로 새로운 행정단위인 군을 설치하고,[70] 거기에 도소(都所)를 설치하고 연추남도소(烟秋南都所)라고 명명하였다. 이곳은 러시아관헌의 인허하에 이루어진 한인자치기관이라는데 그 특징이 있다. 도소에서는 한국식과는 달리 서양식 사무실인 도소실(都所室)을 건축하여 러시아의 인허를 받은 기관으로서의 권위를 높이고자 하였다. 아울러 도소에서는 책임자로 도헌이나 사장을 두어 각 촌락에 있는 한인을 관할하고, 모든 부세(賦稅)를 수납하는 일을 담당하도록 하였다. 그리고 러시아 지방당국에서는 그 책임자로서 최재형을 임명하였다.[71] 32세인[72] 1895년 하반기에 최재형은 통역직을 사직하고 처음으로 연추남도소의 도헌에 피임되었다.[73] 그 후 13년 동안 그는 도헌으로 일하였던 것이다.[74]

최재형이 연추남도소의 도헌에 임명된 것은 상당히 중요한 의미를 갖는 것이라고 생각된다. 첫째, 연추남도소는 러시아가 인허한 최초의 한인 자치기구이다. 이 기구의 대표인 도헌에 최재형이 최초로 임명되었다는 사실은 그가 재러한인사회에 큰 신망을 얻고 있던 인물임을 반증해 주는 것이라고 할 수 있다.

둘째, 무엇보다도 중요한 것은 최재형이 러시아 지방당국으로부터 가장 신임을 받고 있었던 한국인이라는 점이다. 그렇기 때문에 러시아 지방당국에서 최재형을 도헌에 임명하였던 것이다. 최재형은 앞서 언급한 바와 같이 한국인의 최초 러시아인학교 입학생으로서 러시아에 능통한 인물이었다. 그리고 그는 고학을 통하여 공부한 후 러시아 병영에서 오랫동안 통역으로 일하였다. 그런 가운데 그는 러시아인으로부터 큰 신망

---

70) 「최재형전기」.
71) 「도소」, 『아령실기』(『독립신문』, 1920년 3월 25일)
72) 『자유보』 3호, 「최재형공의 약사」
73) 「강동쉰해」, 『한인신보』 아력 1917년 9월 10일.
74) 『자유보』 3호 「최재형공의 약사」

을 얻게 되었다고 생각된다. 그러므로 그는 여러 통역관들 가운데 연추 남도소의 초대 도헌으로 임명되어 1910년경까지 그 책임자로서 연추 지역의 가장 중심적인 인물로 활동하였던 것이다.

도헌에 임명된 최재형은 도헌의 직무 외에 한인들의 교육활동에도 크게 기여하였다. 우선 이를 이해하기 위해서 연추 지역의 한인교육 상황을 살펴보기로 하자.

연추 지역에 한인이 이주하기 시작한 것은 1860년대부터이다. 그러나 처음에는 경제적인 여건상 제대로 교육이 이루어진 것 같지 않다. 그러다가 러시아 지방당국에서 학교를 건립하여 재러동포들에 대한 러시아화 정책을 펴면서 본격적으로 이 지역의 한인들에 대한 교육이 시작되었던 것이다. 이러한 정책의 일환으로 지방당국은 1883년에 연추 지역에 아문학교를 설립하고 한인자녀를 교육하기 시작하였다.[75] 그러나 러시아화교육은 효과적으로 이루어지지 못하였던 것 같다. 1883년 계미년에 러시아학교가 처음으로 연추에 설립되어 입학연령이 된 한인자제를 모집할 때, 한인들은 이를 긍정적으로 받아들이지 않았던 것 같다. 그러므로 혹 어떤 부모는 자제를 러시아학교에 보내는 것을 기피하다가 부득이한 경우에만 이웃집 자제에게 품삯을 주고 대신 공부시키기도 하였다. 그리고 비록 그 자제로 하여금 취학하게 한다고 하더라도 그 이유는 일상생활상의 필요에 의한 것이었다.[76] 그리고 이러한 경향은 지속되어 1884년에도 한인들은 자식을 아문학교에 보내기를 꺼려하여 남의 자제를 대신 보내거나, 혹은 마저 읽던 한문을 읽히고 아문학교에 보내곤 하였다. 그 결과 당시 연추 룡명과 추풍에 설립된 아문학교에 학생 20여명이 공부할 뿐이었다. 그후 1884년에 최운학, 채동성이 러시아중학교에 입학하였고,[77] 비로소 1895년에 이르러 연추 최만학과 김택섭, 신익녹

75) 「강동쉰해」, 『한인신보』 아력 1917년 9월 10일.
76) 「교육」, 『아령실기』(『독립신문』 1920년 4월 3일)
77) 「강동쉰해」, 『한인신보』 아력 1917년 9월 10일.

등 3인이 아문중학교에 입학하였다.[78]

최재형이 연추 지역의 도헌이 되었을 때 재러한인사회에서는 적극적인 러시아교육이 실시되지 않는 상황이었다. 이에 러시아학교의 최초의 입학생으로서, 러시아 문물에 정통했던 최재형은 한인 동포들에게 교육의 필요성을 역설하였다. 나아가 재러동포들의 교육에 적극적으로 나서 러시아지역에서 처음으로 재러동포들을 대상으로 하는 러시아화 교육을 본격화하였던 것이다. 그러므로 『독립신문』 1920년 5월 15일자 「최재형의 약력」에서도, "아령에 재한 한인의 교육은 처음 씨의 편달을 받아 일어난 것이요, 씨가 거주하는 연추는 아령의 한인 거주지 중 제일 먼저 러시아교육을 받았다."라고 하여 최재형이 재러한인교육을 처음으로 강조하고 일으킨 장본인이라고 밝히고 있는 것이다.

1895년 도헌에 임명된 바로 향산사에 교단과 학교를 건축한 후 학교교육에 진력하였다.[79] 그 후 그는 한인들이 거주하는 지역마다 교구학교를 설립하였다. 그리고 연추에 고등소학교(6년제)를 설립하여 학생들의 교육에 진력하였을 뿐만 아니라 고등소학교를 성공적으로 졸업한 학생들 중 우수한 학생들을 골라 블라디보스톡, 나꼴쓰크-우쑤리스끼, 블라고웨쎈쓰크, 이르꾸츠크, 똠스크 및 기타 지역에 유학하도록 하는데 일익을 담당하였다.[80] 특히 그는 매년 3천원의 봉급을 전부 은행에 맡기고 그 이자로 매년 1명씩 유학생을 파견하였다. 그 결과 다수의 학생들이 러시아에 유학하였는데[81], 그 대표적인 인물로는 한명세, 김 미하일 미하일로비치, 최 레프 뻬뜨로비치, 김 로만 이바노비치, 김 야꼬브 안드레예비치 등을 들 수 있다.[82]

---

78) 「강동쉰해」, 『한인신보』 아력 1917년 9월 17일.
79) 「강동쉰해」, 『한인신보』 아력 1917년 9월 17일.
80) 『고려일보』 1991년 9월 26일.
81) 박은식, 앞의 책, p.470.
82) 「아버지에 대해 기억하고 있는 것과 이해하고 있던 것」에 총 29명의 명단이 소개되어 있다.

그 후 최재형은 재러동포들 사이에 그 이름이 더욱 널리 알려졌으며 러시아인들 가운데도 명망이 높아져 한국인과 러시아인 사이에 그의 이름을 모르는 사람이 없을 정도였다.[83] 그리하여 최재형은 러시아황제가 주는 훈장을 여러 개 받았을 뿐만 아니라 1896년 5월에 니콜라이 2세의 대관식에 참석하기도 하였던 것이다.[84]

그러나 최재형이 헌신적으로 전개한 재러동포들에 대한 교육사업은 그와 동포사회의 지원만으로는 턱없이 부족하였다. 그러므로 최재형을 중심으로 한인들은 교육사업을 원활히 전개하기 위한 돈을 마련하기 위하여 러시아 극동 주둔 러시아 육군 및 해군에 식량, 군복, 건재 등을 공급할 목적으로 회사를 설립하고자 하였다. 당시 러시아 정부는 극동의 방위력 증강을 목표로 이 지역에 많은 군대를 파견하여 막사를 짓는 등 군대의 유지를 위한 많은 사업을 시작하고 있을 무렵이었다.[85] 이에 이 지역의 도헌으로서 러시아당국의 깊은 신뢰를 받고 있을 뿐만 아니라 러시아 사정에 능통했던 최재형은 회사를 설립하고 러시아군대의 군납업자로 등장하기 시작하였던 것이다.

사업이 생각보다 잘되자 최재형은 한인들 마을에 새로운 학교들을 설립하기 시작하였다. 또 우수한 젊은이들을 시베리아, 카프카즈, 크림 등 러시아의 여러 지역에 유학을 보냈다. 이에 따라 유학생 수도 해마다 증가하였다. 나아가 1900년대 초에 연추에 6년제 중학교를 설립하기에 이르렀다. 그리고 이 학교의 첫 졸업생들을 러시아 중부지역의 교육기관에 보내어 계속 공부하도록 하였다.[86]

---

83) 『독립신문』 1920년 5월 15일, 5월 17일.
84) 『독립신문』 1920년 5월 15일.
85) 「최재형전기」.
86) 「최재형전기」. 그후에도 최재형은 계속 연추 지역을 중심으로 재러한인의 교육을 위하여 노력하였다. 즉 그는 1908년 연추지역에 학교를 설립하고 청년들을 교육시키기 위해 자신이 교장이 되어 가격이 수천원이 나가는 자신의 집을 학교로 쓰게 하는 한편 제반 서책도 모두 자신이 부담하는 등

4. 녹화 및 원예 활동

최재형은 관상목과 유실수를 많이 심어 한인마을을 녹화시키는 데도 깊은 관심을 갖고 있었다. 이를 위해 그는 1884년 집을 서양식으로 개조하고 한국인으로서는 처음으로 화원을 만들었다.[87] 그리고 1890년에 주민들과 함께 노보끼예브스크(현 크라스끼노)에 처음으로 공원을 만들었으며, 그 후 니꼴스크에 공원을, 1916년 슬라비얀카촌에 문화휴식공원을 만들기도 하였다.[88]

의병 근거지(러시아 연해주 크라스키노)

한편 최재형은 포시에트촌이 크림반도와 같은 위도선에 위치하고 있다는 점에 착안하여 크림반도에서 장과 식물을 실어와 촌락들에다 심도록 권장하였다. 그 당시 슬라비얀카 항구에 러시아군함들이 집결해 늦여름이면 해군 장교들이 딸기등 장과 열매를 많이 사가기 때문이었다.[89]

한편 최재형은 농장의 수익을 증진하기 위하여 농민들에게 가축과 가금을 많이 사육하도록 하였다. 그리하여 소, 돼지, 닭 등 가축사육운동이 활성화되었고, 이에 따라 농민들의 생활수준이 일층 높아졌다. 또한 그는 가축개량사업에도 관심을 기울였다. 구체적으로 소의 종축개량에

지속적으로 재러한인의 교육에 정진하였던 것이다.(『해조신문』 1908년 5월 23일 본항정보 연추학교).

87) 「강동쉰해」, 『한인신보』 아력 1917년 9월 10일.
88) 『고려일보』 1991년 6월 28일.
89) 「아버지에 대해 기억하고 있는 것과 이해하고 있던 것」.

주목하여 무게가 많이 나가고 우유를 많이 생산하는 소를 길러내고자
하였다. 최재형이 이 사업에 주력한 것은 연추 등 러시아 극동지역에
다수 주둔하고 있는 러시아군대가 고기와 우유를 많이 필요로 하였기
때문이다.[90]

한편 그는 농민들에게 농사와 가축치기 외에 계절어업을 하도록 하였
다. 당시 연어알은 러시아인들이 빵과 함께 먹는 주요 식품이었으므로
농민들에게 큰 수입원이 되었다. 이에 농민들은 연어의 산란계절이 오면
연해주 강으로 거슬러 올라오는 연어잡이에 한창이었다. 그들은 한인촌
마다 10-15개 그룹을 편성하여 가까운 항구로 가서 강 하구에 그물을
쳐서 연어를 잡았다. 보통 가을 어로 기간은 10-14일간 계속되었다.[91]

VI. 자산가로의 성장

1. 아관파천과 최재형

최재형이 러시아에서 도헌으로서 활동하고 있을 무렵인 1896년 2월,
조선에서는 국왕이 러시아공사관으로 피신하는 소위 아관파천이 일어
났다. 명성황후시해 사건 후 불안에 떨고 있는 고종과 친일내각을 타도
하려는 친로파 이범진 등이 서울주재 러시아공사 베베르와 공모하여
고종을 러시아공사관으로 이어하도록 한 사건이었다. 이때 친일내각의
김홍집과 어윤중은 역적으로 지목되어 민중들에게 살해되었고 유길준
등은 일본으로 망명하였다. 그리고 새로이 이범진, 이완용 등 정동파가
친로내각을 성립시켰다. 이후 약 1년 간 고종은 러시아공사관에서 러시
아군대의 보호를 받는 처지가 되었고, 자연히 정부는 러시아의 간섭을

---

90) 「최재형전기」.
91) 「최재형전기」, 「아버지에 대해 기억하고 있는 것과 이해하고 있던 것」

받게 되었다. 이처럼 조선이 러시아의 영향권 아래 들어가게 됨에 따라, 조선정부에는 러시아어 통역관들이 필요하게 되었고, 따라서 연해주 지역에 살고 있는 조선인들에 주목하게 되었다.[92] 이에 러시아의 연추와 추풍 일대에 거주하고 있던 한인 청년 52명을 불러다가 모두 통역관에 임명하고 월급을 후히 주었다. 그 중 대표적인 인물로는 김홍륙(金鴻陸)을 들 수 있는데, 추풍 사람인 그는 러시아대사관 통역으로 고종의 은총을 받아 학부대신으로 귀족원경이 되었고, 그 외 김도일(金道一), 유진률(兪鎭律), 홍병일(洪炳逸), 채현식(蔡顯植), 김승국(金承國), 김인수(金仁洙), 김낙훈(金洛薰), 황두진 등은 모두 중앙의 벼슬을 제수받고 그 조상까지 증직되었다. 그 이후 연추와 추풍 일대에는 참봉, 주사, 의관, 참서관, 통정 등 한국의 벼슬 직함을 가진 인물들이 다수 등장하게 되었다.[93]

이처럼 러시아어에 능통했던 인물들이 국내로 초빙될 때, 러시아지역의 개척자이며 러시아어에 능통했던 최재형에게도 조선정부로부터 제안이 왔던 것 같다. 『동아일보』 1920년 5월 9일자에,

> 리태왕 전하께서 을미년에 로국영사관으로 파천하신 후 널리 로만 국경에 정통한 인재를 가르실세 최씨가 뽑히어서 하루빨리 귀국하여 국사를 도우시라는 조서가 수차하나 나리셨으나 무순 생각이 있었던지 굳게 움직이지 아니하였으며

라고 하는 것으로 보아 알 수 있다. 그러나 연추 지역의 도헌에 막 임명되었던 최재형은 국내에 들어오지 않고 계속 연추에서 도헌으로서 일하였다.[94]

---

92) 이광린, 「구한말 노령 이주민의 한국정계 진출에 대하여-김학우의 활동을 중심으로-」, 『역사학보』 108, 1985 참조.
93) 「강동쉰해」, 『한인신보』 아력 1917년 9월 17일.
94) 『자유보』3호 「최재형공의 약사」

그러던 중 1896년 5월 13일 러시아인 사이에서도 명망이 높던 최재형은 페테르부르크에서 개최되는 니콜라이 2세의 대관식에 참여하여[95] 황제가 직접 하사하는 예복을 받았는데[96] 이는 러시아에 살고 있는 한인으로서 최고의 영예를 누린 것이었다. 아울러 러시아정부로부터 훈장도 받았던 것이다. [97]이후 최재형에 대한 러시아정부의 신임은 더욱 두터워졌고, 한인사회에서도 그의 권한과 신망은 더욱 높아졌다고 할 수 있겠다.

2. 자산가로서의 성장

최재형은 재러동포들에게 유익한 일들을 하기 위해서는 무엇보다도 물질적인 지원이 있어야 함을 깨달았다. 이에 그는 1890년대 하반기 통역일을 그만두고 건설청부업과 상업활동을 전개하기 시작하였다.[98] 최재형이 도헌으로 활동하고 있던 연추 지역은 조선, 중국, 일본과 관련된 러시아의 주요 군사지점으로서 다수의 러시아군대가 주둔하고 있었다. 따라서 이들을 수용할 막사 등 건축물과 이들이 거주하는데 필요한 연료, 상품 그리고 이들을 먹일 육류의 공급이 절대적으로 필요하였다. 당시 비숍여사는 연추와 접해 있는 포시에트 지역에 대하여,

> 포시에트만은 크고 멋진 막사와 창고가 있는 하나의 큰 군사 역사(驛舍)였다. 여기에는 시민은 없는 것 같았다. 그러나 그 크지 않는 거리에도 한국인 정착민들이 있었다. 이 한국인들이 블라디보스톡에 공급되는 육류의 대부분을 책임지고 있었다. 우리는 강인하고 건강해 보이는 수많은 한국인들을 만났는데, 그들은 60마리의 멋진 살찐 가축들을 증기선이 있는 항구로 몰고 가고 있었다.[99]

---

95) 『자유보』 3호 「최재형공의 약사」
96) 『동아일보』 1920년 5월 9일.
97) 『자유보』 3호 「최재형공의 약사」
98) 「아버지에 대해 기억하고 있는 것과 이해하고 있던 것」
99) 이사벨라 버드 비숍 지음 이인화 옮김, 앞의 책, p.263.

라고 하여 포시에트지역에 거주하고 있는 한인들이 블라디보스톡의 육류의 대부분을 책임지고 있음을 밝히고 있다. 이어서 그녀는 연추에 대하여도,

> 노보끼예프는 거대한 군사도시이다. 또 이곳은 1천명의 민간인들이 뼈다귀 하나라도 주어 먹을 수 있지 않나 하는 기대에서 몰려드는 곳이기도 하다. 그들은 주로 중국인과 한국인이다. 한국인들은 이 지역의 인구 구성에 있어서 커다란 비중을 차지하며, 상품과 연료의 모든 수송을 그들의 소가 이끄는 달구지로 수행한다.[100]

라고 하여 이 지역이 군사도시이며, 한국인이 이 지역에 필요한 상품 연료 등의 운반을 모두 담당하고 있음을 밝히고 있다. 이어서 비숍여사는,

> 포시에트만과 노보끼예프 사이에는 1만명의 보병대와 포병대가 있고, 노보끼예프에는 포병대 중 8개 중대와 두개의 바퀴가 있는 24대의 군용마차가 있었다. 현재 노보끼예프에는 1만 명 이상의 병사들을 위한 막사가 급속하게 지어지고 있었다.
> 나는 그곳에서 남쪽으로의 여행을 위한 준비를 하며 3일 동안 체류했다. 그 시간 동안 프랑스어를 하는 경찰서장이 나를 몇몇 한국인의 마을로 데려다 주었다. 그 마을의 모든 농업 인구는 한국인이며, 이들은 매우 번영하고 있었다. 거기서 한국의 국경 쪽으로 내려가면서 나는 대다수의 한국인 개척자가 일을 잘하고 있으며, 그들 중의 몇몇은 러시아 군대에 육류를 계약 판매함으로서 부를 키워가고 있음을 볼 수 있었다. 이러한 점에서 한국인은 중국인을 능가하고 있었다. 한국인들은 능동적으로 중국령 만주로 가서 여윈 동물들을 싼값에 매입해서 살이 찌도록 키워 비싼 값에 되판다.[101]

라고 하여 한국인들이 러시아군대에 육류를 판매하며 부를 축적해 가고 있음을 보여주고 있다. 바로 이 연추 지역에서 1890년대에 육류판매업

---

100) 위의 책, p.264.
101) 위의 책, pp.264-265.

등으로 큰 부자가 된 인물이 최재형이었던 것이다. 아울러 그가 자산가로 성장하는데는 한 바실리 루끼츠, 한 엘리세이 루끼츠 형제와 김 뾰뜨르 니콜라예비치, 최 니콜라이 루끼츠 등의 도움이 컸다.[102] 한편 최재형의 부는 극동에서 얻어진 2개의 사건을 통하여 더욱 증대될 수 있었다.

즉, 1900년의 의화단사건, 1904년 이후의 러일전쟁 등 전쟁의 발발은 물품의 운반, 육류의 보급, 막사의 건축 등에 종사하는 한인들에게 큰 부를 가져왔던 것이다. 먼저 의화단사건을 보면, 1900년 청국에서 의화단사건이 발발하여 곧 러시아가 청국을 침범하자 한인들은 군수품 운수사업에 종사하면서 재산을 모으는 경우가 있었다.[103] 그 대표적인 예로서 지신허의 한익성은 군대에 물품을 대면서, 재산을 모았고, 최봉준 역시 블라디보스톡에서 군대에 물품을 대는 영업을 시작하여 부를 증대시키기 시작하였던 것이다. 이어서 1904년 러일전쟁이 시작되자 한인들은 의화단 사건 때처럼 역시 군수품을 운수하였으며,[104] 이때 역시 최봉준, 한익성등은 군대에 물품을 납품하여 큰 재산을 모았던 것이다.[105]

최재형의 경우 역시 최봉준과 마찬가지로 의화단사건, 러일전쟁 등을 계기로 큰 부를 축적하였을 것으로 보인다. 즉 러시아황제의 대관식에 참여한 이후 최재형은 연추 군대의 어용상인으로서 우육(牛肉) 등을 납품하여 거만의 자산을 가지게 되었던 것이다.[106]

한편 최재형은 마을 사람들의 편의와 포시에트 지역의 상업의 발전을 위하여 노력하기도 하였다. 즉 그는 추린, 꾼스뜨 앤드 알베르스, 뻬얀꼬프, 마르꼬프 등의 회사를 유치하기도 하였던 것이다.[107]

---

102) 「최재형연보」
103) 「강동쉰해」, 『한인신보』 아력 1917년 9월 17일.
104) 위와 같음.
105) 「강동쉰해」, 『한인신보』 아력 1917년 9월 24일.
106) 『在西比利亞』 5, 선인의 부, 최재형 이력
107) 「아버지에 대해 기억하고 있는 것과 이해하고 있던 것」.

결어

1990년대 초반에 들어 러시아지역의 항일운동에 대한 연구가 활발해지고 있다. 그 결과 이 지역의 민족운동에 관한 전반적인 내용들이 개괄적이나마 알려지게 되었다. 또한 이동휘 등 특정 인물에 대한 연구 또한 활기를 띄고 있다. 그러나 이 지역에서 활동한 대다수의 운동가들에 대하여는 아직까지 구체적인 검토가 이루어지고 있지 못한 것이 현재의 실정이다. 이에 러시아지역에서 항일운동을 전개한 인물에 대한 연구 차원에서 본고를 작성하게 된 것이다.

최재형은 러시아지역에서 항일운동을 전개한 대표적인 인물가운데 한 사람이다. 특히 그는 러시아에 초창기에 이민한 함경도지역의 하층계층 출신으로 러시아어 통역과 도헌으로 활동한 인물로 더더욱 자산가였던 점이 주목된다.

본고는 러시아 지역의 대표적인 항일운동가였던 최재형을 본격적으로 검토하기 이전의 예비적인 작업으로 이루어졌다. 즉 1905년 이후 최재형의 민족운동을 다루기에 앞서 그의 성장과정과 인적 토대, 사회경제적 배경 등의 부분들이 먼저 밝혀져야만 그의 운동노선을 이해하는데 도움이 되리라고 생각하였기 때문이다. 그리하여 그의 이주 이전의 한국에서의 형편, 러시아로 이주 이후의 생활, 특히 선원·통역·도헌으로의 활동 등에 주목하였으며, 그가 자산가로 성장할 수 있었던 원인 등에 대하여도 밝히고자 하였다.

다음의 논고에서는 러시아의 자산가로 성장한 최재형이 어떠한 이유에서 항일운동에 적극적으로 참여하게 되었으며, 구체적으로 어떠한 활동을 하는지 등에 대하여 알아보도록 하겠다.

대한민국임시정부 초대 재무총장 최재형 :
연해주에서의 의병활동

서언

1905년 을사늑약 이후 국내에서 의병운동이 활발히 전개됨에 따라 해외인 러시아 연해주지역에서도 한인사회의 중심인물로 가장 신망이 두터웠던 최재형과 전 간도관리사 이범윤(李範允)을 중심으로 1906년 초 의병이 조직되어 대일투쟁을 전개하였다. 특히 1908년에는 국내진공 작전을 활발히 전개하여 국권회복운동에 크게 기여하였다. 그러므로 학계에서도 일찍부터 이에 주목하여 연해주의병에 대한 대체적인 윤곽이 밝혀지게 되었다.[1] 그러나 기존의 연구에서는 재러한인사회의 특성, 재러동포들의 사회경제적 처지, 러시아의 대한인정책, 연해주의병의 핵심인물인 의병장과 주요 구성원들에 대한 분석이 제대로 이루어지지 못하였다고 생각된다. 특히 러시아 지역에서 활동한 의병장에 대하여는 최근에 이르러서야 관심을 기울이는 형편이다.[2]

---

[1] 대표적인 논고로 박민영의 것을 들 수 있다. 박민영, 「러시아 연해주지역의 의병」, 『대한제국기 의병연구』, 한울, 1998.

[2] 다만 유한철이 유인석의병에 대하여, 그리고 정제우가 이범윤의병에 대하여 그리고 장세윤이 홍범도의병에 대하여 밝혔을 뿐이다. 이들 연구는 러시아 한인 의병장에 대하여 선구적인 연구성과로서 높이 평가된다.

이에 필자는 지금까지 별로 주목하지 않은 연해주 의병의 대표적인 인물이자 재정 지원자인 최재형의 의병활동에 대하여 검토하고자 한다. 최재형은 1908년에 연해주에서 조직된 항일운동단체인 동의회(同義會)의 총재로서 국내진공작전을 주도한 인물이었던 것이다. 이처럼 중요한 인물인 최재형이 지금까지 본격적으로 검토되지 못한 이유는 자료문제 때문이 아닌가 한다. 기왕의 연구의 경우 국내의 국사편찬위원회에서 간행된 『한국독립운동사 자료편』 등 일본측 자료, 『김정규일기』[3]・『김중국항일투쟁기』 등 중국에 남아있는 한인들의 회고록 등을 주로 활용하고 있다. 본고에서는 이에 더하여 최근 필자가 러시아의 여러 문서보관소에 입수한 자료와 국사편찬위원회에 의하여 번역 간행된 『한국독립운동사 자료 34, 러시아편1』을 적극 활용하고자 한다. 또한 일본외무성 사료관에 보관되어 있는 재러한인들의 활동에 대한 일본측 보고문건 등도 이용하고자 한다. [4]

본고에서는 새로 입수된 이와 같은 자료들을 토대로 최재형의 의병 조직배경, 최재형과 의병조직 동의회와의 관계, 최재형의 의병활동, 그리고 이범윤・최봉준(崔鳳俊) 등 재러한인사회 지도자들과 최재형의 관계 등에 대하여 밝혀보고자 한다. 이러한 연구 결과를 통하여 연해주 의병, 나아가 구한말 국내외에서 전개된 의병활동을 보다 분명하게 밝히는 계기가 되었으면 한다.

유한철, 『유인석의 사상과 의병활동』, 독립기념관 한국독립운동사연구소, 1992.

장세윤, 『홍범도의 생애와 항일의병투쟁』, 독립기념관 한국독립운동사연구소, 1992.

정제우, 「연해주 이범윤 의병」, 『한국독립운동사연구』11, 독립기념관 한국독립운동사연구소, 1997.

3) 김정규, 『용연김정규일기』, 독립기념관 한국독립운동사연구소, 영인본, 1994.

4) 대표적인 것으로서 일본외무성 사료관 소장 不逞團關係雜件 朝鮮人部 在西比利亞(분류번호 432-2-1-2)를 들 수 있다. 국사편찬위원회에서 수집하여 소장하고 있다.

I. 최재형의 의병조직 배경

1. 러일전쟁에의 참전과 민족에 대한 자각

1904년 2월 일본의 여순에 대한 기습공격으로 러일전쟁이 발발하자 간도지역에서 관리사로 활동하고 있던 이범윤은[5] 러시아 아니시모프 장군의 부대에 편입되어 특별조선인중대를 훈련시켰다.[6] 그리고 함경도 일대의 산포수가 중심이 된 민간인군인인 충의대를 이끌고 함경도 지방으로 들어가 러시아군과 함께 항일전을 전개하였다.[7]

한편 러시아 거주 한인들은 함경도지역에서 러시아군인들을 위한 군수품운반에 참여하였다.[8] 당시 러시아군대는 조선북부지역에서 많은 전투를 벌였으며 이때 군수품은 주로 인근 지역에서 조달하였던 것이다. 즉 연추(노보끼예브스크: 현재 크라스키노)와 함북 경성 그리고 성진에 있는 상점들을 이용하였다.[9]

재러동포들은 러시아군대가 함경도에 출병하자 통역으로서 러시아군

---

5) 이범윤은 간도관리사로 활동하면서 조선정부로부터 부대의 보급품으로 경상도 소득의 일부를 받았으며, 1903년에는 부대의 무장을 위해 서울로부터 100정의 소총을 지급받았다(러시아측 자료, 1908년 5월 24일 전 주러시아공사 이범진과 형제인 이범윤의 경력, 1908년 5월 24일 보고)

6) 위와 같은 자료.

7) 『한인신보』 제12호 1917년 10월 7일, 강동쉰해.

8) 재러한인들이 러시아측편에 서서 전쟁에 참여한 것은 1900년의 義和團사건 때부터 인것 같다. 이때 한인들은 러시아의 한 구성원으로서 전쟁에 참여하는 한편 군수품 운송에 종사하였다. 당시 엄인섭은 러시아군대에 종군하여 군사상 공로를 세워 훈장을 타기도 하였다. 그리고 지신허의 한익성과 블라디보스톡의 최봉준은 군대에 물품을 대어 재산을 모으기 시작하였다.(『한인신보』 아력 1917년 9월 17일 강동쉰해)

9) 『동아일보』 한러근현대사비사 26, 1993년 3월 18일자, 「러일전쟁기간 소장 B.A.코사코프스키가 지휘하는 아무르지역 코사크혼성여단의 조선북부에서의 활동보고」

대가 일본군대를 효과적으로 퇴치할 수 있도록 도와주기도 하였다. 그 대표적인 인물들로는 김인수(金仁洙), 김도일(金道一), 김상헌, 유진율, 윤일병(尹日炳), 구허성, 황병길(黃炳吉), 엄인섭(嚴仁燮) 등을 들 수 있다.[10] 여기서 우리의 주목을 끄는 것은 러일전쟁시 통역으로 참여했던 인물들 가운데 다수가 후에 의병활동 등 항일운동을 전개하였다는 점이다. 유진률, 윤일병, 황병길, 엄인섭 등은 그 대표적인 인물들이며[11] 특히 그 중 엄인섭과 유진률 등은 최재형과 긴밀하게 협조하며 활동하였다.[12] 즉 이를 통해서 볼 때 러일전쟁에 관여했던 인물들은 일본에 대한 강한 거부감을 갖고 있었다고 생각된다. 그리고 그들은 바로 함경도 지방에서 러시아군 통역으로 일하면서 간도관리사로 일하다 러시아로 망명하게 되는 이범윤과 접촉하게 되는 것이 아닌가 한다.

러일전쟁이 발발하자 최재형 역시 전쟁에 참여하였다. 그의 딸 최올리가는 부친이 러일전쟁에 적극 참전하였다고 밝히고 있다.[13] 이 전쟁에서 그의 구체적인 역할에 대해서는 알려진 바 없다. 다만 연추 지역의 도헌이라는 지위와 당시 나이가 45세(1860년생)였다는 점등을 고려해 볼 때 그가 직접 전투원으로 참여한 것은 아닌 것 같다. 다른 재러한인들과 마찬가지로 통역 내지는 물품공급 등의 역할을 하지 않았나 생각된다. 즉 최재형은 이익을 추구하는 상인으로서 참전하였다고 보는 것이 자연스러울 것이다. 이때 최재형은 러시아군부 내에 인적 기반을 마련하였을 것으로 보인다. 그리고 러일전쟁에 참전했던 이범윤과의 만남 역시 가졌을 것으로 짐작된다. 또한 근대적 민족의식이 싹트는 계기가 되지 않았나 추측된다.

---

10) 『한인신보』, 강동쉰해, 1917년 9월 24일자
11) 반병률, 「노령 연해주 한인사회와 한인민족운동(1905-1911)」, 『한국근현대사연구』7, 1997, p.74.
12) 국사편찬위원회, 『한국독립운동사 자료 7』, p.282.
13) 최재형의 딸 최올리가의 자서전 , 『나의 삶』(독립기념관 소장)

2. 최재형의 국제정세에 대한 판단과 민족의식의 형성

최재형은 러일전쟁 후 1905년 말에 블라디보스톡으로 돌아왔다.[14] 그는 전쟁에서 일본이 승리한데 큰 충격을 받았다. 더구나 을사늑약의 체결로 인하여 한국이 일본의 보호국이 된데 더욱 경악을 금하지 못했다. 이에 일찍부터 러시아의 각 지역에서 견문을 넓혔던 그는 일본을 방문하여 일본의 실상을 파악하는 한편 당시의 국제정세를 보다 분명히 이해하고자 하였다. 그러한 때에 평소 "유신개혁 인물로 외국에 망명하여 세계대세를 통관하는" 인물로 알고 있던 박영효로부터 두어 번 일본으로 올 것을 요청받았다.[15] 이에 최재형은 바로 일본 동경으로 향하였다.[16] 일본에 반년동안 체류하면서 최재형은[17] 일본의 발전된 모습을 보았을 것이고, 세계정세의 흐름도 파악하였을 것이다. 그리고 그는 항일적인 인사인 박영효와의[18] 만남을 통하여 국가의 위급함을 절실히 깨닫고 이에 민족을 위하여 노력할 것을 서약하였다.[19] 그 후 일본에서 돌아온 최재형은 국권회복운동에 적극적으로 나섰던 것이다.[20] 즉 그는 교육의 필요성을 절실히 느끼고 블라디보스톡에 계동학교를 세워 민족교육에

---

14) 최올리가, 『나의 삶』
15) 『자유보』 3호(블라고베센스크에서 발행, 대한국민의회, 1920.10.3) 「최재형공의 약사」
16) 박은식, 『한국독립운동지혈사』, 각지 의병의 약력, 박은식전서 상, 단국대학교 부설 동양학연구소, 1975; 박보리스, 「국권피탈 전후시기 재소한인의 항일투쟁」, 『수촌박영석교수화갑기념한민족독립운동사논총』, 탐구당, 1992, pp.1081-1082.
17) 앞의 논문, p.1082.
18) 고종은 통감부와 친일내각을 견제하기 위하여 일본에 망명중이던 박영효를 1907년 6월 8일 비밀리에 귀국시켜 궁대부대신으로 임명하였고, 박영효는 고종의 양위를 반대하여 1년간 제주도에 유배될 정도로 당시 항일적인 인사였다(한명근, 「통감부시기 이완용연구」, 한국민족운동사연구회 62회 발표회<1999.9.18> 발표요지 8면 참조)
19) 『자유보』 3호, 「최재형공 약사」
20) 흑룡강 연안 군관구 참모장의 보고(박보리스. 앞의 논문, p.1082)

헌신하는 한편[21] 간도관리사였던 이범윤과 연락하여 함께 국권회복을 위하여 힘쓰고자 하였다.[22]

한편 러일전쟁에 참전하였던 이범윤은 1905년 11월 초 함경도 무산, 회령, 종성, 온성, 경원 등지를 경유하여 훈춘 부근에서 잠시 유진하였다. 1906년 초 다시 청의 퇴각요구로 부하들을 이끌고 훈춘을 떠나 연추로 들어가 정착하게 되었다.[23] 그 후 만주군 총사령관이었던 리네비치 장군을 방문하여[24] 러일전쟁에서 공로를 세운 대가로 약 200에서 500명 정도로 추정되는 군인과 가족을 포함한 약 1,000명의 한인들에게 토지를 분배해 줄 것과 무상으로 거주권을 발급해 줄 것을 요청하였다.[25] 그러나 러시아당국은 일본과의 외교적인 마찰 등을 우려하여 그의 요청을 호의적으로 생각하지 않았다. 이러한 때에 이범윤은 연추 지역의 최재형을 찾아갔다. 당시의 상황에 대하여 일본측 보고에,

> (최재형은) 일찍이 러시아파라고 칭하는 이범윤이 간도관리사가 되어 마패를 가지고 부임하자 러일전쟁 이후에는 이를 받아들여 식객으로 삼고,[26]

라고 있듯이, 최재형은 자신을 찾아 온 이범윤을 식객으로 있게 하는 한편 이범윤 부하들의 편의를 봐주기 위하여 재러한인들에게 의복과 식량 등을 지원해줄 것을 요청하는 신임장을 제공하는 등 이범윤의병에

---

21) 계동학교는 블라디보스톡 개척리에 만들어진 초등학교로 이 지역에서 가장 먼저 만들어진 초등학교로 연해주 한인사회에 끼친 영향이 크다(임경석, 「한말 노령의 애국계몽운동과 블라디보스톡 한인거류지」, 『성대사림』 12·13 합집, 1997, p.296

22) 『자유보』 3호 「최재형공의 약사」

23) 국사편찬위원회, 『한국독립운동사-자료 11』, p.180.

24) 독립운동사편찬위원회, 『독립운동사』1, 1983, p.558

25) 1910년 6월 16일자로 남부 우수리지역 국경위원회에서 연해주지역 군총독께 올린 보고서(블라디보스톡 극동문서보관소 소장)

26) 국사편찬위원회, 『한국독립운동사-자료7』, p.280.

대한 적극적인 지원을 아끼지 않았다.[27] 또한 이범윤이 각지를 순회하며 재러동포들에게 민족의식을 고취시키고 의병부대 조직을 위한 군자금을 모금하는데도 적극 협조하였다. 그 결과 연해주의 한인들은 이범윤에게 많은 자금을 의연하였고, 의병모집에도 응하였다.[28] 그리고 이를 바탕으로 양인은 최재형의 근거지인 연추에서 의병부대를 조직하였을 것으로 생각된다. 그런데 이 부대는 기본적으로 이범윤과 함께 러일전쟁에 참여한 후 훈춘을 거쳐 연추로 이동한 충의대세력이 핵심을 이루고, 재러동포들은 이들의 휘하에서 주로 활동하였을 것으로 보인다. 당시 이범윤은 최재형가의 식객으로 있으면서, 자신이 조선국왕의 대리인임을 강조하면서 최재형의 적극적인 지원을 얻고자 하였을 것으로 판단된다. 즉 이는 이범윤이 동포들에게 보낸 통문을 통하여서도 잘 알 수 있다.[29]

> 대황제폐하께옵서 나를 북간도관리사로 임명하셨다. 따라서 나는 하바로브스크 순무사와 교섭하고 각 지역에 창의서라는 단체를 조직해 대한독립을 회복할 터이니 강동의 여러 동포는 주의하여 조국을 회복하오. 선릉(先陵)도 대한강산이오. 인종도 대한인이니 아무리 타국에서 포식한들 어찌 조국을 모르리요. 차후로 조선인 홍범도로 의병대장으로 하고 그에게 자금과 무기를 모을 것을 지시했다. 모든 조선인은 그가 무기와 탄약을 구하는 일에 순응해야 할 것이다.
>
> 연해주 지방의 모든 조선인은 우리의 목적을 달성하기 위해 연합해야 한다. 조국을 구하는데 큰공을 세우는 자는 조선으로 돌아가는 대로 큰상을 받게 될 것이다. 황인은 언제나 황인이며, 남의 나라에 아무리 오래 살아도 백인이 될 수 없다는 점을 명심하라.
>
> 단기 4201년 8월 20일 판무관 이범윤

---

27) 국사편찬위원회, 『한국독립운동사-자료 13』, 1909년 2월 13일 pp.467-468.
28) 반병률, 「노령 연해주 한인사회와 한인민족운동(1905-1911)」, 『한국근현대사연구』7, 한국근현대사연구회, 1997, p.80.
29) 극동문서보관소 소장, 문서번호 1-11-73-20.

아울러 이범윤이 연해주에서 의병활동을 전개하고 있던 김병연(金秉淵)에게 보낸 한글 편지 속에서도 이를 짐작해 볼 수 있다.

　　귀하의 편지는 잘 받았습니다만 직접 만나 뵙지 못하는 점 매우 안타깝게 생각합니다. 저의 일은 예전과 다름없이 진행되고 있습니다. 창의서의 일은 어떻게 되어 가는 지 전하여 주십시요. 귀하의 명성은 극동전역에 퍼져 있습니다. 대업을 조만간 완성하기 위해 저는 귀하께 큰 기대를 걸고 있습니다. 저는 이곳 하바로브스크에서 주지사와 친교를 맺고 있습니다. 아직 자세하게 밝힐 수는 없지만 무기에 관하여 러시아 관리들과 협상을 진행하고 있습니다. 물론 비밀리에 진행하고 있습니다. 그러나 안타깝게도 저는 자금이 부족한 상태입니다(하략).

1909년 음력 9월 8일 이범윤[30]

즉, 이범윤은 조선국왕의 대리인으로 행동하는 동시에 하바로브스크 지사 등 고위 책임자들과의 교분을 강조하며 러시아지역의 한인들에게 국권회복운동에 적극 동참할 것을 요청하였다. 만약 참전하면 국내로 돌아가서 포상할 것임을 천명하고 있었던 것이다.

이와 같이 이범윤이 국내의 거물로 행사하였기 때문에 최재형은 일단 이범윤에 대하여 예의를 깍듯하게 갖추었을 것이다. 나아가 그를 적극적으로 지원하였을 것이다. 이는 다음과 같은 기록을 통하여도 짐작해 볼 수 있다.

　　종래의 폭도는 최도헌의 증명서 또는 의뢰장과 같은 것을 휴대하고 횡행하였던 것이다. 즉 최도헌의 의뢰장에는 '이사람은 저의 부하로서 한국을 위하여 분주하는 자이므로 의식의 공여 등 만사를 잘 부탁한다'라는 의미를 기록하고 이것을 서면으로서 발송하여 의식을 강청하였다.[31]

---

30) 『동아일보』, 한국근현대사비사 52, 1993년 11월 27일자
31) 국사편찬위원회, 『한국독립운동사-자료 13』, 1909년 2월 13일, p.467.

최재형은 자산가이자 러시아의 한인의 지도자인 도헌이었으나 조선의 노비출신에 불과하였다. 그러므로 그는 이범윤에 대하여 큰 기대를 걸기도 하였을 것이다. 특히 그는 조선에서의 벼슬을 기대하기도 하였을 것이다. 당시 러시아 거주 함경도 인물들이 벼슬에 욕심이 많았다는 기록으로 미루어[32] 최재형 역시 예외로 보기는 어려울 듯하기 때문이다.

최재형이 이범윤에게 호감을 가진 것 외에 당시 국경지대에 수천 명의 러시아 패전군인들이 일본에 대하여 적대적인 입장을 취하고 있었다는 점도 의병 조직에 도움을 주었다. 러일전쟁에 참전한 러시아군은 전쟁이후 파면 또는 해산되었을 뿐만 아니라 봉급도 받지 못하여 생계가 어려운 처지에 놓이게 되었다. 그러므로 그들은 자신들의 입지를 회복하기 위한 방편으로 한인들의 의병 결성을 촉구하거나 후원하는 입장이었다.[33] 그러므로 연해주의병은 이와 같이 어려운 입장에 처해 있던 패전 러시아군인들로부터 상당수의 무기를 저가로 구입하거나 지원 받을 수도 있었던 것이다.[34] 따라서 러시아군과 가까웠던 최재형이 바로 이들을 통하여 저렴한 가격으로 무기를 구입할 수 있었을 것이다.

최재형은 이범윤과 힘을 합하여 바로 의병부대를 조직하여 곧바로 국내진공작전을 전개하지 않았다. 그는 국제적인 안목을 갖고 있던 인물이었을 뿐만 아니라 상인으로서 누구보다도 이해에 밝았던 인물이었다. 그러므로 직접적인 무장투쟁을 주장하는 이범윤과는 다른 인물이었다. 이범윤은 바로 의병부대를 조직하여 국내진공작전을 전개하고자 하였다. 그러나 최재형은 국내에서 의병활동이 전개되기를 기다렸을 것이다. 아울러 재러동포들의 여론 또한 고려하지 않을 수 없었을 것이다. 즉 최재형은 무기구입과 군자금모금 등이 어느 정도 이루어진 상태에서 적당한 시점을 잡아 의병운동을 전개하고자 하였을 것이다. 때문에 그는

---

32) 뒤바보, 『아령실기』 仕宦

33) 국사편찬위원회, 『한국독립운동사-자료 12』, p.638.

34) 국사편찬위원회, 『한국독립운동사』 1, 1908년 12월 11일, p.528.

1907년 헤이그밀사사건, 군대해산 등이 일어난 다음해에 본격적인 의병 활동을 전개하였던 것이다.

한편 최재형은 이범윤을 통하여 주러한국공사 이범진과도 연락을 하였던 것으로 보인다. 당시 이범진은 재러동포들을 바탕으로 러시아의 힘을 빌러 조선의 국권을 회복하고자 하였던 것 같다. 그러므로 이범진은 러일전쟁 이후 이범윤에게도 여러 차례 편지를 보낸 것 같다. 그러는 가운데 최재형 역시 이범진과 연락이 있었을 것으로 생각된다. 즉 이범진은 편지를 통하여 자신이 중앙 정계에서 최재형의 활동을 지원해 줄 것을 약속하였을 것으로 짐작된다. 그리고 이범진은 최재형에게 이범윤을 지원해줄 것을 강력히 요청하였을 것이다. 즉 최재형은 일본에서의 박영효와의 만남을 통하여 국제정세 속에서 한국이 처한 위치를 보다 분명히 파악할 수 있었으며, 아울러 이범윤과의 대화를 통하여 민족의식의 형성과 더불어 조선 정부로부터의 지원이 있을 것이라는 내락을 받을 수 있었고, 아울러 이범진으로부터 러시아 고위층의 지원을 허락받았을 것으로 짐작된다. 뒤에 언급되듯이 이범진의 아들 이위종이 그의 장인을 모시고 연추까지 온 것은 그러한 점을 과시하기 위한 것이 아닌가 한다.

한편 재러한인 지도자들은 한인들의 계몽과 민족의식 고취를 위하여 1908년 2월에 블라디보스톡에서 『해조신문』을 간행하였다.[35] 이에 최재형도 적극 동참하여 『해조신문』에 기고하여 동포들의 계몽에 노력하였다. 즉, 그는 1907년 4월 16일에 「아편단연회의 결성을 축하하는 글」을 기고하였던 것이다.

연추 최재형
복은 초야의 일개 농부라. 세계상 형편과 본국 사정이 어떠헌 지 귀먹고 눈없는 사람이 되어 듣고 보기를 원하지 않더니 돌연히 해삼위 지방에서

35) 박환, 「재러한인 민족운동의 태동과 해조신문의 간행」, 『러시아한인민족운동사』, 1995, p.19

세상 사람의 이목을 깨워 총명하게 하려는 기관이 서로 낫다 함으로 그것이 무슨 기관인가 얼핏보고자 하였더니 급히 봄에 곧 해조신문이란 종이 한장이라. 놀내여 열람한 즉 과연 이농증과 안혼증을 고치는 기관인지를 비로소 깨달은지라. 매일 벗을 삼아 신문을 애독하는 바, 기보 제23호에 기제한 단연동맹회의 추지를 대하여 재삼 경독하매 조는 잠을 깨닫는듯 정신이 황연하고 마음이 상쾌하여 축하함을 마지 못하노니

대개 아편의 해가 지독 지악하여 사람의 신심을 교란하고 사업을 방해하여 재산을 탕패하며 생명까지 일케하는 독약이라. 그러함으로 지금 청국에서도 특별이 외국과 회의하고 아편 금지하는 약조를 제정하여 일층 민간에 엄금함은 세상이 다 아는 바라. 우리 동포에도 혹 이에 침혼하여 패가망신하는 자가 많으나 정부에서도 금치 못하고 부형도 끝게 못함으로 유식자의 근심이 적지 않더니 이제 여러 첨군자께서는 타인의 권고를 기다리지 않고 능히 자강력으로 동맹회를 조직하고 확연히 일도양단의 용맹을 떨쳐 자신할 기상이 발연하니 이러한 결심이 족히 조국을 흥복하고 문명에 진보하여 독립 자주할 기초가 될지라. 엇지 감사하고 환영하지 아니하리오.

복이 비록 암혈에 은거하나 족구의 동포를위하여 깊은 마음을 이기지 못하노니 즉시 용약하고 나아가 동맹제군자를 보고 일배주라도 서로 위로코저 하나 다만 신상에 관계되는 연고 있어 일장 서신으로 동정을 표하노니 아무쪼록 그 마음을 더욱 돈돈히 직히고 일심단체하여 만리전정에 사업을 발달하기를 간절히 바라노라.

즉, 그는 강한 동포애를 보이며 아편단연회의 결성이 "조국을 흥복하고, 문명에 진보하여 독립 자주할 기초"가 되는 것으로 파악하여 독립자주에 대한 강한 의식을 보여주고 있다.

II. 최재형과 동의회 조직

1. 재러한인의 민족의식 성장과 동의회의 결성

일본은 1905년 11월 을사늑약을
체결하여 한국의 외교권을 박탈하였
다. 아울러 1907년 6월에 헤이그에
서 개최된 만국평화회의에서 고종이
파견한 이상설, 이준, 이위종 등 3인
이 한국의 억울한 사정을 국제사회
에 호소하려 하자 오히려 이를 기화
로 고종을 강제로 퇴위시키고 황태
자로 하여금 그 뒤를 잇게 하였다.[36]
또한 일본은 고종의 양위에 만족하
지 않고 한일신협약(丁未七條約)을
체결하여 통감정치를 강화해 나갔
다. 그로써 통감은 한국의 내정에 일
일이 간섭할 수 있는 권한을 갖게 되

동의회 창설지 연추 안치혜

었다. 이어 1907년 8월에 일본은 순종의 허락을 얻어 군대를 아주 해산
해 버렸다. 그리고 이에 저항하는 군인들을 2시간 여의 전투 속에서
진압되고 말았다.[37]

국내에서 들어오는 이러한 소식들은 재러동포들을 흥분시켰다. 특히

---

36) 헤이그 밀사 사건 이후 고종의 강제퇴위, 군대해산 등에 대한 일제의 정책
   에 대하여는 러시아측 자료에 구체적으로 잘 나타나 있다. 플란손의 비밀
   지급전보, 서울 1907년 7월 26일 No 46(독립기념관 소장)
37) 플란손의 비밀 지급 전보 서울 1907년 7월 26일 No. 46

헤이그에서 들려온 이준의 사망 소식은 재러한인들을 더욱 격분시켰으며, 이에 한인들은 의병을 일으킬 준비를 전개하였던 것이다.[38] 즉, 뒤바보의 『아령실기』 <헤아사건의 영향>에,

> 헤이그평화회의로 가는 이준, 이상설 양씨를 위하여 송별회를 개최한
> 그 석상에서 장사가 한번 가면 다시 돌아오지 않는다고 하고 책상을 치면
> 서 절규하던 이준씨의 충렬에 대한 기념품 곳 그의 손아래에서 타파된
> 판자를 지금까지 갖고 있는 김학만(金學萬)씨, 또 그의 사업을 이어받아
> 기술하려고 공진회를 설립한 김영준(金永俊)씨, 또 그의 유락(遺落)한 복자
> (幅子)를 지금까지 수장한 김석원(金錫元)씨

라고 있듯이, 헤이그밀사 출발시 연해주 교포사회에 들러 이준이 주었던 감동은 큰 것이었다. 그러므로 재러한인들은 이준이 분사한 후 그의 사업을 계승하기 위하여 공진회를 조직하는 등 활발한 활동을 보였던 것이다.

사태가 여기에 이르자 주한 러시아공사 이범진은 재러동포들을 바탕으로 러시아의 힘을 빌러 조선의 국권을 회복하고자 하였던 것 같다. 이범진은 재러동포들에게 표면적으로 러시아인이 경영하는 하나의 신문사를 세우고 민족의식이 투철한 장지연을 초빙하여 일본의 통감정치를 공격하고 한편으로는 의병을 조직하여 일본인의 구축에 힘써야 한다고 하였던 것이다.[39] 아울러 『해조신문』이 창간되자 신문사에 편지를 보내 간행을 축하하고 독립을 위해 노력해줄 것을 간곡히 부탁하며 재정적인 후원을 아끼지 않았던 것이다.[40]

한편 이범진은 러일전쟁 이후 이범윤과 여러 차례 편지를 주고받았다.

---

38) 『한인신보』, 강동쉰해, 1917년 9월 24일자
39) 박환, 「재러한인 민족운동의 태동과 해조신문의 간행」, 『러시아한인민족운동
사』, p.24.
40) 『해조신문』, 1908년 5월 7일자 기서

그 편지는 안전을 확보하기 위하여 항상 연해주 군무지사의 손을 경유하였다. 편지에서 이범진은 "연해주 방면에서 두만강을 건너서 일거에 함경도를 도(屠)하고, 길게 몰아쳐서 한성에 들어가서 승리의 노래를 연주해야 한다"라고 하며, 러시아 관헌은 항상 우리들을 후원하고 있다고 하고, 자기가 스스로 총사령관이 되고 이범윤을 부사령관으로 하여 국내로 진공할 것임을 밝히고 있다.[41]

아울러 이범윤이 엄인섭을 이범진에게 소개하자, 1907년 7월 10일 이범진은 엄인섭에게 다음과 같은 내용의 서신을 발송하여 의병봉기를 촉구하였던 것이다.

> 엄인섭 인형(仁兄)께
> 관리영감(이범윤-필자주)의 서한을 통해 (귀하)의 성명과 국사에 진력하는 뜻을 매번 전해들었습니다. 한번 만나 뵙기 희망하던 차에 다행히도 귀하가 보내신 편지를 접하여 대단한 기쁨을 감당할 수 없습니다. 그 후 더욱 건승하시어 국사에 진력하시고 관리연감에게도 안부 전해 주십시요. 어쨋든 동심협력하여 열성으로서 일을 처리하여 일본에 대한 원수를 갚고, 국권을 회복하고자 함을 뜻하여 밤낮으로 국사를 잊지 않기 때문에 한심 통곡함을 참을 수 없습니다. 금후로는 때때로 서신을 통하고 싶습니다. 바라건대 귀하의 건강을 기원합니다.
> 광무 11년(1907년) 7월 10일 러시아력 6월 27일
> 이범진[42]

한편 군대해산 후 러시아로 건너온 군인들과 의병 중 연해주로 이동한 의병세력도 이범윤을 찾아와 의병봉기를 요청하였다. 즉, 일본측의 1908년 11월 26일자 첩보보고에 ,[43]

---

41) 불령단관계잡건, 朝鮮人部, 『재서비리아 5』, 「배일선인 이위종에 대하여」
42) 『재서비리아 5』, 「배일선인 이위종에 대하여」
43) 독립운동사편찬위원회, 『독립운동사자료집』 별집 1, p.1180.

이범윤은 연추 거주의 굴지의 부호 최도헌, 즉 최재형(원래 경흥부의 한 빈민)이 설립한 사립학교의 교사였던 바, 작년 경성의 변에 의하여 해산된 병정 및 폭도 패주자들이 찾아와 호소하기에 이르러 최도헌 기타의 동지자도 또한 이범윤에게 폭동을 권고하고, 최도헌으로부터 군량 자금의 공급 약속을 받고, 왕년 이범윤이 태황제 폐하로부터 하사 받은 유척(鍮尺), 마패를 이용하고 또 격문을 발하여 부하 최병준(崔秉俊), 박모(러시아명 알렉산드르), 엄인섭을 각 지방에 파견하였음.

라고 있듯이, 군대해산 이후 러시아로 망명한 군인들이 의병봉기를 권고하자, 최재형은 이범윤에게 의병을 일으킬 것을 권고하고, 또 이범윤에게 군량 자금의 공급을 약속하였다.

이에 자신감을 얻은 이범윤은 본격적인 의병조직에 나서게 되었던 것 같다. 특히 이범윤은 1907년 말 북한 지역의 의병들이 일본군과의 전투에서 승리하자 더욱 고무되었다. 아울러 연추에 있던 망명집단들 그리고 전직 한국정규군과 40명의 전직 의병들도 역시 크게 고무되어 술렁거리기 시작하였다. 이들은 당시 최재형이 기부하였다고 알려진 1만루불의 군자금을 갖고 있었고, 아울러 국내진공작전의 행동계획 또한 갖고 있었다.[44] 그리하여 이범윤은 1908년 3월말에 러일전쟁 당시 자신의 상관이었던 아니시모프 장군을 찾아가 무기를 제공하여 줄 것을 청원하였다. 즉,

3월말에 이범윤이 전직 서울의 황제근위대 대위였던 김인수와 함께 나타나서 일본인들에게 적극적으로 대항할 목적으로, 한인 의병대원들에서 전쟁 후에 압수한 소총을 돌려달라고 간청하였습니다. 나는 확실한 답을 하지 않고 소총이 B.C.스트렐코보이 제2사단의 참모장인 아니시모프

---

44) 1908년 4월 5일자로 남 우수리스크 지역 국경수비위원이 베.에.플루구 연해주 군총독지사에게 보낸 보고서(국사편찬위원회, 『한국독립운동사-자료 34』 러시아편 1, 1997)

장군 관할 하에 있다고 구실을 둘러댔는데, 나는 그 즉시 아니시모프장군
에게 이범윤의 요청에 대해 말해주었습니다. 이범윤은 다른 날 아니시모프
장군과 약속하고 나타났는데, 다음과 같은 취지의 답변을 들었습니다. 즉
우리는 일본인들과 모든 분쟁을 종결짓게 된 포츠담에서의 평화협정을
체결했으므로 어떠한 경우라고 할지라도 한인 반란군을 공식적으로 지원
할 수 없습니다. 한인 망명자·애국자들은 여기서 성공을 거두지 못하자
우리 영역, 그리고 이웃한 만주에서 비밀리에 소총을 구입하기 시작하였습
니다.[45]

라고 하여, 이범윤은 김인수[46]와 함께 무기를 제공하여 줄 것을 요청하
였으나 러시아 당국은 포오츠모드회담의 규정을 들어 이를 거절하였다.
이에 이범윤 등은 다른 방도를 취해야 했다.

이러한 때에 이범진은 연추 지역을 중심으로 의병단체를 조직해야
되겠다고 인식하고, 이를 후원하기 위해 자신의 아들 이위종과 그의 장
인인 러시아 귀족을 파견하였다. 즉, 1908년 4월 이전 이범진은 연추
방면에서 의병의 준비가 점차 이루어지는 것을 듣고, 그의 아들 이위종
에게 금 일만 루불을 휴대하고, 러시아의 수도를 출발해서 연추의 최재
형 집에 도착하게 하였다.[47] 당시 이위종은 장인 놀껜 백작과 동행하였
다. 당시 러시아 국경지대 관리는 이 내용에 대하여 다음과 같이 보고하
고 있다.

거기로 뻬쩨르부르크에서 전조선공사의 아들이 왔다. 블라지미르 세르
게에비치 리(이위종)라고 한다. 그는 남작 놀껜(토볼주 총독이였던 것으
로 여겨짐)의 조카딸과 결혼하였다. 그는 그의 장인과 함께 왔다. 파리에서

---

45) 위와 같음.
46) 김인수는 함북 북청출신으로 친러파이다. 서울에서 러시아 공사관과 고종간
   의 주선 역으로 활동하였으며, 러일전쟁시에는 러시아측에 가담하여 일본에
   대항하였으며, 러시아에 귀화하였다.(국사편찬위원회, 『한국독립운동사-자료
   7』, pp.222, 282)
47) 『재서비리아 5』, 「배일선인 이위종에 대하여」

교육을 받았다. 그의 말에 의하면 그는 만국평화회의에 조선에 대한 지지를 호소하기 위한 유명한 고려대표단의 일원이었다.[48]

러시아 연해주로 전 주러한국공사의 아들 이위종과 그의 장인 토볼주 총독이었던 남작 놀껜의 출현은 러시아에 거주하는 재러한인들에게 큰 힘이 되었을 것이다. 아울러 국경지대에 있는 러시아국경 수비대들도 이들의 출현에 심히 당황하였을 것이다. 이범진이 그의 아들과 더불어 이위종의 장인인 러시아 귀족을 파견한 것은 무엇인가 남다른 정치적 계산이 있었기 때문인 아닌가 한다. 그러므로 이에 대하여 국경지역의 러시아 관리는 정부의 방침에 대하여 알려고 하였다. 즉 앞에 언급한 것과 같은 자료에서,

> 황제폐하께 이런 사실을 보고 드리면서, 본인은 일본인과의 관계면에서 정치적인 실수를 저지르지 않도록 이 까다로운 사안을 어떻게 처리해야 할 것인지에 대하여 지시를 내려주시기를 바랍니다. 주지하다시피 자신들의 이익을 지키기 위해서는 결코 수단과 방법을 가리지 않는 사람들이기 때문입니다. (중략)
> 노보끼예프스크 망명객들의 활동에 결코 공식적으로 관여하지 않았던 나의 입장으로서는, 이 일은 그저 보고도 보지 못한 척하기로 결정했습니다. 일본인들은 우리에 결코 친구가 아닙니다. 그들은 우리에게 칼을 겨누고 있는 것과 마찬가지이며, 일본에 있는 우리의 망명혁명가들을 밀정이라는 자신들의 앞잡이를 이용하여 비호해 주고 있습니다. 이 밀정들은 무식한 일본인들보다 훨씬 더 잘 우리의 사정을 이해하고 또 그에 대한 준비를 갖춘 자들이므로 아주 쉽게 우리의 시설물에 잠입하고 또한 필요한 인물들을 접촉할 수 있는 것입니다. 그 밖에도 러시아와 일본간에는 정치적 활동가나 범죄자들의 인도에 관한 협약이 체결된 바 없습니다. 따라서 어떠한 외교적 마찰이 발생할 경우라도 우리는 언제나 적당한 구실을 붙여 거절하

---

48) 1908년 4월 5일 남우수리스크 지역 국경수비위원이 연해주 군총독지사에게 보낸 보고서

거나 형식적인 답변만을 해줄 수 있는 것입니다.

　본인은 이러한 사안에 대해 더 이상 불필요한 관여를 하지 않을 것입니다. 인근 만주지역에서는 여전히 오래된 중국인들의 무정부상태가 도처에 만연해 있습니다. 이범윤과 이위종은 내게 그들이 노보끼예브스크에 2달 이상 체류하지는 않을 것이라고 했지만, 정작 어디로 갈 것인지에 대해서는 말하지 않았습니다.

　앞으로 동쪽과 북쪽의 변경지역, 압록강과 두만강 상류의 삼림지대에서 유혈드라마가 더욱 왕성하게 전개되리라는 것을 추측하기란 어려운 일이 아닐 것입니다.[49]

라고 하여, 외무부에서 지침을 내려주기를 기대하는 한편 러시아 국경대표부는 한국의 국경에서 재러한인 의병부대와 일본군 사이에 격렬한 무력충돌이 있을 것을 예견하고 있다. 즉 이위종의 연추 출현은 바로 이러한 무장충돌이 있기 직전의 일로서 무장투쟁을 고무하고 조직의 결성을 위한 것이었다고 할 수 있다.

　이위종이 그의 장인과 함께 최재형가에 도착한 이후 연추 지역에 있던 최재형과 이범윤 그리고 뻬쩨르부르크에서 온 이위종을 중심으로 연추의 의병들이 중심이 되어 발기해 동지역에 동의회를 조직하였다. 이때 참석한 발기인 중 중요한 인물은 다음과 같다.

　지운경(池云京), 장봉한(張鳳漢), 전제익(全濟益), 전제악(全濟岳), 이범윤, 이승호(李承浩), 이군포(李君甫, 연추에 있음), 최재형, 엄인섭, 안중근, 백규삼(白圭三), 강의관(姜議官), 김길용(金吉龍, 전 경무관), 이위종, 조순서(趙順瑞, 蘇城), 장봉금(張奉金, 소성), 백준성(白俊成, 소성), 김치여(金致汝, 소성)[50]

　동의회의 발기인 명단을 보면 지역적으로는 연추지역과 소성 즉 수청

───────────────

49) 1908년 4월 5일 남우수리스크 지역 국경수비위원이 연해주 군총독지사에게 보낸 보고서
50) 『재서비리아 5』, 「배일선인 이위종에 대하여」

(현재 빠르띠잔스크)지역, 그리고 이위종으로 대표되는 빼쩨르부르크세력을 들 수 있다. 연추세력은 최재형, 이범윤, 지운경, 장봉한,[51] 전제익, 전제악, 이승훈, 이군포, 엄인섭, 안중근, 백규삼, 강의관, 김길룡 등이며, 수청세력은 조순서, 장봉금, 백준성, 김치여 등을 들 수 있다. 즉 동의회는 연추 지역을 중심으로 해서 수청지역의 인물들이 가담하여 조직된 것이라고 할 수 있다.

동의회 발기인들은 1908년 4월 연추 얀치혜 최재형 집에서 회의를 개최하고, 동의회를 조직할 것을 결의하였다. 이어서 그들은 수백 명이 참석한 가운데 총회를 개최하고, 총장 부총장, 회장, 부회장, 기타 임원의 선거를 시행하였다. 당일 임시회장은 이위종이 담당하였다. 선거 결과 총장(총재)에 최재형, 부총장(부총재)에 이위종이 선출되었다. 당시 이범윤이 강력한 세력이었음에도 불구하고 이위종이 부총재에 당선된 것은 그의 부친의 명성와 러시아의 지원을 기대하는 당시 세력들의 기대감에 의한 것이었다. 그러나 당시 핵심세력이었던 이범윤은 이에 크게 발발하였던 것이다. 당시의 상황에 대해 일본측 기록은 다음과 같이 언급하고 있다.

> 부총재 투표 개표의 결과 이범윤은 1표의 차이로 차점자가 되자, 이범윤은 자석을 박차고 크게 화를 내며 말하기를 "내가 강동에 건너와서 국사를 위하여 진력한지 수년이 되었는데 명성도 없고, 나이 어린 조카 이위종에 미치지 못한다니 견딜 수 없다" 이때 이범윤에게 직속되어 있는 자들도 자못 동요한 빛이 있고, 그러나 이위종은 급히 의장석으로 내려가서 이범윤의 곁에 가까이 가서 백방으로 그를 위무하고, 스스로 부총재의 당선을 사양하고, 이범윤에게 양보하자 일이 점차 무사하게 되었다.[52]

---

51) 백두산 정계비문제에 관여하였고, 을사조약이후에는 의병으로 그리고 그 이후에는 러시아지역에서 독립운동을 전개하다가 1920년 블라디보스톡 러시아병원에서 병으로 사망하였다(『자유보』 3호 1920년 10월 3일자, 대한국민의회 발행, 「장최량씨별세」)

52) 『재서비리아 5』, 「배일선인 이위종에 대하여」

그 후 계속해서 회장 이하임원의 선거를 행한 결과 회장 이위종, 부회장 엄인섭, 서기 백규삼 등으로 되었으며, 평의원은 발기인 전부로 구성하기로 하였다.[53]

한편 최재형은 동의회를 조직하여 활동하는 한편 『해조신문』 1908년 5월 9일 별보에 <연추에서 유지신사 최재형씨가 애국동지대표회의 의조금 모집 발기문이 여좌하다.>에 보이듯이,

슬프다 우리 해외 동포여. 현금 우리 조국의 형편이 어떤 지경이 되었으며, 우리 내지 동포 사정이 어떤 도탄에 빠졌는가. 그 형편 그 사정은 날마다 해조신문 보면 몰을 자가 없으리다. 시최설을 기다리지 않을지나 저 내지 동포들은 몸을 희생삼아 탄환을 무릅쓰고 생명으로서 국가를 보존코저 하거니와 우리 해외 동포는 무엇으로서 조국의 강토를 보존하고 동포를 구제하리오. 매양 이것을 생각하면 침식이 달지 못하고 생세에 흥황이 없도다.

드른 즉 북미합중국 콜로라도 댄버 지방에서 본년 유월에 미국 정당의 총의회를 열고 세계 정치에 관한 공론도 이슬터인고로, 해지에 유학하는 한국지사 박용만씨가 애국동지대표회를 발기하였는데 그 목적은 해외 각처에 있는 우리 동포들이 원근을 물론하고 마땅히 대표자 기명식 파송하여 해 회에 참석하고, 본국의 사정을 정당의 공론에 포백하려 함이라.

연한즉 우리 아령 각지에 있는 역시 한국민의 일분자로 의무가 없다하지 못할지라. 무슨 기회라도 있으면 어디까지던지 따라가서 의무를 발표할지니

이때를 당하여 우리는 엇지 민묵히 앉아 수수방관만 하리오. 부득불 우리도 의무상에 대표자를 파송하여 다른 형제와 함께 회석에 참여함이 가하나 그러나 이 지방은 미국과 산해만리에 상거도 요원하고 개회 일시도 시기가 촉박하여 만약 대표자를 파송코저 하면 불급할 염려가 있는 고로 해 회 설명함과 가치 대표 위임장만 보내고 다소 금액을 의조하는 것이 방편에 합의 할 뜻 함으로 본인도 50원을 선연하고 이에 그 모집함을 발긔

53) 『재서비리아 5』, 「배일선인 이위종에 대하여」

하노니 복원 각처 거류하시는 제군자는 시기를 잃치말고 국민의 의무를 돌아보아 각기 수력대로 다소간 금액을 신속 연조하심을 간절히 희망하노라.

룡희 2년 5월 6일
방기인 연추 최재형
저위 모집 처소는 해삼위 개척리 387호 박인엽씨 집으로 정함

라고 하여, 해외 동포로서 어떻게 하면 조국의 강토를 보존하고, 동포를 구제할 수 있는가에 대하여 심사 숙고하였던 것이다. 아울러 미주 지역의 해외동포들의 독립운동 또한 지원하고자 하였다.

2. 동의회의 설립 목적과 최재형

최재형은 1908년 4월 동의회를 조직한 이후 내외에 동의회의 조직을 널리 알리기 위하여 『해조신문』에 그 취지서를 게재하였다.[54] 이를 보면 다음과 같다.

<동의회 취지서>

연추에서 유지신사 제씨가 동의회를 조직하였다는데, 그 취지 전문이 여좌하니

무릇 한줌 흙을 모으면 능히 태산을 이루고, 한홉 물을 합하면 능히 창해를 일운다 하나니 적은 것이라도 쌓으면 큰 것이 될 것이오, 약한 것이라도 합하면 강한 것이 됨은 고금천하의 정한 이치라. 그런 고로 『주역』에 이르기를 두사람 만이 동심하여도 그이로움이 쇠를 끊는다 하고 『춘추전』에 말하기를 여러 마음이 합하면 성을 쌓는다 하였으며, 서양 정치가도 항상 말하기를 나는 뇌정도 두렵지 않고, 대포도 겁나지 않으되 다만 두렵고 겁나는 것은 중심이 합하여 단체된 것이라 하였으니 자고로 영웅호걸이 위태하고 간험한 때를 당하여 충의열성으로 나라를 붙들고 세상을 건지고

---

54) 『해조신문』 1908년 5월 10일 별보

져 할진대 반드시 의기남자와 열열지사를 연람하여 단체를 빗어 서로 같은 이는 서로 응하고, 지기 같은 이는 서로 구한 연후에야 능히 굉대한 사업을 일우며 능히 거룩한 공명을 세우나니 옛적에 유·관·장 3인은 도원에 결의하여 4백년 유씨의 기업을 다시 촉한에 중흥하고, 아지니와 가라파지는 영호를 결합하여 소녕의태리를 창립함으로 구라파 남반도에 십일만 방리의 신라마를 다시 건립하였으니, 이것은 다 고금 영걸지사의 몸을 잊어 나라에 드리고 마음을 합하여 의기를 떨침이라.

슬프다 우리 동포여 오늘날 우리 조국이 엇던 상태가 되었으며, 우리 동포가 어떤 지경에 빠졌는지, 아는가 몰으는가. 위로는 국권이 소멸되고, 아래로는 민권이 억압되며, 안으로는 생활상 산업권을 일어버리고, 밖으로는 교통상 제반권을 단절케 되었으니 우리 한국 인민은 사지를 속박하고 이목을 폐석하야 꼼작 운동치 못하는 일개 반생물이 된지라. 어찌 자유 활동하는 인생이라 하리오.

대저 천지간에 사람으로 생겨서 사람된 직책이 많은 중에 제일은 국가에 대한 직책이니 국가라 하는 것은 곧 자기 부모와 같이 자기의 몸을 생산할 뿐더러 자기의 부모 형제와 자기의 조선 이상으로 기백대 기천년을 자기까지 혈통으로 전래하면서 생산하고 매장하던 땅이오, 또한 기백대 조선 이하로 그 종족과 친척을 요량하면 전국 내 몇천만 인종이 다 서로 골육친척이 아니되는 자가 없으니 일반 국가와 동포는 그 관계됨이 이같치 소중한 연고로 국가에 대한 책임은 사람마다 생겨날 때에 이미 두 어깨에 메고 나는 것이라, 만약 사람으로서 자기 나라에 열심하는 정신이 업고 다만 야만과 같이 물과 풍을 쫏아다니며, 어디던지 생활로 위주하면 어찌 금수와 다르리이.

가령 한 나라 안이라도 고향을 떠나 오래 타향에 작객하면 고향생각이 간절하거늘 하물며 고국을 떠나 수천리 외국에 류우하는 우리 동포는 불행이 위험한 시대를 당하여 조국의 강토를 잃어버릴 지경이요, 현재 친척은 다수 화중에 들어 만목수 참한 경상이라. 엇지 슬프지 않으리오 눈비오고 구준 날과 달 밝고 서리찬 밤 조국 사상 간절하여 꼿을 보아도 눈물이오, 새소리를 들어도 한숨짓는자고, 충신열사의 란시를 당하여 거국이향한 회포를 오늘이야 개닷겟도다. 만약 조국이 멸망하고 형제가 없어지면 우리는 뿌리없는 부평이라. 다시 어디로 도라가겠는가. 그리하면 우리는 어찌하여야 우리조국을 붓들고 동포를 건지겠는가. 금일 시대에 첫째 교육을 받아 조국 정신을 배양하고, 지식을 밝히며 실력을 길우어 단체를 맺고 일심동 맹 하는 것이 제일 방침이라 할지라. 그런거로 우리는 한 단체를 조직하고 동의회라 일름을 발기하나니

　　슬프다 우리동지 동포는 아무쪼록 우리 사정을 생각하고 단체 일심이 되어 소년의태리의 열성으로, 조국의 정신을 뇌수에 깊이 넣고 교육을 발 달하여 후진을 개도하며, 국권을 회복하도록 진심갈력 할지어다. 저 덕국 비스맥은 평생에 쇄와 피의 두 가지로서 덕국을 홍복하고 부강을 일우었으 니

　　우리도 개개히 그와 같이 칠환을 피치말고 앞으로 나아가서 붉은 피로 독립기를 크게 쓰고 동심동력하여 성명을 동맹하기로 청천백일에 증명하 노니 슬프다 동지제군이여

동의회 총장 최재형
부총장 리범윤
회장 이위종
부회장 엄인섭 등

즉 「동의회취지서」에서는 당시의 조선의 상황에 대하여 위로는 국권 이 소멸되고 아래로는 민권이 억압되고 있다고 통탄하고 있다. 이에 최 재형 등은 나라의 독립을 이루고자 할 때는 몸과 마음을 바쳐 단체를 조직하여 의기를 떨쳐야 함을 주장하였던 것이다. 아울러 동의회에서는 단체를 조직한 후에는 교육을 통하여 민족의식을 고양시키고, 지식을 밝히며 실력을 길러 단체를 일심동맹하는 것이 가장 바람직한 길이라고 강조하였던 것이다. 또한 동의회에서는 조국을 구하기 위하여 민족정신 의 함양, 지식을 통한 실력양성, 단체조직을 강조하였다. 이러한 사실은 일본측 첩보기록에서도 확인할 수 있다. 즉,

　　연추지방에 있어서는 재연추 최재형(일명 최도헌)이 수령이었을 때 동 의회라는 것이 있었다. 조직의 연월은 분명치 않으나 그 주의라고 할 것은

재류한인 보호라고 하는 데 있어서 최도헌 일파의 무리는 전부 작년 폭도 모집시 입회하였는데, 그 해산 후는 회로서는 하등 활동하지 않을 뿐 아니라 그 후 집회한 일이 없는 상태이다. 동회원의 주된 자는 엄인섭, 안응칠, 백규삼, 이경화(李京化), 김기룡(金起龍), 강창두(姜昌斗), 최천오(崔天五) 등 모두 폭도두목이다. 기타는 불명, 이것 외에 동 지방에는 회라고 하는 것이 없다[55]

라고 하여 재러한인의 보호를 강조하였던 것이다. 그러나 사실 동의회는 이와 아울러 무장투쟁을 전개하는 조직이기도 하였다. 그것은 구성원이 의병출신이 다수 참가하고 있는 점등에서도 알 수 있다.

3. 최재형과 동의회의 주도세력 ―― 최재형과 이범윤, 이범진 세력의 결합

동의회는 1905년 이후 러시아지역에 있는 모든 항일의병세력의 결합이라는 측면에서 중요한 의미를 갖는 것이라고 생각된다. 이 단체는 이범윤 중심의 의병세력이 그 모태가 되었으며, 여기에 더하여 최재형의 자금과 인적자원(귀화한인, 러시아인), 그리고 이범진, 이위종 부자의 외교적인 노력과 자금 지원이 중요한 역할을 하였다. 지역적으로는 연추를 중심으로 이루어졌으나, 수청의 의병도 다수 가담하고 있다. 아울러 수청에도 최재형 세력이 다수 있었다.[56] 즉 동의회는 연추세력을 정점으로 수청, 추풍(秋風) 등 연해주 일대의 한인세력을 바탕으로 조직된 것이라고 할 수 있다.

동의회 결성에 있어서 중요한 역할을 한 인물은 최재형과 이범윤, 이범진 등이었다. 동의회의 결성은 최재형으로 대표되는 재러한인사회와 이범윤으로 대표되는 이주세력과의 결합이라는 측면에서 중요한 의

---

55) 국사편찬위원회, 『한국독립운동사-자료 7』, 1909년 11월 29일, p.218.
56) 국사편찬위원회, 『한국독립운동사-자료13』, 1909년 2월 23일, p.470.

미를 지닌다고 할 수 있다. 그리고 러시아 중앙 당국과의 교섭 등 중요한 부분은 주러 한국공사였던 이범진이 주로 담당하였던 것 같다. 그러나 이들 3세력의 공통점은 그들이 친러파였다는 점과 조선에 대한 강한 애국심을 갖고 있다는 점이다. 이들 가운데 가장 강력한 세력은 최재형 세력이었다.

최재형은 연해주에 있던 한인운동 세력 중 가장 강력한 세력으로 일본 측에 의하여 평가된 인물이다.[57] 그는 주지하는 바와 같이 함경북도 출신으로 1860년대 러시아에 이주한 인물로서 러시아에 귀화한 귀화한인이다. 그는 귀화한인 중 가장 대표적인 자산가 중의 한 사람이며, 러시아의 신임도가 두터운 인물로서 연추 지역의 행정책임자인 도헌이었다.

최재형 세력은 핵심적인 인물는 다음의 몇 그룹으로 나누어 볼 수 있을 것 같다. 우선 주목되는 부류는 귀화한인으로서 러일전쟁에 참여한 그룹이다. 그 대표적인 인물로는 엄인섭, 김인수, 윤일병, 유진률 등을 들 수 있다. 다음으로는 연추 지역의 귀화한인을 들 수 있으며, 세번째로 는 함경도출신들을 들 수 있을 것 같다. 이외에도 최재형과 뜻을 같이하는 인사들이 최재형 세력의 핵심이 되었을 것은 자연스러운 귀결일 것이다.

먼저 시기별로 최재형 세력을 알아보기로 하자. 이와 관련하여 주목되는 것은 1906년 이범윤과 함께 연추에서 의병을 조직할 당시 최재형 세력으로 활동한 인물들에 대한 것이다. 당시 최재형 세력은 어떠한 인물들이었을까. 그들의 구체적인 인명은 현재 알려진 바 없다. 다만 연추 지역에 살고 있는 귀화한인이나, 귀화한인으로서 러일전쟁에 통역으로 참여한 김인수, 김도일, 김상헌, 유진률, 윤일병, 구허성, 황병길, 엄인섭 등[58] 가운데 일부 세력, 아관파천 당시 국내에 들어가 벼슬을 한 김도일,

---

57) 국사편찬위원회,『한국독립운동사-자료 7』, 1910년 1월 11일, p.284.
58)『한인신보』1917년 9월 24일 강동쉰해

김인숙(金仁淑), 김낙훈(金洛薰), 김승국(金承國), 홍병일, 채현식(蔡顯植) 등 연추, 추풍 출신 통역 52명 가운데[59] 일부 세력이 그에 해당할 것으로 추정된다.

다음에는 1908년 4월 동의회 조직 당시의 최재형 세력에 주목해보자. 이위종의 부총재 선출문제로 최재형파와 이범윤파가 갈라졌을 당시 최재형파의 간부는 도영장 전제익, 참모장 오내범(吳乃凡), 참모 장봉한, 지운경(池云京), 군의관은 미국에서 돌아온 모씨(일본병에 체포되서 회령에서 총살됨), 병기부장 김대련(金大連), 병기부장(副長) 최영기(崔英基,御衛長), 경리부장 강의관(姜議官), 동 부장 백규삼, 좌영장 엄인섭, 제1중대장 김모(某), 제2중대장 이경화, 제3중대장 최화춘(崔化春), 우영장 안중근, 중대장 3인 등이었다.[60] 바로 이들이 최재형의 핵심세력이 아닌가 한다.

다음에는 1908년 국내진공작전이 큰 성과를 못 거둔 동년 12월 최재형이 그의 무장투쟁노선을 변경한 이후의 그의 세력에 주목해보자. 1909년 당시 주위의 환경이 무장투쟁을 전개하기 좋지 않자 러시아 관헌에게 소고기를 납부하면서, 기회를 엿보고 있던 최재형은 1909년 2월 3일 러시아관헌에게 총기, 탄약 등의 원조를 요청하였다. 그러나 러시아관헌은 이를 허락하지 않았다. 이에 최재형 세력들은 다수 해산하였는데, 당시 잔존해 있던 최재형파로는 엄인섭, 박윤여(朴允汝), 김세윤(金世允), 박계안(朴啓安), 이경화, 허익(許益), 장기준(張基俊), 황여공(黃汝公), 김기룡, 최준봉(崔俊逢) 등을 들 수 있다.[61]

1909년 11월 당시 최재형세력은 안중근, 엄인섭, 백규삼, 이경화, 김기

---

59) 뒤바보, 『아령실기』 仕宦
60) 『재서비리아 5』, 「배일선인 이위종에 대하여」 한편 1908년 5월 당시 동의회 회원 명단은 『해조신문』 1908년 5월 19일자 광고를 통해서도 짐작해 볼 수 있다. 이위종, 최재형, 전제익, 지용수, 박승조, 신성균, 홍춘화, 김기룡, 박규삼, 이범석, 이범윤, 엄인섭, 안응칠, 김대련 등을 들 수 있다.
61) 국사편찬위원회, 『한국독립운동사-자료 15』, pp.162-163.

룡, 강창두, 최천오 등의 의병장을 비롯하여[62] 함동철(咸東哲), 정순만 (鄭淳萬), 전명운(田明雲), 이홍기(李鴻基), 김용환(金龍煥), 한경현(韓景鉉) 등 총 20-30명이 주요 회원으로 활동하였다.[63] 지금까지 검토한 최재형 세력 중 가장 측근은 엄인섭, 김기룡, 안중근, 이경화 등이었다.[64]

이들 최재형 세력들은 대부분 머리를 자르며[65] 모두 양복을 입고 각각 총을 휴대하고 있었다. 그리고 최재형세력은 러시아의 원조와 더불어 자기의 재산을 투자할 것을 각오하고 있었다. 또한 미국 샌프란시스코 거주 한인과 기맥을 통하고자 하는 한편 국내의 의병들과도 기맥을 통하고자 하였다.[66] 한편 최재형 세력은 조직 당시에는 상당히 강경한 입장이어서 의병에 적극 참여하였으나 국내진공작전이 실패한 이후에는 학교 신문, 기타를 이용해서 민족의식을 함양하여 독립을 기도하는 점진적인 방법도 추진하였다. [67]

4. 최재형과 수청세력

수청세력은 동의회의 간부 선출시 최재형에게 주로 동조한 세력으로서 연추, 블라디보스톡 세력과 더불어 대표적인 항일세력의 하나이다. 수청은 현재 빠르띠잔스크란 지명으로 불리우고 있으며, 이곳 수청지역에 1908년 3월 김공심(金公心), 박춘성(朴春成), 원사집(元仕執), 박태여(朴太汝) 등 4명이 동의회를 조직하였다. 그리고 이들은 뻬쩨르부르크에서 온 이위종과 연추 지역에서 활동하고 있는 김기룡을 통하여 재러동포들에게 민족의식을 고취시켜 조직을 보다 강화하는 한편 군자금을 마련

62) 국사편찬위원회, 『한국독립운동사-자료 7』, p.218.
63) 국사편찬위원회, 『한국독립운동사-자료 7』, pp.256-257.
64) 국사편찬위원회, 『한국독립운동사-자료 7』, 1909년 11월 29일, 218쪽; 『한국독립운동사-자료 12』, 1908년 12월 9일, p.646.
65) 국가보훈처, 『아주 제일 의협 안중근』 3,1995, pp.377-378.
66) 국사편찬위원회, 『한국독립운동사-자료 15』, 1909년 7월 10일, pp.162-163.
67) 국가보훈처, 『아주 제일 의협 안중근』, pp.377-378.

하고자 하였다. 그 결과 수청파는 재러동포들로부터 1,200원의 기부금을 모금하였으며, 그 돈으로 총포 40정을 구입하고 포수 50명을 택하여 연추로 와서 동의회에 참여하였다. 그리고 이 총기 가운데 30정을 이범윤에게 제공하였다.[68]

한편 수청파는 국내진공작전에도 일정한 역할을 하였다. 즉 1908년 6월 23일 밤 수청에서 온 의병 96명은 끄라스나 세관 초소가 있는 지역 내의 뽀드고르나야 마을 주위를 통하여 한국으로 들어가 동 월 24일 일본인 초소를 습격, 일본순사 14명을 사살하는 전과를 올렸다.[69] 그리고 동년 7월경에는 해로로 두만강 하류 국경에 위치한 녹둔(鹿屯)으로 건너가 이곳에서 다시 성진 부근으로 남하, 국내진공작전을 펼쳤다.[70] 그리고 수청 일대에서 총기 400정을 모아 연추로 이송하기도 하였으며, 1908년 11월경에는 수청 의병 500명이 연추로 이동하여 활동하기도 하였다.[71]

이처럼 연추 지역의 동의회세력과 적극적인 협조관계에 있던 수청파는 1908년 후반기에 최재형과 이범윤 사이에 갈등이 생긴 가운데 1908년 12월 최재형과 이범윤이 서로 수청세력을 포섭하려고 하자 이에 반대하고 군자금 모집에 응하지 않았으며, 또한 의병의 약 반수가 해산하기도 하였다.[72] 한편 1909년 음력 1월 25일 안중근, 김기룡 등 수청지역에 큰 영향력을 갖고 있던 인물들은 일심회(一心會)를 조직하여 아편을 금지할 것, 회원의 병 또는 사망시 서로 부조할 것 등을 결의하고 입회금은 1원으로 하였다.[73] 즉 이들은 이반되는 민심을 진정시키고 동포들의 단

---

68) 국사편찬위원회, 『한국독립운동사-자료 13』, 1909년 2월 23일, p.470.
69) 1908년 6월 26일 한스마을 세관장이 자아무르지역 세관 관리장에게 보낸 문서(블라디보스톡 극동문서보관소 소장. 문서번호 1-3-1160-47)
70) 국사편찬위원회, 『한국독립운동사-자료 11』, 1908년 12월 9일, p.457.
71) 국사편찬위원회, 『한국독립운동사-자료 12』, p.635.
72) 국사편찬위원회, 『한국독립운동사-자료 12』, 1908년 12월 27일, p.646.
73) 국사편찬위원회, 『한국독립운동사-자료 13』, 1909년 2월 23일, p.470.

합을 위하여 동의회 조직을 개편하고자 하였던 것이다.

한편 수청에 있는 동의회도 1909년 2월 동포들의 이반과 재정궁핍으로 장봉금(張鳳琴)이 최재형에게 지원을 호소하였으나 최재형은 이에 대하여 교섭하지 않는다고 회답하였다. [74]

5. 동의회의 무기구입, 재정기반과 최재형의 역할

최재형은 재러한인 중 대표적인 자산가였다. 그는 각종의 사업에 종사해서 그 재산을 점차 증대시켰다. 그의 사업내용을 구체적으로 알아보면, 연추에서 동부 시베리아 저격 제6연대에 소고기를 납품하고 있었는데, 1개월에 소 150두 분량이었다. 이를 금액으로 환산하면 약 9만 루불에 해당된다고 한다. 슬라비얀카에서는 병영건축과 기와 제조업을 경영하고 있었고, 또 블라디보스톡에서는 뻬낀스카야거리에 한 지구와 기와로 만든 건물을 소유하고 있었는데, 그 가격은 적어도 4-5만 루불이며, 1년에 집 임대료로 3천 루불을 받고 있었다. 또한 연추에서도 임대료로 1년에 2-3천 루불을 수금하고 있다고 한다. 이외에 농업도 경영하여, 1년의 수익은 적어도 4-5만 루불을 넘고, 1910년에는 소고기 납입으로 2만 5천 루불을 벌었다고 한다.[75]

최재형은 이처럼 많은 자산이 소유자였으므로 동의회의 조직과 운영, 활동에 드는 비용 대부분을 지출하였을 것으로 생각된다. 즉 동의회의 운영비는 물론 무기와 피복의 구입, 심지어는 그들의 생활비까지 최재형의 몫이었을 것으로 추측된다. 이러한 경제적 부담은 최재형에게 큰 부담으로 작용하였을 것으로 짐작된다. 그리고 그가 재정적인 문제 때문에 이범윤 등과 갈등을 겪게 되기도 하였을 것이다.

처음에 동의회는 이위종이 가져온 1만원과 최재형이 기증한 약 1만

---

74) 국사편찬위원회, 『한국독립사-자료 13』, 1909년 2월 28일, p.474.
75) 『재서비리아 2』,1911년 4월 29일 浦鹽지방 선인 상황의 건

3천원, 소성(우수리스크) 방면으로부터의 기부금 6천원, 각지로부터 기증 받은 군총 약 100정 등으로 운영되었다.[76] 그 가운데 최재형이 제공한 금액은 동의회 운영의 50%를 차지하고 있었던 것이다.

한편 최재형은 국내로부터도 군자금을 모금하였다. 1909년 1월경에는 함경도 북청의 김승지(金承旨)가 최재형에게 군자금 2-3천 원을 기부하였다.[77] 또한 최재형은 이경화를 통하여 북간도 지역에서도 군자금 모금을 추진하였다. 이경화는 최재형의 부하로서 청나라에서 군자금을 모금하는 일을 담당하였다. 즉 1908년 여름부터 가을사이에 청나라땅 오가자(五家子, 경흥북방 약 5리, 연추와 훈춘의 길가에 있다)에 가서 금 600원을 모금하기로 하고 그 중 400원은 수령하였다. 그는 한때 군자금의 모금과정에서 북간도 흑정자(黑頂子) 병영에 구금되기도 하였다.[78] 그 후 이경화는 1909년 3월 20일 연추로부터 청나라땅 오가자에 가서 잔금 200원을 수령하였다. 그리고 4월초에 러시아로부터 오연발총 1500정을 구입할 예약을 완료하였다. [79]

또한 최재형은 엄인섭을 통하여도 군자금 모금을 추진하였다. 1908년 최재형의 부하인 엄인섭은 귀화한인으로부터 금전을 징수하는 일을 담당하였는데 그러던 중 귀화한인을 일본 밀정이라 하여 살해하였기 때문에 러시아 관헌에 쫓기게 되었다. [80]

한편 1906년부터 1908년까지 이범윤세력과 연대 관계를 맺고 있던 최재형은 이범윤 세력에게 재러동포들에게 군자금을 모금하는데 일정한 편의를 제공하여 주기도 하였다. 그러나 1909년 이후 이범윤과 갈등이 생기자 이러한 편의를 제공하지 않았던 것이다. [81]

---

76) 『재서비리아 5』, 「배일선인 이위종에 대하여」
77) 국사편찬위원회, 『한국독립운동사-자료 13』, 1909년 1월 15일, p.194; 국사편찬위원회, 『한국독립운동사-자료 12』, 1908년 12월 30일, p.650.
78) 국사편찬위원회, 『한국독립운동사-자료 12』, 1908년 11월 23일, p.500.
79) 국사편찬위원회, 『한국독립운동사-자료 14』, 1909년 4월 1일, p.213.
80) 국사편찬위원회, 『한국독립운동사-자료 12』, 1908년 11월 23일, p.500.

최재형은 의병들의 의복도 지원하였다. 1908년 11월 연추의 최재형 집에는 의병 피복 200벌이 있었다.[82] 이 피복들은 대부분 러시아 군대로부터 구입한 것이 아닌가 추측된다. 그러나 1908년 12월 최재형은 의병운동이 바람직하지 않다고 판단한 이후에는 의병들의 겨울 피복을 준비하지 않았다고 한다.[83]

최재형은 군자금과 피복구입에 이어 무기구입에 있어서도 중요한 역할을 하였다. 최재형의 의병 활동에 있어서 무기구입은 대단히 중요한 문제였다. 무기구입을 통하여 만이 독립전쟁에서 승리할 수 있기 때문이다. 이러한 무기 문제를 해결하기 위하여 최재형은 합법적인 방법과 비합법적인 방법을 통하여 무기를 구입하였던 것으로 생각된다. 그리고 비합법적인 경우 최재형의 러시아인에 의한 신뢰는 보다 효율적으로 무기를 구입할 수 있게 해 주었을 것이다.

우선 합법적인 경우를 보기로 하자. 연해주에서는 마적 습격에 대비하여 총기의 민간인 소유를 공인하고 있었으며, 총기 탄약의 매매도 원래 허가제였으나 연추에서는 사실상 자유로이 매매되고 있었다.[84] 그러므로 연추에는 블라디보스톡에 본점을 둔 쿤스트알베르쓰란 총기판매지점이 설치되어 있었다.[85] 그러므로 이 상점을 통하여 무기를 구입하였던 것이다. 또한 연추에는 최재형과 가까운 러시아군 기병대 제6연대가 주둔하고 있었다. 이 부대에 최재형이 군납업을 하고 있었기 때문에 최재형이 이 부대를 통하여 필요한 무기를 구입하기도 하였던 것이다. 그리고 무기 운반을 위하여 사람들을 파견하기도 하였다. 즉 최재형은 1908년 11월 29일 최재형은 구입한 총기를 운반하기 위하여 동일 오후 10시

---

81) 국사편찬위원회, 『한국독립운동사 자료 13』, 1909년 2월 23일, pp.467-468.

82) 국사편찬위원회, 『한국독립운동사-자료 12』, 1908년 11월 20일, p.496.

83) 국사편찬위원회, 『한국독립운동사-자료 12』, 1908년 12월 27일, p.646.

84) 반병률, 「노령 연해주 한인사회와 한인민족운동(1905-1911)」, 『한국근현대사연구』7, 한국근현대사연구회, 1997, p.81.

85) 국사편찬위원회, 『한국독립운동사』 1, pp.522, 529.

샤치사에 의병 20명을 증파하여 탄약 3,000발을 운송하였다.[86]

III. 최재형의 의병활동

1. 의병활동의 전개

　러시아지역에서의 한인들의 의병활동은 1907년 군대해산 이후 본격적으로 전개되기 시작하였을 것으로 추측된다. 그리하여 남우수리지방 러시아 국경전권위원 스미르노프가 연해주 군무지사 플루크에게 보낸 보고서에 따르면, 1908년 4월까지 연해주로부터 약 1천명의 의병이 북한으로 넘어들어 갔다고 밝히고 있다.[87] 이러한 보고를 통해서 볼 때 최재형은 이범윤과 함께 활발한 국내진공작전을 전개하기 시작하였던 것으로 보인다. 즉 최재형 등은 부대를 100명 내외의 소부대로 나누어 비교적 일본수비대의 경비가 취약한 지점을 골라 산발적인 도강 상륙작전을 전개하였던 것이며, 국내진공에 성공한 각 부대는 함경도 갑산, 무산 등 예정 지점에 집결하여 장기적이며 항구적인 국내항쟁을 시도하고자 하였다.[88] 이러한 최재형 등의 의병활동은 한국의 북부지역에서의 한인의병활동에서 큰 영향을 받은 것으로 생각된다. 러시아측 1908년 5월 14일자 보고에서도,

　　두만강과 압록강 상류에서의 한인들의 봉기는 성공적으로 진행되고 있습니다. 3주전에는 무산시 부근에서 일본군 부대가 궤멸되었으며, 도시 자체는 반란군에 의하여 장악되었습니다. 오늘 또 다시 받은 정보에 의하

---

86) 국사편찬위원회, 『한국독립운동사-자료 12』, 1908년 12월 25일, p.644.
87) 1908년 4월 5일자로 남우수리스크 지역 국경수비위원이 연해주 군총독께 보낸 보고서
88) 정제우, 「연해주 이범윤 의병」, 『한국독립운동사연구』11, 독립기념관 한국독립운동사연구소, 1997, p.13.

면, 2주전에 삼수시 근처에서 150명의 일본군이 모두 궤멸 당했고, 얄루강을 따라 뗏목을 가지고 체벌된 목재를 수송하기 위하여 일본인들이 세워놓은 산 속의 시설들이 전부 파괴되었다. 일본인들은 북청으로부터 상기 지역으로 군대를 이동시켰습니다.

반란군이 성공을 거둠으로써 우리 지역과 만주국경지대에 있는 한인망명자들은 크게 고무되었습니다. 우리 지역이 황량하고, 만주와의 접경지역이 지세가 험하고 방어할 수 없기 때문에, 우리는 소규모 무장부대가 한국으로 침투하는 것을 중단시킬 수 없습니다. 그 부대들은 못지 않게 황량하며 드문드문 한인들이 거주하는 훈춘 푸두툰스트보를 거쳐서, 절망에 빠져있고 몹시 분개하고 있는 한국독립군을 지원하기 위하여 북한지역으로 들어가고 있습니다.[89]

라고 하여, 북한지역 한인들의 의병활동이 활발함을 알려주고 있을 뿐만 아니라, 이들의 활동이 만주와 러시아지역에 있는 의병들의 국내진공을 고무시키고 있음을 보여주고 있다. 그리고 북한지역에서의 의병들의 성공적인 활동은 만주와 러시아지역의 의병들의 봉기를 더욱 고무시켰을 뿐만 아니라 공감대를 확산시키고 있다. 즉 러시아 측의 6월 19일자 보고를 보면,

한국북부지역에 있는 한인 봉기자들의 계획이 아주 성공적으로 진행되고 있으므로, 이런 공감분위기는 지속되고 있습니다. 한국내의 일본인들과 그들의 동조자들은 무자비하게 죽임을 당하고 있으며, 대규모 봉기군은 소부대와 초소만이 아니라 상당한 병력을 가진 일본군부대를 소탕하고 있습니다. 한국의 북부와 서부에는 몇몇 도시가 봉기군에 의하여 장악되고 있으며, 5월초에 일본군에 의하여 격퇴된 두만강 상류의 무산 시는 지금까지 반란군 수중에 있습니다. 회령시로부터 부대를 파견하여 반란군에게서 그 도시를 탈취하려던 일본인들의 시도는 격퇴 당했습니다. 이 모든 일은 한국인들의 사기를 드높이고 있고, 그들은 만주 동부와 우리 지역에서 자

---

89) 1908년 5월 14일 남우수리스크 지역 국경수비위원회가 연해주 군총독께 보낸 보고문(국사편찬위원회, 『한국독립운동사-자료 34』 러사아편 1)

금을 모으고 무기를 구입하는 일을 수행하고 있습니다. [90]

라고 있듯이, 의병들은 북한의 북부 및 서부의 몇 개 도시를 장악하고 있으며, 5월초에는 무산시를 점령하고 있다. 이점은 재러동포들의 사기를 진작시키는데 크게 기여하고 있다.

이처럼 국내에서 의병활동이 성공적으로 진행되고 러시아 지역에서도 국내진공작전이 활발히 전개되기 시작하자 이위종은 연추 지역의 최재형을 방문하여 국내진공작전에 대하여 논의하였다. 이에 러시아 지방당국은 이위종에게 즉각적인 추방을 요청하였다. 그리고 뽀시에트 경찰서장에게 최재형을 소환하여 그에게 러시아 공민으로서 한인애국자들의 활동에 개입하지 말도록 설명하게끔 지시하였다.[91]

한편 한인들의 국내진공활동 및 준비에 국경지대의 일본인들은 이를 크게 두려워하였으며, 러시아 지역에 밀정을 파견하는 한편 군대를 전진 배치하여 재러의병들의 국내진공에 대비하고자 하였다.[92]

일본측의 이러한 대비에도 불구하고 최재형과 이범윤이 이끄는 연해주의병들은 6월말과 7월초에 두만강 하류에 있는 일본 소규모부대를 궤멸시켰다. 그리고 그 이후에도 계속적으로 일본군을 공격하였다. 즉, 러시아측 7월 15일자에 보고에 의하면,

6월말과 7월초에 러시아 영토로부터 접근한 반란부대에 의하여 튜멘-울라 강의 하류에 있는 일본초소와 소규모 부대가 궤멸당했다. 약 100명쯤 되는 어떤 부대는 사벨로프스크 지역의 남쪽 끝에 있는 중국영토에서 집결

---

90) 1908년 6월 19일자로 남우수리스크 국경수비위원회가 연해주 군총독께 보낸 보고서(국사편찬위원회, 『한국독립운동사-자료 34』, 러시아편 1)
91) 위와 같음.
92) 일본은 일찍이 1907년 8월 5일 러시아국경과 가까운 함경도 회령과 나남에 두 개의 요새를 건설하기로 결정하였으며, 요새 건설에는 1,000 만엔이 소요될 예정이라고 한다.(플란손의 비밀지급전보 서울 1907년 7월 26일 No.46)

하여, 포드고르노보 마을 위쪽에 있는 튜멘 강 지역을 성공적으로 건너왔다. 거기로는 7월초에 또 다른 두 부대가 접근해 왔는데, 그 수도 또한 약 100명 정도였다. 이들 부대는 수찬스크와 프리모르스크 주의 다른 지역으로부터 하천용 배를 타고 왔으며, 튜멘강의 삼각주에 내린 다음 한국 방면으로 건너갔다. 그들은 무장하지 않고 하선했지만, 한국으로 건너가서는 무장한 채 특수한 반란군복장을 하였다. 무기와 의복이 어떤 경로를 통하여 공급되었는지에 대해서는 알려져 있지 않다. 이 부대들은 자기들 측에서 거의 손해를 입지 않고 경흥시 외곽과 튜멘 강 상하류에 있는 일본군 초소와 소규모 부대들을 모두 격파하고는, 전사자들로부터 많은 탄약과 함께 수십 정의 라이플총을 탈취하였다.[93]

라고 하고 있는 것이다.

1908년 7월 7일 최재형이 이끄는 동의회와 이범윤이 이끄는 창의회(彰義會)의 동지 등 300여명이 포병사령관 정경무(鄭警務, (鄭濟岳, 前城津 경무관), 그리고 우영장 안중근, 좌영장 엄인섭 등의 지휘하에 두만강 연안 신아산(新阿山) 부근 홍의동(洪儀洞)을 공격하였다.[94] 그리고 경흥군 수비대 병사 2명과 헌병 1명을 사살하였다.[95] 또한 1908년 7월 9일 의병 200여명은 두만강을 건너 7월 10일 새벽 경흥군 신아산을 습격하여, 일본군 1명을 사살하였다. 그리고 회령수비대 200명과 여러 차례에 걸쳐 교전하였다.[96]

한편 최재형의 부하인 오내범은 7월 10일 회령 근처 운성산에서 일본군을 격퇴하였으며, 부령읍 인근 배상봉에서도 일본군을 크게 격퇴하였다. 이에 대하여는 러시아측 기록에,

---

93) 1908년 7월 15일자 노보키예브스크 국경수비위원이 보낸 한국과 만주 국경에 대한 보고(국사편찬위원회, 『한국독립운동사-자료 34』 러시아편 1)
94) 박민영, 위의 논문, pp.307-308.
95) 국사편찬위원회, 『한국독립운동사- 자료 11』, pp.462-463.
96) 국사편찬위원회, 『한국독립운동사- 자료 11』, 1908년 8월 3일, p.595; 독립운동사편찬위원회, 『독립운동사자료집』 3, p.791.

7월 10일에 회령시로부터 25베르스타 떨어진 운성산 지역에서 매복에 걸린 일본군 중대는 엄청난 패배를 당했습니다. 전투는 아침에 시작되어 종일 계속되었습니다. 땅거미가 질 무렵에야 회령시로부터 구출부대가 접근하였고, 반란군을 격퇴하였습니다. 일본인들의 사망은 64명, 부상자는 30명이었습니다. 반란군은 겨우 4명만이 부상을 당했을 뿐입니다. 그 가운데는 그 파의 지휘자인 오내범도 포함되어 있는데, 그들 가운데 사망자는 없었습니다. 접근한 일본군대가 무기와 부상자들을 거두어가서 어둠을 틈타 몰래 회령시로 물러났기 때문에 일본인들의 무기를 탈취하는데 성공하지는 못했습니다. 그러나 회령시에서는 강한 공포분위기가 감돌았습니다. 반란군은 총수가 160명이나 되기 때문에 그들을 추적하는 것을 두려워했습니다.

두 번 째 충돌은 부령읍 인근의 배상봉(소도시로부터 20베르스타 거리)에서 발생하였습니다. 한인 불교승려로서 배교한 어떤 사람의 말을 따르면, 일본군 중대가 점심식사를 하던 약 100명에 달하는 반란군부대, 그 중에는 30명의 호랑이 사냥꾼과 뛰어난 사격수들을 포함한 부대를 무산시 부근에서 예기치 않게 급습하였습니다. 일본군의 첫 발포로부터 반란군은 아무도 상처입지 않았고, 반란군은 즉각 반격을 시작하여 일본인들을 좁은 분지로 몰아넣고 거의 몰살시켰는데, 그들 자신은 오직 한 명의 부상자만 있었을 뿐이었습니다. 일본인들은 90명 이상이 죽거나 다쳤는데, 부상한 사람들은 모두 죽임을 당했고, 모든 무기는 반란군 차지가 되었습니다.[97]

라고 하고 있는 것이다.

이처럼 활발한 활동을 전개하던 연해주 의병은 1908년 7월 19일 회령 靈山에서 일본군에게 패배하고 말았다.[98] 그 후 8월 4일 엄인섭이 이끄는 부대 20-30명이 두만강을 건너 서수라(西水羅)의 일인어장 대성조(大成組)를 습격, 일본인 10여명을 살상하는 성과를 거두기도 하였으나 연

---

97) 1908년 7월 20일자로 남우수리스크 국경수비위원회에서 연해주 군총독각하께 보낸 보고서(국사편찬위원회, 『한국독립운동사-자료34』 러시아편1)
98) 박은식, 『안중근전』(『한국학연구』4, 별집, 인하대학교 한국학연구소, 1992), p.133.

해주의병은 영산 전투를 계기로 그 세가 꺾이고 말았던 것이다.99)

　1908년 7월과 8월의 국내진공작전에서 큰 성공을 거두지 못하게 되자, 최재형과 이범윤 부대는 간도와 훈춘 그리고 일부는 러시아 연해주 지역으로 이동하였다. 당시 연추 지역으로 이동한 세력은 호도세(노우끼스꼬 서방 2리)에 50여명, 주라미(연추 동남 약 13리 반)에 50여명, 연추하 부근의 나부란(소도살장)에 100여명, 안방비(安防備, 연추 동남방 23리 반)에 약 150여명 등 총 350명 등이었다.100) 특히 이범윤은 국내진공작전이후 자금이 없어 새로운 부대를 조직할 수 없었다. 아울러 일본이 암살범을 파견하는 한편 1만루불의 현상금을 내걸어 그의 활동의 입지는 그만큼 축소되었다. 이에 이범윤은 블라디보스톡, 연추, 그리고 중국 등지로 은둔하고자 하였다. 그러므로 자연히 이범윤의 세력은 크게 약화되었다.101)

　한편 사태가 여기에 이르자 최재형은 당시 다음의 러시아측 보고자료에서 보는 바와 같이 이범윤과는 별도로 군자금을 모금하는 한편 그를 바탕으로 무기를 구입하여 200명의 대원들에게 사격훈련을 전개하였다. 즉,

　　　자신의 이름을 어떻게든 역사에 남기고 싶어하는 뾰뜨르 최는, 일가 친척들의 칭송을 한 몸에 받으며, 이미 이범윤과는 별개로 독자적으로 행동을 개시하였습니다. 그는 요원들을 소집하여 수찬과 수이픈스크 각지에 자신의 편지를 전달하면서 새로운 군대를 조직하는데 필요한 경비를 보내달라고 애원하고 있습니다. 기부금은 각 지방의 한국인 마을에서 속속 전달되었습니다. 한 군인의 말에 따르면, 뾰뜨르 최는 여러 사람들로부터 적어도 1만불 이상을 걷어들이는데 성공했다고 합니다. 그는 이 돈으로

---

99) 국사편찬위원회, 『한국독립운동사-자료 14』, pp.689-691; 『한국독립운동사 자료 11』, p.597, 『한국독립운동사- 자료 7』, p.276.
100) 국사편찬위원회, 『한국독립운동사-자료 13』, 1909년 1월 11일, p.191.
101) 1909년 1월 30일자로 한국어통역관 9등문관인 팀이 남우수리스크 지역의 국경수비대원에게 보낸 보고서

무기와 탄환을 사들이기 시작했습니다. 현재 그의 휘하에는 무기를 소지한 군인이 100명 이상 있으며, 부대원 전체는 200명 이상에 이른다고 합니다. 군인들 중 일부는 얀치혜 아래쪽에 있는 그의 제유소(버터제조소)에 머물고 있고, 일부는 바라노프스크와 티젠혜에 있습니다. 나중에 그곳에서는 사격훈련을 실시하고 있습니다.[102]

라고 있는 것이다.

그러나 이러한 최재형의 재기 움직임도 오래 지속될 수 없었다. 최재형은 곧 현재의 상황에서 무장투쟁으로서 일제에 대항한다는 것은 무리라고 생각하였던 것 같다. 그러므로 1908년 12월 최재형 아래에 있는 의병 정예부대 약 500명이 수청으로부터 연추 지역으로 응원을 오자 연추에 있는 200명의 부하들을 모아 놓고 " 현재 자금이 부족하고 병력이 적으므로 잠시 해산할 것이다." 라고 말하였다. 이에 대하여 수청지역에서 온 부하들은 반발하였다. 즉 그들은 다수의 인원을 모집하여서 집합한 것이다. 여하한 이유가 있다고 하더라도 국내진공작전을 중간에 그칠 수 없다고 항변하였다. 그리고 최재형에게 "어찌 당신만 알고 부하를 속이는가. 우리들은 이대로 하여서는 귀향하지 않겠다"고 반발하였다. 아울러 그들은 최재형이 명령만 내린다면 즉시 한국에 침입할 것이다라고 하였다고 한다. 그러나 최재형은 이들의 요구를 받아들이지 않았다.[103]

이어 최재형은 1909년 2월에 연추 부근 샤치이사와 샨베리에 거주하고 있던 그의 부하 60명에게도 의식을 제공하지 않았다. 이와 같은 최재형의 행동은 당시의 주변 상황과 밀접한 관련을 맺고 있는 것이다. 일제는 이 무렵 러시아에 외교적으로 압력을 가해 한인의 의병활동을 제약하도록 하였다.[104] 그런 가운데 실제 최재형과 밀접한 관련을 맺고 있던

---

102) 1909년 1월 30일자로 한국어통역관 9등문관인 팀이 남우수리스크 지역의 국경수비위원에게 보낸 보고서.
103) 국사편찬위원회, 『한국독립운동사-자료 12』, 1908년 12월 9일, p.635.

연추 주둔 제6연대 소속 러시아 군인 250여명이 1909년 1월 하순 의병사무소로 가서 일체의 총기 탄약을 압수하고 그 해산을 명하는 일까지 발생하여 최재형은 상당히 위축되었다.[105] 한편 러시아 당국은 1909년 9월 귀화한인들에 대해서도 징병령을 내렸다.[106] 그리고 징병령 실시를 위한 사전 준비로 호구조사를 이미 5월경부터 착수하였다. 그리하여 비귀화인으로 여권없이 연해주에 거주하는 한인들에 대해서는 추방령이 내려졌으며 일부 징집대상자들은 징병을 기피해 월경, 피신하는 경우도 발생하였던 것이다.[107]

또한 중국 북간도지역의 중국 관헌의 탄압도 그 한 원인이 되었다. 1908년 11월 노령 연추로부터 중국령 양령(兩嶺)에 파견되어 있던 의병 200여명의 부대장 이경화가 청국군사에 의해 구금되는 사태가 발생하기도 하였던 것이다.[108]

한편 최재형의 의병활동에 대하여 러시아당국에서는 최재형과 그의 추종세력들의 제거를 다음과 같이 건의하고 있다.

> 일본정부와 우리 정부간에 마찰을 빚지 않고 우리영토에서 한국인들이 정치적인 일을 기도하는 것을 원칙적으로 봉쇄하기 위하여 다음과 같은 제안을 드립니다.
> 1. 경흥시에 있는 한국인 니꼴라이 리(이경화-필자주)를 강도이자 약탈범으로서 체포하여 일본 당국에 넘겨줄 것
> 2. 한국인 망명객 이범윤을 하바로브스크로 추방하고, 그곳 경찰의 감시하

---

104) 박보리스, 위의 논문, pp.1066-1068.
105) 국사편찬위원회, 『한국독립운동사-자료 13』, 1909년 1월 11일, 1909년 1월 12일, p.192.
106) 『대동공보』 1909년 9월 2일자
107) 국사편찬위원회, 『한국독립운동사-자료 15』, 1909년 7월 10일, p.160.
108) 국사편찬위원회, 『한국독립운동사-자료 12』, 1908년 11월 6일, pp.485-486, p.492; 1909년 2월 6일자로 남우수리스크 지역 국경수비위원회에서 연해주 군총독에게 보낸 보고서(국사편찬위원회, 『한국독립운동사 자료-34』 러시아편 1)

에 연금상태로 억류할 것

　3. 얀치혜 마을의 뽀드르 최와 티젠혜 마을의 농민 엄인섭을 블라고베센스
　크로 추방하여 1년간 경찰의 감시하에 둘 것 [109]

　최재형은 이와 같은 러시아측의 탄압과 감시에도 불구하고 1909년
3월 폭도 500명내지 600명을 모집하고 홍범도를 지휘관으로 하여 한국
침입의 계획을 세우고자 하였다. [110] 그러나 최재형은 표면적으로 의병
활동을 준비하지 않는 것처럼 철저히 위장하였던 것 같다. 그러므로 일
본측 첩보보고들은 다음과 같이 보고하고 있는 것이다. [111]

　　1. 최재형은 표면상 폭도와 관계를 끊은 것과 같이 가장하나 그 실은
　러시아 관헌에 대하여 총기, 탄약, 기타의 원조를 바라고, 지금도 교섭 중이
　라는 풍설이 있으나, 그 실은 그가 폭도들의 악감을 사는 것을 두려워하여
　애매한 태도를 취하고 있는(현재 노우끼예프스꼬예에 잔류한 폭도는 10명
　내외로서, 그 중 5명의 두목은 최재형의 집에 기거하였다)것을 이용하여,
　두목 등이 적세(賊勢)를 가장하는 예의 유혹 수단에 불과한 것과 같이 최재
　형은 현재 진실로 폭도에 의지가 없는 것으로 추정된다

라고 하고 있고, 또 일본측 보고에서는 [112]

　　최재형은 폭도와 관계를 끊으면서 왈, 우리들이 분기할 기회는 타일
　도래할 것이라고 하고 이래 그는 옛날 부하들에 대하여 완화 수단을 취하
　는 외에 하등 하는 바가 없다. 단 그가 소위 분기할 시기는 타일에 있다고
　하는 것 역시 적도들과 관계를 끊는 일시의 권의 수단에 불과할 것이다.

라고 있듯이, 최재형은 여러 가지 풍설과 자신의 말을 통하여 자신이

---

109) 1909년 2월 6일자로 남우수리스크 지역 국경수비위원회에서 연해주 군총독
　　각하께 보낸 보고서(국사편찬위원회, 『한국독립운동자료-34』, 러시아편 1)
110) 국사편찬위원회, 『한국독립운동사-자료 13』, 1909년 3월 26일, p.809.
111) 국사편찬위원회, 『한국독립운동사-자료 14』, 1909년 6월 4일, p.682.
112) 국사편찬위원회, 『한국독립운동사-자료 15』, 1909년 7월 10일, p.160.

의병활동을 포기하였음을 가장하고자 하였던 것이다.

그러나 사실 최재형은 의병을 포기한 것이 아니고 새로운 준비를 숨기기 위한 것이었다. 즉 일본측 기록에,

> 동인은 전혀 폭도의 수령을 고만 둔 것이 아니다. 그 외관은 전혀 폭도와 관련이 없는 것으로 드러나 내면은 그렇지 않다. 현재 연추에 있는 그의 기름제조소에 있는 동의회원 백규삼 등 7명은 항상 주모자가 되어 각 지방에 연락하고 있다. 최가 그들의 의복을 공급하고 있음은 확실하다. 또 일찍이 강창두(康昌斗) 외 2명이 집조가 없으므로 노국 관헌에게 체포되어 금고되었을 때에도 그로부터 돈을 내어 석방시킴. 6월 25일 최의 기름 제조소에 있는 수모자 등은 이번 경흥 부근에 강도를 하려고 계획하여 장차 각 지역에 산재한 잔당 등에게 통보코저 하였던 바 경흥 부근의 정황이 불명하고, 아직 시기가 빠르다 하여 드디어 통문의 발송을 중지하게 되었다.[113]

라고 있는 것을 통하여 이를 짐작할 수 있다.

2. 최재형과 이범윤의 갈등과 분열

최재형과 이범윤의 갈등은 1908년 동의회의 창립 당시부터 내재하고 있었다. 그럼에도 불구하고 최재형과 이범윤은 국내진공작전이라는 대명제를 앞에 두고 서로 단결하여 의병전쟁을 실행하였던 것이다. 그러나 이러한 의병활동이 성공하지 못하자 결국 양인 사이에 내재되어 있던 문제들이 더욱 확대되어 최재형과 이범윤이 갈등을 겪는 계기가 되었던 것이다. 다음의 러시아측 자료에 최재형부대와 이범윤 부대사이에 갈등이 잘 나타나 있다.

> 뽀드르 최는 아마도 자신의 이름을 역사에 남기고 동족으로부터 영예를 얻기 원하여 이미 이범윤과 별개로 독자적으로 활동하기 시작하였으며,

---

113) 국사편찬위원회, 『한국독립운동사-자료 15』, 1909년 7월 14일, pp.165-166.

대리인들을 선발하여 자신의 편지를 가지고 수찬스크와 수이푼스크 지역에 보내어 새로운 부대조직을 위한 자금을 모금하였습니다. 여러 한인 거주지로부터 즉각 헌금이 거두어졌습니다. 의병대원들이 전하는 말에 따르면 뽀드르 최는 전 기간에 10,000루블 이상을 거두는데 성공했다고 합니다. 그는 이 돈으로 무기와 탄환을 구입하기 시작했습니다. 지금 그와 의병대원들에게는 100정 이상의 무기가 있으며, 의병대 부대원은 200명 이상으로 구성되어 있습니다. 그 중 일부는 하(下)얀치헤와 그 버터 제조소에 살고 있으며, 일부는 바라노프스크에, 다른 일부는 티젠헤에 살고 있습니다. 뒤에 말한 두 지역에서는 사격훈련이 실시되고 있습니다. 이범윤 부대의 몇몇 의병대원들은 빈곤을 참아내면서 최의 부대로 넘어왔고, 나머지 사람들은 거주증을 얻을 돈도 없고 서류가 없다고 하여 경찰의 추적을 받을까 두려워하여 사벨로프스크, 훈춘, 그리고 간도로 달아나서 모집에 관한 소식을 얻을 때까지 그 지방 한인들에게서 임시로 살고 있었습니다. 게다가 그들은 여러 농촌 마을에서 최의 부대원이라는 증명서를 보여주지 못하는 사람들 이외에 이범윤 부대원 출신을 아무도 받아주지 않는다는 공고를 보고는 어쩔 수 없이 중국 영토로 도망해야 했습니다. 이런 일로 인하여 지금 최와 이범윤 양파 사이에 심한 불화가 일어났습니다.

얼마 전에는 얀치헤 마을에서는 이범윤의 나이든 스승의 아파트를 습격한 사건이 일어났습니다. 많은 사람들은 이 일이 최파의 소행이라고 귀속 말을 나누고 있습니다. 왜냐하면 이범윤파의 사람들은 자기 지도자의 스승에 대한 습격을 결행할 수 없었기 때문입니다. 또한 최의 의병대가 한국으로 원정을 떠나기 전에 이범윤을 급습하여 그와 그의 측근 여섯 명을 죽일 계획이 있다는 소문도 있습니다. 최의 의병대원들은 언급된 인물들을 죽임으로써 한인들로부터 칭찬을 얻고, 대 조직가인 뽀드르 최에게 영광과 영예를 얻기를 기대하고 있습니다. 얼마 전에 최는 필경 무기와 다른 탄약을 구입하러 블라디보스토크 시로 떠났습니다. 114)

1908년 11월 최재형과 이범윤은 갈등을 표면적으로 나타나고 있다. 1908년 11월 7, 8일경 노우끼예브스크 창의회 본부에는 200정의 총기가

---

114) 1909년 1월 30일자로 한국어 통역관 9등문관인 팀이 남우수리스크 지역의 국경수비위원에게 보낸 보고서

있었는데, 그때 수청방면의 주민이 또 200정의 총기를 모아 운반하여
왔다. 그런데 최재형과 이범윤의 의사가 맞지 않아 총 200정을 도로
수청으로 송환하는 불상사가 발생하였던 것이다. [115)

한편 이범윤은 최재형과의 갈등으로 1908년 11월 부하들의 신뢰를
잃었을 뿐만 아니라 연추 지역에서의 회원모집에 어려움을 느끼고 있으
며, 귀화한인들은 특히 이범윤의 말을 신뢰하지 않고 있다. [116) 이에
이범윤은 블라디보스톡에 있는 자산가 최봉준을 만나 자금 지원을 요청
하였으나 거절당하였다.[117) 이러한 어려움에도 불구하고 이범윤은 연추
부근에 있는 부하 200여명과 제휴하여, 경성을 습격하겠다고 하는 한
편[118) 최재형 세력을 제거하고자 하였다. 즉 이범윤의 부하 한기수(韓起
洙), 박창수(朴昌洙), 박후보(朴後甫) 등 3인은 서로 결탁하여 동의회
회원으로 최재형의 부하 중 중심인물인 김기룡, 안중근, 엄인섭 가운데
김기룡을 살해코저 하여 최재형집에 왔다가 실패한 일이 발생하였다.
이 사건으로 최재형과 이범윤의 갈등의 골이 더욱 깊어지게 되었다.[119)
이에 일면 이범윤은 최재형에게 화해를 시도하였으나 최재형은 이를
거절하였다.[120) 그리고 최재형이 이범윤의 행동을 러시아 관헌에게 호소
하여 이범윤 부하 8명이 러시아 관헌에게 체포되기도 하였던 것이다.[121)
사태가 여기에 이르자 이범윤 세력은 최재형을 제거하고자 하여, 결국
1909년 1월에는 최재형을 저격하는 사건이 발생하였다. 최재형은 1909
년 1월 16일 권총 3발을 맞았던 것이다.[122) 이를 계기로 최재형과 이범윤

115) 국사편찬위원회, 『한국독립운동사-자료 12』, 1908년 11월 20일, p.495.
116) 국사편찬위원회, 『한국독립운동사-자료 12』, 1908년 11월 22일, p.497.
117) 국사편찬위원회, 『한국독립운동사-자료 12』, 1908년 12월 3일, p.633.
118) 국사편찬위원회, 『한국독립운동사-자료 12』, 1908년 12월 8일, p.634.
119) 국사편찬위원회, 『한국독립운동사-자료 12』, 1908년 12월 27일, p.646.
120) 국사편찬위원회, 『한국독립운동사-자료 12』, 1908년 12월 25일, p.644.
121) 국사편찬위원회, 『한국독립운동사-자료 13』, 1909년 1월 9일, p.191.
122) 국사편찬위원회, 『한국독립운동사-자료 13』, 1909년 1월 21일, p.206.

의 관계는 더욱 악화되었으며, 급기야 최재형은 블라디보스톡에서 간행되고 있던 한글 민족지인『대동공보』에 그들을 비판하는 글을 게재하기에 이르렀던 것이다.123)

> 광고
> 각 지방의 풍설을 듣건대 수다 무뢰의 배가 본국을 사랑하는 의병이라고 가칭하고 우리 각지 유명한 인사의 성명을 팔아 본인의 성명을 도용, 위조서면을 각처에 전파하여 인민 다수의 재산을 탈취하여 중도에서 제비용이라는 명의 하에 이를 착복하고 그 위령(其威令)을 자과(自誇)코저 하여 동포 중에 사생의 폐가 있다 운운하니 슬프구나. 우리 약한 동포 등이 저 무뢰한에게 기만을 당하여 무한한 해를 입어 장래 부지(扶持)의 방침을 생각할 수 없다. 지금부터 이후 저 잡배의 위조서면과 애국심고(愛國心高)라고 자칭하는 자에게 무용(無用)의 보조금을 주지말라. 이와 같은 피해는 상호 이를 주의하고 거절하여 징치(懲治)하기를 바란다.

한편 위와 같은 광고와 거의 같은 시기에 추풍지방에서는 박기만(朴基萬) 외 24명이 연명으로 「추풍사무통장(通章)」을 발표하여 연해주 한인사회가 이범윤의 적극적인 의병노선을 후원해줄 것을 촉구하는 등 재러동포사회가 점차 분열되는 모습을 보여주고 있다.124)

최재형과 이범윤의 이러한 갈등의 계기는 자금문제 등 여러 가지가 있으나 우선 그들의 도덕적 측면과 신분적 차이에서 비롯된다고 할 수 있다. 주지하는 바와 같이 조선사회는 신분제사회이다. 비록 러시아 땅이고, 최재형이 부자이고 자산가이기는 하나 어쨌든 조선의 관점에서 바라보면 그는 조선의 함경도 노비 출신이었던 것이다. 그러므로 이 문제는 그들 양인의 갈등의 기본 문제가 되었을 것이다. 이에 대하여 당시

---

123) 국사편찬위원회,『한국독립운동사-자료 13』, 1909년 2월 13일, pp.466-467; 대동공보 1909년 1월 7일
124) 국사편찬위원회,『한국독립운동사-자료 17』, p.102; 대동공보 1909년 7월 1일자 「속지말지어다」

러시아측 보고문은 상세히 기록하고 있다.

한국의 정치적 망명자 이범윤과 얀치힌스크의 전 촌장이었던 뽀드르 최는 지난해에 처음으로 잠시나마 함께 활동했습니다. 군자금과 무기를 구입하고, 빨치산 대원들을 조직했지만, 이들은 큰 성공을 거두지 못했습니다. 지난해 말에는 부대 전체가 여러 지역으로 분산되었고, 지휘자들 간에는 자금문제로 커다란 반목이 있게 되었습니다. 여기에는 다른 여러 가지 원인도 뒤섞여 있습니다.

그 여러 가지 원인들 중에는 반드시 고려할 여지가 있는 중요한 것은 바로 그들의 도덕적 측면과 사회적 위치가 비슷하지 않다는 점입니다. 이범윤은 이씨 가문이라는, 한국의 귀족인 양반출신입니다. 이 가문 출신 중에는 현재 한국의 왕조를 통치하는 사람들이 있습니다. 또한 한국의 모든 유명한 귀족 가문은 서로를 친척으로 여기기 때문에 그 근저에는 여전히 씨족사회 원칙의 잔재가 남아 있는 것입니다. 이범윤 또한 자신이 왕조의 후예라고 생각하고 있으며, 외국신문들도 가끔씩 그의 활동을 소개하면서 그에게 왕자라는 호칭을 보여하고 있습니다. 그는 주로 상해를 통해서 일본인들에 의해 퇴위 당한 황제 이희(李熙)의 무리들과 교신하고 있으며, 한국인들 사이에서 활동적이며 좋은 가문의 출신의 명사로 이름을 얻고 있습니다.

반면에 뽀뜨르 최는 천생 종의 자식으로서, 한국인의 시각으로는 가장 미천한 계급 출신입니다. 그러나 그는 강인한 성격과 지혜를 겸비한 약삭빠른 사람입니다. 촌장으로 일하는 동안 그는 여러 가지 미심쩍은 방법으로 막대한 재산을 긁어모으고, 자신이 다스리는 얀치힌스크의 한국인들의 자유를 속박하면서 엄중하게 다루었습니다. 또한 자신에 대해 부유하고 영향력 있는 중요한 존재인 것처럼 떠벌이면서 우리 정부로부터 수많은 포상을 받기도 했습니다. 한마디로 이 사람은 반야만적인 이민족이며, 사랑을 너무 많이 받아 버릇이 나빠진 무원칙인 관리인 것입니다. 그의 미천한 신분과 의심쩍은 명성으로 인해 그는 우리 나라에서 일본에 대항해서 싸우는 한국인 부대를 위해 선동작업을 수행하는 한국 양반들과 화합할 수 없었습니다.[125]

___

125) 1909년 2월 6일자로 남우스리스크 지역 국경수비위원회에서 연해주 군총독

대륙으로 간 혁명가들

위에서 보는 바와 같이 이범윤과 최재형은 도덕적 측면과 신분상의 차이로 갈등을 겪게 되었다. 러시아측 자료는 이외에 최재형이 모금한 자금문제에 대하여 논하고 있다. 즉,

　　앞서 언급했듯이 자금문제 또한 연루되어 있습니다. 군대를 조직하는데 필요한 돈이 어디로부터인지 전달되었고, 지역 내에서도 막대한 자금이 모금되면 대개는 최의 수중으로 들어갔는데, 그는 이 돈으로 블라디보스톡에서 자신의 무역거래를 하거나 고기를 거래하기도 했으며, 노보끼예브스크에서도 그런 것을 하고 있었습니다. 126)

라고 하여, 이범윤 세력은 최재형이 모금한 군자금을 자신의 사업에 전용하고 있다고 비판하고 있는 것이다.

　아울러 이범윤 세력은 최재형의 추종세력인 니꼴라이 이(이경화)와 엄인섭의 활동을 무분별한 일본인 어부의 사살, 재산의 약탈 등으로 묘사하면서 애국적인 행동이 아니라 강도행위라고 신랄히 비판하고 있는 것이다. 즉, 러시아측 자료에,

　　이범윤과 최재형의 반목은 다음과 같은 경우에서도 드러났습니다. 지난해(1908년) 6월에 최는 한국인 이주자를 감독하는 책임자로서 투기꾼이나 살인자 강도 등 소위 그의 수하들이라고 불리우는 니꼴라이 이와 뽀뜨르 엄-이 자는 최의 친척입니다-등으로 구성된 몇몇을 자기 책임 부서에 편제시켰습니다. 이 강도 무리는 두만강 상류를 지나 다니며, 일본인 초소를 습격했고, 세슈로이 마을에서는 일본인 어부를 죽이고 그들의 재산을 약탈했으며, 그 뒤에는 온기 마을로 뛰어들었습니다. 가슈케비치 만에서는 일본인 상인들을 죽이고, 강도짓을 했으며, 또한 돌아오는 길에는 두만강에서 일본인 초소에 대고 총을 쏘아 댓습니다. 게다가 그것은 장거리용 일제 탄환이어서 끄라스노이 마을의 오두막에도 무차별적으로 날아갔던 것입니다. 이러한 습격의 결과는 결국 우리 영토내의 세슈로이 마을 곳곳으로

　각하께 보낸 보고서
126) 위와 같음.

도망쳐 오는 것이었습니다. 이곳 주민들은 살해 당한 일본인인 어부에 대한 일본측의 보복과 크라스노이 마을에 대한 사격을 두려워하고 있습니다. 러시아 영토인 나고르노이마을로 일본군 소대가 이동해 왔고, 블라디보스톡에서 저질러신 최씨 일당의 강도짓과 특히 이런 인물과 함께 일하는 이범윤에 대해서 맹렬한 비난이 쏟아졌습니다.

진정한 애국자들은 약탈을 목적으로 한 이러한 짓들이 결코 애국적인 충동이 아닌 순수한 강도행위라고 간주하고 있으며, 그 괴수인 최는 물론이고 니꼴라이 리나 엄씨도 모두 추악하기 그지없는 인간들이라고 여기고 있습니다. [127]

라고 하고 있는 것이다.

3. 최재형과 재러한인사회의 대표적인 부호 최봉준과의 갈등

최봉준은 최재형과 함께 러시아 연해주 지역의 대표적인 부호로서 최재형과는 일찍이 형제의 의를 맺고 있을 정도로 친교가 있는 인물이다.[128] 당시 최봉준은 기선을 소유하고 있었고, 또한 우육상으로 활동하고 있었다.[129] 그런 그는 일찍이 블라디보스톡에서 『해조신문』을 간행하여 민족의식 고취에 노력하였다.[130]

최봉준은 1908년 의병들이 국내진공작전을 전개하자 국내를 상대로 무역업에 종사하던 입장에서 상당한 어려움이 있었던 것 같다. 그러므로 최봉준은 의병들을 비난하기 시작하였다. 즉 그는 1908년 12월 상순부터 연추에 와서 최재형, 이범윤 등에 대하여 그들의 운동에 대하여 비난하였던 것이다. 아울러 이범윤에 대하여는 러시아관헌에게 호소하는 한편 이범윤을 숙박시킨 연추「고미사리」(役所의 名)의 한국인 통역 모씨

---

127) 위와 같음.
128) 국사편찬위원회, 『한국독립운동사-자료 7』, 1909년 12월 10일, p.222.
129) 위와 같음.
130) 박환, 「재러한인 민족운동의 태동과 해조신문의 간행」, 『러시아한인민족운동사』

를 부당하다고 비난하였다. [131]

특히 최봉준은 1909년 6월 12일에는 러시아령 항상동(恒常洞, 古邑 대안 약 3리)부근에서 촌민을 모아 놓고 의병을 비난하는 대중적인 연설을 하기도 하였다. 그 내용은 다음과 같다.

어느 한인은 일본에 반항하고 어느 한국인은 당국자와 반목하는 자가 있다. 나는 무슨 연고로 반항하고 또는 반목할 것인가의 이유를 발견할 수 없다. 지금 시험삼아 제군을 향하야 무슨 연고로 일본인에게 반항하고 혹은 당국자와 반목하는가고 묻는 자가 있다면 제군 중에 있어서도 그 이유를 답변하는 자가 없을 것이다. 나는 일본국에 대하여 반항은커녕 그 은의에 감사하는 자이다. 왜냐하면 우리 한국인 순연한 독립국이 된 것은 일본국이 일청, 일러 양 전역에서 거액의 금전과 무수한 생명을 희생해 바친 결과에 벗어나지 아니한다. 원래 우리 나라의 개혁발달을 위하여 극력 진력하고 있는 것은 내가 확신하는 바이다. 이 은의가 있는 일본국을 볼 때, 수적으로 봄과 같이 오해를 하는 자는 이곳에 집합하고 있는 제군 중에 있어서는 필히 없을 것이다. 더욱이 시세를 오해한 자 수청, 블라디보스톡 및 연추 지방에 있다. 그들은 자칭하여 의병이라고 한다 하나 사실은 즉 폭도이다. 지금 그 폭도인 것을 예증한다면, 작년이래 각 촌락에 기다의 원조금을 모집하였고, 인민의 고혈을 짰어도 그 사실은 하나도 국리민복을 증진하였다고 인정할 것이 없다. 또 갹출금과 같은 것도 여하히 소비하였느냐. 전연 불명하다. 저 서수래(西水郲)사건과 같음도 그 살륙된 것은 실로 우매한 천민뿐이다. 일한의 관계는 순치이다. 입술이 망하면 이가 시렵다. 일한의 교의(交誼)는 형제이다. 아우가 죽으면 형도 고독하다. 이것은 자연의 순리이다. 이런 고로 우리 무리는 제군과 함께 그들 소위 의병이라고 하는 것들을 토벌하고 혹은 한국 당국자와 협의하여 이것의 진압 방법을 정하지 않으면 안된다. 또 일본에 대하여서는 항상 감사의 뜻을 표하여 한국 당국자에 대하여 그 시설에 찬동하여서 국리민복을 도모함은 인도의 正히 그래야 할 바라고 하겠다.

나는 항상 절대로 반대하는 것은 그들의 소위 의병이라고 하는 것이다.

---

131) 국사편찬위원회, 『한국독립운동사-자료 13』, 1909년 1월 19일, p.201.

제군은 의병이 감언으로써 제군에게 임하더라도 제군은 그의 속빈 바가 되지 말고 각각 업에 안하여 생을 즐기는 지역에 있을 것을 내가 깊이 제군에게 희망하는 바이다. 132)

즉, 위의 글에서 보는 바와 같이 최봉준은 자신을 일본의 은의에 감사하는 자라고 하고, 의병을 폭도로 규정하는 한편 의병을 토벌하고 일본국에 대하여 항상 감사의 뜻을 표하여 국민복리를 도모해야 함을 강조하고 있다. 한편, 최봉준은 대중연설에서 한발짝 더 나아가 러시아 관헌에 최재형의 원조요구는 절대로 용납할 필요가 없다고 신고하기에 이르렀던 것이다. 그리하여 양인간의 알력은 더욱 심화되었던 것이다. 나아가 최봉준은 김학만, 차석보, 이영춘(李永春) 등과 협력하여 열심히 의병활동에 반대하여, 여러 신문에 광고하여 필히 의병의 요구에 응치 말라 하고 의병파가 잘못된 것을 설명하고 있다. 또 의병이라고 칭하는 자가 있으면 즉시 그의 주소, 성명 등을 신문에 광고하여 주민들에게 주의를 주겠다고 하여133) 최재형의 활동을 크게 제약하였다. 그 결과 1909년 7월 경 블라디보스톡의 최봉준과 김학만은 최재형과 적대적인 관계에 놓이게 되었다. 134) 그러나 1910년 5월에 들어와 사태가 점차 어려워지자 최재형은 최봉준의 권고를 받아들여 상업에 종사하면서 의병과의 연계를 끊는 모습을 보여주고 있다.135)

결어

러시아지역 한인의병은 귀화한인인 최재형의 후원에 의하여 이루어졌다. 그는 1905년 이후 동의회를 조직하여 의병투쟁을 전개하기 시작하

---

132) 국사편찬위원회, 『한국독립운동사-자료 15』, 1909년 7월 10일, pp.160-161.
133) 국사편찬위원회, 『한구독립운동사-자료 15』, 1909년 7월 10일, p.164.
134) 국사편찬위원회, 『한국독립운동사-자료 15』, 1910년 7월 14일, p.167.
135) 국사편찬위원회, 『한국독립운동사-자료 18』, 1910년 5월 27일, p.264.

였다. 그가 의병 투쟁을 전개하는 데는 간도관리사 출신으로 러시아로 망명한 이범윤과 일본에 있던 박영효의 영향이 크게 작용한 것 같다.

최재형은 1908년에는 동의회를 조직하여 재러한인 뿐만 아니라 이범진, 이위종 등 뻬쩨르부르크 세력, 이범윤을 중심으로 한 북상 의병세력 등 다양한 세력들과 힘을 합쳐 대일투쟁을 전개하고자 하였다. 1908년에 전개되었던 국내진공작전은 그의 후원에 힘입은 바 크다. 그러나 최재형의 이러한 노력은 국내진공작전의 실패, 일제의 러시아에 대한 외교와 이범윤 등과의 갈등 대립 등 여러 요인이 복잡하게 작용하게 되어 1908년 하반기 이후 실제 활발한 무장투쟁을 전개하지 못하였다.

그 후 최재형은 대동공보 등 언론활동에 관심을 기울이며 무장투쟁의 시기를 엿보았다. 그러나 1910년에 들어서면서 더욱 무장투쟁의 가능성이 희박해지자 무장투쟁노선에서 애국계몽운동방향으로 운동 노선을 전환하였다.

최재형의 구한말 의병 활동은 특별히 주목된다고 생각된다. 그것은 러시아지역의 의병이 이범윤, 유인석 등 러시아에 귀화하지 않은 정치적 망명세력에 의하여 주로 이루어졌던 시기에 그는 다른 재러한인 자산가 계급과는 달리 의병투쟁에 나섰던 것이다.

러시아 연해주에서의 안중근

서언

안중근은 주지하는 바와 같이 20세기 한국민족운동사에 있어서 항일 투쟁을 전개한 대표적인 인물로서 널리 알려져 있다. 뿐만 아니라 민족 의 자존을 지킨 인격자로서 아울러 동양평화를 사랑하고 국제적 안목과 학문적 능력을 갖춘 인물로서 남북한뿐만 아니라 해외에서도 존경의 대상이 되고 있다. 그 결과 국내에서뿐만 아니라 중국, 일본 그리고 최근 에는 러시아지역에서도 그에 대한 연구가 활성화되어 안중근의 생애와 활동, 동양평화론 등에 대한 구체적인 내용들이 알려졌으며, 독립기념관, 국사편찬위원회, 국가보훈처 등에서 자료집 또한 출간되어 학계에 크게 기여하고 있다.[1)

그러나 이러한 활발한 움직임은 대체로 안중근 개인에 초점이 맞추어 져 있는 관계로 주변과의 관계 속에서 안중근을 바라보는 면이 부족하지 않나 하는 느낌이다. 즉 안중근을 논하기 위해서 무엇보다 중요한 것은 그의 러시아에서의 활동부분이라고 생각한다. 특히 그가 참여했던 동의

---

1) 최근의 대표적인 것으로서는 윤병석 譯編, 『안중근전기전집』, 국가보훈처, 1999을 들 수 있다.

안중근 의사

회(同義會), 단지동맹(同義斷指會), 대동공보 등과의 관련이 주목되며,[2] 아울러 그의 활동에 밀접한 영향을 주었던 최재형(崔在亨), 엄인섭(嚴仁燮), 김기룡(金起龍), 전명운(田明雲), 이강(李剛) 등 여러 인물에 좀 더 주목해야 하지 않을까 한다.

이에 본고에서는 안중근이 1907년 군대해산 이후 러시아 연해주로 이동하여 활동하였던 동의회, 단지동맹, 대동공보 등에 주목하여 러시아 지역 민족운동선상에서 안중근의 위상에 대하여 살펴보고자 하는 것이다. 동의회는 1908년 연추(러시아명: 노우끼예프스크, 현재명: 크라스키노)에서 조직된 구한말 국권회복운동을 주도한 단체이다. 그러므로 스티븐스를 저격한 전명운 의사도 1908년 9월 블라디보스톡으로 와 이 단체에 가입하여 활동하였다.[3] 안중근 역시 동의회의 발기인이자 평의원으로서 활발한 국내진공작전을 전개하였던 것이다. 그러므로 안중근의 의거를 이해하기 위해서는 동의회에 대하여 조망하는 작업이 필요하다고 생각된다. 아울러 단지동맹, 대동공보 역시 안중근 의거에 직접적으로 영향을 미치고 있다. 이에 본고에서는 동의회, 단지동맹, 대동공보와 안중근과의 관계에 대하여 주목하고자 하는 것이다.

---

2) 이와 관련된 연구성과로는 다음의 것을 들 수 있다.
   신운룡, 「노령 한인을 중심으로 본 안중근」, 『21세기와 동양평화론』, 1996.
   윤병석, 「안중근의 연해주 의병운동과 단지동맹회」, 『한국독립운동사연구』 14, 2000.
3) 안중근은 의거 후 체포된 후 가진 제2회 供述에서 블라디보스톡에서 전명운 의사와 3·4회 의견을 교환하였다고 언급하고 있다(국사편찬위원회, 『한국독립운동사-자료 7』, 1978, p.408) 전명운과 안중근은 같은 동의회 소속이었으므로 서로 동지적 결속을 가졌을 것이며, 전명운은 안중근이 의거를 일으키는데 직간접으로 많은 영향을 주었을 것으로 생각된다.

I. 안중근과 동의회

1. 재러한인의 민족의식 성장과 동의회의 결성

일본은 1905년 11월 을사늑약을 체결하여 한국의 외교권을 박탈하였다. 아울러 1907년 6월에 헤이그에서 개최된 만국평화회의에서 고종이 파견한 이상설, 이준, 이위종 등 3인이 한국의 억울한 사정을 국제사회에 호소하려 하자 오히려 이를 기화로 고종을 강제로 퇴위시키고 황태자로 하여금 그 뒤를 잇게 하였다.[4] 또한 일본은 고종의 양위에 만족하지 않고 한일신협약(丁未七條約)을 체결하여 통감정치를 강화해 나갔다. 그로써 통감은 한국의 내정에 일일이 간섭할 수 있는 권한을 갖게 되었다. 이어 1907년 8월에 일본은 순종의 허락을 얻어 군대를 아주 해산해 버렸다. 그리고 이에 저항하는 군인들은 2시간 여의 전투 속에서 진압되고 말았다.[5]

이에 안중근은 국내에서 8월 16일 두만강 건너 북간도 용정으로 이동하여 의병투쟁을 전개하고자 하였다. 그러나 북간도 용정지역에도 일본군이 진출하여 통감부 파출소를 설치했기 때문에 행동이 자유롭지 못하였다.[6] 이에 안중근은 각 지방을 시찰한 후 10월 20일 경[7] 러시아지역으로 이동하였다. 즉 국경지대인 연추를 지나 블라디보스톡(해삼위)에 도착하였다. 당시 블라디보스톡에는 한인들이 4-5천명 정도 거주하고 있었

---

4) 헤이그 밀사 사건 이후 고종의 강제퇴위, 군대해산 등에 대한 일제의 정책에 대하여는 러시아측 자료에 구체적으로 잘 나타나 있다. 플란손의 비밀 지급 전보, 서울 1907년 7월 26일 No 46(독립기념관 소장)
5) 플란손의 비밀 지급 전보 서울 1907년 7월 26일 No. 46
6) 『권업신문』 1914년 7월 19일 「안중근전」
7) 위와 같음.

으며, 학교도 두어 군데 있었고, 청년회도 조직되어 있었다. 안중근은 그곳에서 청년회에 가담하여 임시사찰로 활동하였으며,8) 또한 국권회복을 위해서는 학교교육의 필요성을 강조하였다.9)

그러나 안중근의 기본 생각은 무력을 통한 일제의 구축이었다. 그러므로 안중근은 당시 블라디보스톡에 있던 이범윤을 찾아가 의병항쟁을 촉구하였다.10) 이범윤은 북간도관리사로 활동하며 청국 병정들과 수없이 교전을 하였으며, 러일전쟁 당시에는 러시아군을 도와 일본군과 전투를 벌인 후 러시아군이 패전하자 러시아군과 함께 러시아영토로 이동하여 활동하고 있는 인물이었다. 그러나 이범윤은 안중근의 의견은 원칙론적인 입장에서는 옳으나 재정과 무기 등을 마련할 수 없으므로 일단 사태의 추이를 보아가며 활동을 전개하고자 하였다. 11) 이에 안중근은 연해주에서 만난 동지 엄인섭과 김기룡과 의기투합하여 의형제를 맺었다. 엄인섭이 제일 큰형이 되고, 김기룡이 막내가 되었다.

안중근과 의형제를 맺은 엄인섭은 자는 진형(鎭衡)이고, 1877년 7월 24일생이다. 러시아에서 출생하였으며12) 원적은 함북 경성이다.13) 한국어는 잘하지 못하나 러시아어와 중국어에 능통한 인물이다.14) 최재형의 생질이며, 1900년 의화단 사건시 러시아군에 종군하여 남만주에서 군사적인 공로를 세워 훈장을 탔다.15) 러일전쟁 시에는 하얼빈 주둔 러시아 제1군단 본부의 통역으로 활동하였으며, 그 공으로 훈장을 받았다.16)

---

8) 『안중근의사자사전』, 안중근의사숭모회, 1990, p.61
9) 『권업신문』 1914년 7월 19일자 「안중근전」
10) 국사편찬위원회, 『한국독립운동사- 자료 7』, p.396
11) 위의 책, pp.62-63
12) 국가보훈처, 『아주 제일의협 안중근』 3, pp.398-399
13) 정태수, 「국치직후의 신한촌과 한민학교 연구」, 『수촌박영석교수화갑기념논총』, 1992, p.1194.
14) 국가보훈처, 『아주 제일의협 안중근』 3, pp.398-399
15) 『한인신보』 1917년 9월 17일 강동쉰해
16) 국가보훈처, 『아주 제일의협 안중근』, pp.388-399.

1907년 헤이그밀사 사건시 이범진, 이범윤의 사자로서 서울에 가서 고종황제와 밀회하고 밀서를 봉정하였으며, 처음에는 이범윤, 이범진 등과 가까이 지내다 최재형의 세력이 된 인물이다.[17] 1908년 최재형의 부하이던 엄인섭은 귀화한인으로부터 금전을 징수하는 일을 담당하였다. 그러던 중 귀화한인을 일본 밀정이라 하여 살해하였기 때문에 러시아 관헌에 쫓기게 되었다.[18] 일제측 정보에 의하면, 1910년 5월 현재 엄인섭 휘하에는 총 263명이 있었는데, 녹평(鹿坪, 연추부근) 21명, 지신사(허) 13명, 수청 48명, 연추 일대 60명, 블라디보스톡 36명, 추풍 84명, 니꼴리스크 51명 등으로 되어 있다.[19] 1910년대에는 6의형제 및 21형제, 그리고 권업회 경찰부원 등으로 활동하였다.[20]

안중근과 의형제를 맺은 동생인 김기룡의 이명은 김태룡(金泰龍), 김태훈(金泰勳) 등이다. 1909년 당시 36세이며, 평남 평양 출생이며, 단지동맹원의 한사람이다.[21] 서울 보성학교를 졸업하였다.[22] 1907년 안중근과 함께 서울에서 블라디보스톡으로 왔으며 [23] 안중근과 함께 연추에서 블라디보스톡으로 와 안중근의 이등박문 사살이 실패할 경우 블라디보스톡에서 거행하려고 하였다.[24]

안중근과 엄인섭, 김기룡 등은 서로 의병을 일으킬 것을 도모하고 연해주 각지를 다니며 의병봉기에 참여해줄 것을 호소하였다. 이에 다수의 동포들이 의병에 참여도 하고 군자금을 제공하기도 하였다. [25]

17) 국가보훈처, 『아주 제일의협 안중근』, pp.398-399.
18) 국사편찬위원회, 『한국독립운동사-자료 12』, 1908년 11월 23일, p.500.
19) 국사편찬위원회, 『한국독립운동사-자료 18』, p.263.
20)『明治45年 6月調 露領沿海州 移住鮮人ノ狀態』(일본외무성사료관 소장 문서번호 3-8-2-267 제3권), p.138
21)『明治45年 6月調 露領沿海州 移住鮮人ノ狀態』(일본외무성사료관 소장 문서번호 3-8-2-267 제3권), p.157
22)『재외배일선인유력자명부』김기룡조(하와이대 소장)
23) 국가보훈처, 『아주 제일의협 안중근』 3, p.398
24)『明治45年 6月調 露領沿海州 移住鮮人ノ狀態』(일본외무성사료관 소장 문서번호 3-8-2-267 제3권), p.157

그러한 가운데 1908년 3월 연해주 지역의 의병이 최재형에 의해 주도적으로 전개되고 있었다. 아울러 뻬쩨르부르크에 있는 전주러한국공사 이범진이 그의 아들 이위종을 연추로 보내어 군자금 1만 환을 기부하고 최재형, 이범윤 등과 함께 동의회를 조직하고자 하였다.[26] 이에 안중근은 이범윤, 최재형, 이위종 등과 함께 연추에서 조직되던 동의회의 발기회에 참여하게 되었다.[27]

동의회의 발기인 명단을 보면 지역적으로는 연추지역과 소성(蘇城) 즉 수청(水淸, 현재 빠르띠잔스크)지역, 그리고 이위종으로 대표되는 뻬쩨르브루크 세력을 들 수 있다. 연추 세력은 안중근을 비롯하여 최재형, 이범윤, 지운경, 장봉한,[28] 전제익, 전제악, 이승훈, 이군포, 엄인섭, 백규삼, 강의관, 김길룡 등이며, 수청세력은 조순서, 장봉금, 백준성, 김치여 등을 들 수 있다. 그리고 뻬쩨르부르크 세력으로는 이위종과 그의 부친 이범진 등을 들 수 있다. 즉 동의회는 뻬쩨르부르크 세력의 후원 하에 연추 지역을 중심으로 해서 수청지역의 인물들이 가담하여 조직된 것이라고 할 수 있다.[29]

안중근 등 동의회 발기인들은 1908년 4월 연추 얀치혜 최재형 집에서 회의를 개최하고, 동의회를 조직할 것을 결의하였다. 이어서 그들은 수백 명이 참석한 가운데 총회를 개최하고, 총장, 부총장, 회장, 부회장, 기타 임원의 선거를 시행하였다. 회장 이하임원의 선거를 행한 결과 총

---

25) 위의 책, pp.64-70.
26) 『권업신문』 1914년 8월 29일 「안중근전」.
27) 불령단관계잡건, 조선인부, 『재서비리아 5』, 「배일선인 이위종에 대하여」(국사편찬위원회 소장)
28) 백두산 정계비문제에 관여하였고, 을사조약이후에는 의병으로 그리고 그 이후에는 러시아지역에서 독립운동을 전개하다가 1920년 블라디보스톡 러시아병원에서 병으로 사망하였다(『자유보』 3호 1920년 10월 3일자, 대한국민의회 발행, 「쟝최량씨별세」)
29) 박환, 「구한말 러시아 연해주 최재형의병 연구」, 『한국독립운동사연구』13, 1999 참조

장 최재형, 부총장 이범윤, 회장 이위종, 부회장 엄인섭, 서기 백규삼(白圭三) 등으로 되었으며, 안중근은 평의원으로 선출되었다.[30]

1908년 4월 동의회는 조직을 내외에 널리 알리기 위하여 블라디보스톡에서 간행되던 한글 민족지인『해조신문』에[31] 그 취지서를 게재하였다.[32]「동의회취지서」에서는 당시의 조선의 상황에 대하여 위로는 국권이 소멸되고 아래로는 민권이 억압되고 있다고 통탄하고 있다. 이에 안중근 등은 나라의 독립을 이루고자 할 때는 몸과 마음을 바쳐 단체를 조직하여 의기를 떨쳐야 함을 주장하였던 것이다. 아울러 동의회에서는 단체를 조직한 후에는 교육을 통하여 민족의식을 고양시키고, 지식을 밝히며 실력을 길러 단체를 일심동맹하는 것이 가장 바람직한 길이라고 강조하였던 것이다. 또한 동의회에서는 조국을 구하기 위하여 민족정신의 함양, 지식을 통한 실력양성, 단체조직을 강조하였다. 이러한 동의회의 정신은 일찍이 안중근이『해조신문』1908년 3월 21일자에 기고한「인심을 결합하여 국권을 회복하자」라는 글에서,

> 우리동포들아! 각각「불화」두 자를 깨뜨리고「결합」두 자를 굳게 지켜 자녀들을 교육하며 청년자제들을 죽기를 결심하고 속히 우리 국권을 회복한 뒤에 태극기를 높이 들고 처자권속과 독립관에 서로 모여 일심단체로 육대주가 진동하도록 대한독립만세를 부를 것을 기약하자

라는 내용과 일맥상통한다고 볼 수 있다.

안중근은 동의회의 목적은 환난상구(患難相救)에 있으나 동 회원 중에는 의병에 가담한 자가 많다고 하여 의병적 성격이 강하였음을 밝히고 있다.[33] 그리고 일본측 첩보기록에,

---

30)『재서비리아 5』,「배일선인 이위종에 대하여」
31) 박환,「해조신문」,『러시아한인민족운동사』, 탐구당, 1995 참조
32)『해조신문』1908년 5월 10일 별보
33) 박민영,『대한제국기 의병연구』, 한울, 1998, p.293

동회원의 주된 자는 엄인섭, 안응칠, 백삼규, 이경화(李京化), 김기룡(金起龍), 강창두(姜昌斗), 최천오(崔天五) 등 모두 폭도두목이다. [34]

라고 하여 안중근, 엄인섭, 백삼규, 이경화, 김기룡, 강창두, 최찬오 등을 모두 "폭도두목"이라고 지목하고 있는 점을 통해서도 그 의병적 성격을 파악할 수 있다.

동의회는 1905년 이후 러시아지역에 있는 모든 항일의병세력의 결합이라는 측면에서 중요한 의미를 갖는 것이라고 생각된다. 이 단체는 이범윤 중심의 의병세력이 그 모태가 되었으며, 여기에 더하여 최재형의 자금과 인적자원(귀화한인, 러시아인), 그리고 이범진, 이위종 부자의 외교적인 노력과 자금 지원이 중요한 역할을 하였다. 지역적으로는 연추를 중심으로 이루어졌으나, 수청의 의병도 다수 가담하고 있다. [35] 즉 동의회는 연추 세력을 정점으로 수청 등 연해주 일대의 한인세력을 바탕으로 조직된 것이라고 할 수 있다.

동의회 결성에 있어서 중요한 역할을 한 인물은 최재형과 이범윤, 이범진 등이었다. 동의회의 결성은 최재형으로 대표되는 재러한인사회와 이범윤으로 대표되는 이주세력과의 결합이라는 측면에서 중요한 의미를 지닌다고 할 수 있다. 그리고 러시아 중앙 당국과의 교섭 등 중요한 부분은 주러 한국공사였던 이범진이 주로 담당하였던 것 같다. 그러나 이들 3세력의 공통점은 그들이 친로파였다는 점과 조선에 대한 강한 애국심을 갖고 있다는 점이다. 이들 가운데 가장 강력한 세력은 최재형 세력이었다.

최재형은 연해주에 있던 한인운동 세력 중 가장 강력한 세력으로 일본 측에 의하여 평가된 인물이다.[36] 그는 주지하는 바와 같이 함경북도 출

---

34) 국사편찬위원회, 『한국독립운동사-자료 7』, 1909년 11월 29일, p.218
35) 국사편찬위원회, 『한국독립운동사-자료 13』, 1909년 2월 23일, p.470

신으로 1860년대 러시아에 이주한 인물로서 러시아에 귀화한 귀화한인이다. 그는 귀화한인 중 가장 대표적인 자산가 중의 한 사람이며, 러시아의 신임도가 두터운 인물로서 연추 지역의 행정책임자인 도헌(都憲)이었다.

즉 안중근은 최재형 세력이었던 것이다. 그러므로 유인석은 "안중근은 최도헌(崔都憲)의 영병(領兵)이었으며, 도헌가에 머물기도 하지 않았습니까"라고[37] 하였던 것이다. 또한 안중근은 이등박문의 포살을 하기 전에도 최재형 집에 머물고 있었다. 우덕순은 자신의 회고, 「우덕순선생의 회고담」에서,

> 거기서(블라디보스톡-필자주) 한 육칠백 리 떨어져 있는 연추라는 곳에는 아마 조선인 중에 제일 유력한 최재형이라는 사람이 있어 우리 일을 많이 돌보아주었는데 안중근은 그때 거기 가서 있다가 전보를 받고 8일 저녁에 돌아왔습니다

라고 하고 있는 것이다.[38]

2. 동의회의 의병활동과 안중근

러시아지역에서의 한인들의 의병활동은 1907년 군대해산 이후 본격적으로 전개되기 시작하였을 것으로 추측된다. 그리하여 남우수리지방 러시아 국경전권위원 스미르노프가 연해주 군무지사 플루크에게 보낸 보고서에 따르면, 1908년 4월까지 연해주로부터 약 1천명의 의병이 북한으로 넘어 들어갔다고 밝히고 있다.[39] 이러한 보고를 통해서 볼 때

---

36) 국사편찬위원회, 『한국독립운동사-자료 7』, 1910년 1월 11일, p.284
37) 『毅菴集』 상권 p. 308. 與崔, 1909년 10월(음)
38) 「우덕순선생의 회고담」, p.206.
39) 1908년 4월 5일자로 남우수리스크 지역 국경수비위원이 연해주 군총독께 보낸 보고서

동의회는 활발한 국내진공작전을 전개하기 시작하였던 것으로 보인다. 동의회는 부대를 100명 내외의 소부대로 나누어 비교적 일본수비대의 경비가 취약한 지점을 골라 산발적인 도강 상륙작전을 전개하였던 것이며, 국내진공에 성공한 각 부대는 함경도 갑산, 무산 등 예정 지점에 집결하여 장기적이며 항구적인 국내항쟁을 시도하고자 하였다.[40] 이러한 동의회의 의병활동은 한국의 북부지역에서의 한인의병활동에서 큰 영향을 받은 것으로 생각된다. 러시아측 1908년 5월 14일자 보고에서도,[41] 북한지역 한인들의 의병활동이 활발함을 알려주고 있을 뿐만 아니라, 이들의 활동이 만주와 러시아지역에 있는 의병들의 국내진공을 고무시키고 있음을 보여주고 있다.

이처럼 국내에서 의병활동이 성공적으로 진행되고 러시아 지역에서도 국내진공작전이 활발히 전개되기 시작하자 이위종은 연추 지역의 최재형을 방문하여 국내진공작전에 대하여 논의하였다. 이에 러시아 지방당국은 이위종에게 즉각적인 추방을 요청하였다. 그리고 뽀시에트 경찰서장에게 최재형을 소환하여 그에게 러시아 공민으로서 한인애국자들의 활동에 개입하지 말도록 설명하게끔 지시하였다.[42]

한편 한인들의 국내진공활동 및 준비에 국경지대의 일본인들은 이를 크게 두려워하였으며, 러시아 지역에 밀정을 파악하는 한편 군대를 전진배치하여 재러 의병들의 국내진공에 대비하고자 하였다.[43]

일본측의 이러한 대비에도 불구하고 최재형이 이끄는 동의회와 이범

---

40) 정제우, 「연해주 이범윤 의병」, 『한국독립운동사연구』11, 독립기념관 한국독립운동사연구소, 1997, p.13
41) 1908년 5월 14일 남우수리스크 지역 국경수비위원회가 연해주 군총독께 보낸 보고문(국사편찬위원회, 『한국독립운동사·자료 34』 러시아편 1)
42) 위와 같음.
43) 일본은 일찍이 1907년 8월 5일 러시아국경과 가까운 함경도 회령과 나남에 두 개의 요새를 건설하기로 결정하였으며, 요새 건설에는 1,000 만엔이 소요될 예정이라고 한다.(플란손의 비밀지급전보 서울 1907년 7월 26일 No.46)

윤이 이끄는 창의회(彰義會) 등 연해주의병들은 6월말과 7월초에 두만 강 하류에 있는 일본 소규모부대를 궤멸시켰다. 그리고 그 이후에도 계속적으로 일본군을 공격하였다.[44]

당시의 상황을 안중근은 자신의 자서전 『안응칠역사』에서,

그때 김두성(金斗星)과 이범윤이 모두 함께 의병을 일으켰는데 그 사람들은 전일에 이미 총독과 대장으로 피임된 이들이요, 나는 참모중장의 책으로 피선되어 의병과 군기 등을 비밀히 수송하여 두만강 근처에서 모인 다음 큰 일을 모의하였다.(중략) 그때 여러 장교들을 거느리고 두만강을 건너니 때는 1908년 6월이었다. 낮에는 엎디고 밤길을 걸어 함경북도에 이르러 몇 차례 충돌하여 피차간에 혹은 죽고 상하고, 혹은 사로잡힌 자도 있었다

라고 하였다. 또한 자신이 김두성과 이범윤 휘하의 참모중장임을 밝히고 있다. 특히 안중근은 러시아 블라디보스톡에서 간행된 한글 민족지 『대동공보』1910년 4월 28일자 실린 「안의사중근 공판기」에서, "나의 의병 총대장은 강원도 김두성인데 그 부하는 각지에 이범윤 등 부장이 있으며 나는 김대장의 직속한 특파독립대장이다"고 하고 있다. 1908년 7월 7일 안중근은 최재형이 이끄는 동의회와 이범윤이 이끄는 창의회 등 동지 300여명과 함께 우영장(右令將)으로서 포병사령관 정경무(鄭警務, 鄭濟岳, 前城津 경무관), 좌영장(左令長) 엄인섭 등과 함께 두만강 연안 신아산(新阿山) 부근 홍의동(洪儀洞)을 공격하였다.[45] 그리고 경흥군 수비대 병사 2명과 헌병 1명을 사살하였다.[46] 당시 홍의동 전투에 대하여 『권업신문』1914년 8월 29일자 「안중근전」[47]에는 다음과 같이 묘사하

44) 1908년 7월 15일자 노보키예브스크 국경수비위원이 보낸 한국과 만주 국경에 대한 보고(국사편찬위원회, 『한국독립운동사-자료 34』 러시아편 1)

45) 박민영, 위의 논문, pp.307-308;국사편찬위원회, 한국독립운동사 자료 7, p.244

46) 국사편찬위원회, 『한국독립운동사- 자료 11』, pp.462-463

고 있다.

　　6월 초 나흗날(음력-필자주)에 군사를 거느리고 두만강을 건너갈 제공은 우영장이 되었더라. 목허우(뽀시에트-필자주)에서 어둡기를 기대하여 목선을 타고 경흥군 호의동에 이르러 상륙하니 밤이 이미 깊은지라. 일제히 산협사이에 숨었다가 동방이 훤하야 올 제 남방으로 오는 일 군사를 엄습하여 처음으로 승전하고

이처럼 활발한 활동을 전개하던 안중근 등 연해주 동의회 의병은 1908년 7월 19일 회령 영산(靈山)에서 일본군에게 패배하고 말았다.[48] 그후 8월 4일 엄인섭이 이끄는 부대 20-30명이 두만강을 건너 서수라(西水羅)의 일인어장 대성조(大成組)를 습격, 일본인 10여명을 살상하는 성과를 거두기도 하였으나 연해주의병은 영산 전투를 계기로 그 세가 꺾이고 말았던 것이다.[49]

특히 안중근이 이끄는 부대의 경우 안중근이 포로를 국제공법에 따라 석방하였다가 오히려 역공을 당하여 국내진공작전에 큰 차질을 빗게 되었다. 그리하여 안중근은 동료들로부터 배척 당하였으며, 연추로 돌아온 후에는 블라디보스톡, 하바로브스크, 수청 등지를 전전하여 재기를 모색하였다. [50]

이러한 가운데 안중근은 수청에서 혹은 교육에 힘쓰기도 하고 사회단체도 조직하며 재기를 모색하고 있었다.[51] 즉, 1909년 음력 1월 25일에 안중근은 김기룡 등과 함께 연추 한인 일심회(一心會)를 조직하였다.

---

47) 윤병석, 「안중근의사 전기의 종합적 검토」, 『한국근현대사연구』9, 1998 참조
48) 박은식, 『안중근전』(『한국학연구』4, 별집, 인하대학교 한국학연구소, 1992), p.133:『권업신문』 1914년 8월 23일 「안중근전」 9회에서는 안중근이 동의회를 모집하여 영산전투에 참여하였음을 밝히고 있다.
49) 국사편찬위원회, 『한국독립운동사-자료 14』, pp.689-691; 『한국독립운동사 - 자료 11』, p.597, 『한국독립운동사-자료 7』, p.276
50) 『안중근의사자서전』, pp.72-87
51) 위의 책, p.87

그리고 그는 평의원으로서 최행륜, 박준보, 김윤삼, 오영근, 김병낙, 고문약, 이차서 등과 함께 활동하였다. 회장은 김길량, 부회장 김지창, 평의장 김병호, 사찰 박이완, 박창순, 박이근, 김도현, 김기풍, 서기 김기룡 등이었다. 이 연추 한인 일심회에서는 그 규칙으로서 다음과 같은 것을 주장하였다.

> 1. 본회의 목적은 우리 한국인이 일심단체하여 동종을 상보하며 아무쪼록 문명에 일진하여 외국인의 수모를 면케할 사.
> 1. 우리동포 중에 아편을 엄금할 사

즉 연추 한인 일심회에서는 우리 한국인이 일심 단체할 것, 아편을 금지할 것 등을 주장하였던 것이다. 아울러 입회금은 1원으로 하였다.[52]
또한 1909년 1월 수청에서 박춘성(朴春成), 한기수(韓起洙) 등과 함께 주도하여 30여명의 의병들을 데리고 연추로 이동하여 연해주 의병을 재기하고자 노력하였다.[53] 이처럼 수청지역에서 활발한 활동을 전개하던 안중근은 일진회 회원들에게 체포되어 죽을 고생을 겪기도 하였다.[54]

II. 단지동맹과 안중근

연추 지역에서 동의회 조직이 가능하였던 것은 최재형이라는 큰 부자가 연추 지역에 거주하였기 때문에 가능하였다. [55] 최재형은 많은 자산의 소유자였으므로 동의회의 조직과 운영, 활동에 드는 비용 대부분을 지출하였을 것으로 생각된다. 또한 국경을 넘어 러시아로 이동하는 대부

---

52) 국사편찬위원회, 『한국독립운동사-자료 13』, 1909년 2월 23일, p.470;대동공보 1909년 3월 17일 잡보 <연추한인일심회 취지서, 규칙대개>
53) 국사편찬위원회, 『한국독립운동사- 자료 13』, pp.469-470
54) 『안중근의사자사전』, pp.87-89.
55) 『재서비리아 2』,1911년 4월 29일 浦鹽지방 선인 상황의 건

분의 항일운동가 역시 거의 모두 최재형의 신세를 졌던 것이다. 여기서 물론 안중근도 예외일 수 없다. 안중근 역시 최재형의 재정적인 후원을 받을 수 있는 연추 지역을 중심으로 거주하였으며, 활동하였던 것이다.

최재형의 휘하세력인 안중근은 1909년 2월 7일[56] 연추 근처 카리(下里)[57] 김씨성을 가진 사람의 여관에서[58] 김기룡, 백규삼 등은 의병활동에 대하여 협의하고 단지동맹(同義斷指會)를 결성하였다.[59] 아울러 안중근은 엄인섭과 함께 이등박문을, 그리고 김기룡 등은 이완용, 박제순, 송병준 등을 암살하기로 하고 하늘에 제사를 지냈던 것이다.[60]

안중근은 단지동맹 결성에 대하여 다음과 같이 자신의 자서전에서 언급하고 있다.

> 이듬해(1909년) 기유 연추 방면으로 돌아와, 동지 12인과 상의하되,
> 「우리들이 전후에 전혀 아무 일도 이루지 못했으니 남의 비웃음을 면하기 어려울 것이요 뿐만 아니라 만일 특별한 단체가 없으면 어떤 일이고 간에 목적을 달성하기가 어려울 것인 즉, 오늘 우리들은 손가락을 끊어 맹세를 같이 지어 증거를 보인 다음에 , 마음과 몸을 하나로 묶어 나라를 위해 몸을 바쳐, 기어이 목적을 달성하는 것이 어떻소」
> 하자, 모두가 그대로 따르겠다 하여, 마침내 열 두 사람이 각각 왼편 손 약지를 끊어, 그 피로서 태극기 앞면에 글자 넉자를 크게 쓰니 대한독립 이었다.

---

56) 『권업신문』 1914년 8월 23일자 「안중근전」 9회
57) 『대동공보』 1910년 4월 28일자 「안의사중근씨공판」, 카리는 가리라고도 하며 러시아명으로는 옌치아 다지치프라고도 한다고 한다(윤병석, 위의 논문,p. 122. 주 24번 참조) 그러나 1908년도에 제작된 당시 지도(1908년도 연해주 남부 우스리스크지도, 독립기념관 소장)의 마을 명칭에 나타나고 있지 않으며, 2001년도 7월 18일 현지 답사 중 쮸카노바 마을 면장인 갈리나 표도로부나 역시 이 지명에 대하여 모르고 있었다. 앞으로 좀더 검토의 여지가 있지 않나 한다.
58) 국사편찬위원회, 『한국독립운동사-자료 7』, p.400
59) 국사편찬위원회, 『한국독립운동사-자료 13』, 1909년 3월12일, p.803
60) 국사편찬위원회, 『한국독립운동사-자료 7』, p.276

단지동맹기념비(러시아 연해주 크라스키노)

　　쓰기를 마치고 , 대한독립만세를 일제히 세 번 부른 다음 하늘과 땅에
　　맹세하고 흩어졌다. [61]

라고 하여 각기 무명지를 끊어 맹세한 후에 그 피로서 태극기에 대한독
립 네 글자를 쓰는 상황을 상세히 묘사하고 있다. 이때 안중근이 태극기
에 쓴 "대한독립" 4글자는 『권업신문』 1914년 8월 23일자에 게재되어

---

61) 『안중근의사자서전』, p.89

있어 한인들의 민족의식 고취에 크게 기여하였다.

또한 안중근은 직접 맹약의 취지서를 작성하였는데[62] 『권업신문』 1914년 8월 23일자 「안중근전」에 실린 그 내용을 보면 다음과 같다.

오늘날 우리 한국인종이 국가가 위급하고 생민이 멸망할 지경을 당하여 어찌하였으면 좋을 방법을 모르고 훗날 좋은 때가 되면 일이 없다 하고 혹은 왈 외국이 도와주면 된다 하나 이 말은 다 쓸 때 없는 말이니 이러한 사람은 다만 놀기를 좋아하고 남에게 의뢰하기만 즐겨하는 까닭이라.

우리 이천만 동포가 일심 단체하여 생사를 불고한 연후에야 국권을 회복하고 생명을 보전할지라. 그러나 우리 동포는 다만 말로만 애국이니 일심단체이니 하고 실지로 뜨거운 마음과 간절한 단체가 없으므로 특별히 단체를 조직하니 그 이름은 동의단지회라.

우리 일반 회우(會友)가 손가락 하나씩 끊음은 비록 조그만 한 일이나 첫째는 국가를 위하여 몸을 바치는 빙거요. 둘째는 일심단체한 표라.

오늘날 우리가 더운 피로써 청천백일지하에 맹세하오니 자금 위시하여 아무쪼록 이전 허물을 그치고 일심 단체하여 마음을 변치 말고 목적을 도달한 후에 태평동락을 만세로 누리 옵시다.

즉 안중근은 우리 이천만 동포가 일심 단체하여 생사를 무릅쓰고 투쟁을 전개하여야 조선의 독립을 달성할 수 있다고 믿고 이를 이루기 위하여 동지 11명과[63] 함께 단지동맹을 조직하였던 것이다. 이 단지동맹의

---

62) 『대동공보』 1910년 4월 28일자 「안의사중근씨공판」

63) 11명의 동지명단은 자료에 따라 약간 차이가 있다. 앞으로 보다 면밀한 검토가 필요할 것 같다. 엄인섭, 김기룡 등이 포함된다는 기록이 있고(국사편찬위원회, 『한국독립운동사 -자료 7』, p.279), 안중근의 6회 공술에서는 지금까지 단지동맹에 대한 것은 모두 허위이다. 진실을 진술하겠다고 하고 11명의 동지의 이름과 역할, 나이, 출신지 등을 언급하고 있다. 이를 보면 이들은 모두 의병출신이며, 20대와 30대가 중심을 이루고 있다. 안중근이 맹주이며, 김기룡이 경무관을 맡고 있다. 안중근, 김기룡, 姜起順(姜基順), 鄭元桂(鄭元柱), 朴鳳錫(朴周錫), 柳致弘, 曹順應, 黃吉秉, 白南奎, 金伯春, 金天化, 姜計瓚 등이 그 명단이다. 이 중 백남규는 白南圭 또는 白南埈이라고도 하며 서울출신으로 이범윤의 부하였다는 기록이 있다. 또한 유치홍은 신한촌 거주자로 청부업 재산가로 알려져 있고, 정원주는 서울 출신으로 1904

결성은 회령 영산 전투 패배이후 자신과 동지들의 위상 회복과 국권회복을 위한 강한 의지를 반영한 것이라고 볼 수 있다. 즉 안중근이 공술에서 "단지한 당시는 민심이 산란하고 또 나를 믿는 자가 없으므로 나는 국가를 위해 진력하는 열심을 타인에게 보이어 민심을 수습하기 위해 단지한 것이다"[64] 라고 언급하고 있는 점은 당시의 심정을 잘 반영한 것이라고 생각된다. 안중근이 특히 12인의 동지를 중심으로 소규모로 결사대를 조직하여 항전하고자 한 것은 당시 의병전쟁의 분위기가 점차 식어 가는 가운데 이루어진 투쟁 방략의 일환이었다고 볼 수 있다. 안중근은 바로 이 단지동맹의 회장으로서 회무를 주도하였으며, 동지들과 신의를 맺는 시를 지어 동지들간의 신의와 결속을 다짐하였다.[65]

안중근이 단지동맹을 결성했던 장소는 연추 카리(下里)이다. 이곳은 현재 크라스키노 쮸카노바 마을에서 훈춘 방향 산중으로 추정된다. 카리에 대하여 안중근은 공술(供述)에서,

---

년경 미국에 가 회사원으로 일한 지 2년후에 한국에 돌아온 인물로 알려져 있다. 또한 白元甫도 단지동맹원으로 알려져 있는데 그는 李甲派로 대동공보 비밀 통신원, 자선공제회 회원으로 활동하였으며, 황길병은 黃吉膁로도 알려져 있다. 강기순은 안중근의 동생 安定根과 동거한 인물로 알려졌고, 조응순은 함경도 갑산출신으로 1912년 3월 중국인을 살해한 혐의를 받기도 하였다. 韓宗浩도 단지동맹의 일원으로 알려졌으며, 안중근이 이등박문사살을 실패할 경우 김기룡과 함께 거사할 인물로 파악되었다(『明治45年 6月調 露領沿海州 移住鮮人ノ狀態』(일본외무성사료관 소장 문서번호 3-8-2-267 제3권) 즉 위의 자료들에서 보는 바와 같이 단지동맹의 인적구성에 대하여는 차이가 있음을 알 수 있다. 즉 백원보, 한종호 등도 단지동맹원으로 거론되고 있는 것이다.
한편 단지동맹원의 일원으로 알려진 趙應順이 1922년 체포되어 공술한 내용에 따르면 현존자로서는 자신과 우수리방면의 姜順圭(경기도), 흑하의 김기룡(평안도), 姜昌斗(평양), 葛化千(강원도)등을 언급하고 있다(불령단관계잡건 조선인부 조선인과 과격파 2(문서번호 432-2-1-11, 일본외무성사료관소장), 조응순공술개요)
64) 국사편찬위원회, 『한국독립운동사- 자료 7』, p.401
65) 『권업신문』 1914년 8월 23일자 「안중근전」 三人同盟 汎萬注一, 保國血心 斷石透金, 結義同盟 患難相求, 保國安民 死生同居

카리(연추와 훈춘의 사이에 있다. 러시아와 청국의 국경이라 한다)는 산 중의 한촌(寒村)으로 5,6호의 한가(韓家)가 있다. 아마 러시아령일 것이다. 66)

라고 언급하고 있다.

안중근은 그 후 연추에 집을 지어 살며, 1909년 음력 7월 10일 경부터67) 블라디보스톡에서 간행되고 있던 한글 민족지인 대동공보의 탐방원(探訪員)을 하며 또한 대동공보의 중간판매인으로 배달부 2·3명을 거느리며 68) 앞일을 모색하고 있었다.

Ⅲ. 안중근과 전명운

1908년 3월 23일 전명운, 장인환 등이 샌프란시스코에서 친일인사인 미국인 스티븐슨을 저격하였다는 소식이 러시아에도 전해졌다. 해조신문 1908년 4월 4일자, 1908년 4월 5일, 4월 7일자에 이 내용이 소개되고 있었다. 또한 1908년 4월 21일자 해조신문 1면 별보에도 <스티븐슨씨의 포살상보>가, 5월 7일자에도 별보에서 1면 전체에 <스티븐슨포살상보>가 보도되고 있었다. 당시 국내의병운동에 실패한 안중근 역시 전명운 의사의 스티븐슨 포살 소식을 접하였을 것이다.

이에 블라디보스톡에 살고 있는 홍순일(洪順日), 황봉룡(黃鳳龍), 이형욱 등 재러 한인들도 전명운, 장인환 두 의사를 돕는 의연금 모금발기회를 결성하고 의연금 모금에 앞장섰다. 해조신문 1908년 4월 7일자 <의연금 모집발기문>에서는,

---

66) 국사편찬위원회, 『한국독립운동사- 자료 7』, pp.398-399
67) 국사편찬위원회, 『한국독립운동사- 자료 7』, p.397
68) 국사편찬위원회, 『한국독립운동사- 자료 7』, p.263

미국 각 지방에 있는 동포들이 양군의 의거를 흠모하므로 각기 의연금
을 모집하여 옥중에 든 양군을 구제코자 한다하니 슬프다 양군의 의거는
가히 일월과 빛을 다툴 만 하니 어찌 사랑하고 흠탄하지 않으리오 우리들
도 또한 타국 영토에 있을 지라도 조국에 대한 정신은 그 동포와 일반이라.
아라사 영토에 있는 우리들이 수십 만 명에 이르니 저 양군과 같은 충의지
사가 어찌 없으리요 그러하니 우리도 면목이 있으면 우리의 의무를 다해
야 하는 지라. 그럼에 본인 등이 양군을 위하여 의연금 모집함을 발기하고
이에 공포하나니(후략)

라고 하여 우리 러시아지역에서도 장인환, 전명운 같은 의사가 나와야
함을 강조하고 있다.

　　이처럼 당시 러시아지역에서도 친일파 또는 일본의 중심인물을 저격
하고자 하는 분위기가 있었을 것이며 이러한 움직임은 1908년 10월 6-7
일경 전명운 의사가 블라디보스톡으로 옴으로써[69] 더욱 고양되었을 것
으로 보인다. 전명운이 블라디보스톡에 오자 그의 의거를 칭송하는 환영
회가 수 차례 열렸으며[70] 이를 통하여 많은 애국지사들이 저격을 통하여
일제의 중심인물을 제거하고자 하는 느낌을 받았을 것으로 보인다.

　　안중근 역시 예외는 아니었을 것이다. 그러므로 안중근은 블라디보스
톡 한인 개척촌에 있는 이치곤(李治坤) 경영의 하숙집에 기거하고 있
는[71] 전명운을 3-4차례 만나 의견을 교환하였다. 특히 안중근은 그와
만나 조국의 독립을 위한 민족의식 고취와 일제와의 투쟁 방법에 대하여
논의하였다. 안중근은 전명운 의사를 만남 소감을 일제경찰조사에서
"나이는 어렸으나 심사(心事)가 강정(强情)한 청년이었다"고 술회하고

---

69) 1908년 재미국제국대사관고검한국의정부고문 스티븐슨씨조거일건 4-2-5-233
　　(일본외무성사료관) 명치 41년 12월 21일 전명운 소재의 건.
70) 1908년 재미국제국대사관고검한국의정부고문 스티븐슨씨조거일건 4-2-5-233
　　(일본외무성사료관) 명치 41년 12월 1일 접수.
71) 1908년 재미국제국대사관고검한국의정부고문 스티븐슨씨조거일건 4-2-5-233
　　(일본외무성사료관) 명치 41년 12월 21일 전명운 소재의 건.

있는 것이다. 한편 전명운은 블라디보스톡에 머물고 있으면서 안중근이 참여한 동의회에 참여하기도 하였다[72] 이러한 여러 점으로 보아 안중근 의거는 전명운의 영향을 많이 받은 것으로 추정된다.

Ⅳ. 대동공보와 안중근

대동공보는 구한말 일제의 조선침략이 더욱 노골화되던 시기에 러시아 블라디보스톡에 거주하고 있던 동포들에 의하여 구국운동의 일환으로 1908년 11월 18일에 창간되어 1910년 9월 1일까지 약 2년 동안 간행된 한글 민족지였다. 이 신문의 종지는 동포의 사상을 계몽하여 문명한 곳으로 나아가게 하며 국가의 독립을 쟁취한다는 것이었다. 신문사의 주요 임원은 차석보, 최재형, 유진률, 윤필봉, 이강 및 러시아인 미하일로프 등이었다. [73]

대동공보의 무장투쟁에 대한 입장은 대동공보 사장인 최재형과 같은 단체 소속인 안중근이 이등박문을 사살함으로써 보다 강조된다. 안중근은 러시아 지역에서 의병활동을 전개한 인물로서 대동공보사 사장 최재형이 회장인 동의회의 구성원이었다.[74] 그리고 이등박문의 암살 모의가 대동공보사에서 이루어졌던 것이다. 즉 1909년 10월 10일 대동공보사의 사무실에서 대동공보사의 유진률, 정재관, 이강, 윤일병, 정순만, 우덕순 (禹德淳) 등이 모인 가운데 이등박문의 암살을 위한 조직이 이루어졌다.[75] 그리고 그와 가까운 동료들이 대동공보사에서 일하고 있었는데, 특히 주필인 이강은 안중근과 의형제라는 설이 있을 정도였다.[76] 이강은

---

72) 장일백, 『의사 전명운』, 집문당, 1997, p.187.
73), 박환, 「대동공보의 간행과 재러한인민족운동의 고조」, 『러시아한인민족운동사』, 탐구당, 1995.
74) 『주한일본공사관 기록』, 1909년 安重根及合邦에 관한 서류(2) 12748
75) 신용하, 「안중근의 사상과 의병운동」, 『한국민족독립운동사연구』, 을유문화사, 1985, pp.179-180

해방 후 자신이 쓴 『내가 본 안중근의사』에서,

　　지금으로부터 바로 55년 전 4240년에 내가 노령 해삼위(露領海蔘威)에
서 대동공보사(大東共報社) 주필로 일을 보고 있을 때에 한 청년이 찾아
왔는데 그 고상한 인품과 빛나는 눈으로부터 나는 그에게 비범한 첫 인상
을 받았다.
　　그 청년이야말로 그때 큰 뜻을 품고 따뜻한 고국강산(故國江山)을 떠나
서 시베리아 눈보라치는 노령(露領) 땅으로 뛰쳐 온 응칠(應七)이라고도
부르는 29세의 청년 안중근(安重根)이었다. 그때 우리 두 청년은 서로 손을
맞잡고 내방으로 들어가서 그 밤을 밝히지 않을 수가 없었다.(중략)
　　4242년 10월에 해삼위(海蔘威)에서 지방에 출장중인 선생을 내가 전보
를 쳐서 긴급귀환(緊急歸還)케 한 후 우리민족의 불구대천(不俱戴天)의 침
략의 원흉(元兇) 이등박문이 동양제패(東洋制覇)의 야망(野望)을 품고 중국
대륙을 잠식(蠶食)하기 위하여 북만(北滿)을 시찰하는 한편 「할빈」에서 노
국(露國) 대장대신(大藏大臣)과 회담(會談)한다는 정보(정보)를 제공하고
이등(이등)을 말살(말살)하기 위한 모의(謀議)가 극비리에 진척(進陟)되어
해삼위의 대동공보사 사장 유진률씨와 한인거류민단 단장 양성춘씨가 독
일제 권총을 일정직 제공하고 우덕순을 동행케 하여 10월 21일 해삼위역에
서 내가 두분 동지와 최후로 작별할 때에 안중근 선생은 나의 손을 군게
잡으시고 「이번 길에 꼭 총소리를 내리다. 뒷일은 동지가 맡아주오」하고
떠나던 그 모습이 아직도 눈에 암암할 뿐이다.

라고 하여 안중근과의 만남을 감동적으로 표현하고, 안중근 의거에 대동
공보사의 유진률, 이강 그리고 한인거류민단장 양성춘이 깊이 관여하고
있음을 밝히고 있다.
　　대동공보사와 안중근, 우덕순과의 연관은 1909년 10월 24일 거사 2일
전 안중근과 우덕순이 대동공보사 편집장 이강에게 보낸 다음과 같은
편지내용에서도 짐작해 볼 수 있다. 즉,

---

76) 국사편찬위원회, 『한국독립운동사』1, p.981

본월 6일(양 10월 22일) 오후 당지에 내착하여 원동보를 본 즉, 이등은 내월 12일에 관성자를 출발하여 러시아 철도국 총독 특별열차로 하얼빈에 도착한다 하였으므로 우리들은 조도선과 함께 가족을 출영하는 것처럼 꾸며 관성자역으로 향할 것이다. 동역과 상거하기 전 몇개 역 쯤 되는 어느 역에서 이등을 기다렸다가 거사할 계획인데 일의 성공은 하늘에 있는지라. 요행히 동포의 선도(善禱)를 기다려 도움을 받을 것을 바라나이다. 당지 김성벽(金成博)씨에게서 돈 50원을 빌어서 여비에 사용하였으니 갚아줄 것을 희망함. 대한독립만세![77]

라고 있는 것이다. 뿐만 아니라 안중근과 함께 의거에 참여했던 우덕순, 조도선(曺道先) 등도 대동공보와 관련이 있는 인물들이었다.[78]

그러므로 대동공보에서는 이 사건에 보다 특별한 관심을 보여 연일 대서 특필하였으며 주필인 미하일로프를 변호사로서 여순에 파견까지 하였던 것이다.[79] 또한 국내에서는 안중근 의사에 대한 기사가 신속 정확히 보도되지 못한데 비하여 해외에 있던 이 신문에서는 이를 신속 정확하게 보도하여 그 사실이 내외에 널리 알려지게 되었다.[80]

안중근 의거가 대동공보에 처음 게재된 것은 1909년 10월 28일이었다. 즉 사건이 발생한지 이틀 후였다. 대동공보에서는 하얼빈에서 간행되는 원변보를 인용하여 별보에서 <일인 이등이가 한인의 총을 마자>라는 제목 하에 1호 활자 크기로 1면에 다음과 같이 보도하였던 것이다.

할빈소식을 접흔즉 일본에 정치가로 유명흔 이등이가 아라스 탁지대신 쏘쏘체프씨와 서로 만나기 위흐야 할빈으로 오난길에 마참 뎡거장에 닉일

77) 독립운동사편찬위원회, 『독립운동사자료집』11, 1976, pp.66-67.
78) 위와 같음. 우덕순은 자신의 회고, 「우덕순선생의 회고담」p. 206에서 대동공보 회계주임이었음을 밝히고 있다.
79) 대동공보 1909년 12월 5일자 제국통신
80) 안중근과 대동공보와의 관계에 대하여는 신용운의 논문이 참조된다. 신용운, 앞의 논문, pp.166-167.

대륙으로 간 혁명가들

쩌에 흔 한국사룸 흐나이 이등을 향흐야 총으로 쏘아 중상흔고로 이등이 눈화차룰 타고 관청지로 돌아가고 발총흔 한인은 붓잡헛다더라.

이어서 대동공보에서는 1909년 10월 31일자, 11월 1일자 <별보>에 <이등공작피살후문>, <상기이등피살후문>이라는 제목 하에 원변보 기사를 인용하여 사건 정황에 대하여 상세히 보도하고 있다. 특히 전자 (前者) 기사에서는 '암살자'를 '의사'라고 불러 일제의 주목을 받았다.[81] 아울러 1909년 11월 1일자 논설 <스법이 어딘 잇는가>라는 제목 하에,

> 실샹덕으로 한국을 통감흐던 일본인 이등공쟉이 근일피살을 당흐야 비 챵흔 졍샹중이나 우리는 그 죽기를 돌아보지 아니흐고 호혈로 들어가듯흔 인국쟈의 직판당흘쳐소를 어도로 뎡흐는 문데가 미오 긴즁흐다흐노라. 그 러나 그 인국쟈의 젼졍이 엇더케 판결될 것은 다 명확히 알바에 아라사나 일본이나 심지어 쳥국법률로 다스리던지 사형을 당흐는 것은 쩟쩟흔골리 라 흘지라. 그러나 우리는 싱각건더 그 인국쟈를 아라스 법률로 다스릴 리유를 들어말흐노라.
> 대져 1896년에 톄결된 아쳥양국죠약을 의지흐야 쳥졍부에셔 동쳥텰도 회사가 텰도구역을 팔십년 한뎡으로 조셰맛흔 분명흔 아라사 디방에셔 이 스건이 닐어나신즉 그 죠약에 실샹인즉 어너구졀에 하등 형소에 범죄쟈 가 무삼 법률에 쳐흔다고 쇼샹이 가라친것은 업스나 이 죠약이 아쳥량국간 에 북만쥬에셔 교셥흐는더 근원을 삼앗다흘지로다. 이 죠약 뎨五에 불란셔 의 글 뜻시 현명치못흐게 가르치기를 동쳥텰도 회샤 텰도 구역닉에셔 각항 사법샹 사건이 닐어나는 경우에는 약죠를 의지흐야 아라사 졍부에셔 판결 흔다 흐얏고 기후에 1896年과 1902년과 금년 4월 27일에 부측을 더 반포흐 야시느 사법샹 관계의 여하흐다는 구졀은 가라치지 아니흐얏는지라 쏘 그 쓴이 아니라 만국공법으로 평론흘진더 문명흔 나라의 관계로는 죄인들 을 범죄흔 그나라디방의 법률노 다스리는 규모가 만타흘지며,

---

81) 『주한일본공사관기록』 1909년 안중근급합방에 관한 서류(2) 12748

라고 하여 안중근이 1896년 러시아와 청국 간에 맺은 조약으로 보나 국제공법에 의하더라도 러시아 법정에 서야 한다고 주장하여 안중근에게 유리한 재판이 이루어지도록 노력하였다.

아울러 대동공보에서는 1909년 11월 18일자 외보 <의사의 소성(素性)>이라는 기사에서부터 1910년 5월 12일자 제국통신에서 안중근의 사형광경을 보도하기까지 체포 시부터 사형에 이르기까지 안중근의 동향과 재판과정, 신문과정 등에 대하여 소상히 보도하고 있다.

V. 안중근 의거가 재러한인 사회에 끼친 영향

안중근의 의거는 재러동포들에게 민족의식의 고취라는 측면에서 많은 영향을 주었다. 즉 대동공보사 또는 러시아 각 지역의 재러한인 사회 주최로 안의사 추도회가 개최되었다.[82] 그리고 연해주 지역에서는 최봉준, 김병학(金秉學), 김학만(金學滿), 유진률 등에 의하여 안응칠유족구제회가 결성되기도 하였다.[83] 즉, 1909년 11월에 블라디보스톡에 살고 있는 한인들을 중심으로 안중근을 위한 기금을 모금하고 있었으며,[84] 1910년 1월 14일에 블라디보스톡에서 조직된 구제회에서는 약 500 루불을 모금하여 300 루불은 블라디보스톡에 와 있던 안중근 가족의 가옥 건립을 위하여 지출하였고, 나머지 200 루불은 안중근에게 증여했다. 또한 1910년 2월 27일에는 집회를 개최하여 안중근 가족에게 매일 100 루불을 주기로 결정하였다.[85]

---

82) 대동공보 1910년 4월 24일자 제국통신에 <중근추도회>, 잡보에 <안의사 추도회> 등의 기사가 보인다. 그리고 1910년 4월 24일 광고에서는 1910년 4월 26일 안중근추도회를 한민학교에서 개최할 것임을 공고하기도 하였다. 이외에도 안중근 추도회는 러시아의 각 지역에서 개최되었으며 이에 대한 기사는 대동공보에 자주 산견되고 있다.
83) 『왜정갑구』 1910년 1월 20일 보고
84) 극동문서보관소 폰드 1. 오피스 10, 젤로 287. 리스트 59. 쁘리모르주 군사 총독에게 1908년 1월 23일자로 보낸 보고서.

한편 안중근의 재판이 진행되던 중 연해주에서 모금된 안중근 변호비용이 7만 달러에 이르렀다고 한다.[86] 그리고 의거 직후에 하와이에 거주했던 동포들도 1909년 12월부터 1910년 3월 사이에 2,916달러를 모금하여 이 중 1,700달러를 연해주 블라디보스톡에 있는 안의사구제공동회로 송금했다.[87]

대동공보에서는 1909년 12월 2일자 <박랑일추(博浪一椎)가 환기반도영웅(喚起半島英雄)>이라는 논설에서 안중근의 의거를 칭송하였다. 뿐만 아니라 중국 또는 해외에 있는 중국인들이 간행한 신문에서 안의사의 의거를 찬양하는 논설을 전재하기도 하였다. 1909년 12월 12일자 대동공보에서는 1면과 2면을 완전히 여기에 할애하였다. 1면에서는 <쾌재일격고려상유인야(快哉一擊高麗尙有人也)>라는 청국의 대동일보 논설을, 2면에서는 미국 샌프란시스코에서 청국인이 경영하는 세계일보의 논설 <한인기불망의(韓人其不亡矣)>와 청인의 중서일보 논설 <논이등지피암살(論伊藤之被暗殺)>을 번역 게재하였다. 그 중 중서일보의 논설을 보면,

　　이제 할빈에셔 죠선 유민의 총으로 다시 한국을 멸망케ᄒ든 이등박문을 격슐ᄒ야 삼도국민(일인)의 담이 써동지게 ᄒ얏스니 그 발ᄒᄂᆫ바 반다시 명중ᄒᄂᆫ 것은 형경의 정밀치 못ᄒᆫ 검슐에 견줄바 아니며 그 용밍스러히 나라의 원슈룰 갑ᄂᆫ 것은 더욱히 극밍의 사ᄒᆷ으로 슬인ᄒᆫ데ᄭᆺ치 말ᄒᆯ슈 업ᄂᆫ지라. 오호라 한국사람의 의렬스러온 뎡도ᄂᆫ 가히 공경ᄒᆯ만ᄒᆷ이여

라고 하여 안중근의 이등박문 암살의 정당성을 인정하고 안중근에게 공경심을 표하고 있는 것이다. 그리고 대동공보에서는 1910년 1월 2일

---

85) 신용운, 위의 논문, p.173.
86) 조광, 「안중근연구의 현황과 과제」, 『한국근현대사연구』 12, 2000년 봄호. p.183.
87) 장세윤, 「대동위인 안중근전」, 『안중근자료집』, 독립기념관, 1999, pp.3-4

에 논설 <고려불망의(高麗不亡矣)>를 실었다. 이 논설은 하와이 호놀루루에서 중국인이 발행하는 자유신보 1909년 12월 27일에 실린 내용을 번역 게재한 것이었다.

1910년 3월 안중근 의사가 서거하자 추풍 지역의 토착세력인 박기만(朴基萬) 등은 동년 음력 3월 8일 김병연(金秉淵), 채희건(蔡稀乾), 김규서(金奎瑞), 이중선(李仲善), 이공묵(李公默) 등과 함께 안중근의 제향(祭享)을 올린다는 다음과 내용을 널리 알려 민족의식 고양에 기여하고자 하였다.

삼양지절에 올립니다.
여러 선생님 건강하시고 안녕하시온지요. 지금 저희들은 잘 지내고 있으니 크게 다행입니다. 말하옵건데 일본이 우리를 강점한데 대하여 2천만 동포의 대표된 안의사 웅칠씨의 참혹한 변은 피차 모두 슬퍼하는 일입니다. 오직 우리는 창의소를 설치하여 헛된 날을 보낼 수 없습니다. 그러므로 오는 14일에 멀리 의혼(義魂)을 위로하고자 하오니 여러분은 이날 우리가 있는 곳으로 왕림하셔서 의사의 제향(祭享)에 동참하여 주십시오.

경술 삼월 초 팔일 총무 박기만 김병연 채희건 김규서 이중선 이공묵[88]

또한 1910년 4월 20일 안중근의사 추모회가 블라디보스톡 한민학교 내에서 개최되었다. 당일 안중근추모회에서는 수선합성회사(輸船合成會社) 사장 김인환(金仁煥), 거류민회 회장 김학만(金學萬), 동양학원 교사 김현토(金賢土), 이치근(李治根), 이성화(李成化) 등 약 200명이 참석하였다.[89]

---

88) 블라디보스톡 소재 극동문서보관소 소장, 문서번호 1-11-73-136
89) 신용운, 위의 논문, p.175. 대동공보 1910년 4월 24일자에는 러시아력 3월 20일 블라디보스톡 한인 합성회사 사원 제씨가 한민학교내에서 안의사의 추도회를 개최하였으며, 이때 리당 이범석씨의 강개비분한 연설이 있었다고 되어 있다.

러시아력 3월 28일에는 한민학교 학생들이 학교에서 안의사의 추도회를 열고, 교사 오와실리, 이종익 양씨와 학생 최호신, 양주협 등이 연설을 하였다. 그리고 3월 29일에는 블라디보스톡 한인들이 천주교당에 모여 안의사를 위하여 교회 예식으로 추도회를 거행하기도 하였다. 또 러시아력 4월 4일에는 청년 돈의회에서[90] 한민학교에서 안의사 추도회를 개최하였다. 이때 김익용, 윤면재, 박인협, 양주협, 최호신, 윤능효 등이 연설하였다.[91]

또한 1911년 2월 2일부터 3일간 블라디보스톡 한민학교에서 개최된 제2회 연예회(演藝會)에서도 안중근 의거 관련 내용을 연극으로 보여줌으로써 학생들과 일반인의 민족의식 고취에 기여하였다.[92] 또한 3월 26일에도 한민학교에서 안중근 추도회를 개최하여 70여명이 참석한 가운데 희랍정교회 신도 황공도(黃公道)가 항일적인 연설을 하기도 하였다.[93]

아울러 러시아 연해주지역에는 「대한의사 안중근씨 추도가」가 널리 유행하여 민족의식 고취에 크게 기여하였다. 추도가 내용을 보면 다음과 같다.

> 1절 우리안공 높은 의 일월갗이 밝으며
> 　　우리안공 맑은 맘 눈과갗이 희도다
> 　　단포삼성(短砲三聲) 놉더니 우리원슈 업샛네
> 2절 하이종자(蝦夷種子) 넉일코 동서양이 놀낫네

---

90) 대동공보 1909년 1월 20일자, 잡보 <靑年如玉>에 블라디보스톡 거류지내에 일반 청년들이 지식 호환과 교육발달을 위하여 청년돈의회를 조직하였음을 밝히고 있다.
91) 대동공보 1910년 4월 24일자. 대동공보 1910년 4월 28일자 잡보 <양씨연술>에는 양주협의 연설내용문이 실려 있다.
92) 불령단관계잡건 2권 재서비리아 조선인부 1911.2.5. 개척리에서 조선인의 제2회 연예회에 관한 건
93) 불령단관계잡건 2권 재서비리아 조선인부 1911.4.25. 당지방 조선인의 상태에 관한 건

일개호아(一介好兒) 업세고 장사일거(壯士一去) 앗갑다
부여민족(扶餘民族) 이눈물 천추만세(千秋萬歲) 이즐까
3절 애국의사(愛國義士) 흘닌 피 우리의게 본되여
생각할 때 감격과 바라는때 슮으미
간절하고 간절해 천고지사(千萬志士) 양(養)하네
4절 나리 위해 죽으니 만고(萬古)에 영혼살앗네
살신성인 본삼고 사신취의법(捨身取義法)삼아
조국광복 속히해 선열위로 해보세[94]

　　또한 1914년에는 권업회 회원인 김시현(金時鉉)이 만든 『한반도와 큰 사람』에 「안중근과 하얼빈」이 실려 민족의식 고취에 기여하였다. 이 책자는 권업신문사에서 1914년 7월 6일 1 천매를 인쇄하여 1부에 정가 25전에 판매되었다. 이 책자에는 조선전도(朝鮮全圖)와 단군, 을지문덕, 이순신, 민영환과 혈죽, 안중근과 하얼빈이 그려져 있었다.[95]

　　또한 1917년 블라디보스톡에서 간행된 한인신보에서는 『애국혼』[96] 이라는 책자를 순 한글로 간행하여 민족의식 고취에 노력하였는데 그 가운데는 민영환, 이준, 조병세, 최익현, 이범진 등에 대한 글과 더불어 「만고의사안중근전」[97]이 있어, 재러한인들의 민족의식 고취에 크게 기

---

94) 블라디보스톡 극동문서보관소 소장 자료. 문서번호 226-1-350-110

95) 高圖秘發第241號(大正 3年 7月 23日), 朝鮮總督府 警務總長 立花小一郎,
外務次官殿通報 : 出版物處分ニ關スル件

96) 국사편찬위원회 소장. 한인신보 제17호(1917년 11월 17일자)에 따르면, 『애 국혼』은 상하권으로 되어 있으며, 발행인은 김병흡, 편집자는 한용헌, 글쓴 사람은 玉史, 발행소는 한인신보사이다. 광고에 따르면 "애국혼은 우리가 한권씩 책상에 두고 아니볼수 없는 글이요, 이 책은 각 역사와 신문에서 추 려서 순국문으로 저술한 것이요"라고 되어 있다.

97) 순한글로 이루어져 있으며, 박은식의 안중근전을 토대로 기타 사서와 신문 등을 참조하여 일반 대중들과 학생들의 교재용으로 만든 것이다. 필자는 정 확히 알 수 없으며, 그 내용은 모두 16장으로 되어 있다. 목차를 보면 다음 과 같다. 1. 의사의 성장, 2. 의사의 무협, 3. 의사의 義勇, 4. 의사의 나라 근심, 5. 의사가 고국을 떠남, 6. 해삼위에 왔음, 7. 의사가 의병을 이르킴, 8. 의사의 활동, 9. 의사가 이등을 쏨, 10. 연루의 형편, 11. 안의사를 심문 함, 12. 의사의 두아우와 변호사, 13. 의사가 옥에서 從容함 14. 안의사가

여하였다. 특히 이 책자는 러시아지역뿐만 아니라 중국 훈춘지역에서도 사립학교 및 서당의 교재로 이용되어 젊은 학생들에게 큰 감동을 주었던 것이다. 또한 『애국혼』에는 지금까지 알려지지 않은 또 다른 안중근 추도가를 전해주고 있어 신선미를 더해주고 있다. 특히 이 책이 일반 대중과 학생들의 교재로 이용되었다는 점에서 특히 주목되는 것이라고 할 수 있다. 모두 9절로 이루어져 있는데 내용을 소개하면 다음과 같다.

1절 충의렬렬 안의사난 대한국민 대표로다
　　할빈저자 아침날에 류혈포성 꽝꽝하니
<후렴>
　　영웅일세 영웅일세 나라위해 밫인몸은
　　만고영웅 안의사라 죽어서도 영광이라
2절 오조약과 칠협약을 억지로서 테결하든
　　원수일인 이등박문 고혼될줄 뉘알이오
3절 량국군사혜어지고 텬하이목 놀내엿네
　　나라수치 시첫으니 장하고도 쾌하도다
4절 국권회복 그날이오 민족보전 이때로다
　　아름답고 빗날일홈 쳔추만셰 유젼일세
5절 협사셥정 짝안이오 필부형경 당할손가
　　우리위해 몸바럿으니 뉘가안이 슲어하리
6절 슬픈눈물 슬픈노래 멀리충혼추도하세
　　의사의사 안의사여 부디부디 눈감으오
7절 최면암과 민충정은 텬당에서 환영하고
　　사라잇는 우리들은 동반도에 뒤를 잇네
8절 다른이등 또이슬가 근심하지 마옵시고
　　우리들의 드난칼로 만명이등 당하리라

공판을 당함, 15. 의사의 최종, 16. 의사의 시체. 목차에서 보는 바와 같이 주변 상황 설명 없이 안중근의사를 중심으로 그의 성장, 의거, 공판, 순국 등의 내용을 재미있고 간결하게 서술하고 있어 주목되는 안중근 전기라고 생각된다.

9절 만세만세 만만세는 대한제국만만세라
만세만세 만만세라 안의사의 만만세라

'또한 한인신보 주필 김하구(金河球)는 김용식(金龍植) 등 8명으로 구
성된 신파극단 흥신단(興新團)과 함께 「고 이등공작의 하얼빈조난사건
과 일한합방조인의 광경」을 공연하여 민족의식 고취에 기여하기도 하였
다.98)

한편 러시아 블라디보스톡에서 간행되고 있던 달레카야 아크라이나,
달리히 보스톡 등에서도 안중근 기사를 크게 보도하여99) 러시아인 및
한글을 읽지 못하는 러시아국적 한인들에게도 큰 파장을 불러 일으켰을
것으로 보인다.

결어

1905년 이후 러시아 연해주지역에서 일제에 대항하여 의병투쟁이 전
개되기 시작하였다. 특히 1908년에 연추에서 조직된 동의회는 그 중추적
인 역할을 담당하였다.

1908년 7월 7일 안중근은 최재형이 이끄는 동의회와 이범윤이 이끄는
창의회 등 동지 300여명과 함께 우영장으로서 포병사령관 정경무, 좌영
장 엄인섭 등과 함께 두만강 연안 신아산 부근 홍의동을 공격하였다.
그리고 경흥군 수비대 병사 2명과 헌병 1명을 사살하였다.

이처럼 활발한 활동을 전개하던 안중근 등 연해주 동의회 의병은 1908

---

98) 불령단관계잡건 조선인부 재내지 6(문서본호 432-2-1-4), 일본외무성사료관
소장) 노령포럼지방 정황
99) 달레카야 아크라이나(극동문서보관소 소장)의 경우 1909년 11월 8일, 14일,
17일, 18일, 21일, 29일 등 여러번에 걸쳐 중국에서 간행된 안중근 관련 보
도를 전제하고 있다. 또한 달리히 보스톡(극동문서보관소 소장)에서도 1909
년 10월 15일(러시아력), 16일, 23일, 31일 등에 걸쳐 안중근 관련 내용을
보도하고 있다.

년 7월 19일 회령 영산에서 일본군에게 패배하고 말았다. 특히 안중근이 이끄는 부대의 경우 안중근이 포로를 국제공법에 따라 석방하였다가 오히려 역공을 당하여 국내진공작전에 큰 차질을 빚게 되었다. 그리하여 안중근은 동료들로부터 배척 당하였으며, 연추로 돌아온 후에는 블라디보스톡, 하바로브스크, 수청 등지를 전전하여 재기를 모색하였다.

이러한 가운데 안중근은 수청에서 혹은 교육에 힘쓰기도 하고 사회단체도 조직하며 재기를 모색하고 있었다. 즉, 1909년 음력 1월 25일에 안중근은 김기룡 등과 함께 연추한인 일심회를 조직하였다. 그리고 그는 평의원으로서 최행륜, 박준보, 김윤삼, 오영근, 김병낙, 고문약, 이차서 등과 함께 활동하였다.

또한 1909년 1월 수청에서 박춘성, 한기수 등과 함께 주도하여 30여명의 의병들을 데리고 연추로 이동하여 연해주 의병을 재기하고자 노력하였다. 이처럼 수청지역에서 활발한 활동을 전개하던 안중근은 일진회 회원들에게 체포되어 죽을 고생을 겪기도 하였다.

최재형의 휘하세력인 안중근은 1909년 2월 7일 연추 근처 카리 김씨 성을 가진 사람의 여관에서 김기룡, 백규삼 등과 의병활동에 대하여 협의하고 단지동맹을 결성하였다. 아울러 안중근은 엄인섭과 함께 이등박문을, 그리고 김기룡 등은 이완용, 박제순, 송병준 등을 암살하기로 하고 하늘에 제사를 지냈던 것이다. 또한 안중근은 직접 맹약의 취지서를 작성하였다. 이 단지동맹의 결성은 회령 영산전투 패배이후 자신과 동지들의 위상 회복과 국권회복을 위한 강한 의지를 반영한 것이라고 볼 수 있다.

안중근 의거는 친일파 스티븐슨을 저격한 전명운과 블라디보스톡에서 간행되고 있던 민족지 대동공보와 밀접한 관련을 맺고 있었다. 안중근은 블라디보스톡 한인 개척촌에 있는 이치곤이 경영하고 있는 하숙집에 기거하고 있는 전명운을 3-4차례 만나 의견을 교환하였다. 특히 안중근은 그와 만나 조국의 독립을 위한 민족의식 고취와 일제와의 투쟁 방법에 대하여 논의하였다.

  안중근의 이등박문 포살 소식을 대동공보는 대대적으로 보도하였으며, 이후 러시아지역 뿐만 아니라 국내외의 한민족 전체에게 민족의식을 고취시키는데 크게 기여하였다. 결국 안중근 의거는 1945년 해방이 될 때까지 꾸준히 국내외에서 독립운동을 전개할 수 있는 원동력이 되었던 것이다.

시베리아의 항일운동가 김경천

서언

김경천(金擎天)은 일본육군사관학교 출신의 현역 일본군 장교로서 후에 광복군 총사령관이 되는 이청천과 함께 3·1운동이후 만주로 망명한 인물이다. 또한 만주로 망명한 이후에는서간도 지역에 위치한 대한독립청년단의 회원 및 신흥무관학교의 교관으로서 이청천, 신동천(申東天) 등 3인과 함께 남만주 삼천(三天)으로서 만주지역 항일독립운동의 주역으로 활동하였다. 이후 무기구입을 위하여 러시아 지역으로 이동하여 러시아에서 창해청년단(일명 창해소년단), 수청고려의병대, 고려혁명군 등에서 활동하는 등 러시아지역 항일투쟁을 선도하였다.

김경천은 러시아 내전이 끝난 다음에 상해에서 개최된 국민대표회의에 창조파의 일원으로 참석하는 한편 이에 실망하여 블라디보스톡에 돌아온 이후에는 한족군인구락부를 조직하고 무관학교를 세워 독립군을 양성, 국내에 진공하고자 하였으나 뜻을 이루지 못하였다.

즉 김경천은 1919년 만주로 망명한 이후 1922년 일본군의 시베리아 철수 시까지 러시아에서 활동한 대표적인 항일운동가였다. 그러므로 1922년 시베리아를 방문한 공민(公民) 나경석(羅景錫)은 동아일보에 연

김경천 장군

대륙으로 간 혁명가들

제한 『노령견문기』(5) 1922년 1월 24일자 중 「경천 김장군」이라는 제목
하에,

조선의 유지청년이 노령에 수천수만이 출입하였으나 김장군 같이 위대
한 공적을 성취한 사람은 없나이다.
김군이 노령에 입(入)하면서 경천(警天)이라 개명하였으므로 노령에서
는 김광서(金光瑞)라는 본명은 알지 못하고 경천 김장군이라면 내외국인이
별로 모르는 이가 없나이다.

라고 하여 그가 시베리아 일대에서 널리 알려진 항일투쟁가임을 밝히고
있는 것이다. 특히 그는 일본육군사관학교 기병과 출신으로서 시베리아
에서 투쟁 시에도 백마를 타고 기병부대를 주로 지휘하였으므로 흰말을
타고 만주 시베리아를 누빈 항일영웅으로서 전설적인 인물로 인식되기
도 하였던 것이다.[1] 이처럼 그는 항일독립운동에 있어서 대단히 중요한
인물임에도 불구하고 학계에서는 지금까지 김경천에 대하여 별로 주목
하지 못하였다. 그러므로 그는 항일영웅이면서도 수수께끼의 인물로서
만 알려졌던 것이다.[2]

그러던 중 1982년 일본 동경 자유사에서 출판된 임은 저, 『북조선왕조
성립비사: 김일성정전』에[3] 그의 말년 행적이 일부 알려짐으로써 김경천
에 대한 새로운 관심이 증대되었으나 연구차원으로 연결되지 못하였다.
그런데 1998년 8월 15일 김경천이 독립유공자로서 대통령장을 포상받
게 됨과 아울러 국가보훈처 초청으로 그의 유족 2남 4녀 가운데 생존해
있는 막내아들 김기범(러시아 노보고로드 거주, 1932년생)과 막내 딸
김지희(카자흐스탄 카라칸다 거주, 1928년생)가 한국을 방문하게 됨으로

---

1) 이명영, 『김일성열전』, 신문화사, 1974, pp.55-61
2) 이기동, 『비극의 군인들』, 일조각, 1982, p.31
3) 이 책은 1989년에 한국에서 『김일성정전』이란 제목으로 沃村文化社에서 번
역 출간되었다.

써4) 그들의 증언과 회고, 김경천 및 가족 사진 등이 공개되어 지금까지 알려지지 않았던 김경천의 생애가 알려지게 되어 신선한 충격을 주고 있다.

그러나 김경천의 러시아 지역에서의 활동에 대하여는 아직 기초적인 연구 단계임을 지적하지 않을 수 없다. 김경천은 1920년부터 1922년 사이에 연해주지역의 쉬마코프카, 올가군, 뽀시에트, 아누치노, 이만, 수청 등지에서 활동한 것으로 되어 있고 이에 대한 자료는 러시아 극동문서보관소 등에 소장되어 있는 것으로 알려지고 있다. 앞으로 러시아 자료 등의 입수를 통하여 김경천의 항일투쟁은 물론 러시아 지역 한인민족운동의 전체상이 밝혀지기를 기대한다. 아울러 후손들의 요청에 의하여 러시아 비밀첩보기관에 있는 김경천 관련 자료들 역시 발굴되어야 할 것이다.

I. 김경천의 집안

김경천의 본관은 김해이며, 본명은 김광서이고.5) 별명은 김경천(金擎天, 金敬天), 김응천(金應天)이다.6) 함남 북청군 신창읍(新昌邑) 승평리(昇坪里)에서7) 1888년에 6월 5일에 출생하였으며8), 본적은 서울 사직동

---

4) 후손의 소재파악과 자료 입수, 번역에는 모스크바에 유학 중이던 감사원 감사관 정창영씨의 헌신적인 노력이 있었다.
5) 호적등본에 의하면 김광서의 본관은 원래 김해이나, 1916년 10월 10일 신고에 의하여 始興으로 변경되었다고 되어 있다.
6) 朝鮮總督府 警務局, 『國外に於ける容疑朝鮮人名簿』, p.69; 동아일보 1922년 1월 24일자 『露領見聞記』
7) 『김규면비망록』 김경천조(박환, 『재소한인민족운동사』, 국학자료원, 1998, p.297)에는 咸南 北青으로 있다. 그리고 『신창읍민회회보』, 1990, p.152에는 북청군 新昌邑 五昇里 출신라고 되어 있다. 이점에 대하여는 함남 북청군민회 회장 李善俊, 함남 북청군 명예군수 金慶 등과의 면담에서도 확인하였다 (1998년 8월 17일에 가진 면담). 다만 이를 1912년 김경천의 출원에 의하여 서울 사직동으로 수정하였다(김경천 호적등본 참조).

166번지이다.[9] 그의 어릴 때 이름은 현충(顯忠)이다.[10]

김경천의 부친은 김정우(金鼎禹, 1857-1908)이며, 어머니는 윤옥련(尹玉蓮)이다.[11] 김경천은 5남 1녀 중 막내아들이다.[12] 김경천의 집안은 사족출신으로 되어 있다.[13] 그러나 사실 부유한 무관집안이었던 것 같다.[14] 즉 김경천의 생존자녀들의 회고를 바탕으로 김경천의 장녀인 김지리(金知利)의 장남 김 이브게니가 작성한 『김경천에 대한 회고』에,[15]

> 조모로부터 듣기로는 양가 모두 서울의 양반가문출신들로서, 결혼잔치 만 7일동안 할 정도로 모두 부유한 집안들로서 저희의 증조부, 종증조부, 모두 조선군 지휘관으로 근무하였다고 하였습니다.

---

8) 김 마뜨베이 저, 이준형 옮김, 『일제하 극동시베리아의 한인사회주의자들』, 역사비평사, 1990, p.159에는 김경천이 1883년 1월 15일 서울 봉건귀족의 집안에서 태어났다고 밝히고 있다. 그러나 호적등본에 의하면 1888년 6월 5일에 출생한 것으로 되어 있다. 그리고 러시아에 생존해 있는 김경천의 가족들은 김경천을 1885년생으로 알고 있다. 그리고 金埈元(일본 육사 23기, 전 국방부 장관 金貞烈의 부친)이 보관하고 있는 沙漠泉이란 앨범의 사진에는 김경천이 1887년생으로 되어 있다. 본고에서는 호적에 근거하여 1888년으로 하였다. 앞으로 좀더 검토의 여지가 있다고 생각된다.
9) 한편 김경천의 부친 김정우의 본적은 경기도 광주군으로 되어 있다.((『慶應義塾入社帳』, 해제 김상기, 『쟁점한국근현대사』, 1992.12)
10) 이명영의 『김일성열전』, 59쪽에서는 이응준(일본육사 26기)의 증언에 근거하여 김경천은 육사재학시절 그의 이름을 현충에서 광서로 개명하였다고 한다.
11) 김경천 호족등본 참조
12) 김경천은 1명의 여동생이 있었다. 해방직후 이청천의 딸 지복영을 찾아왔었다고 한다(1998년 8월 17일 지복영과 가진 면담에서 청취) 그후 그녀는 북한으로 가 그곳에서 사망하였다(1998년 8월 16일 김경천의 딸 김지희와 가진 면담에서 청취)
13) 『경응의숙입사장』 김정우조
14) 『김규면비망록』에서도 김경천이 무관집안이라고 하고 있다.(p.297); 이청천 장군의 따님 광복군 출신 지복영여사에 따르면 김경천의 사직동집은 2층 양옥으로 연못이 있는 큰 저택으로 부유한 집안이었다고 한다(1998년 8월 17일 지복영과 가진 면담에서 청취)
15) 김경천의 탄생 110주년(1995년)을 맞이하여 당시 생존해 있던 김지란, 김지희, 김기범, 김수범 등 자녀 4명의 기억을 바탕으로 김지리의 장남 김 이브게니가 작성하였다.

라고 있는 점으로 미루어 보아 알 수 있다.

김경천의 아버지인 김정우는 갑오개혁의 발발이후인 1894년 11월 경무청(警務廳) 총순서(摠巡敍) 판임관(判任官) 6등에 임명되었다. 그리고 다음해인 1895년 5월 당시 35세의 만학의 나이로 일본에 유학하여 경응의숙(慶應義塾)에 입학, [16] 동년 11월 21일 경응의숙에 입사한 것으로 되어 있다.[17] 당시 김정우와 함께 경응의숙에 입학한 조선인은 총 114명이나 되었다.[18] 이들은 경응의숙에 설치된 특별교육부에 입학하였으며, 보통과에서 어학을 비롯하여 보통교육을 받았다.[19] 그리고 1897년 8월에 보통과를 졸업하고, 동월 동경 신전구(神田區) 순천구합사(順天九合社) 공업예비과에 입학한 후, 9월에 공업예비과를 졸업하였다. 그후 9월에 동경공업고등학교 기계과에 입학한 후 1899년 졸업하였다. 그리고 동월 동경포병공창 총탄제조소를 견습하고, 1900년 9월에 총탄제조법에 관한 공부를 마치었다. 그리고 10월에 귀국하여 군부의 기사, 군기창기사 등으로 일하였으며, 1904년 9월에는 육군 포병 참령, 1905년에는 군기창장(軍器廠長)에 임명되었다. 그리고 1906년에는 정 3품 군기창장으로서 육군 포병 부령이었던 것이다.[20] 즉 김경천의 부친은 일본에 유학한 인물이며, 군기에 대한 전문가로서 구한국육군의 최고위층의 인사였던 것이다.

김경천은 유정화(호적명, 柳貞(1892-1971)와 1909년 결혼하였다.[21] 유정화는 경기도 고양군 용강면(龍江面) 거주 유계준(柳桂俊) 딸이다.[22]

---

16) 국사편찬위원회, 『대한제국관원이력서』, 김정우조, 1972, p.504
17) 『경응의숙입사장』 김정우조
18) 阿部洋, 「舊韓末の日本留學」(Ⅰ), 『韓』, 3권 5호, 1974.5, p.82, 주 4번 참조
19) 송병기, 「개회기 일본유학생 파견과 실태(1881-1903)」, 『동양학』 18, 단국대학교 동양학연구소, 1988, pp.264-265.
20) 『대한제국관원이력서』, pp.504-505
21) 김경천 호적 등본
22) 김광서 호적등본 참조. 고양군 용강은 현재 서강대학교가 있는 근처지역이다. 후손들에 대한 조사를 하여본 결과 지금은 그 흔적을 찾을 수 없다.

김경천의 부인 유정화(카자흐스탄 카라칸다)

그녀의 집안 역시 부유하였다.[23] 김경천이 일본으로 유학가기 1주일 전에 혼인잔치가 벌어졌다. 김경천은 일본으로 떠나기 전 그의 부인에게 피아노를 사주고, 배우게 하였다고 한다. 그 후 김경천은 부인을 일본으로 불러 일본육군사관학교가 있는 천엽현(千葉縣)에서 그의 두딸 지리와 지혜(知慧)를 낳았다.[24]

II. 부친의 영향으로 일본육군사관학교 유학

김경천은 부친의 영향을 받아 군인이 되고자 하였던 것 같다. 특히 그는 어려서부터 나폴레옹을 흠모하였다고 한다. 『김경천에 대한 회고』에,

---

23) 『김경천에 대한 회고』
24) 『김경천에 대한 회고』

어머님(김경천의 부인 유정화-필자주)이 말씀 하시길 유년시절 어느날 김경천은 서점에 들러 서가의 책을 들러 보다가『나폴레옹』이라는 책을 보게 되었다. 책을 읽은 감동은 가슴깊이 강하고 깊은 인상을 남겼으며, 그는 장차 군인이 되기를 열망하다가 이윽고 이를 결심하였다.

라고 하여 그가 나폴레옹과 같은 군인이 되고자 하였음을 알 수 있다. 이점은 김경천이 나폴레옹을 존경하였던 점도 있지만 그의 집안이 무인 가계였기 때문에 더욱 그가 어려서부터 이러한 데에 관심을 갖게 되었던 것이 아닌가 추정된다. 김경천의 군인이 되고자 하는 꿈이 이루어지는 것은 어려운 일이 아니었다,『김경천에 대한 회고』에서도,

　　그런데 그의 경우 이를 위해서는 멀리 나갈 필요가 없었다. 왜냐하면 그의 증조부, 부친, 숙부가 병조판서를 지낸 무인의 가계였기 때문이다. 그의 형들 역시 모두 장군이었다. 정말 한 가족에 있어서 매우 드문 일이었다.
　　어머니가 말씀하시길, 김경천은 집안의 다섯 번째 장군이었다고 했다. 바로 이러한 생의 열마옹로부터 김경천은 일본어를 철저하게 익히면서 지원자들에 대한 면밀한 심사에도 불구하고 일본육사에 입학하였다. 정말 당시의 경쟁률은 100:1이었다.

라고 있듯이 김경천은 일본육군사관에 들어가는 꿈을 이루었던 것이다.
　　당시 일본 육군사관학교에 입학하기 위해서는 육군중앙유년학교를 다녀야 했다. 이 학교에서 예과 3년, 본과 2년을 졸업해야 했다.[25] 육군중앙유년학교를 졸업한 사람은 누구나를 막론하고 사관후보생으로서 일본전국의 각 연대에 배속 받아 6개월 동안 부대근무를 하게 되어 있다. 당시 육사를 들어가는 길을 두 가지로 나눌 수 있다. 하나는 유년학교를 거쳐 들어가는 것이며, 또 하나는 일반 중학교를 졸업한 후 시험에 합격

25) 이응준, 『회고90년』, 산운기념사업회, 1982, p.65.

하여 들어가는 것이다. 그러나 중학교 출신이 유년학교 출신과 다른 점은 부대근무가 반년간 더 많다는 점이다.[26]

김경천은 서울에서 중학교를 마치고[27], 육사에 입학하였다. 즉 그는 1909년 12월 유일한 한국인 관비유학생으로[28] 일본 육사 제23기생으로 입학, 1911년에 졸업하였다. 김경천이 일본육사에 진학하게 된 것은 무엇보다도 그의 부친 김정우가 일본에서 유학한 군인이었기 때문에 가능하였을 것으로 보인다. 더불어 일본육군사관학교 출신으로서 구한국정부의 참령으로 있던 그의 아저씨의 주선이 도움이 되었다.[29]

육군사관학교 재학시절 김경천은 우선 일본식 군사교육을 철저히 받았을 것이다. 즉, 당시 육군사관학교는 군사학의 경우 전술학을 주로 하여 병기학, 지형학, 축성학, 교통학 등과, 술과(術科)로는 교련, 진중근무, 검술, 사격, 마술을 가르쳤다. 그리고 이 술과 실시에 필요한 각 병과의 조전(操典), 교범(教範), 야외요무령(野外要務令) 및 내무·예식에 필요한 내무서, 육군예식 등도 교육하였다. 아울러 천황에 대한 충성심, 공격정신, 책임관념, 무사도 정신 등도 집중적으로 가르쳤다. 김경천은 군사교육뿐만 아니라 육사에서 중국어, 러시아어 등 어학도 교과과정에 편성되어 있었으므로 공부하였을 것이다. [30] 이러한 일본육군사관학교에서의 교육은 김경천이 일본의 전략, 전술, 일본인의 심리상태 등을 이용하여 보다 효과적인 투쟁을 전개하는데 큰 도움이 되었을 것이다.

---

26) 이응준, 위의 책, p.73.
27) 김 마뜨베이, 앞의 책, p.159.
28) 동아일보 1922년 1월 23일자 露領見聞記(五) 公民 8, 警天 金將軍에는 김경천이 관비유학생이라고 밝히고 있다. 이에 대하여 이명영은 그의 저서 『김일성열전』, p.59에서 김경천은 사비유학생이라고 하고 있다.
29) 이명영은 그의 책 p.59에서 김경천의 아저씨가 일본육군사관학교 11기생으로 구한국정부의 參領이었던 金成殷이라고 추정하고 있다.
30) 위의 책, pp.75-77, 김경천의 생존 자녀들에 따르면 김경천은 러시아어를 잘 말하지 못하였다고 한다(1998년 8월 16일 김기범, 김지희와 가진 면담에서 청취)

Ⅲ. 만주로의 망명과 대한독립청년단,
신흥무관학교 등에서의 활동

김경천은 일본 육군사관학교 재학시절 일제에 의해 한국이 강점되는
비운을 겪게 되었다. 이에 김경천은 후배들인 육사 26기 이청천, 홍사익
(洪思翊) 등과 함께 조국광복을 위한 맹세를 하였던 것으로 보인다. 일본
육군사관학교 45기인 이형석(李炯錫)이 회고를 보면,

> 홍사익의 말을 들으면 그는 한참 혈기 왕성한 때에 유학을 갔다가 조국
> 이 강압적 합방을 당하고 보니 그 젊은이들의 비분강개야 말로 불가형언으
> 로 안절부절이었다는 것을 능히 짐작할 수 있었다. 요꼬하마인가 어딘가
> 시골 어떤 요정에서 대호통음(大呼痛飮)한 끝에 어떤 사람은 곧 전원이
> 퇴학하고 돌아가자는가 하면 어떤 사람은 이중교(二重橋) 앞에 가서 전원
> 이 자결하여 이 분하고 억울한 마음을 풀어보자고 하였는데 결국은 지청천
> 의 주장에 따라 우리가 이왕 군사훈련을 받으러 온 것이니 배울 것은 끝까
> 지 배운 다음 장차 중위가 되는 날 일제히 군복을 벗어 던지고 조국광복을
> 위하여 총궐기하자는 맹세로서 결론을 짓게 되었다는 것이다.[31]

라고 있듯이 일본육사 재학생들은 이청천의 주장에 따라 요코하마의
맹세를 통하여 임관후 적절한 기회를 보아 탈출하여 독립을 위하여 노력
하고자 하였던 것이다. 김경천 역시 일제의 조선 강점을 계기로 독립의
의지를 갖게 된 것으로 생각된다.

육사를 졸업한 김경천은 동경 제1사단 기병 제1연대에서 근무하였
다.[32] 그 때문에 그는 육사 26기[33], 27기 후배들과[34] 자주 접촉할 수

---

31) 이형석, 「지청천」, 『한국근대인물백인선』, 신동아 1970.1월호 부록, p.243.
32) 이기동, 앞의 책, p.32
33) 일본 육사 26기생은 13명으로 李應俊, 洪思翊, 趙喆鎬, 池錫奎(이청천) 등
    이 그 대표적인 인물들이다.(이기동, 앞의 책, p.25)

있었다. 그리고 후배들과 만날 때마다 요코하마의 맹세를 되새겼을 것이다. 그는 1916년 12월 제26, 27기생 가운데 홍사익, 이응준(李應俊), 윤상필(尹相弼), 김종식(金鍾植) 등 동경 제1사단에서 근무하던 한국인 장교들이 발기인이 되어 친목단체인 전의회(全誼會)를 만들자, 그는 회장으로 추대되었다. 비록 이 전의회는 표면상 친목단체이긴 하였으나 내면적으로는 국제정세와 조선의 상황 등에 관하여 그리고 자신들의 향배에 대하여 논의하는 자리가 되었을 것이다.[35]

1916년 김경천은 청원하여 휴가를 얻었다. 그리고 귀국한 그는 독립운동을 위한 준비작업에 들어갔다. 즉 김경천은 동지들을 물색하는가 하면 일면으론 부친으로부터 물려받은 토지를 팔아 자금을 준비하고자 하였던 것이다.[36] 한편 김경천은 이때인 1916년 10월 10일자로 자신의 본관을 김해에서 시흥(始興)으로 변경하였다.[37] 즉 김경천은 시흥 김씨의 시조가 되었던 것이다. 경기도 시흥에 특별한 연고가 없던 그가 시흥을 본관으로 한 것은 아마도 자신의 독립에 대한 강한 의지를 표현하고자 한 것이 아닌가 한다.[38]

한편 김경천에게 탈출을 위한 직접적인 계기를 마련해 준 것은 동경에서 있었던 2·8독립선언이었다.[39] 시베리아로 자신과 인터뷰를 하기 위해 찾아온 동아일보기자와의 갖은 면담에서(1923년 7월 29일자 동아일보) 김경천은,

일천구백십구년에 전무후무한 세계적 회의가 열리고 각 소약민족에게

---

34) 육사 27기생은 모두 20명인데 대표적인 인물로는 金錫源, 金鍾植, 尹相弼, 李種赫 등을 들 수 있다.(이기동, 앞의 책, p.26)
35) 현재 회지의 일부는 홍사익의 아들 洪國善(예비역 중령)이 소장하고 있다고 한다. 이기동, 앞의 책, p.32.
36) 『김경천에 대한 회고』
37) 김경천의 호적 등본 참조.
38) 『신창읍민회회지』, 1990, p.153.
39) 김 마뜨베이, 앞의 책, p.159.

도 권리를 준다함에 우리 동경유학생이 독립운동의 첫소리를 발하였소.
이때 나는 동경에서 사관학교를 마치고 일본육군기병 제1연대 사관으로
있을 때이라. 꿈속같이 기쁜 중에도 불보 듯 하는 마음을 참을 수 없었소.
그리하여 병으로 수유를 얻어 가지고 이월 이십일에 경성에 도착하니 도처
에 공기가 이상스러웠소.

라고 하여 동경에서 유학생들이 중심이 되어 일으킨 2·8독립선언의
영향을 크게 받았음을 밝히고 있다. 아울러 그 영향으로 그는 병을 칭하
고 휴가를 얻어 2월 20일 서울에 도착하였던 것이다. 이때 육사 3년
후배인 이청천과[40] 이응준도 귀국하였다.[41] 그들은 매일같이 사직동에
있는 김경천의 집에 모여 나라의 일에 통분을 나누기도 하고, 자신들의
갈 길에 대하여 토론도 하였다. 그리고 국외로 탈출하여 독립운동을 전
개하자고 결의하였다.[42]

만주로 망명하기로 결심한 김경천은 일본의 감시를 피하기 위하여
표면적으로는 당구를 치고 밤에는 술집을 드나들면서 헌병대의 눈을
속였다. 즉 그는 장안의 유명한 기생 현계옥(玄桂玉, 妓名은 秋江)의
집에 드나들기도 하고 여화원(麗華園)이라는 중국 요리집에서 당구와
술로 날을 보내기도 하였다. 특히 그는 서울에 와 있던 몇 달 안되는
동안 이강공(李堈公, 의친왕)의 애인과 염문을 뿌려 장안의 화제가 되기
도 하였다.[43] 당시의 상황에 대하여 『김경천에 대한 회고』는 다음과
같이 언급하고 있다.

모든 독립운동에 대한 준비가 끝난 후, 김경천은 한국으로 돌아왔고,
근본적인 활동 즉 지하혁명활동으로부터 일본인들의 주의를 따돌리기 위

---

40) 이청천의 망명과 관련하여서는 지복영, 『역사의 수레를 끌고 밀며』, 문학과
   지성사, 1995, pp.35-40에 상세히 기록되어 있다.
41) 이기동, 앞의 책, p.31.
42) 이응준, 위의 책, p.115.
43) 이명영, 위의 책, pp.59-60.

해 방탕한 생활을 시작하였다. 마치 육사졸업이 그리 중요하지 않은 것처럼. 김경천의 자식들이 그들의 사랑하는 어머니 유정화의 이야기에 의해 기억하고 있는 바와 같이, 그는 일제의 주의를 따돌리기 위하여 노력하였다. 일본노름을 하는 도박장과 당시 젊은 사람들이 다니던 유흥클럽들에 출입하였던 것이다. 그러나 반복하건데 이 모든 것들은 사전에 계획된 것들이었다. 김경천의 이러한 행동은 그의 사랑하는 아내와의 사이에 미리 이야기 된 것들이었다. 이 모든 것은 인생의 높은 뜻, 즉 그들의 사랑하는 조국을 일본의 압제로부터 해방시키기 위한 것이었다.

즉, 김경천은 사전에 철저한 계획 하에 만주로 탈출하기 위한 시나리오를 갖는 주도면밀함을 보였던 것이다. 한편 일본군 당국은 3·1운동이후 김경천과 이청천 등뿐만 아니라 그들의 부인들에 대한 감시 역시 게을리 하지 않았다.[44]

1919년 6월 초 만주로의 망명 기회를 잡은 김경천은 평양에 있던 이응준에게 연락하였다. 그러나 이응준은 일정 및 코스의 변경으로 함께 가지 못하였다.[45] 이에 김경천은 1919년 6월 6일 이청천과 함께 만주로의 망명을 단행하였다. 당시의 상황을 김경천은 1923년 7월 29일자 동아일보기자와의 면담에서,

> 그러더니 삼월 삼일에 독립선언이 터지니 이때 우리군의 몇 사람은 장래 조선민족이 독립운동을 하자면 아령과 남북만주를 중심 삼지 아니하면 아니되리라하고 동지 이청천과 함께 협의하고 국경을 넘으려는데 당시 경계가 심할 때라. 잘못하다가 잡힐 염려가 있으므로 6월 6일에 우리 두 사람은 군복을 벗고 보통양복을 갈아입은 후 자동차를 타고 수원을 갔었소.
> 그리하야 수원에서 차를 타고 그대로 남대문으로 오니 해가 지고 어둡디다. 그대로 신의주까지 와서 자는 데 밤중에 경찰의 조사가 있으므로 그 밤을 자지 못하고 처음에는 일인이라고 대답한 후 정거장에 가서 차를

---

44) 지복영, 위의 책, p.37.
45) 이응준, 위의 책, pp.118-119.

타고 국경을 넘었습니다.

라고 하여, 이청천과 장래 조선의 독립을 달성하기 위해서는 만주와 러시아 지역을 중심으로 무장투쟁을 전개해야 한다고 인식하였던 것 같다. 그리고 이를 위하여 일차적으로 만주로 망명하고자 하였던 것이다. 그리고 수원, 남대문, 신의주를 거쳐 만주로 망명하였던 것이다.[46] 이들의 망명은 큰 의미를 지니는 것이었다. 3·1운동 후 많은 한인청년들이 만주로 망명하는 도화선이 되었으며, 또한 이들은 체포 시 현역군인이었으므로 군법회의를 통하여 사형에 처해졌을 것이다. 그럼에도 불구하고 망명을 단행하였던 것이다. 한편 김경천과 이청천 등 일본군 현역 장교의 망명은 일본에 큰 충격을 주었다. 그리하여 일본군은 김경천과 이청천의 체포에 혈안이 되었으며, 이들의 체포에 현상금 5만 엔을 내걸었던 것이다.[47]

만주로 망명한 김경천은 일단 신의주 맞은 편 안동현에서 독립운동을 전개하던 대한독립청년단에 가입하여 활동한 것 같다. 이 단체는 3·1운동 당시 국내에서 활동하던 학생 조재건(趙在健), 함석은(咸錫殷), 오학수(吳學洙), 지중진(池仲振), 박영우(朴永祐) 등이 만주로 피산하여 동년 4월 안동현 구시가 풍순잔(豊順棧)에 모여 조직한 독립운동단체로서 상해 임시정부를 적극 지지하는 공화주의 지향의 단체로 당시 총재에 안병찬(安秉瓚), 단장에 함석은, 간사에 박영우, 서기에는 장자일(張子一)이 활동하고 있었다.[48] 대한독립청년단에 가입한 김경천은 이 단체의 주요 사업에 적극 호응하였을 것으로 추정된다. 즉 그는 상해임시정부의

---

46) 이명영, 『김일성열전』, 신문화사, 1974, p.58에서는 당시 김경천 등의 탈출에 그들이 동경에서 알고 지내던 金若水의 도움이 있었다고 언급하고 있다. 앞으로 좀더 구체적인 검토가 있어야 할 것 같다.

47) 김 마트베이 지음, 이준형 옮김, 『일제하 극동시베리아의 한인사회주의자들』, 역사비평사, 1990, p.159.

48) 박환, 「만주지역 대한청년단연합회의 성립과 활동」, 『하석 김창수교수화갑기념사학논총』, 1992, pp.358-363.

운동비 조달을 위하여 노력하였고, 또한 파리 강화회의에 파견된 동지들의 후원을 위하여 노력하였을 것이다.

또한 김경천은 대한독립청년단 단원들과 함께 1919년 8월에는 안병찬 외 28명의 연서로 '중화민국 관상보(官商報) 학계제군에게 고함'이란 제목으로 성명을 발표하였다.[49] 이 성명에서 일본이 조선과 마찬가지로 중국에 대하여도 침략을 전개할 것임을 강조하고, 만일 국제연맹에서 한국문제에 대해 만족할 만한 해결을 얻지 못하면 곧 독립전쟁을 선포하여 최후의 일인까지 혈전을 전개할 것임을 천명하였다.

그러나 김경천의 대한독립청년단에서의 활동도 동년 8월 총재인 안병찬의 체포로 인하여 세력이 약화되자 크게 위축되었을 것으로 생각된다.[50] 이에 김경천은 보다 효율적으로 독립운동을 전개하기 위하여 서간도 유하현에 있는 신흥무관학교를 찾아가 교관으로서 활동하였다.[51] 이것은 독립운동계에 큰 힘이 되었다. 그리고 이곳 무관학교에서 김경천은 이청천과 함께 독립군을 양성하며 시기를 엿보았다.[52] 이 학교에는 구한국군관학교 출신인 신팔균도 있었다. 이 세사람은 조국을 위해 투쟁할 것 맹세하고 그 맹세의 뜻으로 다같이 천자(天字)가 붙은 별호를 가지게 되었는데, 동천 신팔균, 경천 김광서, 청천 지석규(池錫奎)라고 했으며, 이들을 남만 삼천이라고 하였다.[53]

한편 신흥무관학교에서 교관으로 활동하던 김경천에게는 군사서적이 필요하였다. 이에 서울 집에 많은 서적을 소장하고 있던 김경천은 일본의 감시를 피하기 위하여 한 여인을 파견하였다. 그러나 이 여인은 김경천의 집을 감시하던 일경에 체포되어 고문 끝에 죽음을 당하기도 하였

49) 국회도서관, 『한국민족운동사료』(3·1운동편 2), 1978, pp.308-309.
50) 국회도서관, 『한국민족운동사료』(3.1운동편 2), p.306.
51) 박환, 「신흥무관학교」, 『만주한인민족운동사연구』, 일조각, 1991, p.332;애국동지원호회, 『한국독립운동사』, 1966, p.255
52) 『동아일보』 1923년 7월 29일자
53) 이명영, 『김일성열전』, pp.60-61

다.[54] 그때 장길상(張吉相)이 배천택(裵天澤)을 시켜 5만원이란 거금을 군자금으로 보내왔는데 이 돈을 김경천, 이청천, 신동천 등 3인이 공동관리를 하면서 계획을 추진하였다. 그들은 1920년 3월 1일을 기하여 국경지대인 자성, 후창, 또는 혜산진 등 어느 한 곳을 점령해서 국내에 3·1운동을 다시 일으킬 수 있는 정신적 자극을 주고자 하였다. 이에 따라 신동천은 남만주 한인사회의 지원을 얻기 위해, 이청천은 상해임시정부와 연락하기 위해 그리고 김경천은 노령으로 무기구입 루트를 개척하기 위해 각각 이동하였다. [55]

한편 노령지역으로 이동하던 김경천은 우선 중간기착지로 독립운동이 활발히 전개되던 북간도를 택하였다. 단신으로 북간도로 간 김경천은 그곳에서 동지들을 규합하고자 하였다. 그러나 그곳의 지방파벌간의 갈등으로 그곳에 정착하지 못한 김경천은 노령지역으로 재차 이동하였다.[56]

IV. 러시아 연해주에서의 항일투쟁

1919년 말경[57] 러시아로 이동한 김경천은 이 지역 한인독립운동의 근거지인 블라디보스톡에 머물면서 독립운동이 기회를 모색하고 있었다. [58] 당시 시베리아 지역은 급격한 정치적 변동기였다. 즉, 1919년 11월 중순 러시아 혁명세력이 꼴차크 백위파 정권을 붕괴시킨대 이어 1920년 1월 초에는 이르꾸츠크를 장악하고, 2월 31일에는 블라디보스톡까지 세력권에 넣었던 것이다. 그 결과 한인사회에는 러시아 혁명세력과

---

54) 『김경천에 대한 회고』
55) 이명영, 『김일성열전』, pp.60-61.
56) 동아일보 1922년 1월 23일자 『露領見聞記(五)』「경천 김장군」
57) 이범석, 『우둥불』 연표에는 김경천이 1919년 10월에 노령으로 이동한 것으로 되어 있다.
58) 동아일보 1922년 1월 23일 『露領見聞記』「警天 金將軍」

의 제휴설이 강하게 제기되고, 실제 러시아 공산당에 가입하거나 한족공산당을 조직하는 경향도 나타나고 있었던 것이다. 이러한 와중에 1920년 3월 러시아 혁명부대와 한인부대가 아무르강 하구 북쪽에 위치한 니꼴라예프스크(니항)의 일본군과 민간인을 전멸시키는 사태가 발생하였고, 일본군은 이를 계기로 1920년 4월 한인들이 다수 거주하는 연해주 지역을 공격, 한인들을 다수 학살하는 일이 발생하였던 것이다.[59] 특히 김경천이 있던 블라디보스톡의 신한촌에 대하여 일제의 무차별 공격을 진행하였던 것이다. 이 사격으로 많은 사람들이 죽었으며, 가옥이 다수 파괴되었다.[60] 그리하여 이곳에서 활동하던 김경천도 블라디보스톡에서 산림지대인 수청지역으로 이동하여 산림 속에 일단 피신하였다.[61] 김경천이 수청지역으로 이동한 것은 이곳이 산악지대로 유격전을 전개하기 좋은 곳이며, 또한 동포들도 다수 거주하고 있기 때문으로 생각된다. 그런데 당시 수청지역도 역시 안전지대는 아니었다. 1920년 4월 6일 일본군이 습격이후 이곳 역시 일본군과 백위파 군대의 지배 하에 들어갔으며, 일본군은 이곳에 헌병대를 설치하는 한편 친일조직인 거류민회도 조직하여 한인들을 통제하고 있었던 것이다. 또한 이들은 강백우, 한창걸, 박세르게이 등 수청지역 한인 지도자의 집을 수색하는 한편 학교 교사들까지도 체포 구타하였다.[62] 한편 일본의 조정을 받는 중국계 마적들이 수시로 출몰하여 한인들을 괴롭히고 있었다. 이에 김경천은 곤궁에 처해있는 재러동포들을 구하기 위하여 의용군을 모집, 마적 소탕에

---

59) 반병률, 「초기 한인 공산주의운동의 올바른 이해를 위하여」, 『일제하 극동 시베리아의 한인사회주의자들』, 마뜨베이 지음, 이준형 옮김, 역사비평사, 1990, pp.23-27
60) 한국독립유공자협회 엮음, 『러시아 지역의 한인사회와 민족운동사』, 교문사, 1994, pp.196-197
61) 동아일보 1922년 1월 23일자
62) 강호여, 「수청의병대의 연혁」, 『한국독립운동사자료집-홍범도편-』, 정신문화연구원, 1995, p.386

적극 나서게 되었던 것이다.[63] 당시의 상황을 동아일보 1922년 1월 23일자 『노령견문기』「경천 김장군」은 다음과 같이 기록하고 있다.

> (김경천은–필지주)노령 해삼에 입하여 1년 간을 체재하였으나 역시 여의치 못한 중 일본이 출병하여 일본군이 과격파와 반과격파의 군기를 전부 몰수하고 조선인을 포착할 때에 다행히 도망하여 노령 연해주 삼림지대인 조선인의 통칭 수청이라는 산중에 잠거하여 있었는데 그때에 중국인 마적은 러시아인의 무기를 일병이 전부 압수하였음을 아는 고로 무인경에 들어온 듯하여 농촌에 절대다수를 점한 조선인의 피해가 막대하였나이다.
>
> 그러나 우리 농민은 마적을 방어할 방략이 절무하여 가산을 포기하고 안전지대로 이전하려다가 처자는 아사하고 부모는 동사하여 반광반사(半狂半死)한 촌민이 수청에서 해삼(海參)에 탈주하여 가옥에 거접(居接)할 여유가 없는 고로 정거장 화차 중에서 생활하면서 시중에서 걸식하는 조선사람이 부지기수이었나이다.
>
> 그뿐만 아니라 일본군대는 조선인의 독립단과 공산당을 박멸키 위하여 마적 괴수인 고산(靠山)이란 놈을 니꼴니스크시(尼市)에 불러다놓고 각별 우대하여 가면서 마적에게 무기를 공급하여 조선인촌락을 습격케 하여 다대한 손해를 주도록 한 것은 공연한 비밀이라 노령에 있는 조선사람은 누구든지 아지 못하는 사람은 없나이다.
>
> 형편이 이러함으로 조선청년은 의용군을 조직하여 마적을 토벌하였으나 매양 불리한 때가 많이 있었나이다. 이때에 김장군은 각촌에 격문을 치송하여 의용군을 모집하여 급속히 주야로 연습을 하여 마적토벌을 시작하였으나 처음에는 의용군에 불소한 사상이 있어 노령의 수천의 조선인촌락이 분화산상(噴火山上)에 있는 것 같았나이다.

즉 김경천은 수청지역의 조선인들을 구하기 위하여 직접 조선인 마을에 격문을 보내어 의용군을 모집, 훈련하여 마적에 대항하였으나 처음에는 의용군의 훈련부족 등의 원인으로 패하였다. 그러나 김경천은 이에 굴하지 않고 사력을 다하여 마적토벌을 전개하였으며, 매번 자기가 선봉

---

[63] 동아일보 1922년 2월 23일자 『노령견문기』

이 되어 단신으로 적진에 돌격하여 공격을 감행하였다. 그 결과 소수의
의용군으로 다수의 마적을 물리쳤던 것이다. [64]

당시의 상황을 김경천 자신을 통하여 직접 들어보기로 하자. 동아일보
1923년 7월 29일자에서 다음과 같이 활동상황을 언급하고 있다. 즉,

> 그런데 일천구백이십년 삼월에 저 유명한 이항(尼港) 사건이 발생하였
> 습니다. 삼월 초 사일에 각 처에 헤어져 있는 조선 군대와 적군(赤軍)이
> 연합하여 「이항」에 있는 일본군대와 백군(白軍)에게 총공격을 개시하였소
> 이때 군세는 적군의 연합군은 이천여명이오 우리 조선군사가 칠백 여명인
> 데 「소학령」에는 수천명의 백군과 일본군 팔백명이 주둔하였었소. 전후
> 두 시간 콩볶듯 싸우는데 이 싸움에 일본군이 이백 여명이 죽고 적군속에
> 는 「홍가리」군사가 많이 죽었으며, 우리 군사는 겨우 육칠인 전사자가 있
> 을 뿐이었소. 이 싸움에 우리 조선군이 용맹스럽게 싸운 것은 세계 각국
> 군사의 경탄하는 대상이 되었었소.
> 그러나 그 후 구당(白軍)이 일본군을 뒤에 업고 쳐들어옴으로 우리 군사
> 는 몇 배나 되는 일본군과 싸우는 것은 무모라. 그곳에서 수청지방으로
> 퇴각하였습니다. 그런데 이때 수청지방에는 마적 고산(告山)의 패가 횡행
> 하여 인민이 살 수 없었소 이때에 우리 군사와 마적사이에 충돌이 있었는
> 데 우리는 탄환이 부족함으로 일시 퇴각하였더니 마적이 들어와서 조선사
> 람의 집 사오십호를 일시에 불을 놓아 밤이 새도록 회광이 충전하고 연기
> 가 산간에 가득한데 이것이 우리 인간의 생지옥인가 하는 생각이 있었소.
> 나는 이 광경을 보고 아무래도 마적을 토벌하지 아니하면 아니되겠다 결심
> 하고 이때에 이를 토벌하기 위하여 지원병을 뽑는데 재일학교 교사 다니는
> 사람이 많이 지원하였었소 이때에 마적 사백 여명들은 일본사람이 파놓은
> 요새 속으로 들어가 있는 것을 별안간 공격을 시작하여 일제 사격하니
> 필경 놈들이 지탱하지 못하고 산산이 헤어지는데 필경 거의 다 죽고 삼백
> 여명 중에 겨우 육십명 쯤 살아가고 몰살을 하였소 그리고 그 해 겨울에는
> 여러 가지 일로 아무 일도 하지 못하였소

---

64) 『동아일보』 1922년 1월 24일 『노령견문기』 「경천 김장군(속)」

라고 하여 니항 사건 이후 수청지역의 마적 소탕전에서 적극 활동하고 있음을 밝히고 있는 것이다. 당시 일제는 마적을 이용하여 한인들을 괴롭힘으로써 그들을 파산시켜 농민들로 하여금 한인독립군과 러시아 적군(赤軍)에게 불만을 갖도록 유도하고자 하였던 것이다.[65] 즉 러시아로 이동한 김경천은 처음에는 수청지역의 창해청년단[66]에서 총사령관으로 활동하면서 수청지역의 마적소탕에 전력을 기울였던 것이다. 당시 창해청년단은 본부를 수청의 대조길밀(大鳥吉密)에 두었으며, 단장은 김규면(金圭冕), 참모장은 정재관(鄭在寬)이었다. 그리고 수청을 3개 구로 나누어 각구에 지부를 설치하였으며, 총 병력은 상비대가 102명이고, 예비대가 945명이었다.[67] 그리고 정순철(鄭舜哲), 한창걸(韓昌傑),[68] 장지호, 황군애, 김명철, 백발백중 명포수 한명극 등이 활동하였다.[69]

당시 창해청년단 명예 단장이었던 김규면은 그의 비망록에서 창해청년단의 활동 상황에 대하여,

다른 편으로 소작인 고려농촌들에는 마적(홍후적)들을 파견하여 농민촌 락들을 략탈, 파멸케 하였다. 1920년 하반기부터 1921년 상반기까지는 연해주에서 고려인 빨지산부대는 일본군의 침입과 마적부대의 활동을 방지하는 전투에서 번번히 승리하였다. 촌락을 불지르고 략탈하던 코산꽈마적 7백여명은 수청지방 우지미, 허포수동, 석탄광에서 창해소년단부대의 토벌에 소탕되었다. 허포수동 농촌에 출병하였던 일본군대는 마적부대가 패주하는 바람에 다른 방면으로 퇴각하였다. 창해소년단부대 사령장은 김경

---

65) 김승화 저, 정태수 역, 『소련한족사』, 대한교과서주식회사, p.104.
66) 일본측 기록에서는 창해청년단이라 하고 있고, 우리측 기록 즉 김규면의 비망록에는 창해소년단이라고 하고 있다. 구성원의 성격으로 보아서 소년단보다는 청년단이 적합하지 않을까 한다. 앞으로 좀더 검토의 여지가 있다고 하겠다.
67) 不逞團關係雜件, 在西比利亞 朝鮮人部 11, 1920년 10월 14일 鮮人의 行動에 관한 건, 1920년 12월 24일 鮮人의 行動에 관한 건(일본외무성 사료관 소장)
68) 위와 같음.
69) 「김규면비망록」(박환, 『재소한인민족운동사』, pp.271-272)

천, 참모장은 정재관, 명예단장은 김규면이었다.[70]

라고 회고하여 김경천이 1921년 상반기까지 창해청년단의 사령장으로서 일본군의 침입과 마적의 활동을 퇴치하는데 전력을 기울였음을 밝히고 있으며, 마트베이 김 역시 그의 저서 『일제하 시베리아의 한인사회주의자들』에서,

> 그는 1920년 봄부터 노령지역의 한국인 청년들을 규합하여 그 지휘 하에 60명이 넘는 조선의 빨지산 부대가 모양을 갖추었다. 부대는 수청구역의 중국인 반혁명도당과 싸웠다. 자신들의 숫적 우세를 이용하여 적은 김경천부대가 방어하는 다우지미 마을로 밀고 들어왔다. 조선인 빨지산 부대는 강습을 견디다 못해 퇴각했다. 중국인 반혁명 도당은 약탈을 하고 농가를 불태운 후 자신의 근거지인 수청 광산으로 철수 했다. 그 당시 수청군에 근거를 둔 김경천, 한창걸, A.P.사바쯔끼의 빨지산부대는 수청군당 지하조직의 소집에 따라 중국인 반혁명 도당과 투쟁했다. 주변의 농민들도 빨지산을 도왔었다. 전반적인 세력으로 인해 도당들은 포위 섬멸되었다.[71]

라고 하여 김경천이 수청을 중심으로 중국인 마적 토벌에 기여하고 있음을 보여 주고 있다.

결국 김경천은 1920년 수청지역에서의 마적퇴치활동으로 시베리아지역에서 그 명성을 크게 얻었고, "김장군"으로 널리 알려지게 되었던 것이다.

한편 마적토벌에 성공한 김경천은 수청지역을 중심으로 군정을 단행하였다. 그리하여 그 지역에 살고 있는 조선인뿐만 아니라 중국인, 러시아인 등도 통치 관할하였다. 그리하여 만일 중국인이나 러시아인도 관할구역을 벗어나 타지역으로 이동하고자 할 때에는 김경천의 증명서를 소지하여야만 하였다. 그래야만 창해청년단의 수비구역 밖을 출입할 수

---

70) 『김규면비망록』, p.266.
71) 마트베이 김, 앞의 책, p.160.

있었던 것이다.[72] 아울러 재러동포들의 안정된 삶의 기반을 마련하기 위하여 민정도 단행하였는데, 총책임은 정재관이 담당하였다. 그는 미국에서 활동하다 러시아로 이동한 인물로 대동공보사 그리고 권업회, 대한인국민회 시베리아자방총회 등에서 주도적인 활동을 한 인물이었다.[73] 정재관은 김경천을 도와 민정책임자로서 매년 매호마다 10원씩 걷어들여 군자금으로 활용하였다. 그리고 러시아식 교육을 전폐하고 민족교육을 실시하였으며, 둔전병제도도 실시하였다.[74]

1921년 봄 연해주 수청군 인접지역인 올가군에서 300여명에 달하는 통합 빨지산 부대가 조직되자 김경천이 지도자가 되었다.[75] 그는 수청의 아누치노(도비허)구역에 있는 백군 까벨부대와 전투를 전개하였다. 또한 까르뚜크 마을의 치열한 전투에도 참전하였다.[76]

수청 다우지미에서 활동하고 있던 김경천은[77] 1921년 초 수청 고려의 병대에 초빙되어 군대의 총책임자로 활동하였다.[78] 1919년 말 1920년 초에 연해주 우수리스크 인접지역인 추풍 재피거우에서 조직되어 추풍지역에서 활동하던 혈성단은 1920년 가을 일본군대의 공격이 예상되자

---

72) 동아일보 1922년 1월 24일 『노령견문기』 「경천 김장군」(속)
73) 박환, 『러시아한인민족운동사』, 탐구당, 1995, 대동공보, 권업회, 대한인국민회 시베리아지방총회 참조.
74) 동아일보 1922년 1월 24일자 『노령견문기』 「경천 김장군(속)」
75) 샤브시나, 「조선인 국제주의자들의 영웅적 과업」, 『일제하 극동시베라의 한인 사회주의자들』, pp.77-78.
76) 위와 같음.
77) 박청림, 「혈성단에 대한 참고」, 『한국독립운동사자료집-홍범도편-』, 정신문화연구원, 1995, p.384.
78) 『십월혁명십주년과 소베트고려민족』 「수청고려의병대」; 김경천의 활동부대에 대하여 혈성단에서 활동했던 박청림과 일본측 기록들은 김경천이 혈성단에서 활동한 것으로 기록하고 있다. 이에 대하여 고려노농군회에서 교육을 담당하는 간부로 활동한 강호여의 기록(강호여, 「수청의병대의 연혁」)과 『십월혁명십주년과 소베트고려민족』의 「수청고려의병대」에서는 김경천이 수청고려의병대에서 활동한 것으로 기록하고 있다. 본고에서는 후자를 따르고자 하며, 다만 앞으로 혈성단과 수청고려의병대의 상호관계는 연구의 대상으로 남기고자 한다.

남쪽지방인 수청지역으로 이동하였다.[79] 혈성단은 1920년 12월 경 단원들은 약 100명이었으며, 대장은 강국모(姜國模), 중대장은 채영(蔡英), 소대장은 이창선(李昌善), 참모는 김규(金奎) 등이었다. 단원들은 각자 소총 약간과 권총을 소지하고 있었으며, 한국독립을 표방하고, 동지방 동포들로부터 아편을 징발하여 매각하고, 식량비를 충당하고 있었다.[80] 그런데 혈성단의 중심인물인 채영이 조맹선(趙孟善)부대와 함께 이르쿠츠크로 이동하게 되었다. 그리하여 혈성단에서는 군대를 지도할 총지도자가 필요하게 되었다.[81] 이에 혈성단은 수청지역에서 활동하고 있던 고려노농군회와 연합하여 1921년 4월 경 민간 자치단체로서 연해주 한인총회를 조직하고 군사기관으로 수청고려의병대(이하 수청의병대로 약함)를 조직하고 일본육사출신으로 군사전문가인 김경천을 초빙하였던 것이다. 당시의 상황은 1927년 블라디보스톡에서 간행된『십월혁명 십주년과 소베트고려민족』의「수청고려의병대」에 잘 나타나 있다. 즉,

> 1920년 3월 이후로는 백파와 연합군의 반동이 너무 심하였음으로 부득히 수세를 지키고 있었다. 동연 10월경에 간도로부터 온 박경철, 리승조 등 5인(신민단군인)과 도비허로부터 온 한창걸, 리병수 등 8인과 수청서는 강백우(지방단위원) 등 몇 사람이 수주허 흔든거우에 모여 고려노농군회를 조직하였다. 당시 간부임원은 회장 박경철, 군무 한창걸, 재무 리승조, 민사 강백우, 교육 강호여, 선전 우시하 등이었다. 1921년 4월 경에 혈성단 대표 강국모 등 몇 사람으로부터 두 단체의 연합과 사관양성문제를 협의한 결과 수청에 있는 김경천동무를 청하여 군무를 맡기기로 하고 사관을 양성할 지점을 뜨레치푸진으로 정하고 회명을 연해주 한인총회라 고치었다.
> 이에 이르러 이상 각 단체가 합하여 수청고려의병대라는 단일한 명칭을 가지게 되었다.

---

79) 박청림, 「혈성단에 대한 참고」, pp.383-384.
80) 불령선인관계잡건, 재서비리아부 11, 1921년 1월 20일조(일본외무성 사료관 소장)
81) 박청림, 「혈성단에 대한 참고」, p.384.

라고 하고 있는 것이다.

한편 혈성단원이었던 박청림은 당시 김경천과 그의 활동에 대하여 다음과 같이 적고 있다.

김경천이 우리의 새 지휘관으로 임명됐다. 그는 서울서 태어났다. 빈천하게 된 한 양반가문출신이다. 1910년 한일합방 후 일본에 건너가 돈벌이를 하다가 일본 사관학교를 최우등으로 졸업 그 후 일본군 장교로 군무한 사람이다.

3·1운동이 실패한 후 김경천은 동조자 이청천, 유동천, 기타 젊은 장교들을 데리고 만주로 탈출했다. 거기에서 동조자 2명은 현지 유격대에 입대했고 자기는 두만강을 건너 수찬강 하구에 와 동포들의 협력을 받아 다우지미촌에 오게 되었다. 현지에서 그는 유격대 훈련관으로 활약하기 시작했다. 채영이 이르끄쯔크로 떠난 후 그는 이철남의 소개로 우리의 새 부대장으로 임명되었다. 그때가 1921년 초였다.[82]

즉, 김경천은 뜨레치푸진에서[83] 사관 속성과를 만들어 군사들을 훈련을 시켰다.[84] 그리고 대원들의 전투훈련에도 정열을 다하였다. 특히 그는 추위가 너무 심해 훈련이 불가능할 때에도 병사집합실에서 군사학을 가르쳤다.[85] 그러한 과정에 김경천과 혈성단의 지도자인 강국모 사이에 주도권싸움이 벌어지게 되었으며, 그 와중에서 이르쿠츠크에서 파견나온 손풍익이 단총에 희생되는 사건이 발생하기도 하였다.[86]

수청의병대의 지도자가 된 김경천은 계속해서 수청지역의 마적 퇴치에 노력하였다. 즉, 동아일보 1923년 7월 29일자에,

---

82) 박청림, 「혈성단부대의 전투행로」, 『재소한인의 항일투쟁과 수난사』, 박환 편해제, 국학자료원, 1997, pp.48-49.

83) 십월혁명십주년기념편찬위원회, 『십월혁명십주년과 소베트고려민족』, 블라디보스톡, 1927, 「수청고려의병대」

84) 박청림, 「혈성단에 대한 참고」, p.383.

85) 박청림, 「혈성단부대의 전투행로」, p.49.

86) 박청림, 「혈성단에 대한 참고」, pp.384-385.

우리 군대는 일본군 때문에 나오지도 못하고 산중에 주둔하여 교전하였
　는데 그러노라니 그 고생이란 형언할 수 없었소 그 추운 곳에서 겨울에도
　신발을 못얻어신었으며, 여름에는 동복을 그대로 입고 지내다가 적군(赤
　軍) 사령관에게 의복을 좀 얻어 입고 이십일년 여름에 각처 수비대가 그
　지방에 횡행하는 마적을 소탕하니 아령에 있는 우리 동포가 십여년간 마적
　에게 빼앗긴 재산이 수십만원이오. 생명이 많이 죽어 마적은 그 지방의
　공동대적이 되었으므로 먼저 그 지방 백성을 편안히 살게 하기 위하여
　십여년의 화근이 된 마작을 소탕한 것이오.

라고 있듯이 수청의병대는 1921년 여름 러시아 적군 사령관의 도움으로
의복을 지원 받고 수청지역에서 횡행하는 마적들을 소탕하는데 전력을
기울였다.
　한편 1921년 5월 일본의 지원에 의하여 백위파가 연해주에서 상당한
영향력을 갖게 되자,[87] 1921년 8월 수청의병대는 연해주에 있는 적군과
무장연합을 추진하였다.[88] 당시 러시아 적군과 한인독립군간에 공동의
적은 일본군대였던 것이다. 그러므로 수청의병대에서는 부대장 이철남
을 아누치노로 파견하여 연해주 무력혁명위원회 위원장 월스키와 부위
원장 룹쪼브를 만나 무장부대 연합회담을 전개하였다. 그 결과 상호간에
연합할 것을 합의하였다. 이 회담의 결과를 설명하는 자리에서 김경천은
부하들에게 다음과 같이 연설하였다고 박청림은 회고하고 있다.

　　이국땅에서 우리의 철천지 원수 일본군을 공격하고 조국의 자유와 독립
　을 달성하는 것이 우리들의 목적입니다. 일본군은 조선을 강점한 것처럼
　러시아의 광활한 극동지역을 점유할 목적으로 이곳에 온 것입니다. 때문에
　우리들은 러시아형제들과 합세하여 10만명의 사무라이대군을 격멸해야
　합니다. 합심이 승리의 담보일 것입니다[89].

---

87) 반병률, 앞의 논문, p.46
88) 박청림, 「혈성단에 대한 참고」, p.385.

이와 같은 김경천의 연설에서 알 수 있듯이 김경천의 목적은 일본군을 공격하고 조국의 자유와 독립을 달성하는 것이었다.

1921년 8월 수청의병대는 러시아 참모부의 지령에 따라 모두 도비허로 이동하였다.[90] 그리고 김경천은 1921년 9월 러시아 유격대 셉첸꼬 부대의 제안에 따라 의병대의 일부를 올가항에 보내는 한편 [91] 나머지 대원들은 김경천의 지휘하에 아누치노로 이동하였다. 그리고 김경천부대는 동포들의 요구에 따라 마적들을 방비하기 위하여 수청의 뜨레치푸진과 수주허에 주둔하였다.[92]

1921년 10월 김경천부대는 러시아 적군과 연합하여 수청에 주둔한 백군을 공격하여 수청 신영동에서 전투를 벌였다. 그러나 패하여 일본군과 백군의 추격을 받게되자 김경천은 기병을 데리고 이만 지방으로 이동하였다.[93] 당시 피눈물나는 이만으로의 이동상황을 동아일보 1923년 7월 29일자에서 김경천은,

> 이때 우리는 적군과 행동을 같이 하였으므로 백군이 조선군이라고 만나기만 하면 죽일 때이오 이때 연해주에 적군이 전멸함에 다시 쫓기어 돌아가는데 강냉이죽을 먹어가며 겨울에 박착을 하고 「이만」강가로 이백리를 행군하여 갔쏘 그래서 필경 어떤 산에 가서 얼음과 눈으로 요새를 만들고 지키고 있으니 만일 이때 일본군이나 백군이 들이치면 배산일전하려 하였소.

라고 하여 그 처절함을 언급하고 있다.

한편 당시 이만에는 이용(李鏞)이 이끄는 한국의용군이 러시아 적군

---

89) 박청림, 「혈성단부대의 전투행로」, p.50.
90) 강호여, 「수청의병대연혁」, 『한국독립운동사자료집-홍범도편』, p.387.
91) 박청림, 「혈성단에 대한 참고」, pp.384-385
92) 『십월혁명십주년과 소베트고려민족』, 「수청전쟁」
93) 『십월혁명십주년과 소베트고려민족』, 「수청고려의병대」 및 강호여, 「수청의병대의 연혁』, p.388

으로부터 무기를 공급받고 백군 소탕작전에 참여하고 있었다.[94] 그러므로 김경천 역시 이들과 만남을 가졌을 것으로 생각된다. 즉, 김경천은 이만에서 일찍이 혈성단에서 활동했던 채영과 창해청년단에서 함께 활동한 김규면과 정재관 등을 만났던 것이다. 그러므로 김경천이 한국의용군에서 활동한 것은 자연스러운 귀결이었을 것이다. 이때 한국의용군의 주요 간부로는 김규면, 마용하(馬龍河), 김은덕(金德殷), 박 일리아, 박춘일(朴春日), 박영(朴英) 등을 들 수 있다. [95]

이만에서 활동한 김경천은 이만의 서방 약 20리 지점에 근거지를 두고 단원 1,000을 이끌고 있었다. 그리고 이들은 각자 소총과 탄약 350발을 가지고 있었다, 그리고 단장 겸 무기국장은 강국모, 중대장 채영, 소대장 이학운(李學雲), 박창훈(朴昌訓), 김택진(金澤鎭), 이홍식(李洪植), 신공용(辛恭用), 이창선(李昌善) 등이었고, 외교부장은 한일제(韓一齋), 총무부장 김학준(金學俊), 통신부장 김춘홍(金春洪), 위생국장 이정수(李正洙) 등이었다.[96]

한편 러시아 백위파는 1921년 12월 하바로브스크를 점령하는 등 연해주에서 상당한 세력을 형성하였고 이에 백위파와 러시아 혁명군간에 치열한 전투가 벌어지고 있었다.[97] 이때 김경천 부대는 1922년 정월 이만에서 백군과 전투를 벌이게 되었다. 당시 이만에서의 전투상황을 동아일보 1923년 7월 29일자에서,

> 그 이듬해(1922년--필자주) 정월에 백군이 「이만」땅으로 나가는 것을 보고 적군이 모두 나오나보다 하고 다시 행군을 하여 나오다가 「하바로프스크」에서 홍백전쟁이 있었는데 그 전쟁 중에 나는 백군의 중간 연락을

---

94) 신재홍, 「자유시참변에 대하여」, 『백산학보』14, 『독립운동관련논고』, 백산학보편, 1995, pp.186-187.
95) 김승화 저, 정태수 역, 『소련한족사』, p.122.
96) 『일본외무성특수조사자료』 2권, 고려서림, 1989, pp.829-830.
97) 반병률, 앞의 논문, p.46

끊기 위하여 「이만」에 있는 백군 총공격을 시작하니 그때는 정월 어떤 날이라. 제1차로 백군이 수백명 죽고 대략 여섯시간 동안 격렬히 싸우는데 백군은 대포를 걸고 내리다질러서 탄환이 우박 쏟아지듯 하였소.(중략)
　　이때 적군의 사령관이 백군에게 항복하야 그리 빼가서 붙었음으로 적군의 일부를 내가 지휘하야 싸우게 되었는데 이 때 나는 악에 바친 사람이라. 탄환이 비쏟아지듯 하는 속에 말을 타고 서서 지휘하는데 백군들이 대포를 놓다가 번-한 불빛에 나를 보고 「꺼레이츠」란 소리를 지르고 달아나는 자가 있었소. 이리하야 이만은 완전히 점령하였으니 이때는 적군의 힘이 약할 때이라. 약 이백여명의 우리군사로 백군 칠백여명이 지키는 곳을 점령하기는 하였으나 배후에는 일본군사가 있는 터이라. 오래 지킬 수 없어 다시 퇴각하였소.

라고 하여 김경천은 러시아 백군과 적군이 하바로브스크에서 전투하는 틈을 타 이만에 있는 백군을 공격하여 이만과 하바로프스크에 있는 백군 간의 연락을 두절시키고자 하였던 것이다. 이 전투에서 적군의 사령관이 백군에 항복했음에도 불구하고 김경천은 말을 타고 비오는 듯한 포탄을 무릅쓰고 수청의병대와 더불어 러시아 적군도 함께 지휘하여 이만을 점령하였던 것이다. 즉 김경천의 지휘아래 200여명의 군사로서 백군 칠백명이 지키는 이만을 점령한 것은 러시아지역에서 전개된 한인 민족운동사상 큰 업적이라고 할 수 있다. 그럼에도 불구하고 김경천은 수적 열세와 배후에 일본군이 있었으므로 이만에서 전략상 퇴각하고 말았다. 당시 이 전투에 참여했던 최호림은 이만 부근 전투에 대해 아래와 같이 회고하고 있다.

　　우리 부대가 이만 근처에 당도하자 김경천부대장이 이만시 공격직전을 구상했다. 그러자 뽈라꼬브기마대장과 빨진 대대장이 그를 지원하겠다고 약속했다.
　　1922년 1월 5일 우리는 하루 종일 행군하여 그 날 저녁 늦어서야 루끼야 놉까에 와 그곳에서 숙소를 정했다. 이튿날 이른 새벽 우리 유격대는 이만시 근교에 당도하여 께드롭까강을 도하해 도시에 바싹 접근했다. 그러나 기습공격은 불가능했다. 그들은 밀정을 통해 우리 유격대의 이만 쪽으로의 이동에 대한 정보를 받고 방어시설을 튼튼히 갖추어 놓고 우리를 기다리고 있었던 까닭에 다른 전술을 적용해야만 했다. 그러던 차 꼬와료브중장이 그만 전사하였다. 우리는 그 즉시로 200명의 기마대를 두어 양쪽 측면에서 공격을 가하기 시작했다. 적군이 노출된 평지에 나타나자 김경천 부대가 기관총 교차사격을 시작했다. 아군 기마병들의 장검이 햇빛에 번쩍이었다. 적군의 기세가 수그러지기 시작하자 우리 보병과 기마병들이 도시로 돌진하여 우체국, 전신국, 철도역을 점유했다. 이만시 수비대를 격멸하고 숱한 군수품, 무기를 노획했다. 이 전투에서 우리 유격대원 12명이 전사했고 13명이 부상했다.

이어 김경천은 1922년 3월 러시아 적군과 연합하여 약골리가를 공격하였다. 이에 러시아 백군은 우수리스크 쪽으로 쫓겨났다. 이어 백군이 한반도 쪽으로 퇴각할 듯 보이자 김경천은 이들을 추격하기 위하여 일본군의 경계선을 뚫고 추풍 지역으로 돌격하였다.[98] 김경천은 당시의 상황을 동아일보 1923년 7월 29일자에서 " 이것은 범의 허리를 밟고 지나가는 듯한 장쾌한 모험이었소"라고 하고 이어 당시의 상황을 " 불빛에 뻔히 비치는 일본 보초병의 눈을 피하기 위하여 흰말을 포장으로 덮어서 데리고 강을 건너는데 강에 배가 없어서 어찌할 수 없었소. 마침 19세 먹은 소년 기병 1인이 자원하고 강 위에 가로질린 철사에 매어 달리어 십 여간 이나 되는 강을 건너가서 배를 가지고 와서 전 군대를 건너게 하니 이 때 발각만 되면 몰살이라. 더욱 소년을 구사일생의 경우에 보내고 매우 염려되었었소. 건너간 후 그 날 밤으로 「취풍」 우리 독립군이 있는 곳에 도착하였소"라고 하여 추풍에 도착상황을 실감나게 묘사하고 있다.

김경천이 이처럼 승리를 거두게 되자 1922년 7월 연해주의 혁명군사

---

98) 동아일보 1923년 7월 29일자

위원회는 김경천을 뽀시에트 군사구역 조선 빨지산 사령관으로 임명하였다.[99] 그리고 정치위원으로는 시시낀, 참모장으로는 스탄꼬브가 임명됐다.[100]

한편 1922년 여름 이후 일본군의 철병이 임박해지자 독립운동단체들은 앞으로의 향후 대책을 위하여 독립운동단체들을 통합하고 지휘체계를 재정비하고자 하였다.[101] 그리하여 김경천이 활동하고 있던 부대인 수청의병대도 1922년 8월 경 한족공산당과 병합해서 대한혁명단이라고 개칭하고 니코리스크 서방 7리지점에 본부를 두었다. 그리고 매일 오전 9시부터 오후 3시까지 단원들에게 러시아식 교련을 시켰다. 단원은 약 500명 정도로 전부 무장을 하였고 마필은 80두였다. 김경천은 사령관으로 활동하였으며, 대대장은 최준형(崔峻衡, 구한국시대 육군 伍長), 중대장은 강필립, 김권세(金權世), 서일세(徐一世) 등이었고, 참모장은 고간범(高官範), 참모는 장선우(張善祐), 황창기(黃昌箕) 등이었다. 김경천은 아편추출을 통하여 단비를 마련하였으며, 장정의 교육을 위하여 러시아육군사관 5명을 고빙해서 1개월에 50원씩 급여를 주며 교편을 맡게 하기도 하였다. 또한 무관학교를 설립해서 300명의 생도를 수용할 계획을 갖고 추진하였으며, 교장은 구한국시대 육군 조장(曹長) 출신인 임도준(任度準)이 담당하였다. 그리고 생도는 14세부터 18세까지 청년으로서 대한혁명단의 자제로부터 선발하였다. 교육연한은 2년이었다.[102]

한편 1922년 9월 경 김경천은 그의 지휘 하에 적군의 몇몇 부대와 더불어 니꼴스크-우수리스크에서 뽀시에트를 거쳐 두만강 하구에 이르는 전투원정에 참가하였다.[103] 이때 뽀시에트로 이동 중 김경천은 상부

---

99) 마트베이 김, 앞의 책, p.160.
100) 박청림, 「혈성단부대의 전투행로」, p.57.
101) 반병률, 앞의 논문, p.46
102) 재서비리아부 13, 1922년 9월 1일

시지미촌에서 백군 패잔병들과 전투를 전개하였다. 수청의병대는 김경천의 지휘아래 기마공격을 강행하였다. 그 결과 김경천 부대가 승리하였다. 그런데 김경천이 부하 몇 명을 데리고 전쟁이 벌어졌던 곳을 시찰할 때 부상한 백군 장교가 그를 쏴 버렸다. 그런데 다행히도 총알은 그가 탄 군마를 쓰러 눕혔다. 말이 갑자기 넘어지자 부대장이 말밑에 깔리게 되었다. 그의 동지들이 뛰어 와 그를 겨우 말밑에서 끌어냈으나 왼쪽 다리가 골절돼 있었다. 김경천은 이 부상으로 수청계곡의 다우지미로 이송되어 그곳에서 치료를 받았다.[104]

1922년 러시아와 중국국경지방에 있는 단체는 각 단의 통일을 도모하는 동시에 장정의 모집과 무기의 수집에 힘써 1922년 10월 일본군의 철퇴가 완료되기 직전에 고려혁명군을 조직하였다. 고려혁명군 총재는 이중집(李仲執)이며 소재지는 추풍(秋風)이고, 고려혁명군 동부사령관을 김경천이 담당하였으며, 본부는 그의 근거지인 수청에 두었다. 그리고 총사령관은 김규식, 서부사령관은 신우여(申禹汝), 남부사령관은 임병극(林炳極), 북부사령관은 이추(李鎚) 등이었다.[105]

V. 러시아 내전 종결이후의 김경천의 향배

1922년 일본군이 시베리아에서 철수하자 1922년 12월 말, <조선인 유격연합대 해산 및 국민전쟁 참가자 귀가>에 대한 우보레비츠 총사령의 명령이 내렸다. 적군은 지금까지의 동맹군인 한인독립군에 대해 무장해제를 요구하였다. [106] 그것은 시베리아 지역에서 신생 소비에트의 권

---

103) 샤브시나, 「조선인 국제주의자들의 영웅적 과업」, 『일제하 극동시베리아의 한인사회주의자들』, pp.77
104) 박청림, 「혈성단부대의 전투행로」, pp.58-59.
105) 독립운동사편찬위원회, 『독립운동사자료집』 9, p.826.
106) 박청림, 「혈성단 부대의 전투행로」, p.59.

력을 강화하기 위한 것이었다.[107] 이에 러시아 내전 이후 러시아 적군의 후원을 얻어 국내진공작전을 전개하려 했던 김경천은 실의에 빠졌다. 이러한 때에 상해에서 독립운동단체들이 모두 모여 재기를 모색한다는 소문이 들렸다. 이에 김경천은 1923년 2월 상해에 가서 국민대표회의에 참석하였다.[108] 그러나 이 회의는 김경천의 마음에 흡족하지 못하였다. 결국 그는 1923년 4월경 노령 블라디보스톡으로 다시 돌아와서 구로지코 부근에 무관학교를 설립하려고 계획하였으며, 사관생도의 교재용으로 일본 육사의 교과서와 전범령(典範令)을 번역한 것을 사용하고자 하였다. [109]

또한 그는 1924년 3월에는 한족군인구락부를 조직하여 본부를 블라디보스톡에 그리고 지부는 니콜스크에 두는 등, 자못 활발한 활동을 보이고 있다.[110] 그러나 그의 이러한 활동도 러시아당국의 대한인정책과 노령출신 2세들과의 갈등으로 점점 쇠퇴하고 말았다.[111] 그런 가운데 김경천은 1926년 블라디보스톡에서 윤해(尹海), 김규식 등과 함께 민족당주비회를 조직하기도 하였다.[112]

김경천은 그 후 소기의 성과를 거두지 못하고 실의의 나날을 보내다가 블라디보스톡에 있는 극동고려사범대학에서 군사학과 일본어를 가르쳤다.[113] 그 후 김경천은 한소 국경지대에서 국경경비대에서 고급장교로서 일하였다고 알려져 있다.[114]

그러나 김경천은 1937년 스탈린에 의한 한인들의 중앙아시아로의 강

107) 반병률, 앞의 논문, pp.46-47
108) 동아일보 1923년 4월 26일자, 신숙, 『나의 일생』, 일신사, 1963, p.80.
109) 동아일보 1923년 4월 26일자.
110) 동아일보 1925년 6월 21일자
111) 매일신보 1925년 4월 28일자
112) 姜德相編, 『現代史資料』29, p.48.
113) 『김경천에 대한 회고』
114) 임은, 앞의 책, p.48.

제이주를 앞두고 간첩죄로 체포되어 1936년 9월 29일 원동지방 국경수
비대 군법회의에서 소련형법 제58조 12조에 따라 3년형을 받고 받았다.
그리고 2년 반의 형을 복역한 후 1939년 2월 4일 일단 카르라가에서
석방된[115] 그는 1939년 봄 가족을 찾아 카자흐공화국 카라간다주 텔만
스키 구역으로 찾아왔다. 그리고 그곳에 있는 코민테른 집단농장에서
채소 작업원으로 1달 여 동안 일하였다. 그러던 중 1939년 4월 인민의
적이라는 혐의로 러시아편에 섰던 한인들에 의하여 다시 체포된 후[116]
동년 12월 17일자로 간첩죄로 유죄판결을 받아[117] 교정강제노동수용소
8년 금고형을 선고받고 카라간다에 있는 교정강제노동수용소에서 복역
하였다.[118] 이때만 하여도 김경천은 그의 부인 유정화와 편지 왕래를
하였다고 한다. 그리고 그 편지에서 김경천은 자신은 잘못이 없으며 다
만 독일과의 전쟁 발발 가능성 때문에 실수가 있어 체포된 것 같다고
희망적인 소식을 전해왔다고 한다. 그러나 1941년 독소전쟁이 발발한
다음에는 김경천은 시베리아로 이감되었으며, 편지 왕래도 허용되지 않
았다.[119] 그 후 김경천은 1942년 1월 2일 소련의 북동쪽 끝 꼬미자치소
비에트사회주의공화국으로 유배가서 아르항겔스코에주 금고지에서 심
장질환으로 사망하였다고 한다. 그러나 스탈린이 지배하던 시기라 정확
한 사망일시나 장소, 사망원인 등은 알 수 없다.[120]

　스탈린이 사망한 후인 1959년 2월 16일 김경천은 모스크바 군관구

---

115) 카자흐스탄 카라간다주 내무국 산하 정보센터 발행 김경천 관련 문서(1995
　　년 6월 19일발행)
116) 1998년 8월 16일 김경천의 딸 김지희와 가진 면담에서 청취.
117) 러시아연방 검찰 군사검찰 모스크바 군관구에서 1995년 11월 8일에 발행한
　　정치적 탄압 피해자 인정에 관한 증명서.
118) 위와 같음. 카라흐스탄 카라간다 문소보관소에는 당시 김경천에 대한 자료
　　들이 소장되어 있다고 한다.(1998년 8월 16일 김경천의 딸 김지희와 가진
　　면담에서 청취)
119) 1998년 8월 16일 김경천의 딸 김지희와 가진 면담에서 청취.
120) 『김경천에 대한 회고』

군법회의에서 심리되어져 동년 2월 19일 사후에 복권되었다. 121)

Ⅵ. 여언-김경천과 그의 가족 이야기

　김경천의 당시 망명상황은 그의 후손들이 기록한『김경천에 대한 회고』에 생생히 기록되어 있다. 이를 보면 다음과 같다.

김경천의 후손들(카자흐스탄)

　어느 여름날, 할아버지 김경천은 일본인들이 자신을 미행한다는 것을 눈치채고, 부인에게 여행가방과 준비물을 마련해달라고 정중히 부탁하였다. 그리고 누가 물으면 금강산에 사냥갔으며, 3일 후 저녁 8시경에 돌아온다고 전해달라고 당부하였다.
　그 다음날 남편이 출발 후 한복을 입은 일본인 2명이 집으로 찾아왔다.

---

121) 모스크바 군관구 군법회의 1959년 2월 10일자 김경천의 사후 복권 증명서.

그들은 남편이 언제 돌아오는가 하고 그녀에게 물었다. 그녀는 남편의 말
대로 대답하였다. 그 후 정확히 3일후 일본인들이 집으로 찾아왔다.

즉 김경천은 그의 부인에게 금강산에 사냥갔다고 말하도록 한 뒤 만주
로 망명을 단행하였던 것이다. 그리고 3일 후에 돌아온다고 함으로써
3일간의 시간을 통하여 무사히 국내를 탈출하고자 하였던 것이다.

김경천이 망명한 후 일본 군경은 김경천의 가택을 수색하였다. 그리고
그의 부인 유정화를 체포하여 그녀에게 심한 고문을 가하였다. 그럼에도
불구하고 그녀는 남편의 행방에 대하여 일체 언급하지 않았다고 한다.
도리어 감금된 지 1주일 후에 단식을 단행하였다. 이에 일본인들을 당혹
하게 하였다고 한다. 당시의 상황을 『김경천에 대한 회고』는 다음과
같이 전하고 있다.

정확히 3일 후 일본인들이 끊임없이 집으로 찾아왔었다. 집에는 수색이
시작되었다. 집에는 금빛 휘장등을 단 군복차림의 친척들 사진이 있는 두
꺼운 앨범이 있었다. 그 모두를 일본인들이 빼앗아 갔다. 할머니 유정화는
수색이 있던 바로 그 날 체포되었다. 그리고 자녀들은 집의 별채에 모두
감금되었다. 그리고 그녀에 대한 심문이 계속되었다.

할머니 유정화는 당시를 회상하면서, "나는 당시 젊었었고, 남편을 위해
모든 일을 다할 준비가 되어 있었다." 다만 남편이 체포되지 않기를 바랬을
뿐, 자식들에 대하여는 생각하지 않았다고 고백하였다.

할머니는 감금된 지 1주일 후 단식을 선언하였다. 그녀는 단식기간 동안
3일간이 힘들었다고 회고하였다. 그녀가 단식에 돌입하자 일본인들은 청
어를 그녀에게 갖다되어 단식을 금하도록 유도하였다. 그래도 그녀가 굴하
지 않자 일본인들은 그녀에게 자식을 생각하여야 한다는 둥 그녀를 계속
설득하였다.

결국 그녀가 죽을 것을 염려한 일본인들은 그녀를 석방하였던 것이다.
한편 김경천이 1923년 자신을 시베리아로 찾아온 동아일보기자에게

전한 시 한 수는 다음과 같다.

1. 뜬 구름도 방황하는 시베리아 벌
   칼을 짚고 홀로 서서
   흰 뫼 저편을 바라보니
   사랑하던 OO화는 희미하고

2. OO에 목마른 사람이
   이천만 아처롭다
   뜻을 열 곳이 없으므로
   흑룡수에 눈물뿌려
   다시 맹세하노라

김경천의 딸 김지희

김경천의 독립에 대한 애절한 정을 느낄 수 있는 시이다.

한편 1919년 6월 김경천이 만주로 망명한 후 일본은 김경천의 집을 계속 감시하였다. 김경천이 혹시 나타날까 해서였다.[122] 그 와중에 김경천의 가족이 겪었을 고통은 말로 표현할 수 없었을 것이다. 서울에 남아 있었던 김경천의 부인인 유정화는 그녀의 세 딸 지리, 지혜, 지란을 데리고 집안을 포위 감시하고 있던 일본의 감시를 벗어나 밀항선을 타고 극동 블라디보스톡에 도착하여 이곳 저곳 전투지를 따라다니며 고생하였다.[123] 1925년 6월 중순[124] 유정화의 러시아

---

122) 『김경천에 대한 회고』
123) 『김경천에 대한 회고』
124) 『신창읍민회회지』, 1990, p.159. 김지희는 김경천의 큰 딸 김지리(1915년생)가 12살 때 러시아로 이동하였다고 밝히고 있다(1998년 8월 16일 김지희와 가진 면담에서 청취)

로의 이동 상황을 후손들은 다음과 같이 적고 있다.

　　어머니의 아버지 김경천은 오래 전에 러시아에 있었다. 그의 아내, 나의
할머니 유정화는 자기 딸과 함께 빨치산 통신선을 통해 은밀히, 어머니의
말씀처럼 남편과 만나기 위해 그 먼 러시아로 어린 딸들과 함께 몰래 준비
하였다. 이 모든 것은 그녀의 어머니 유정화가 그녀가 이제어른이 되었을
때, 이야기하여 준 것들이었다.

　　먼길 채비가 끝나자 그녀는 조금이나마 여비를 마련하기 위하여 세간
집기, 물건들을 은밀히 팔아 치워야 했다. 이런 일들을 일본인들이 알아차
리지 못하게 매우 은밀히 진행해야만 했다. 그래서 밤에 빨치산의 통신선
을 통하여 이 마을에서 저 마을로 이동하여 러시아 국경까지 이동하여
갔다.(중략) 어느 밤중에 수행한 고기잡는 한국인 노인 2명과 함께 할머니
와 딸들이 강에 도달하여 고기보관하는 고기잡이 배의 선창에 몸을 숨겨야
했다. 노인들이 강변으로부터 노로 배를 떠맡어 냈을 때, 험한 강변 언덕에
서 일본말로 누구냐 서라 라고 외치기 시작하였다. 일본인들을 총을 쏘고,
이른바 순풍이었다. 큰 강에서의 바람은 정말 순풍이었고, 고기잡이 배는
러시아국경에 도착하였으며, 어머니가 기억하시는 바에 의하면 애들이 선
창에서 몸을 밖으로 들어내지 않도록 하기 위해서 한국인 노인들은 할머니
께 "절대로 선창에서 몸을 내밀면 안됩니다. 그렇지 않으면 눈 큰 사람들이
잡아갑니다"라고 말했다. 이것은 우리가 지금 알고 있는 것처럼 러시아인
을 뜻하는 것이다.

　　고기잡이 배는 할머니 유정화가 사전에 빨치산 통신선을 통하여 갖추어
놓았던 필요 증명서를 제출하였던 강변 국경에 도착하였다. 이렇게 하여
용감한 여인 유정화는 러시아말 한마디도 모르면서 어린 딸과 함께 러시아
에 있게 된 것이다.[125]

　김경천의 가족상황을 보면, 부인과의 사이에 2남 4녀를 두었다. 첫째
지리(1915-1982, 일본 千葉縣 千葉郡출생), 둘째 지혜(1917-1936, 일본

---

125) 이 내용은 김경천의 큰 딸 김지리가 회고한 것으로 그의 아들 김 이브게니
　　가 작성한 것이다.

김경천의 딸 김지희와 아들 김기범과 그의 부인

千葉縣 千葉郡출생), 셋째, 지란(智蘭, 1919-1995, 서울 사직동 166번지 출생),[126] 넷째, 김수범(1926-1995, 블라디보스톡 출생), 다섯째, 김지희 (1928-생존, 수청 다우지미 출생, 카자흐스탄 카라간다 거주), 여섯째, 김기범(1932-생존, 하바로브스크 출생, 러시아 노브고로드시 거주) 등이 다. 이 가운데 둘째 딸 지혜는 블라디보스톡에서 병에 걸려 사망하였 다.[127]

그리고 손자와 손녀 6명을 두고 있는데, 김지리(러시아명 베라)의 아 들은 이브게니(1942-), 아나톨리(1949-1997), 겐나지(1946-), 딸 리지야 (1944-), 류두밀라(1950-) 등이며, 지란은 러시아명은 니나이며, 아들은

126) 이청천의 딸 지복영은 서울 관훈동에 살고 있을 당시 동갑내기인 김지란과 소꿉친구로 놀았다고 한다. 그들의 부친이 함께 만주로 망명하였으므로 가 족간에 친밀한 관계를 유지하였다고 한다(1998년 8월 17일 지복영과 가진 면담에서 청취)
127) 1998년 8월 16일 김경천의 딸 김지희와 아들 김기범과 가진 면담에서 청취.

알베르트이다(1937-). 수범은 러시아에서 출생하였으며, 러시아명은 발로쟈이다. 그는 2남 1녀를 두었는데, 첫째 아들 알렉산드르(1956-)는 독일에 거주하고 있으며, 둘째는 가리(1961-)이며, 딸은 나탈릴야(1951-)이다. 지희의 러시아이름은 지나이며, 딸은 나탈리야(1951-)이고, 아들은 발레리(1956-)이다. 아들인 기범은 러시아이름은 겐나지이며, 딸이 2명인데 첫딸은 알료나(1961-)이고, 둘째는 갈리나(1963-)로 모두 모스크바에 살고 있다.[128]

한편 김경천의 가족이 블라디보스톡으로 이동한 이후에 김경천의 처남 유대진 역시 러시아로 망명하였다. 그는 일찍이 김경천이 만주로 망명한 이후 신흥무관학교로 김경천을 찾아갔으나 만나지 못하고[129] 발길을 역시 러시아로 돌리게 되었다. 그 역시 러시아지역에서 김경천과 함께 활동하였으며, 1923년 이후에는 블라디보스톡에서 신문사 기자로 일하였다.[130]

한편 유대진은 기선을 타고 활동 중 기선에 달려 있던 기중기의 갈고리가 떨어져 머리를 다쳐 두통으로 많은 고생을 하였다고 한다.[131] 유대진의 근황은 1937년 이후 소식을 모르게 되었다고 한다[132] 아마도 1936년경 스탈린에 의해 체포되어 처형된 것으로 짐작된다.

한편 1936년 김경천이 인민의 적으로 체포된 이후 그의 가족은 큰 고난을 겪었다. 김경천의 아들 김기범의 딸인 갈리나는 그 내용을 다음과 같이 서술하고 있다.

1939년 일본군의 스파이 혐의로 인민의 적이 되어버려 소련 땅에서도 저희 가족은 엄청난 사회적 박해를 받았으며, 심지어 저의 부친은 군인이

---

128) 1998년 8월 16일 김경천의 딸 김지희와 가진 면담에서 청취.
129) 이범석, 『우둥불』 참조
130) 『김경천에 대한 회고』
131) 위와 같음.
132) 1998년 8월 16일 김경천의 딸 김지희와 가진 면담에서 청취.

되고자 하였으나 인민의 적이라는 이유로 군사학교에 가지 못하고 노무대(勞務隊)에서 근무할 수밖에 없었습니다. 당시 인민의 적의 소지품, 사진 등 모든 물품은 KGB가 압수해 갔다고 들었습니다. (중략)

김경천의 가족은 1937년 블라디보스톡에서 강제이주 당하여 카자흐스탄 카라간다주 텔만스키구역에 정착하였다. 이곳은 원래 독일인들이 거주하였던 곳이나 조선인들이 옮겨옴으로서 독일인들은 다른 곳으로 이주 당하였다. 이곳은 당시 러시아인 외에는 다른 민족은 별로 살지 않은 곳이었다고 한다.[133]

김경천의 부인 유정화는 이곳 제3국영농장에서 말린 쇠똥으로 난로에 불을 지피는 작업 등 힘든 노동에 동원되었다.[134] 그러나 1939년 봄 김경천이 돌아온 이후에 그는 부인에게 일을 하지 못하도록 하고 쉬도록 하였다고 한다.[135] 그러나 김경천이 다시 체포된 후 유정화 등 가족들은 다시 생활고와 노동에 시달려야 했다. 그런데 마침 국영농장의 책임자가 김경천의 가족을 잘 돌봐주어 유정화는 목탕에서 불을 때거나 온실에서 일하는 등 비교적 가벼운 노동을 하도록 알선해 주었다고 한다.[136]

이곳에서 살던 김경천 가족은 1941년 봄 카라칸다시로 이주하였다고 한다. 그곳에는 큰딸인 지리의 가족이 살고 있었던 것이다. 지리의 남편은 김뽀뜨르였으며, 그의 안내로 김경천 가족은 그곳에 정착하였다. 처음에 이곳에는 조선인들이 별로 없었으나 1941년 여름 이후 독소전쟁으로 한인 노무부대들이 탄광이 많은 이 지역으로 다수 이동하여 조선인들이 숫자가 늘어나게 되었다고 한다.[137]

---

133) 1998년 8월 16일 김경천의 딸 김지희와의 면담에서 청취.
134) 『김경천에 대한 회고』
135) 1998년 8월 16일에 가진 김경천의 딸 김지희와의 면담에서 청취.
136) 『김경천에 대한 회고』
137) 1998년 8월 16일 김경천의 딸 김지희와 가진 면담에서 청취.

〈부록〉
『김경천에 대한 부인과 자녀들의 회고』
- 김경천 탄생 110주년 기념과 사랑하는 아내 김 Л. А을 추도하며-

정리: 김 이브게니(김경천의 큰 딸 김지리의 큰 아들)

이 글은 진심으로 사랑하는 할머니 유정화와 김경천의 자녀인 나의 어머니 김지리(김 베라 이바노브나), 김 수범(발로쟈 아저씨 김 블라지미르 이바노비치), 김지희(지나 아주머니, 김 지나 이바노부나), 김기범(게나 아저씨, 김 겐나지 이바노비치), 김지란(니나 아주머니, 김 니나 이바노비치)의 기억으로 쓰여졌다.

나의 할아버지 김경천(1885년생)은 5남 1녀(막내딸)의 자녀를 가진 부자(富者)이고 화목한 대가족의 5남으로 태어났다. 분배된 토지가 가족의 부를 이루었다. 어머님이 말씀하시길, 유년시절 어느 날, 김경천은 서점에 들러 서가의 책을 둘러보다가 "나폴레옹"이라는 책을 보게 되었다. 책을 읽은 감동은 가슴깊이 강하고 깊은 인상을 남겼으며, 그는 장차 군인 되기를 열망하다가, 이윽고 이를 결심하였다. 그런데, 그의 경우 이를 위해서는 멀리 나갈 필요가 없었다.
왜냐하면 그의 증조부, 부친, 숙부가 병조판서를 지낸 무인의 가계였기 때문이다. 그리고 그의 형들은 모두 장군이었다. 정말 한 가족에 있어서는 매우 드문 일이었다.

어머니가 말씀하시기를, 김경천은 집안의 다섯 번째 장군이었다고 했다. 바로 이러한 생(生)의 열망(熱望)으로부터 김경천(외견상으로 그가 조선사람임을 구별하기 힘들었다고 함)은 일본어를 철저하게 익히면서, 지원자들에 대한 면밀한 심사에도 불구하고 일본육사에 입학하였다. 정말 당시의 경쟁률은 100:1이었다.

그 당시 혼란기의 한국은 일본침략의 압제 하에 있었다. 어머니의 기억에 따르면, 나의 조부는 당연히 자기 조국의 해방을 갈망하였었고, 조국이 외국침략자의 장화에 짓밟힌, 정말로 많은 고통을 받은 땅, 조국이 그들로부터 해방되는 것을 보는 것을 갈망하였다고 한다.

할머니 유정화가 말씀하시길, 육사 정규졸업생의 명예를 위해 개최된 성대한 야회(夜會)에서 김경천은 이승만에게 다가가, 그에게 자신을 한국의 독립에 바치겠다고 제의했었고, 이승만은 이에 대해 "동지, 나는 돈을 좋아한다."고했다. 이렇게 하여 나의 조부의 군사적 숙명과 장래의 남한 독재자는 갈라서게 되었다. 즉, 그들은 서로 장벽의 다른 쪽에 있음이 판명된 것이다. 확실하게 아는 것은 아니지만, 장개석도 바로 그 학교에서 배웠다고들 한다. 이승만은 이미 코르시카섬에서 노령을 마쳤다고 어디선가에서 읽은 적이 있다.

술을 많이 마셔 격앙된, 이제 막 최상급생이 된 일본인들이, 그들의 생각과 의도로는, 결국 나의 사랑하는 할아버지 김경천의 조국 한국을 예속시킨다는 결론에 도달하는 장래의 포부를 밝힌 적이 있었다. 김경천은 기회를 포착하여 자기의 동기생들에게 그들의 집까지 데려다 주겠다고 제의하였다. 침략의도에 관하여 공개적으로 발언하고 한국점령을 염원하는, 가장 광폭하고 악질적인 일본인은 5명이었다.

김경천의 막내딸 지희가 나에게 말하기를, 육사 청강생으로 있으면서,

일본인들이 그가 어떠한 범죄를 저지를 소질이 있다는 생각을 할 수 없게 하는 믿음을 가질 만큼, 매우 공부를 잘하였다. 김경천은 육사에서 공부할 당시 이미 진심으로 사랑하는 조국을 평안하게 하기 위하여 일본인들을 격멸할 결심을 하였다. 김경천은 육사 졸업장을 받고 난 후, 상당한 이유를 제시하면서 육사교장에게 휴가를 청원하는 신고서를 제출하였다. 신고서는 수리되었다. "휴가"기간 동안 김경천은 악랄한 외국인, 즉 일본인에 맞서는 한국인들 가운데서 빨치산활동요원의 선발, 준비에 전념하였다. 동시에 그는 토지를 팔아치웠으며, 그 자금은 광명에 찬 미래를 위하여 대한민족의 독립운동의 강화와 확장에 사용되었다. 그 무구한 역사의 기간동안 끊임없이 증명되어온, 자유를 사랑하는, 능력있는 민족을 위하여……

이와 유사한 "휴가"는 육사에서 김경천의 명의로 2번 이루어졌다. 더 이상 학교로 돌아가지 않았다. 그 이후 김경천은 자기의 생명과 어쩌면 자신의 동지들(무장한 용기 있는 친구들)의 생명의 위험을 무릅쓰면서, 한 번이 아니라 정말로 여러 번, 일본인으로부터 숨지 않으면 안 되었다. 일본인들은 그를 육체적으로 고통을 주기 위하여 그를 수색하였다. 그들은 수년간 그가 종전에 살았던 집 주위를 지칠 줄 모르게 감시하였다. 김경천이 나타날 것을 바라면서……

일본식 고문(사람에 대한)은 이 세상에는 다시없는 가장 놀라운 것이라는 사실은 이미 잘 알려져 있다.

지희가 말하기를, 실제활동을 위하여 김경천에게는 군사서적이 필요하였다. (그의 집에는 많은 장서가 있었다.) 이를 위해 한 여인이 파견되어 왔는데 그녀는 일본인들에 의해 체포되어 되돌아 가지 못하고, 진짜 영웅과 같이 잔혹한 일본인들의 고문을 받아 순사하였다. 그녀와 조국에 자기를 바친 모든 이에 대한 좋고도 영원한 추억……

할머니 유정화도 나에게 유사한 경우를 말씀해 주셨다. 어느 날 일본인들은 끊임없이 김경천을 찾으면서, 일본인들을 피해 험한 산들로 이어지는 산악지대를 건너가지 않으면 안되었던 그를 추적하기 시작하였다. 다행스럽게도 총알이 바로 옆을 스쳐가면서도 그를 비켜 날아들었다. 그러나 김경천은 산꼭대기에서 추적자들을 따돌리면서, 산꼭대기로부터 흘러내리는 강을 건넜다. 이렇게 하여 그는 일본인들로부터 벗어나게 되었다. 이와 같은 에피소드를 말하면서, 나의 할머니인 자기의 아내 유정화에게 "내 인생에 있어서 그와 같은 사건을 겪었으니, 나는 반드시 오래 살 것이다."라고 얘기했다고 한다.

막내딸 지희의 얘기에 따르면, 자기의 육체적, 천성적 소질의 덕분에, 김경천은, 매우 빠른 순발력과 강한 다리를 가졌으며, 일본의 자위수단을 알고 있었다. 그가 포로로서 일본인들의 손에 체포될, 피할 수 없는 위험으로부터 여러 번 위기에 봉착하였을 때, 한 번은 세 일본인으로부터 추적 당하여 달리는 열차의 객실에서 뛰어내리기도 하였다 한다.

그의 인생은 1937년에 감금되는 등 커다란 슬픔으로 이루어져 있다. 그 당시에는 이유 없이 많은 수의 한국인들이(한국인이 아닌 자들도) 잘못도 없이 고통을 당했던 사실은 이미 잘 알려져 있다. 나의 어머니의 얘기에 의하면, I. B.스탈린이 김경천에게 직접 두 번이나 훈장을 수여하였음에도 불구하고 바로 이러했던 것이었다. 예전에 어머니는 이에 대해 다음과 같이 회상하신 적이 있다. 김경천이 체포되고 난 이후, 세 아이(나이가 많았던 딸들 중)를 내무인민위원회로 호출하였을 때, 그들 중 한 명인 지혜(뉴라 아주머니)는 "나는 어떠한 잘못도 저지르지 않았다고 확신합니다."라고 명백히 말하였었다. 이에 대해 한 장교(위원회 위원)가 매우 정중하게, 절도있게 김경천의 자식들을 주목하고서는 소녀의 눈을 똑바로 쳐다보면서 "얘들아 안심하여라. 우리는 모든 것이 잘 되는 것으로 심리하고 있으며 그렇게 되기를 바라고 있다."라고 말하였다. 그리고 방면하였다.

1937년에 감금된 김경천은 코미자치소비에트사회주의공화국으로 보내어 졌다. 1941년 초 유정화는 그로부터 그는 잘못이 없기 때문에 아무 것도 심문하지 않았으며, 그때는 조국전쟁이 시작되는 기간동안의 실수에 지나지 않는다는 내용을 알린 수통의 편지들을 받았다. 그리고는 편지가 중단되었다. 유폐되어 10년간 금고 되었다가 풀려난 목격자가 그는 김경천과 함께 일반 공동사(共同舍)에 있었었다고 알려주었다. 그 감방에서는 모두가 그를 존경하였고 말을 따랐었다고 했다. 그는 그 당시 그와 같이 있던 모든 이들과 함께 지속적으로 아침운동을 하였었다고 한다. 그는 확신에 차 있으며 자유롭게 처신하였다. 그러나 어느 날 감옥 소장이 그를 불렀고, 그 후 더 이상 그를 볼 수 없었다.

　　어느 여름날, 할아버지 김경천은 자기 뒤로 일본인들의 미행이 있는 걸 명확히 알자, 아내에게 "부인, 내일 여행가방을 준비해 몇 가지 물건을 챙겨주시오, 무엇 무엇 등……." 가족 간의 대화의 방식은 한국의 관습에 따라 항상 정중하였다. 그리고는 대화를 계속하면서 아내에게 권유하기를, 누군가 자기에 대해 묻거들랑 그는 금강산에 사냥 떠났다고 얘기해 달라고 하였다. 그 장소는 그 당시 그들이 살던 곳으로부터 먼 곳에 있었다. 덧붙여, 집주인은 3주야 후 저녁 8시경에 돌아온다고 약속하였다.

　　그 다음날 남편의 출발 후, 한복으로 갈아입은 일본인 2명이 집으로 찾아 왔었다. 할머니 유정화는 이미 그 만남을 사전에 준비하고 있었고, "손님"을 기다리고 있었다. 그들은 아주 들릴 듯 말 듯한 소리로 남편이 언제 돌아오느냐고 그녀에 물었다. 어떻게 유정화는 그 소리를 알아들었을까? 왜냐하면 그녀는 일본어에 능통하였기 때문이다. 할머니 유정화는 이 회상속에서 일본인들은 매우 절도 있으며 종교적, 즉 미신을 좋아하는 민족이라는 점을 지적하셨다.

　　정확히 3일 후, 일본인들이 또다시 끊임없이 집으로 찾아 왔었다. 집에는 수색이 시작되고…….

가정사의 분주함이 끝나고 조용한 시간에 나의 어머니는 다음과 같이 말씀하셨다. 집에는 금빛 제모휘장(制帽徽章) 등을 한 군복차림의 친척들 사진이 있는 두꺼운 앨범이 있었다. 김경천의 형제들을 아주 기억하기 좋은 사진이었다. 물론, 그 모두를 가택수색시 일본인들이 빼앗아 갔었다. 우리에게는 모두 다해봐야 2장의 사진, 즉 민간인 복장의 할아버지와 자식들(3녀, 그들 가운데에는 나의 어머니도 찍혔음)의 사진만 보존되었다. 사진 찍을 때에는 나의 어머니가 10살 정도이고 나머지들은 7내지 8살 정도였다. 할머니 유정화는 수색이 있던 바로 그 날 감금되었다. 자식들은 그녀로부터 떨어져 집안의 별채의 다른 방에 격리되어졌다. 특무대의 여러 사람이 여러 차례 하루 내내 그녀를 심문했었다. 그것은 취조로 바라는 결과에 도달하기 위하여 고의적으로 저지른 것이 명백하였다.

할머니 유정화는 그 당시를 회상하면서 말씀하시길, "나는 당시 젊었고, 남편을 위해 어디로든 떠나갈 준비가 되어 있었다." 다만 그가 체포되지 않으면 좋을 뿐, 자식들에 대한 배려는 하지 않았다.

그녀가 감금되던 날로부터 1주일 경과 후, 어디에선가 유정화는 단식을 선언하였다. 이에 대해, 그녀는 단식 3일간은 매우 힘들었다고 말했다. 그 후 어떤 것이든 아무렇지도 않았다고 했다. 이러자 그들은, 그녀가 그 냄새를 도저히 참을 수 없는 청어를 그녀에게 가져다 대었다. 일본인들은 최고지휘부가 원하지 않는 결과를 두려워하면서, 정말로 낭패스러워 했다고 한다. 그들은 유정화에게 음식을 먹으라고 온갖 수단으로 설득하였으며, 그녀에게 자식들을 가련히 여겨야 한다고 말하기도 했었고, 그녀에게 쌀죽 "밥"과 다른 한국음식을 가져왔으나, 그녀는 단호하게 거절하고는, 심문에 대해 오직 자기 남편은 자기에게 감옥에 갇히는 것이 처음이라고만 말하라고 했다고 만 대답했었다. 어쩌면 그것이 그녀와 그녀 자식들의 생명을 구했는지도 모른다.

그녀는 극단적인 상황에서 당당하게 자신을 나타낸, 늠름하고, 용감하고, 의지가 강한 여인, 즉 김경천의 당당한 아내였었다고 말해도 실수가 아니라고 생각한다.

언젠가 나는 그녀에게 "당신께서는 김일성에 대해 무엇을 알고 계십니까?"라고 물었다. 그녀가 답하기를 "할아버지와 함께 우리가 혁명활동을 시작했을 때, 그는 아직 소년이었다." 그리고 잠시 생각한 뒤 계속하기를, "역사는 핵심인물들에 대해서만 기록되어진다."고 하셨다. 이러한 생각의 의미는 지당하고 명백한데……

할머니 유정화 자신도 부자집 출신이며, 하녀에 의해 교육을 받았었다. 그녀의 전공은 음악(피아노)과 관련되어 있었다. 그녀는 항상 조용하였으며 균형을 유지하고 있었고, 사람들에게 끝없이 호의를 베풀었으며, 절도 있고 신념에 차있었다. 그녀는 많은 좋은 인간의 덕성을 가지고 있었으며, 그녀로부터 많은 것을 배우고 깨우칠 수 있었다. 오늘날까지 살아온 전 생애에서(매우 솔직하게 고백하건대) 그러한 사람은 오직 두 사람만을 만날 수 있었다. 바로 할머니 유정화와 그의 큰 딸 나의 어머니이다.

할머니는 우리, 즉 손자 손녀들에 있어서는 두 번째의 바꿀 수 없는 어머니였으며, 자기 자식은 물론, 손자녀들에게 있어서도 진심으로 애정 깊은 분이었으며, 잘 보살펴 주신 분이었다. 그것은 일체였으며, 분리될 수 없는 사실이다. 나는 나의 어머니의 얘기에 의해 그녀에게 친 남동생, 아저씨가 있다는 걸 안다. 아저씨 또한 1937년에 강제이주를 당하였으며, 그 또한 할아버지 김경천처럼 혁명사업에 종사했으며, 또한 러시아에 있었다. 그는 극동지역의 신문들 가운데 한 곳에서 일했던 것 같다. 자기의 친 남동생과의 관계에 있어서, 할머니는 자기의 딸 지희에게 말씀하셨다. 어느날, 아저씨와 그의 혁명사업동지들이 타고 있는 기선에서 예상치 못한 일이 일어났다. 재난이 닥쳐오는 것을 예견하지 못한 채 갑판 위에 서서 사람들이 임박한 앞으로의 여행에 관해 평화롭게 얘기들을 하고 있었는데, 갑자기……. 기선의 갑판에는 화물을 들어올리기 위한, 무거운 주조 갈고리가 달린 기중기가 설치되어 있었다. 그 때 갑자기 묵직한 갈고리가 쇠사슬로부터 떨어져 사람들, 즉 아지씨와 그의 혁명사업 친구들이 서 있는 갑판으로 떨어졌다. 후에 판명된 바와 같이, 당시 아저씨는 누구보다도 그에 가깝게 서 있었다. 갈고리가 떨어지는 것을 보자, 그 아래 서 있는 친구에게 아무 말도 하지 않은 채, 자기 생명의 위험을 무릅쓰면서, 아저씨는 친구를 향해 몸을 날렸고, 자기의 몸으로 그를 덮쳤다. 강한 충격이 바로 그의 머리에 가해졌다.

아저씨와 같은, 혁명가, 그런 사람들은 죽음을 두려워하지 않는다. 기선에서의 그 사건 이후에, 그는 언제나 심한 머리의 통증에 고생하였다고 할머니 유정화가 말씀하셨다. 그는 끊임없이 지속되는 머리 통증 때문에 죽을 거라고 예상하셨다. 또한 그녀가 기억하기로는, 아저씨는 김경천에 대해 대단한 정신적 친밀감과 상호 이해심을 품고 있어, 인간적으로서 뿐 아니라 친척으로서 그와 매우 친했다고 했다. 그는 자기 누나 유정화가 진짜 한국음식을 매우 그리워하자, 그녀를 동정하였다. 그래서 그녀에게 충고하기를, 끓는 물에 소금절인 오이를 잘게 썰어 넣고, 이때 오이절인 소금물은 남긴 채, 양파, 고추, 약간의 설탕가루를 보충하고, 이 모두를 골고루 잘 섞으며, 토속 쌀죽 "밥"을 위한 채소반찬이 갖춰진다는 것이다. 이렇게 러시아 재료를 섞으면서 그는 그의 누나 유정화에게 요리 조언을 해주었다.

육사와 모든 "휴가들"이 끝난 후, 김경천은 한국으로 돌아왔고, 근본적인 활동, 즉 지하혁명으로부터 일본인들의 주의를 따돌리기 위해 "방탕한"생활을 살기 시작하였다. 마치 육사졸업이 그리 중요치 않은 것처럼. 김경천의 자식들이 그들의 사랑하는 어머니 유정화의 얘기에 의해

대륙으로 간 혁명가들

기억하고 있는 바와 같이, 주의를 따돌리기 위한 기회들은 다음과 같았다. 당시에는 일본 놀음을 하는 야간 도박장과, 당시 젊은 부부들이 당연히 알고 있었던 유흥클럽들이 있었다. 그러나, 반복하건대, 이 모든 것들은 사전에 숙고한 것들이었고 김경천과 그의 사랑하는 아내와의 사이에 미리 얘기된 것들이었다. 이 모든 것은 인생의 높은 뜻, 즉 그들의 사랑하는 조국을 일본의 압제로부터 해방시키기 위한 것이었다.

김경천의 집에는 깊은 밤 자기 조국의 애국자들인 한국인 동조자들이 모이는 지하실이 있었다. 그들은 일본의 압제에 대항하는 계획들을 세웠으며, 그 계획들의 가능성을 실효성 있게 구현하였다.

그래서, 유정화의 기억으로부터 김경천의 딸(지희)이 말하기를, "반란을 위하여 김경천이 지휘하고 있는 고국-조선부대는 이승만이 살던 집을 태우기로 결정하였다. 그를 마치 민족의 반역자처럼 체포하여 괴롭히려고 끊임없이 시도하였다. 계획의 첫 부분은 이행되었다. 즉, 이승만의 집을 완전히 태웠으며, 그 자신은 여러 차례 민족의 복수자들로부터 도망가지 않을 수 없었다. 빨치산 측의 압박은 그로서는 참을 수 없었으며, 그는 한국을 떠났고, 그가 상응한 지지를 받았던 미국에서 허우적거리게 되었으며, 그는 남한의 독재자가 되었다. 할머니 유정화는 기억하기를, 러시아말 한마디도 모르면서, 어린 자식들을 데리고서 카자흐스탄(제3국영농장)에서 산다는 것은 인텔리 집안에서 성장한 그녀로서는 매우 힘들었다고 한다. 말린 쇠똥으로 난로에 불을 지피고, 어려운 국역농장의 작업들…….

얼마간의 시간이 흐른 뒤, 국영농장의 지배인은 그녀가 매우 착한 노동자라는 것을 알아차리고, 국영농장의 목욕탕에 불을 지피는, 보다 가벼운 일을 맡겼다. 그 후에는 국영농장의 온실이 맡겨졌다. 자신을 위한 훈계와 간은 "언제나 자기의 성 김가를 더럽혀서는 안되며, 인생을 도둑질 외에는 뭐든지 할 줄 알아야 한다."는 할머니의 말씀을 기억한다.

비밀리 일본인 침략자에 대항하는 한국인 동조자들을 모으면서, 그들은 갖은 방법으로 점령자들과 투쟁하였다. 일본인들이 그들의 조직을 밝혀 내고 그들을 불법상태로 내모는 그러한 시간이 다가 왔다. 김경천의 친구들은 그와 유정화의 남동생이 러시아 블라디보스톡으로 도주할 수 있게 도와주었다. (1918년~1921년)연해주에서 김경천은 러시아를 위해 싸웠다. 처음 부대는 30명 내지 60명으로 구성되었다. (딸 지희의 얘기에 의하면) 지속적으로 숫자는 늘었고 김경천은 자신의 군인생활(육사졸업 이후)에서, 그 어느 전투에서도 (크고 작든 간에) 한 번도 지지 않았다. 즉, 그는 뛰어난 군 지휘관이었으며, 순간적으로 발생된 상황을 파악하고, 전투상황을 분석함과 동시에 승리를 보장하는 결정을 적시에 내리는 능력을 가졌다.

빨치산 시절을 (김 베라 이바노브나와 유정화는) 다음과 같이 기억하고 있다. 일본인들은 김경천을 찾아 추적하고 있었다. 그래서, 어느 날 그들은 할아버지의 사진을 신문에 싣고는 김경천을 체포하였다고 기재하였다. 그때, 빨치산들은 할아버지 김경천의 사진이 역시 실린 자신의 신문을 발행하였고, 빨치산 가운데 한사람인 그는 그의 체포, 구금사실을 모두 반박하였다. 사진이 함께 실린 김경천에 관한 기사는 "어떻게 지내십니까?"라는 김경천이 손으로 쓴 종이조각과 더불어 빨치산의 통신선을 따라 할머니 유정화에게 전해졌다. 이렇게 함으로써 그는 그가 살아 있다는 것을 살짝 알린 것이었다. 그리고 다음 번에는 신문에 시가 실리었다. 할머니는 그것은 그의 시, 즉 그가 살아있다는 것을 알았다.

딸들 가운데 가족의 맏아들이 장남 수범(김 블리지미르 이바노비치)이 태어났을 때, 그 기쁨은 끝이 없었다……. 그리고 마을에서 모두들 그 소식을 알았을 때(모두들 할아버지를 선생님으로 불렀다.), 집 마당에는 긴 식탁이 갖춰지고, 모두들 가져올 수 있는 모든 먹을 것을 가져 왔다. 할머니는 진심의 감사와 함께, 바로 그 축제의 기념일을 회상하곤 하시었다. 전 생애를 통하여 기억될 만한, 특별한 유일의 축제일이었던 것이다. 그것은 사랑하는 남편과 자식들과 함께 한 무겁고도 긴 그녀의 운명 속에서의 행복이었으며, 행운의 순간이었던 것이다.

몇 해가 흘렀고……바로 그 수범에게 다음과 같은 일이 일어났었다. 어린 소년은 작은 보트가 있는 호수로 다가갔었다. 소년은 보트에 탔었고, 보트는 아마 약하게 묶여 있어서, 소년과 함께 떠내려 가버렸다. 그 날 전 마을은 마치 꿀벌통처럼 허둥지둥하였다. 김경천의 외동아들을 찾으면서……. 저녁 무렵 보트를 찾았고, 그 속에는 수범이 조용하고 달콤하게 잠을 자고 있었다. 그 날 호수는 잠잠했기에 그로서는 행운이었다. 다음 날 내내 모두들 이에 대해 위 얘기와 비슷하게 한마디씩 하였고, 부모와 그들의 축제의 "주인공"과 자식들이 오래 건강하게 살도록 축제의 상이 차려졌었다.

나의 사랑하는 잊을 수 없는 어머니께서 "우리 아버지 김경천은 매우 엄격하셨다. 군대식이었다고나 할까. 물론 당연히 부모의 입장으로도 자식(딸들)을 키우셨지만."라고 회상하신 적이 있다. 빨치산 부대는 김경천 가족의 주거생활을 위하여 전 지주의 집을 배당하기로 총회에서 결의하였다. 딸들은 모두 양동이 물이 더러워질 때까지 집 마루바닥을 닦곤 했었다. 딸들 각자에게는 집에서 해야할 자기의 의무가 있었다. 순종은 확고한 규칙이었다. 매일 아침 김경천은 숲으로 아침운동을 하러 가곤 하였다. 그 이외, 그는 숲 속 외진 곳에서 지휘구령을 반복하시곤 하셨다. 숲 속의 메아리는 그 구령을 울려퍼지게 하였으며, 그것은 정말 웅장하였다. 김경천은 자기 부대를 위한 노래를 작사하였다. 그 노래에는 당연히 상응하는 선율·멜로디가 따라졌었다. 언젠가(50년 대 초) 우리 어머니가 아버지와 함께 한국인 집에 손님으로 갔을 때, 그녀는 아버지가 지은 노래를 들은 적이 있었다. 물론 그녀는 흥분하였고, 그래서 집주인에게 그들이 어디서 그 노래를 배웠는지를 물었다. 그녀는 "이 노래는 빨치산 노래이다."라고 대답하였다. 나는 한국말로 된 그 노래의, 아마 정확치는 않겠지만, 한 소절을 기억하고 있는 바, 러시아말로 옮기면 다음과 같이 소리되어질 것이다. "(빨치산이) 얇은 옷 입고 러시아에서 추위에 떨며, 대한의 자유를 위해 싸운다." 빨치산부대 내에서 자유로운 시간이 생기면, 축제가 벌어지곤 했다. 할아버지 김경천은 세 딸들에게 빨치산들 한가운데 군대식으로 정렬하여 몇 곡의 노래를 부르도록 명령하곤 하였다.

1952년에서 1953년까지 사이의 중반쯤에 김 마트웨이 티모페에비치(기자)가 우리 가족을 찾아냈다. 그는 매우 키가 크고 여위었으나, 67세 쯤 되는 아주 좋은 사람이었다. 그는 카라간다주 출판국 과장으로 일하는 나의 아버지 김 페트로탄구비치 덕분에 카라간다에 있는 우리 가족을 찾은 것이다. 아버지에 대해 잠깐 얘기하자면, 그는 소연방 카자흐스탄 공화국 문화부직원으로 근무하였던 카라간다시에서는 유명한 사람이다.

김 마트웨이 티모페에비치는 모스크바에서 왔다. 우리 할머니가 생존해 계신다는 것을 알고서, 그는 그녀와 대화를 나누기로 결심하였다. 그 당시 그들은 밤새도록 얘기하고 회상하였다. 김 M. T.를 동방민족대학교에서 수학하도록 모스크바에 파견하기로 결정하였다. 그는 그 교육기관을 성공적으로 마쳤다. 러시아 여자와 결혼하여 모스크바시 길랴렙스코보거리 어디에선가 살았다. 그는 솔직한 심정으로 처음에는 사람을 쏠 수 없었다고 할머니께 얘기하였다. 김경천은 어느 날 그를 불러, 만일 너가 쏘지 않는다면, 누군가가 너를 죽일 것이고, 그 누구도 조국을 지키지 못하게 될 것이라는 의미가 담긴 대화를 가졌다고 했다. 바로 이러한 구체적인 부대장과의 대화가 김 M. T.와 김경천과의 사이에서 이루어졌던 것이다.

김경천과 유정화의 가족으로는 여섯 명의 자녀, 즉 네 딸과 두 아들이 있었다. 김경천의 막내아들 기범 (게나 아저씨 또는 김 겐나지 이바노비치)은 다음과 같이 말한 적이 있다. 그의 아버지가 군대를 지휘할 때, 그가 러시아말에 능통하지 못하여 그의 좌우 측에는 2명의 통역을 데리고 있었다. 통역 중 한 명은 이반이라 불리워진 사람이었다. 그에 대한 추억을 위해 자식들에게 부칭 이바노비치가 주어졌다.

김 M. T.는 모스크바에서 그의 책 "1918년에서 1921년 사이의 소비에트정권을 위한 전쟁에서의 한국인 국제주의자들"이 발간되었다고 할머니에게 얘기했었다. 그 책은 실제 출간되었다. 김 M. T.는 김경천에게 바쳐지는 두 번째의 책을 발간하기를 희망하였으나, 그렇게 하지 못하였는데, 아마 연령 때문인지 그렇지 않는 다른 이유 때문인지 그 책은 우리에게 보내지지 않았다.

할머니가 기억하시기를 전사 가운데 한 명이 김경천의 말을 죽였을 때, 나의 할아버지는 매우 괴로워 하셨으며, 그는 진짜 사나이임에도 불구하고 눈에는 눈물이 고였었다고 한다. 말은 그에게 있어 진짜 친구였던 것이다.

어머니가 손님으로 가서 들었던 빨치산 노래는, 만일 나의 기억이 틀림없다면, 그녀의 가요집에 한국말로 기재되어져 있었다. 언젠가(1985년 이후 : 김 베라이바노브나는 1985년에 돌아가셨음) 나는 어머니에 대한 추념으로 가요집을 1994년 알마타에 있는 카자흐스탄 국립대학교 신문학과를 졸업한 나의 조카딸 허이리나에게 선물하였다.

그리고 한가지 인생의 특징이 있다. 지난날 김경천은 블라디보스톡에 있는 사범대학에서 일본어와 군사학을 가르쳤다. 나는 잘 모르는 김경천의 여동생의 운명에 대해서는, 나는 오직 다음 사실만을 알고 있다. 1950년대 북한 어디에선 가로부터 카라간다시의 우리에게로 편지가 날라들었다. 그날 귀가하였을 때, 어머니는 무엇인가를 매우 걱정스러워하고 계셨다. 나는 무슨 일이냐고 물었다. 그녀는 손목시계를 보내달라는 부탁이 담긴 편지가 왔다고 대답했다. 그 당시 소련시계는 자랑스러워할

만 했다. 할아버지 김경천의 여동생의 자식들은 대학교를 졸업하였고, 그녀는 죽었으며, 편지는 그녀의 남편이 썼다고 쓰여져 있었다. 어머니는 걱정스럽게 말씀을 계속하시길, 우리는 5자녀가 있고, 그러한 선물을 실제 할 만한 능력을 갖지 못하고 있다고 하셨으며, 김경천의 여동생이 부탁했으나 어머니가 부탁을 들어줄 수 없는 것이 안타깝다고 말씀하셨다. 일은 실제 이렇게 벌어졌으며 나는 어머니를 이해하고 있다. 조선에 있는 그들은 정말로 우리가 실제 어떻게 사는지를 몰랐을 것이다. 누가 1937년에 고통을 받은 민족의 고난에 잘못이 있는가? 문제는 어렵고, 단순하지 않으며, 해결하기 어렵고...... .

수십 년이 흘러 세대가 바뀌었으나, 역사는 반드시 공정한 사람들의 의욕적인 지력에 의해 탐구되어야 하며, "그리고"라는 단어에 종지부를 찍어야 한다.

영원한 좋은 추억과 공손한 경례는 깊은 존경과 감사의 표시이다. 나의 사랑하는, 나의 가슴 속 깊은 친밀감을 느끼게 하는 친척들이여 !

김경천과 유정화의 결혼에 관하여

김경천의 막내딸(지희)의 이야기에 따라 다음과 같이 설명한다.

김경천의 부모님들은 유정화가 16세가 되었을 때, 그녀의 부모님들의 동의를 얻어 그녀와 결혼시키기로 결정하였다. 김경천의 부모님들은 자기의 아들을 유정화에게 소개시키고, 일본으로 유학길에 오르기 1주일 전에 혼인잔치가 벌어졌었다.

일본으로의 출발에 앞서 김경천은 피아노를 사고, 피아노선생을 구한 뒤, 젊은 아내에게 반드시 그에게 돌아오겠다고 말했다 한다.

김경천은 자주 편지를 보냈는데, 편지를 통해 유정화에게 끊임없이 현재의 감정을 나타내었다. 그녀가 기억하기로는, 자기 집 정원에(밤중에) 나가 그녀의 가장 깊고 그윽한……그 자에 대해 달과 얘기하곤 했다는 것이다.

김경천은 일본에서 6~7년간 공부를 했었다. 그 기간 동안 그는 유정화를 일본으로 불렀고, 그들은 거기에서 살았다. 지희의 말에 따르면, 나의 어머니(김 베라 이바노브나)와 지혜(뉴라 아주머니)가 거기서 태어났다고 했다. 지희의 말에 따르면, 딸들의 모든 이름은 그들의 아버지 김경천이 지어주었다고 했다. 모든 이름에는 함축된 뜻이 있다. 이렇게 나의 할아버지 김경천과 나의 할머니 유정화의 운명이 이루어졌었다.

작가의 변

많은 이러한 자료들을 수집하면서 나는 김경천과 유정화에 관한 좋고도 영원한 추억을 자라나는 젊은 같은 핏줄의 세대인 근친들의 기억을 세상에 남기고 싶었다. 이 기억들은 헌신적인 조국에 대한 표상이다. 그들이 보여준 진짜 감사함을 느끼는 인간의 품성은 용감성, 영웅성, 서로간의 사랑은 물론, 자유로운 조국을 보고자 하는 높은 목표를 위하여 인생 자체에 대한 사랑이었다.

부언 :
나의 염원은…… . 우리 가계에 대한 나의 얘기를 계속하는 것이 나의 운명이라면 얼마나 좋을까…… .

깊은 존경과 함께
에브게니 김

김경천 탄신 110주년에 바친다.

나의 어머니 김 베라 이바노브나의 기억으로부터

러시아에로의 탈출

어머니의 아버지 김경천은 오래 전에 러시아에 있었다. 그의 아내, 나의 할머니 유정화는 자기 딸들과 함께 빨치산 통신선을 통해 은밀히, 어머니의 말씀처럼, 남편과 만나기 위해 그 먼 러시아로 어린 딸들과 함께 몰래 준비하였다. 이 모든 것은 그녀의 어머니 유정화가 그녀가 이제 어른이 되었을 때 얘기해 준 것들이다. 먼길 채비가 끝나자, 그녀는 조금이나마 여비를 마련하기 위하여 세간집기, 물건들을 은밀하게 팔아 치워야 했다. 이러한 일들은 일본인들이 알아차리지 못하게 극도로 은밀하게 처리하여야만 했다. 그래서 밤에 빨치산의 통신선을 통하여 이 마을에서 저 마을로 해서 러시아 국경까지 이동하여 갔다. 그리고 어머니가 기억하기로는, 그들이 밤중에 어느 마을엔가 도착했을 때, 일본인들의 "가택수색이 있다"는 소리가 들려왔다. 어린 딸들을 방바닥 밑 찬 한국 난로(구들)에 숨겼으며, 다행히 어떠한 이유와 상황에서인지는 몰라도, 일본인들이 그 집은 비켜 갔었다. 나의 어머니의 말씀에 따르며, 러시아 국경까지 다다르는 데에는 큰 강을 건너야 했고, 바라는 강가에 도달하려면 바람의 방향이 그들을 도와주어야만 했다.

그래서, 어느 밤중에 수행한 고기 잡는 한국인 노인 2명과 함께 할머니와 딸들이 강에 도달하여, 고기 보관하는 고기잡이배의 선창에 몸을 숨겨야 했다. 노인들이 강변으로부터 노로 배를 떠밀어냈을 때, 험한 강변 언덕에서 일본말로 "누구냐? 서라"고 외치기 시작했다. 일본인들은 총을 쏘고……. 이른바 "순풍"이었다. 큰 강에서의 바람은 정말 순풍이었고 고기잡이배는 러시아 국경에 도착하였으며, 어머니가 기억하시는 바에 의하면, 애들이 선창에서 밖으로 몸을 내밀지(드러내지) 않게 하기 위하여 한국인 노인들은 할머니께 "절대로 선창에서 몸을 내밀면 안됩니다. 그렇지 않으면, 눈 큰 사람들이 당신들을 잡아갑니다."라고 말했다. 이것은, 우리가 지금 알고 있는 것처럼, 러시아인을 뜻하는 것이다.

고기잡이배는 이윽고 러시아 국경에 도착하였다. 이렇게 하여 용감한 여인 유정화는 러시아말 한마디도 모르면서 어린 딸들과 함께 러시아에 있게 된 것이다. 나의 어머니는 유정화의 맏딸이다. 유정화는 피아노 선생님이었다.

1992. 2. 15
카라칸다시에서

박정훈의 항일민족운동 만주에서의 활동과 카자흐스탄에서의 처형

서언

박정훈(朴定勳, 일명: 朴牛)은 1910년대에는 국내에서 교육활동을 통하여, 1920년대에는 만주에 있는 한족회에서 『한족신보』를 간행하는 등 언론 활동을 통하여 항일운동에 기여한 인물이다. 1925년 러시아로 망명한 이후에는 그 지역의 대표적인 한글신문인 『선봉』의 간행에 참여하였다.[1] 이러한 경력의 소유자인 그는 1936년 2월 14일 종파분자라는 이유로 공산당에서 출당 당한 후 블라디보스톡에서 동년 3월 29일 카자흐스탄 빠블로다르로 강제이주 되었다. 이에 박정훈은 자신의 죄가 없음을 중앙기관에 호소하고자 하였으나 러시아어를 몰라 1937년 3월 29일 빠블로다르로 수용소에서 동생에게 자신의 이력과 탄원서를 보냈다. 편지의 내용을 러시아어로 번역하여 자신의 이력서와 함께 스탈린과 모스크바 중앙공산당 산하 고려공산당 야로스라브스코프 동지, 카자흐스탄 군당 비서 마르조야누 동지, 카자흐 안전국 지도자 지리누 동지 등에게 보내달라는 것이었다. 편지 곳곳에 그의 삶에 대한 강한 애착이 배어

---

1) 박정훈이 선봉에 쓴 기사로는 1927년 10월 13일자 <鄭秉旭 동지를 悼함> 이란 글 외에 다수가 있다.

박정훈

있다. 박정훈은 이러한 처절한 노력에도 불구하고 결국 1938년 10월 14일 소련 최고 소비에트 간부회의 정령 제 1조에 따라 유스노-까자흐스탄주 엔까베데(KGB의 전신)로부터 총살판결을 받고 침켄트에서 처형되었다.

박정훈의 인생역정에 대하여 깊은 관심을 갖고 있던 필자는 1995년 그의 딸인 박 엘리사벳다가 키르키즈공화국의 수도 비쉬케크에 살고 있다는 소식을 접하였다. 그래서 동년 8월 그곳을 방문하여 박 엘리사벳다와 그녀의 며느리와 손자, 박정훈의 동생 박성훈의 부인, 박성훈의 사위와 딸 등을 만날 수 있었다. 그리고 이때 입수한 박정훈과 관련된 다수의 자료는 필자의 저서『재소한인민족운동사』(1998, 국학자료원)에서 소개하였다. 대표적인 것은 동생 박성훈이 작성한 박정훈 이력서, 박정훈이 작성한 자신의 이력서, 박정훈이 동생 박성훈에게 보낸 편지, 박정훈이 스탈린에게 보낸 청원서, 박정훈이 제18차 공산당 대회 앞으로 보낸 청원서 등을 들 수 있다. 이들 자료에서는 박정훈의 항일운동과 출당의 명분과 이유 등 여러 내용을 포괄하고 있다.

그런데 최근 국사편찬위원회에서 간행된『한민족독립운동사자료집』37(1999)권에 1921년 당시 박정훈의 심문조서가 수록되어 그에 대한 연구에 많은 도움을 주고 있다. 즉, 3·1운동을 전후한 시기의 박정훈의 항일운동에 대하여 상세히 수록하고 있는 것이다.

이에 본고에서는 이들 자료를 바탕으로 박정훈의 항일민족운동과 그 후의 행적 등에 대하여 살펴보고자 한다. 이를 위하여 우선 그의 민족의식 형성과정에 대하여 살펴보고 이어서 1910년대 3·1운동 참여와 한족회에서의 활동 그리고 적기단(赤旗團) 및 러시아에서의 활동, 그 후의 출당 배경과 처형 등에 대하여 밝혀보고자 한다.

Ⅰ. 민족의식의 형성과정

박정훈의 호는[2] 운성(雲星) 또는 수산(秀山)이다. 만주에서 활동할 때에는 박일(朴一), 권영일(權寧一), 유해월(柳海月), 박창선(朴昌善)이라는 별명을 사용하였고,[3] 러시아에서는 박우라는 이름을 사용하였다.[4] 이중 권영일의 '권'은 박정훈의 부인의 성을 딴 것이며, 박창선의 '창선'은 자(字)를 딴 것이다. 유해월의 '유'는 어머니의 성씨를 취한 것이다.[5]

박정훈은 1883년 11월 7일 황해도 신천군(信川郡) 남부면(南部面) 화남리(花南里)의 고용(雇用)농민 박수락(朴受洛)의 장남으로[6] 출생하였다. 그의 집안은 신분적으로는 평민, 경제적으로는 영세한 집안이었던 같다. 1937년에 그가 작성한 이력서의 다음과 같은 부분은 이를 짐작케 해준다.

> 나의 부친 박수락은 그가 4살 때 모친을, 11살 때에 부친을 잃고 고아가 되어 동리 집에서 양육되어 20세까지 머슴꾼으로 남의 집사리를 하다가 20세 되는 해에 그 이웃 마을 류원천이란 빈농집에 그의 12세 되는 딸 (즉 나의 모친-柳敬愛, 柳敬天-필자주)에게 대릴사위로 들어가서 25세까지 일하여 주다가 25세에 그의 딸과 혼인을 하고 살았는데, 장인이 곧 별세하였고, 품팔아 생계를 유지하여 나갔다.

---

2) 박정훈의 부인은 權寧鎭이다. 박정훈은 부인과의 사이에 2남 1녀를 두었다. 장녀는 박 엘리자벳다(박순애: 끼르키즈스탄 비쉬케크 거주), 장남 박 마르껜 (사망: 자식 4남매는 우즈베케스탄 거주), 2째 딸 박밀라(러시아 우수리스크 거주)

3) 국사편찬위원회, 『한민족독립운동사자료집』 37, 1999, p.244, p.245, p.247.

4) 박정훈이 제18차 공산당 대회 앞으로 보낸 청원서.

5) 『한민족독립운동사자료집』 37, p.250.

6) 박수락은 부인 유경애 사이에 2남 1녀를 두었다. 아들은 박정훈, 朴成勳, 딸은 朴定愛 등이다.(박정훈의 동생 박성훈의 작성한 가계관련기록)

박정훈은 어려운 가정 환경 속에서도 공부에 대한 집착이 대단하였던 것 같다. 그의 이력서에 보이는 다음과 같은 내용은 이를 반증해 주고 있다.

내가 7세 되는 해였다. 나는 글을 배우고 싶어서 부모에게 청하였으나 그 길이 없었다. 나는 동네 노파에게서 천자문을 얻어서 늙은이들에게 배우기를 시작하였다. 그러나 당시 서당을 다닐 도리가 없었다. (서당에는 수업료로 일년에 벼 10㎏, 나무 화목 40뭇이었다) 그래서 나는 여름에는 집을 지키며 동생들을 돌보고, 힘이 자라는 대로 동네 집 심부름도 하여 주며, 또 겨울이면 서당 선생님의 심부름을 하며, 서당 소제하는 일을 해주고서 글을 배웠다. (중국역사그 때는 전조선이 모두 그러했다)
내가 12세 되던 해 봄이었다. 나는 동네 집 밭에서 소몰이를 한 적이 있었다. 그 때 나의 첫 시이자 동네 어른들에게 칭찬을 많이 들었는데, 그것이 지금까지 기억에 남아 있다.

作日讀書 今日耕　어제 글을 일고 오늘 밭갈지
牛背揮鞭 吟古詩　소등에서 채찍을 휘두르며 옛 시를 읊는다
羨彼大韓 三千里　부럽다 저 대한이 삼천리나 되는 데
此人獨無 地錐立　이 사람은 홀로 송곳 세울 땅도 없구나

내가 14살 되던 때였다. 나의 선생이던 이운평(李允平)이란 이가 처음 신천읍에서 새로 설립되는 맨 처음 신식교육기관인 사립 승명소학교(升明小學校)의 한문 교사로 되면서, 나에게 "네가 40전만 준비해 가지고 학교에 오면 내가 주선하여 학교 기숙사에서 심부름을 약간하면서 밥을 얻어먹고 공부하도록 해주마" 라고 하였다. 그때 나는 학교에 몹시 가고 싶었으나 이상 비용이 없어서 혼자 울고만 있을 때였다. 선생이 이상과 같이 주선해 주시겠다고 하니 몹시 기뻤으나 그 돈 40전을 준비할 길이 우리 집엔 없었다. 그래서 나는 약 15㎞나 되는 용문면 양정리(洋亭里)란 곳 신진사(申進士)란 부자에게로 구걸을 나섰다. 그곳 부자 두 사람에게서 겨우 35전을 얻었다. 그리하여 학교로 들어갔다. 학교에서 잔심부름을 하여 주며, 2년간을 얻어먹으면서 공부하였다.

내가 17살 되던 해 1월이었다. 신천읍(학교 있는 곳)에 사는 최동순(崔東順)이란 학교 교직원이 나의 높은 성적을 보고 서울 유학비 연조금을 모집하여 주었다. 그가 나에게 10원을 주면서 이것 가지고 서울에 올라가 공부하라고 하였다. 나는 "서울에 올라가면 어떻게든 공부를 하고야 말겠다"라고 결심하고서 그 돈 10원을 가지고 단신쌍영(單身雙影, 혼자서 그림자와 쌍을 이루어) 서울에 올라갔다.

서울은 우리 곳에서 약 300km 떨어져 있었다. 서울에 올라가니 5원이 남았다. 백영은(白永殷)이란 우리 고향 사람이 서울 진명여학교(進明女學校)에서 교사로 있었는데 그이를 만났다. 그에게 나의 전 장래를 부탁하였다. 그는 나를 김인식(金仁湜)이란 창가교사의 집에 보내어 심부름하여 주면서 밥을 얻어먹게 하고 사립 서북협성학교(私立西北協成學校, 비종교학교이다)에 입학하여 공부하게 하였다.

박정훈은 이력서에서 살펴볼 수 있는 바와 같이 7세시 서당에서 한문을 공부하였으며, 14세시에는 처음 신천읍에 새로 설립된 신식교육기관인 사립 승명소학교에서 잔심부름을 하여 주며, 2년 간을 얻어먹으면서 공부하였다. 그리고 17살 되던 해 1월 신천읍(학교 있는 곳)에 사는 최동순이란 학교 교직원의 후원으로 서울에 올라와 사립 서북협성학교에 입학하여 공부하게 되었다.

박정훈이 다닌 협성학교의 당시 상황은 오성학교 학감을 역임한 장도빈(張道斌)의 회고에 잘 나타나 있다. 그는 그의 회고록 「암운 짙은 구한말」에서,

1910년 8월에 한국은 마침내 일본에게 멸망을 당하였다. 단군 건국 4천여 년에 처음으로 망국을 당한 우리 민족은 분개한 마음을 참지 못하는 중에 일본총독부의 악정은 우리 민족의 생활과 자유를 모두 박탈하였다. 나는 서울에서 망국 전후의 상황을 보고 통탄을 금치 못하는 중에 동지들의 권유로 오성학교에 들어갔다. 오성학교는 본래에 서북학교에서 세운 학교로 협성학교라 칭하였으나 망국후에 일본인이 서북학회를 해산시키는 한편 협성학교의 명칭을 고쳐 오성학교학감으로 취임하여 청소년교육

에 헌신하기로 하여 모든 방면으로 개선을 힘쓰는 한편 학도의 교양은 애국자육성으로 목표를 삼았다. 나는 학도들의 정직, 용감성을 찬미하고 반드시 독립운동의 선구자가 될 인재를 기를 수 있다고 확신하였다. 과연 이 학교의 출신인 최팔용, 한위건, 김도원이 3·1운동의 선구자기 되었고, 지금 서울에 있는 이원철 박사, 박시창 소장도 이 학교 출신이다.

그러나 이 학교는 설립당시부터 독립운동의 정신으로 시작되어 끝까지 이 주의로 맹진하기 때문에 일본인은 매우 싫어하여 마침내 총독부에서 오성학교를 폐지하였다.

내가 오성학교에 있은 지 2년만에 이 학교를 떠나게 되었다. 이때 105인 사건으로 신민회원의 대부분이 피검되어 혹은 옥사, 혹은 수형하였는데 그들 중에 우리 동지가 많이 있었다.(중략) 나는 미리 준비하였던 여행의 행장을 끄내어 그날 밤으로 망명의 길을 차렸다. 때는 서기 1912년 1월경이었고, 그때 내 나이 25세였다.[7]

라고 하고 있듯이, 장도빈은 1910년 8월 이후부터 1912년 1월 경 망명길에 오르기까지 오성학교의 학감으로 학생들에게 민족의식 고취에 진력하였던 것이다. 이때 박정훈은 사립 서북협성학교 재학 중 학감이었던 민족주의자 장도빈의 영향을 많이 받은 것 같다. 그는 자신의 이력서에서,

내가 18세 되던 해 곧 1912년 여름이었다. 나는 우리 선생 장도빈이란 이의 저서인 조선력사(조선독립사상 선전의 내용을 가진 책)를 등사판으로 약 90부 가량 인쇄하였다. 이일이 탄로되어 그 해 10월부터 12월까지 3개월 간 감옥에 투옥되었다.

라고 하고 있는 것이다. 즉 박정훈은 사립 서북협성학교 재학 시 은사 장도빈의 영향으로 민족의식에 눈뜨게 되었던 것이다. 이처럼 민족의식을 갖게 된 박정훈은 1914년 학교를 졸업하고 학생들의 민족의식 고취를

---

7) 장도빈, 「암운짙은 구한말-지나간 20대들-」, 『사상계』, 1962년 4월호.

위해 현장에 나섰다. 당시의 상황은 역시 박정훈의 이력서에 잘 나타나 있다. 즉,

> 1914년 곧 내가 20살 되던 해 봄에 그 학교를 졸업하고 나는 곧 함경남도 홍원군(洪原郡) 학천면(鶴泉面) 산양리(山陽里) 사립 양성소학교(陽成小學校)에 교원이 되었다.(월급은 10원) 그 학교에서 교사로 근무하면서 그곳 독립운동자들과 연락을 하면서 그 부근 각 동리에 야학 강습소를 설립한 후 순회하면서 조선독립사상을 선전 고취시키는 활동을 전개하였다.
>
> 1915년 5월에 나는 홍원읍 경찰서에 약 20일간 구류를 당하였다가 함경 남도에서 퇴거하라는 처분을 받고 고향으로 돌아왔다. 그 해 10월에는 평양에서 만주에 사관학교를 설립할 자금을 모집하다가 발각, 체포되어 12월까지 3개월 간 투옥되었다. 1916년 초부터 1918년 말까지 황해도 봉산군(鳳山郡) 만천면(萬泉面) 유정리(榆亭里) 조양소학교(朝陽小學校)에서 교원으로 있었다.(월급 15원)

라고 있듯이, 1910년대 박정훈은 애국심이 강한 민족주의자 청년이었던 것 같다. 당시 자신의 위치와 입장을 박정훈은 1937년에 개최된 제18차 공산당 대회 앞으로 보낸 청원서에서 다음과 같이 언급하고 있다.

> 나는 조선의 가장 가난하고 구차한 농촌 노동자의 집에서 출생하여 어려서부터 인간의 갖은 천대와 고초, 간난을 겪으면서 비인간적 천대 학대를 당하면서 자라났고, 소년 시대에 감당할 수 없는 고역을 하면서 중등교육까지 받았으며, 그 후에는 불일 듯 하는 향학심을 어찌할 수 없이 억제하고 산촌으로 다니면서 소학교원 노릇을 하였습니다.
>
> 보통 식민지 청년이 그런 것처럼 나 역시 문학을 좋아하게 되면서 소설, 시 등을 많이 읽었으며, 스스로 쓰기를 즐겼습니다. 내가 21살 되던 해에 우연히 일본문으로 번역된 막심 고리끼의 "맨밑"을 읽으면서 계급적 의식에 눈뜨기 시작하였습니다. 그러나 내가 소련으로 들어올 때까지는 나의 의식에 "계급적 혁명", "민족적 혁명"의 구별이 분명하지 못하였습니다. 그리고 나는 항상 "순직" "진실" 한 것만 좋아하는 열혈아였습니다. 그럼으로 내가 소학교 교원 노릇하는 것을 소재로 강용흘(姜鏞訖)이란 작가가

영어로 쓴 소설 「초옥」(「草屋」)에 주인공으로 나를 묘사하여 "열혈적 애국청년지사"라고 나를 지적하였고, 나의 다른 친구들도 나를 "소같이 우직한 열혈아"라고 평가하였습니다. 나도 그것을 좋아하여 나의 이름까지 "소"라는 글자로 박우라 한 것입니다.

1914년 당시 20세부터 기독교를 믿기 시작한[8] 박정훈은 1917년 9월경부터 기독교 장로교 조사가 되었다.[9] 그와 기독교와의 만남에 대한 구체적인 사항은 알 수 없다. 다만 일제 측 신문조서에서 다음과 같이 언급하고 있는 점을 통하여 추정해 볼 수밖에 없다.

학교를 졸업하고 정치에 종사할 생각이 있었으나 뜻대로 되지 않자 크게 비관하였다. 일단 산중에 들어가 중이라도 될 생각이었으나 종교가가 되면 정신통일이 될 것으로 인식하였다. 특히 기독교의 경우 어디까지나 평화와 사랑으로 평등한 점이 마음에 들어 황해도 은율군 교회에서 기독교 장로교 조사가 되었던 것이다.[10]

즉 박정훈은 함경도 등지에서 교육을 통하여 민족의식을 고취하고 조선의 독립을 추고하고자 하였으나 이것이 불가능하다고 판단하였던 것 같다. 이에 박정훈은 종교를 통하여 자신의 이상을 실현하고자 하였던 것이다. 1917년 9월경부터 은율군에서 전도를 시작하였으며, 1919년 2월경까지는 신천군 온천면(溫泉面)에서 전도에 심혈을 기울였다.[11]

II. 3·1운동 참여와 만주 한족회에서의 활동

1919년 3·1운동 발발 무렵 박정훈은 기독교 장로파 신천군 온천면

---

8) 『한민족독립운동사자료집』 37, p.259.
9) 『한민족독립운동사자료집』 37, p.254.
10) 『한민족독립운동사자료집』 37, p.254.
11) 『한민족독립운동사자료집』 37, p.254.

묘동(妙同)교회의 집사로서 그 인근 지역에 전도를 하고 있었다. 그러던 중 그는 평양에 있는 기독교 신학교에 입학하기 위하여 가던 도중 황해 도 봉산군 사원면(沙院面) 교회의 조사 박기영(朴基永)으로부터 손병희 등이 발표한 독립선언서 3장을 받게 되었다.[12] 박기영은 서종면(西鍾面) 단장리(丹墻里)에 살고 있는 청년 이기풍(李基豊), 진학철(陳學哲) 등과 함께 연락하여 태극기를 제작, 3월 11일 사리원에서 가까운 서종면 단장 리에서 그곳 기독교인들과 사리원 시장에 가던 부근 주민들과 함께 만세 운동을 전개하였다.[13]

그 후 평양의 신학교에 도착하자 그 학교에서 3·1만세운동이 전개되 었고 신학교도 해산되었다. 이에 평양에서 1박하고[14] 신천군에 돌아온 박정훈은 만세운동을 전개하고자 하였다. 신천읍은 황해선의 중심 역이 있는 곳이고, 사방으로 교통이 편리하여 경향간 인사들의 연락이 많은 곳이었다. 또한 당시 신천읍 예수교회에는 웅변가요, 담대한 인물로 알 려진 김익두(金益斗) 목사가 있었기 때문에 일제는 처음부터 신천읍 내, 그 중에서도 예수교인들의 동향에 주의를 기울이고 있는 상황이었다.[15]

박정훈은 3월 10일 경[16] 신천읍 내의 예수학교 교감인 이봉서(李鳳 瑞) 외 남녀 10여명에게 만세운동을 전개하도록 하였다.[17] 그는 이들을 호별 방문하여 지금까지는 일본 때문에 압박을 받았지만 이제는 조선인 의 독립사상을 세계 각국 사람에게 알리는 시기가 도래했으니 외국인에 게 알리기 위하여 만세를 고창해야 한다고 설득하였다. 그리고 이웃 사 람들을 권유하여 함께 만세를 부르도록 하였던 것이다.[18]

---

12) 『한민족독립운동사자료집』 37, p.246, 248.
13) 독립운동사편찬위원회, 『독립운동사』2, p.277
14) 『한민족독립운동사자료집』 37, p.246,248.
15) 『독립운동사』2, pp.286-287.
16) 『한민족독립운동사자료집』 37, p.259.
17) 『한민족독립운동사자료집』 37, p.254.
18) 『한민족독립운동사자료집』 37, p.255.

박정훈은 3월 하순 신천읍 내에 사람들이 많이 모이는 시기를 이용하여 만세운동을 전개하고자 하였다. 대개 신천 장터에는 4·5000명이 모이는데 그 중 예수교 신자는 600명 정도였다. 그는 예수교신자들이 만세를 부르면 일반인도 더불어 만세운동을 전개할 것으로 생각하였던 것이다.[19]

그러나 박정훈의 이러한 계획은 경찰관헌에게 발각되어 십 여명이 체포되었으므로 성공하지 못하였다.[20] 그러나 신천읍에서는 3월 27일 신천읍 장날을 기하여 기독교인들을 중심으로 하여 만세운동이 전개되었다. 정오가 지나 장이 한창 설 무렵, 무정리(武井里) 훈련원 장터에서 200여명이 모여 먼저 독립선언서의 낭독이 있은 다음 만세시위가 있었던 것이다. 이 만세운동으로 인하여 75여명이 구속되었다. 이러한 일본의 탄압에도 불구하고 4월 6일 신천 장날에 또 만세시위가 있었다.[21]

이에 박정훈은 4월 12, 13일 경에 민적이 있는 남부면으로 피신하였다. 그 후 남부면, 온천면 및 그 근처에 숨어있었다.[22] 이어서 경성에 와서 계동과 청진동의 여관에서 피신해 있다가 집으로 귀가하였다가 약 반달쯤 뒤에 만주로 망명하였다.[23]

박정훈은 1919년 5월 하순경에 황해도 신천군 산천면 동산리 자택에서[24] 만주로 피신한 다음 안동현을 거쳐 상해로 가 임시정부에서 일할 생각이었다. 그러나 안동현에 가보니 경찰관의 감시가 심해 부득이 봉천을 경유하여 상해로 가고자 하였다. 그런 와중에 기차로 가면 발각될 염려가 많으나 배로 가면 안전하다는 소식을 듣고 다시 안동으로 돌아와 배를 찾아보았으나 상해행은 없었으므로 부득이 다시 봉천으로 갔다.[25]

---

19) 『한민족독립운동사자료집』 37, p.255
20) 『한민족독립운동사자료집』 37, p.260.
21) 『독립운동사』2, p.287.
22) 『한민족독립운동사자료집』 37, p.260.
23) 『한민족독립운동사자료집』 37, p.246.
24) 『한민족독립운동사자료집』 37, p.246.

봉천에 있는 동안 여비도 점차 떨어져 곤란하게 되었는데, 세브란스 병원출신인 신창강(申彰鋼,申鉉彰)을 만나 그와 상의한 결과 해룡현(海龍縣) 북산성자(北山城子)에 삼산(三山)병원을 세우기로 하였다. 이 병원에서 박정훈은 원장이 되고 신창강은 의사가 되고, 간호사 한 사람을 두었다.[26] 간호사는 3·1운동에 참여하였다가 피신 중이던 경성부 이화학교 부속 유치원 양성소 생도 안병숙(安炳淑)이었다.[27]

1919년 10월 하순경에 병원의 경영은 신현강에게 일임하고 박정훈은 단독으로 유하현(柳河縣) 삼원포(三源浦)로 가서 1920년 10월경부터 1921년 6월경까지 한족회 소속 한족신보 기자로 일하였다. 그는 여기서 외국신문기사를 번역하거나 논문을 쓰는 일 등을 하였다.[28]

한족회는 1919년 4월 초순 만주 서간도지역에서 조직된 서로군정서에서 유하현, 통화현, 환인현, 집안현, 임강현, 해룡현 등 각 현의 지도자들을 모아 조직한 자치기관이었다. 한족회에서는 재만동포들에 대한 자치활동을 효과적으로 전개하기 위하여 삼원포 시가의 남단에 본부인 중앙총부를 두고 그 최고 책임자로 군정부의 참모장인 이탁(李沰)을 임명하였다. 그 밖에 분담 업무에 따라 여러 부서를 두어 재만동포의 치안, 재무, 사법, 행정 등을 담당하였다.[29] 한족회는 서간도에 살고 있는 조선인 전부가 그 회원이 될 의무가 있었으므로 회원수는 4만 정도 되었다[30]

한족회에서는 1919년 6월 24일 중국 봉천성 유하현 삼원포에서 마복래(馬福來) 명의로 기관지로 한족신보를 발간하였다.[31] 한족신보는 순

---

25) 『한민족독립운동사자료집』 37, pp.255-256
26) 『한민족독립운동사자료집』 37, p.257.
27) 『한민족독립운동사자료집』 37, p.244.
28) 『한민족독립운동사자료집』 37, p.244, 248, 260-261.
29) 박환, 「서로군정서」, 『만주한인민족운동사여구』, 일조각, 1991, pp.31-33.
30) 『한민족독립운동사자료집』 37, p.256.
31) 일본외무성 사료관 소장 재 서비리아 조선인부 1919년 9월 18일 한인신보에 관한 건.

국문 신문으로 등사판이다.[32] 이 신문은 한국혁명운동의 지도이론을 창출하는 역할을 하였다. [33] 당시 한족신보는 매주 3회 발행되었으며, 처음에는 700장 정도 발행하였다가 뒤에는 500장 정도로 줄었다.[34] 1920년 초 한족신보사는 중국경찰대의 수사를 받고 인쇄기 전부와 문서를 압수당하는 등 고통을 겪기도 하였다.[35] 이후 한족신보는 제호를 「새배달」로 개재하였다.[36]

한족신보 사장(주필)은 이시열(李時悅)이었고, 사원은 모두 9명이었다.[37] 이 신문은 독립신문에서 "특히 그 논설은 "자자구구이 열렬한 애국성(愛國誠)과 공정한 판단에서 출한 자니 그 중 1편을 본보 전호에 이갈(移揭)하다. 우리등은 무엇보다 이 신문 집필자의 순결한 성의와 사사로움이 없는 태도에 감격하노라"라고[38] 언급하고 있듯이 한족신보는 항일적인 논조의 신문이었던 것이다.[39] 박정훈은 이 한족신보의 외국통신을 담당하였다. 항일적인 글은 주로 사장인 이시열이 담당하였으며 박정훈도 가끔 논문을 썼다. 박정훈이 쓴 글 가운데에 일본은 독일처럼

---

32) 독립신문 1919년 11월 1일 「한족신보」
33) 채근식, 『무장독립운동비사』, 대한민국공보처, p.50.
34) 『한민족독립운동사자료집』 37, p.248. 한편 1919년 8월 경 한족신보는 매주 2회 발행되었던 것 같다. 그리고 이 신문은 블라디보스톡 신한촌 한인신보사에도 배부되었다(일본외무성 사료관 소장 재 시베리아 조선인부 1919년 9월 18일 한인신보에 관한 건)
35) 독립신문 1920년 2월 3일자 「한족신보 수색」
36) 애국동지원호회, 위의 책, p.255. 독립신문에서는 1920년 5월 1일자에 새바달에서 인용한 「한인순사에게 사형」, 「서간도소식」 등을 싣고 있다.
37) 許英伯, 吳致武 등이 활동하였다(애국동지원호회, 『한국독립운동사』, 1956, p.255.
38) 독립신문 1919년 11월 1일 「한족신보」
39) 한족신보의 항일적인 내용은 한족신보 18호의 내용을 통하여도 짐작해 볼 수 있다. 18호의 1면의 내용을 보면 다음과 같다. 사설(애국의연에 대하여), 吾人의 소식(경성 독립군, 內地동표의 결심, 日人의 교활한 수단, 咸安의 독립군, 江西 독립군의 後聞, 한국에 대한 일본정책의 항의) 2면에서는 손병희선생이하 예심결정서를 싣고 있다(일본외무성 사료관 소장 재 서비리아 조선인부 1919년 9월 18일 한인신보에 관한 건)

군국주의, 제국주의, 침략주의정책을 취하고 있으므로 우리가 세계 사람들의 동정을 잃지 않고 있으면 일본은 장래에는 독일처럼 패망한다는 글을 쓴 일도 있다.[40] 또한 당시 유하현에 거주하는 조선인의 9할 이상이 무학이었으므로 이에 박정훈은 독립은 사람의 본성이므로 꼭 독립해야 한다. 임시정부를 도와서 독립이 되어야한다고 기사를 통하여 주장하였다.[41]

한편 1920년 1월 서간도에 사는 주요 인물들이 모여 유하현 삼원포에서 국민회를 조직하였다. 이 단체의 임시의장은 윤기섭(尹奇燮)이었다. 그 뒤 정식회장은 최삼(崔三)이 담당하였다[42] 국민회에서는 재만동포들에게 민족의식을 고취시키기 위하여 선전위원을 10명 선출하였는데, 박정훈도 그 중 1인으로 선출되었다.[43] 박정훈은 1920년 2월부터 흥경현 왕청문(旺淸門)에서 선전활동을 전개하였으며 3월 중순(4월경) 삼원포로 돌아왔다.[44] 흥경현에서 박정훈은 동포들에게 상해임시정부를 도와서 조선의 독립을 도모하고 그리고 한족회를 강화해야 한다고 주장하였다.[45]

당시 흥경현에는 다수의 조선인이 있었고, 그 중의 9할쯤은 기독교신자이였으므로 박정훈은 흥경현 왕청문으로 가게 되었던 것이다.[46] 그는 서로군정서 부독판 여준(呂準)의 명령에 따라 유하현, 흥경현 지방에서 활동하였다.[47] 그는 보통 가정에 10이나 20인을 모아서 20회 정도 선전활동을 전개하였다.[48]

---

40) 『한민족독립운동사자료집』 37, p.256.
41) 『한민족독립운동사자료집』 37, p.248.
42) 『한민족독립운동사자료집』 37, p.256.
43) 『한민족독립운동사자료집』 37, p.256.
44) 『한민족독립운동사자료집』 37, p.256,261.
45) 『한민족독립운동사자료집』 37, p.261.
46) 『한민족독립운동사자료집』 37, p.256.
47) 『한민족독립운동사자료집』 37, p.245.
48) 『한민족독립운동사자료집』 37, p.256.

1920년 4월 상순 경 박정훈은 다시 흥경현으로 향하였다. 그것은 선전 외에 한족회의 자치가 깨지려고 했으므로 그 자치의 완성을 위하여 한족 회장 김윤식(金胤植)의 명령에 따라 흥경현 지사와 교섭하기 위해서였다. 그러나 결국 그 목적을 달성할 수 없었다.[49]

한편 흥경현에서 선전활동 중인 1920년 4월 하순 경 박정훈은 군무사장(헌병대장) 양규열(梁圭烈)로부터 헌병 권재중(權在重) 등 7명쯤을 파견하였으니 그들을 감독하고 흥경현 지방에서 독립단의 활동을 방해하는 자들을 처치하라는 통지를 받았다.[50]

1920년 일제는 항일독립운동세력을 제거하기 위한 노력의 일환으로 흥경현, 통화현, 유하현, 환인현 등에 보민회를 직접 조직하였다. 흥경현의 경우 동년 6월 흥경현 신빈보(新賓堡)에서 보민회 총본부와 더불어 흥경지부회의 발회식을 거행되었다. 중심인물은 제우교(濟愚敎)의 이인수(李寅秀), 최병기(崔柄基), 안홍익(安鴻翼) 등이었다. [51]

동년 5월 상순 경에 박정훈은 흥경현 중장도(中長(將)道)에 거주하는 동지 전계화(田啓和)로부터 중장도에 거주하는 원성오(元成五)의 친일행위에 대하여 보고 받았다.[52] 즉, 그는 보민회 회원으로서 양민을 독립운동에 참여한 인물이라고 살해하고 독립군자금을 칭하고 돈을 갈취하였으며, 또는 부녀자를 강간하였다는 것이다.[53] 이에 박정훈은 권재중, 전승우(田承雨), 전계도(田啓道) 등과 함께 밤중에 원성오 집에가 그를 결박하고 들판으로 끌어내어 죽이고 길가에 있는 중국식 관속에 시체를 넣었다.[54]

그 후 박정훈은 5월 상순 삼원포로 돌아와 1920년 7월까지 한족신보

---

49) 『한민족독립운동사자료집』 37, pp.256-257.
50) 『한민족독립운동사자료집』 37, p.245, 248.
51) 국사편찬위원회, 『한국독립운동사』4, 1967, pp.903-912.
52) 『한민족독립운동사자료집』 37, p.245, 248.
53) 『한민족독립운동사자료집』 37, p.248.
54) 『한민족독립운동사자료집』 37, p.245.

기자로 활동하였다.[55] 1920년 8월 상순 그는 한족회 총장 이탁의 명령을 받고 만주 개원현(開原縣), 동풍현(東豊縣)으로 가서 삼원포에 있는 한족회와 연락할 지방기관을 설치하려고 갔다가 동월 하순경에 돌아왔다.[56]

그 후 박정훈은 한족회 중앙기관 및 임시군정서의 주요 인사들이 일본·중국관헌의 엄중한 단속 때문에 길림 반석현(盤石縣)으로 이전했다는 말을 듣고[57] 그 역시 삼원포 근처의 조선인마을로 피하였다. [58]

이때 박정훈은 한족회 부회장 여준으로부터 국내에 잠입하여 독립군 자금을 모집하라는 명령을 받았다.[59] 이에 9월 상순 삼원포를 출발하여[60] 1920년 10월 31일 일단 집이 있는 황해도 신천군 산천면(山川面) 동산리(東山里)로 갔다. 그리고 1920년 11월 5일 서울로 들어왔다. 그리고 신분을 위장하기 위하여 경성 견지동 32번지에 있는 [61] 한성도서주식회사에서 촉탁으로 일하였다.[62]

1921년 1월 23일 박정훈은 오후 3시부터 기독교청년회에서 개최하는 신흥우(申興雨)의 강연을 듣기 위하여 갔다.[63] 강연이 끝난 오후 4시 30분 경 경성 종로경찰서에 인접해 있는 기독교청년회 강연장에서 한 조선인 청년이 종로경찰서 일본경찰에 밀고하여 피신 중 종로통 지방법원 앞에서 체포되었다.[64]

---

55) 『한민족독립운동사자료집』 37, p.261.
56) 『한민족독립운동사자료집』 37, p.245.
57) 『한민족독립운동사자료집』 37, p.245
58) 『한민족독립운동사자료집』 37, p.257.
59) 『한민족독립운동사자료집』 37, p.245.
60) 『한민족독립운동사자료집』 37, p.257.
61) 『한민족독립운동사자료집』 37, p.246.
62) 『한민족독립운동사자료집』 37, p.254.
63) 『한민족독립운동사자료집』 37, p.246.
64) 『한민족독립운동사자료집』 37, p.244.

Ⅲ. 러시아로의 망명과 만주 적기단에서의 활동

박정훈은 1921년 1월에 서울에서 체포되어 1923년 12월까지 서울 서대문 감옥에 투옥되었다. 그때 그는 경찰에 체포되어 지독한 악형과 고문을 당하여 네 번이나 기절하였다. 감옥에서도 계속 악형을 받았고 그 결과 반병신의 몸으로 가출옥하게 되었다.

1924년 10월에 홍남표(洪南杓)가 그가 누워 있는 부모의 집이 있는 황해도 신천군 산천면 동산리 17번지로 찾아왔다.[65] 홍남표는 경기도 양평 출신으로, 만주에서 박정훈과 함께 한족신보에서 활동한 인물이었다. 그 후 1923년 6월 꼬르뷰로(조선공산당 중앙총국) 국내부에 가입했고, 11월부터 화요회 중앙위원으로 활동하고 있었다.[66] 그는 박정훈에게 화요회파의 가입을 권유하였다. 박정훈은 자필 이력서에 다음과 같이 당시 상황을 기록하고 있다.

> 지금 서울에 혁명적 맑스주의 연구 단체인 화요회가 조직되어 있으니 나도 그 회에 회원이 되었다고 하고, 당신의 가입 문제에 대하여도 당의 책임자인 김두봉(金杜鳳) 동지와도 의논되었다고 권고하였다.

박정훈은 홍남표의 권고에 따라 화요회에 가입하였다. 그러나 그때 그는 가출옥 상태였고 건강도 좋지 않았으므로 적극적인 활동을 하지 못하였다. 그는 그의 증언대로 화요회파 회의에도 한번 참가해 보지 못했는지도 모른다.[67]

1925년 봄 박정훈은 그의 일생에서 큰 전환기를 맞게 된다. 러시아로 망명하게 되었던 것이다. 직접적인 계기는 1920년 만주에서 박정훈이

---

65) 박정훈 자필 이력서.
66) 강만길 성대경 엮음, 『한국사회주의인명사전』, 역사비평사, 1996, pp.546-547.
67) 박정훈 자필 이력서.

죽였던 일본 정탐 원성오의 친동생이 제 형의 원수를 갚으려 하였기 때문이었다. 이에 박정훈은 소련으로 망명하기로 결심하고 1925년 4월에 비밀리에 조선을 떠나서 5월에 블라디보스톡에 도착하였다.[68]

블라디보스톡에 온 박정훈은 이형근(李亨根)과 만나게 되었다. 오르그뷰로에서 활동하고 있던 이형근은[69] 박정훈에게 1924년 코민테른에서 고려국(꼬르뷰로)이란 것을 해산하고 다시 조직국(오류그뷰로)이란 것을 조직하고 지도하여 오던 바 지금 만주로 가서 활동하라는 지시를 받았으니 우리 조직국이 지금 만주로 이동해 가서 사업할 것인 즉 너도 함께 가서 거기에서 우리 신문을 발간하자고 권유하였다. 이에 박정훈은 그의 말을 믿고 그를 따라 만주로 가서 적기단의 기관지 "벼락"을 간행하는데 기여하였다. 그가 일찍이 만주에서 한족신보 간행에 참여한 경험이 크게 참작되었을 것이다. 그러다가 그 해 9월에 이형근과 함께 다시 소련으로 넘어왔다.[70]

박정훈이 활동한 적기단은[71] 1923년 1월 10일 블라디보스톡 신한촌 백산학교 2층에서 혁명적 조선인청년회의가 소집되면서 시작되었다. 이 회의는 제3국제공산당 동양선전부 위원 위델손의 총지도하에 진행되었다. 임시집행부로는 위델손, 최계립, 김아파나시, 홍파 등이 피선되었고, 회의 벽두에 단체 명칭을 적기단으로 하였다.[72] 적기단은 조선공산당의 척후대 임무를 실행하기 위하여 남만, 북만, 동만 3개 지대에 사령부를 설치하고, 일본제국주의의 군벌과 투쟁하되 필요한 경우에는 파괴암살을 감행하고자 하였다. 아울러 친일파와 변절자들을 격퇴하고 국제혁명

---

68) 박정훈 자필 이력서.
69) 강호출, 「재노령 고려공산당창립대표회준비위원회(오르그뷰로)연구」, 『역사와 현실』28, 1998, p.133.
70) 박정훈 자필 이력서.
71) 적기단에 대하여는 김태국, 「국민회 군사부와 적기단의 활동」, 『간도사신론 하』서굉일. 동암 편저, 우리들의 편지사, 1993, pp.46-52참조.
72) 한국정신문화연구원, 『한국독립운동사자료집-홍범도편-』, 1995, p.174

자구제회 모프르사업을 돕고자 하였다.[73)]

적기단은 본부를 길림성 영안현(寧安縣) 영고탑(寧古塔)에 두었으며,[74)] 기관지로서 벼락신문을 발행하였다. 벼락은 주로 공산주의를 선전하며, 러시아10월 혁명의 승리적 경험을 소개하고, 적기단의 당면과업과 투쟁적 사업을 제때에 변경시키며, 일본제국주의를 타도하고, 조선독립운동을 사회주의 혁명노선으로 촉진시키는데 민중을 조직 또는 총동원하며, 일절 반혁명분자들의 행위를 검토하고 모쁘르사업을 광대한 민중에게 장려하고자 하였다.[75)]

북만 영고탑 황지툰 손호준의 집에서 적기단 간부회의가 개최되었다. 이 회의에는 30여명의 참여하였다. 이 회의에서는 벼락신문의 발간을 위하여 편집부를 선정하였다. 이때 박정훈은 주필로 선정되었으며, 부주필에 이하소, 서기에 이환수, 손호준, 김우범 등이 피선되었다. 아울러 정해진 기간에 벼락 창간호를 간행하도록 하였으며, 창간호에는 적기단 조직총회의 결정과 선언서 내용을 반영시키라고 하였다.[76)]

소추풍 홍파집에서 적기단 간부회의가 소집되었는데 여기에 박정훈은 최계립, 마진, 홍파 등과 함께 참여하였다. 이 회의에서는 상해에서 소집된 국민대표회의를 토의 비판하였고, 그 대회에서 조직된 국민위원회를 성토하는 내용을 벼락신문에 발표하기도 하였다.[77)]

---

73) 『한국독립운동사자료집-홍범도편-』, p.175.
74) 불령단관계잡건 조선인부 조선인과 과격파 3(문서번호 432-2-1-11, 일본외무성사료간 소장) 1923년 5월 재외불령선인의 3대경향, 조선총독부 경무국, 의열단과 적기단.
75) 『한국독립운동사자료집-홍범도편-』, p.175.
76) 『한국독립운동사자료집-홍범도편-』, p.176. 일본외무성 사료관 소장 《불령단관계잡건 鮮人의 部 신문잡지 5,》 <불온신문 霹靂의 기사에 관한 건>에서는 적기단에서는 1925년 6월 21일 旬刊 기관지로 벼락 창간호를 발간했으며, 7월 25일 제5호를 발간하였다고 되어 있다. 창간호에는 창간사, 벼락의 임무 등이 실려 있다. 주필은 金河球이며, 발행지가 천진 프랑스 조계로 되어 있으나 사실상 寧安縣 寧古塔에서 원고를 작성하고 一面坡에서 인쇄한다고 한다.

한편 1925년 11월 국내에서 박정훈의 가족들(부친, 모친, 동생, 처, 아들과 딸)이 러시아로 망명하여 왔다. 이에 그는 1925년 12월 경 연해주 흥개호지역으로 이동하여 농업에 종사하였다. 그리고 1926년에는 흥개호 지역 농촌에서 촌마을 소비에트 위원, 모쁘르(국제혁명운동 희생자 구원회)위원, 공동의 상점위원, 기관단체 연합문화부 위원 등의 일을 하였다.

그러다가 1927년 1월부터 블라디보스톡에 있는 현당(縣黨) 한인 기관지인 선봉 신문사 사원, 기자로 근무하였다.[78] 선봉은 블라디보스톡에서 전동맹공산당(볼세비키) 해삼현 간부를 발행기관으로 창간되었다. 이 신문은 1925년 11월 21일 신문 100호 기념 <선봉 신문의 략사와 임무> 「선봉신문의 략사」에,

> 션봉신문은 1923년 3월 1일에 그의 아명인 '3월 1일'이라는 명칭을 가지고 세상에 나아왔다. 이 신문의 출세하던 때는 5년동안(1918-1922) 제국주의 침략군대와 반혁명인파의 횡포와 유린에서 자유와 권리를 상실하고, 피바다 죽엄산에서 신음 고문하던 연해도의 로력군중은 백전백승하는 노농혁명군과 함께 내외의 원수를 (중략) 로씨아 공산당의 지도 하에서 12만여의 연해도 고려주민의 귀를 열며 눈을 뜨이는 고려말신문은 마츰 수백만의 고려 노농군중이 일본군국주의의 일본군국주의의 침략과 압박을 익이지 못하여 붉은 손 빈주목으로 총칼을 대적하며, 자유독립을 부르짖은 큰 혁명운동의 네 돌을 기념하는 날에 첫 호가 발행되었다. 그리하여 제3호까지는 3월 1일이라는 이름을 가지었고, 제4호부터는 가장 의미가 큰 선봉이란 이름을 가지게 되었다.

라고 있듯이, 1923년 3월 1일 「3월 1일」이란 제호로 창간되어 3호까지 발행되다가 제4호부터 '선봉'이라고 신문명을 개칭하였다. 처음에는 매주 1회 또는 2회(일, 목)발행되다가 한인의 강제이주가 시작되기 직전인

---

77) 『한국독립운동사자료집-홍범도편-』, p.177.
78) 박정훈 자필 이력서.

1937년 9월 12일 폐간되었다. 블라디보스톡에서 발행되던 『선봉』은 1929년 3월 그믐 경 하바로브스크로 이전되어 발행되었다.[79] 그리고 326호부터 하바로브스크에서 간행된 것으로 여겨지며, 발행기관은 전동 맹공산당 원동변강위원회와 원동변강 직업동맹쏘베트로 바뀌었다.

『선봉』은 1925년 11월 21일 신문 100호 기념 <선봉 신문의 략사와 임무>「선봉신문의 략사」에서, 편집자는 창간부터 1923년 6월경까지는 이백초였으며, 1923년 7월부터 1924년 7월까지는 이성, 1924년 7월부터 1925년 5월까지는 다시 이백초였다고 밝히고 있다. 그 후 1925년 6월 1일부터 오성묵이 담당하였으며,[80] 발행인, 편집진들로 미루어 볼 때, 주로 이르쿠츠크파 인물들에 의하여 주도되었다.[81]

1929년 3월에 선봉 신문사가 하바로브스크로 옮겨가게 되자 박정훈 은 신문사를 그만 두었다. 이 어간에 박정훈은 사회 사업으로 블라디보 스톡 고려촌의 모쁘르 회장, 모쁘르 현 간부 위원, 무산동맹 고려촌 회장 과 현 소비에트 위원, 노동야학 교원, 라이온(주) 신문 사업 등을 하였다. 그리고 1929년 5월 9일부터 박정훈은 블라디보스톡 경찰의 비밀첩보원 으로 일하였다.[82]

Ⅳ. 박정훈의 출당과 죽음

박정훈은 1910년대에는 국내에서 교육활동을 통하여, 1920년대에는 만주에 있는 한족회에서 『한족신보』를 간행하는 등 언론 활동을 통하여 항일운동에 기여한 인물이다. 1925년 러시아로 망명한 이후에는 『선봉』 신문의 간행에 참여하고 블라디보스톡 경찰에서 일하였다. 이러한 경력

---

79) 『선봉』 1929년 3월 20일자와 3월 27일자 참조
80) 『선봉』 1925년 11월 21일자
81) 『선봉』 해제 이균영
82) 박정훈 자필 이력서.

의 소유자인 박정훈은 1936년 2월 14일 종파분자라는 이유로 공산당에서 출당당한 후 동년 3월 29일 카자흐스탄 빠블로다르로 강제이주되었다. 이에 박정훈은 자신의 죄가 없음을 중앙기관에 호소하고자 하였으나 러시아어를 몰라 1937년 3월 29일 빠쁠로다르로 수용소에서 동생에게 자신의 이력과 탄원서를 보냈던 것이다. 편지의 내용은 러시아어로 번역하여 자신의 이력서와 함께 스탈린과 모스크바 중앙공산당 산하 고려공산당 야로스라브스코프 동지, 카자흐스탄 군당 비서 마르조야누 동지, 카자흐 안전국 지도자 지리누 동지 등에게 보내달라는 것이었다.[83]

박성훈

그 편지 내용을 보면 다음과 같다.

　성훈에게

1. 스탈린 동지에게 보내는 청원서에는 "위대하신 세계 혁명적 노력 대중의 수령 스탈린 동무에게! 극히 죄송하오나 이 청원만은 당신께서 친히 한번 읽어주시기를 간절히 바랍니다. 이는 내가 피로 쓴 나의 생명을 좌우하는 글이 올시다"라는 딴 쪽지를 부쳐줄 것.
2. 또 한장은 모스크바 중앙공산당 산하 고려공산당 야로스라브스코므 동지에게 보내줄 것.
3. 카지흐스탄 군당(郡黨) 비서 동지 미르조야누에게 보낼 때에는 "당신이 이 청원을 보시고, 억울하게 죄를 당하고 있는 나의 일에 대하여 많이 돕고, 주선하여 주시기를 바랍니다" 라는 쪽지를 붙여줄 것.
4. 카지흐스탄 안전국 지도자 지리누 동지에게도 또 미르조야누에게와 같

---

83) 박정훈이 동생 박성훈에게 보낸 편지.

은 쪽지를 새로 부쳐줄 것.

5. 내가 보관할 복사본 한 벌, 그리고 매 청원마다 반드시 나의 이력서를
   첨부할 것

이 내용을 가급적 속히 번역, 찍어서 내가 지금 보내는 방법과 같이
내가 새 주소를 보내거든 그곳으로 부쳐주기 바란다.

3월 25일에 (카자흐스탄) 기라꼬프카에서 영영 떠나서 빠블로다르 프룬
제거리 54번지 강 미하일 집에 유숙하면서 빌리의 목병을 치료하는 중이다.
속히 남쪽으로 가겠다.

　　　　　　　　　1937년 3월 29일 (카자흐스탄) 빠블로다르에서 사형이 씀

박정훈이 동생 박성훈에게 보낸 편지 곳곳에 그의 삶에 대한 강한
애착이 곳곳에 배어 있다. 박정훈은 이러한 처절한 노력에도 불구하고
1938년 6월 16일 유지노-까지흐스탄주 침겐트주 상업부에서 근무하다
가 체포되어[84] 결국 1938년 10월 14일 소련 최고 소비에트 간부회의
정령 제 1조에 따라 유스노-까자흐스탄 주 엔까베데(KGB의 전신)의 총
살판결을 받고 침켄트에서 처형되었던 것이다.[85]

　그러면 왜 항일운동가이며 러시아에 충성을 다하였던 박정훈이 처형
되었는가. 이 부분에 대하여는 박정훈이 스탈린에게 보낸 청원서에서
그 일단을 살펴볼 수 있다. 이 부분과 관련된 내용을 직접 인용해보면
다음과 같다.

　　스탈린 동지에게
　　나는 1932년 8월 1일부터 후보 당원이었고, 1929년 5월 9일부터 1936년
　3월까지 블라디보스톡 경찰서 경찰 비밀첩보원으로 근무하였고, 1936년
　2월 14일 당증 검렬시에 출당 되었고, 1936년 3월 29일 행정적 이주로 카자
　흐스탄에 실려온 박우올시다.
　　1936년 9월 29일 중앙공산당 소속 고려공산당 위원이 빠블로다르시에

---

84) 뚜르기스탄 군관구 군법회의 1958년 4월 5일자 증명서 참조
85) 침게트주 검사국 복권증명서 참조, 1980년 2월 28일자.

와서 나의 죄를 극히 형식적으로 심사하고서 1937년 3월 2일에 나의 출당을 승인한다는 통지를 받았습니다.

그런 때 빠블로다르에 왔던 고려공산당 위원이라는 이들은 극단적으로 불충분하게 전혀 옳지 못하게 나의 죄를 심사하였습니다. 그들은 "이놈은 극동공산당에서 출당 당하고 카자흐스탄으로 실려온 더러운 놈이다"란 선입 관념을 가지고 극히 형식적으로 되는 대로 막 심사하였습니다. 그 심사 내용은 다음과 같습니다.

심사원: 김찬과 김한이 화요회의 당원인가?
나: 그렇소
심사원: 김찬과 김한은 모두 일본의 정탐이 아닌가?
나: 아마도 그런 모양이요
심사원: 네가 이동휘가 상해파의 수령인 줄 알고서 그의 장례에 참가했는가.
나: 그렇소

이것이 고려공산당의 출장위원들이 나에게 심사한 내용의 전부입니다. 그리고는 아무 것도 심사하지 않았을 뿐만 아니라 아무 회의록이나 기록도 없이 그저 노기를 품고 관료적으로 형식적으로 이렇게 문답하고 말고는 나의 출당을 승인한다고 하였습니다.

나의 생명을 좌우하는 그런 중대한 심사를 이와 같이 어떤 주관적 견지 하에서 형식적 관료적으로 한 것은 결코 불가하다고 나는 인정하면서 다시 나의 문제를 엄중하게 심사하여 달라고 이에 청원합니다.

그 위원들은 아마 내가 김찬·김한 등 일본 정탐이 지도하는 화요회에 참가하였고, 또는 이동휘가 죽을 때까지 당파적 사상, 행동이 있으니 나를 당 대오에 둘 수 없다고 결론한 것 같습니다.

이것은 결코 옳지 못한 주관적 형식적 관찰입니다.

청원서에서 살펴볼 수 있는 바와 같이 박정훈이 출당 당한 것은 김찬, 김한 등 일본 스파이가 지도하는 화요회파에 가담하였다는 점과 이동휘의 장례식에 참여하는 등 당파적 사상과 행동이 있음을 명분으로 하여 출당시켰던 것이다. 김찬은 함북 명천 출신으로 1923년 꼬르뷰로 국내부 공작원으로 활동하였으며, 1926년 이후에는 블라디보스톡과 만주지역에서 활동하였다. 1931년 5월 국내에 잠입하였다가 서울에서 검거되었다.[86] 김한(金翰)은 1919년 상해에서 대한민국임시정부에 참여하여 사법부장으로 활동하였다. 1923년 1월 김상옥(金相玉)사건으로 일본경찰에 검거되어 징역 6년을 선고받고 1927년 4월 동경에서 만기 출옥하였다. 1930년 2월 소련으로 망명하였는데, 그 후 소련경찰에 검거되어 일본 밀정 혐의로 사형 당했다.[87]

이에 대하여 박정훈은 우선 일차적으로 자신이 화요회파와 관계가 없음을 밝히고 있다. 즉,

> 내가 화요회에 관계한 것은 내가 1924년 서울 감옥에서 출옥 한 후 부모의 집에서 누워서 치료하고 있을 때, 그해 10월에 홍남표라는 나의 옛 친구(그는 지금도 조선 신의주 감옥에서 징역살이 하고 있음)의 방문을 받을 때, 그의 권고에 의하여 화요회에 관계하기를 승인한 것이오. 나는 그 후 6개월만에 쏘련으로 망명하였습니다.
>
> 김찬과는 1927년 봄 내가 블라디보스톡에서 선봉 신문사에서 일할 때 비로소 알게 되었고, 그가 일본의 밀정이였다는 것은 1931년인가 1932년에 그가 서울의 일본 재판소에서 재판받는 기사가 조선신문에 실린 것을 보고서 비로소 알게 되었든 것이다.
>
> 김한에 대하여는 그가 1930년 블라디보스톡에 온 후 그 때 조선에서 돌아와 블라디보스톡에 체류하던 류면화, 구창희, 김호 등에게서 김한의 이전 일을 듣고서 나는 곧 김한은 일본 정탑이라고 객론 한 후 곧 그 재료를 블라디보스톡 경찰에 전해주었던 것입니다. 김한을 일본 정탐으로 판정한 것은 소비에트 안에서는 이것이 맨 처음 일일 것입니다. 이 일은 그 때

---

86) 강만길 ·성대경 엮음, 『한국사회주의운동 인명사전』, 창작과비평사, 1996, p.127. 김찬
87) 『한국사회주의운동인명사전』, p.147. 김한.

블라디보스톡 경찰서 조선부 전권위원이던 최 일리야 동무가 잘 알고 있습니다.

 그런데 이 내용을 정확하게 깊이 조사하여 보지도 않고 그들이 있던 단체에 내가 관계가 있었다하여 나를 더러운 사람으로 인정하는 것은 절대로 옳지 못합니다. 그뿐만 아니라 화요회 회원 중에는 오늘날까지 감옥에서 고생하고 있는 참된 혁명자들도 적지 않습니다.

라고 하여 자신이 김찬, 김한 등 화요회소속의 일본 밀정들과 관계가 없음을 주장하였다. 아울러 화요회 회원 가운데에도 참된 혁명자도 있음을 밝히고 있다.

 박정훈이 화요파가 아니라는 점은 1991년에 박정훈의 동생 박성훈이 작성한 <형님에 관하여> 라는 글에서도 살펴볼 수 있다. 즉 박성훈은,

 형님은 조선에서 화요회 계통에서 활동하였다고 하지만, 화요회 계통에서 활동할 시간적 여유가 없었다. 1919년 3·1운동 당시에 조선의 서부 일대 책임자로 활동하다가 운동이 실패된 뒤 만주로 가서 사관학교에 참여하였고, 자금 모집을 위하여 조선에 잠입하였다가 서울에서 체포되어 3년이나 감옥사리(서울 서대문 형무소)를 하던 중 악행을 당하여 중병으로 가출옥하여 집에 와 있다가 1925년 4월에 쏘련으로 망명하였던 것이다. 화요회는 이르크츠크파와의 연계하에 조선에서 공산주의 활동을 진행했지만 형님이 1925년에 쏘련으로 망명하였을 때는 패당투쟁이 사라진 때였다. 쏘련에 와서 형님은 박창극·채동순 등 이르크츠크파 계통의 인사들과 인간적으로 친하였다.

라고 하여 박정훈이 러시아로 망명하던 당시인 1925년에는 패당투쟁이 사라진 이후라고 언급하고 있다.

 박정훈은 18차 공산당대회 앞으로 보낸 문서에서 당시의 당파에 대하여 다음과 같이 언급하고 있다.

 이제 내가 아는 대로 조선의 파당 관계에 대하여 쓰겠습니다.

오늘날 와서 본다면 조선인들 사이에 있는 어느 파에나 정탐, 협잡군들이 적지 않게 끼어 들어 있었고, 또는 그 파들 자체가 일본 제국주의자들의 이용물이 되고 있는 것이 판연하나 적어도 1926-27년경까지의 조선 내의 현상으로 본다면 다음과 같습니다.

1. 각파당의 지도자: 정말 파당군들은 각기 자기파의 세력을 확장하기 위하여 어디나 조금이라도 똑똑한 청년이 있다면 백방으로 그를 유혹하여 자기 파에 들어오도록 하였습니다.

2. 또한 적이라도 혁명적 의식이 있어서 사업에 뜻이 있다면 누구를 막론하고 모두다 어느 파에나 관계를 가지게 된 것입니다. 왜냐하면 자기 개인 혼자로서는 아무 일도 할 수가 없는 데, 이미 조성된 단체라면 어느 것이나 모두 다 벌써 반드시 어느 파에나 소속된 것인데 그런 단체에 관계한다면 벌써 세상에서는 그를 지적하여 어느 파 사람이라고 하게 된 것입니다.

3. 그러기 때문에 조선 내지에서 적어도 1920-27년 간부터 혁명운동에 관계하며 참가한 자라면 100%가 모두 다 반드시 어느 파에나 자연히 소속될 것입니다.

그러므로 오늘날 와서 조선 내지에서 자라난 사람에게 그의 당파적 행동, 행동의 여하를 엄정하게 비판하지 않고, 엄정하게 판단하지 않고 과거에 어느 파에서 또는 어떻게든 관계가 있다고 하여 덮어놓고 모조리 파당꾼이라고 판정한다면 결단코 옳지 못한 것입니다.

즉, 박정훈은 그의 글에서 1920-7년 사이 혁명운동에 참가한 사람이라면 누구나 당파에 관여할 수밖에 없었음을 밝히고 있다. 이어서 박정훈은 이동휘의 사망과 관련하여 문제가 되고 있다. 박정훈은 『선봉』신문 1935년 2월 2일자 부고에 보이는 바와 같이 박정훈은 박동희, 한용헌, 이문헌, 김하석, 최길만, 정한립, 채동순, 황동흡, 최중천 등 11명의 명의로 이동휘의 죽음을 알리고 있다. 박정훈은 <스탈린 동지에게 보내는 글>에서 자신이 이동휘의 장례식에 참여한 것은 당파적 입장에서가

아니라 인간적인 도리에서 행했음을 주장하고 있다. 즉,

> 이동휘에 대하여는 나의 학생 시대에 그에게서 훈육을 받았던 선생, 제자들과 관계가 있었고, 그가 비록 이전 상해파 수령 중 한사람 인줄은 잘 아는 바이나, 그가 1920년에 레닌과도 친히 회담하였고, 그는 죽을 때까지 여러 해동안 극동 공산당 모쁘르 변강 간부라는 책임자의 직책을 가지고 있었습니다. 그러므로 나는 그가 40 여 년을 꾸준하게 조선해방운동과 쏘비에트 건설 사업에 헌신하다가 죽은 노혁명자로만 (우리 당에서와 정부에서도 그렇게 그를 평가하는) 알았던 것입니다. 그의 생활 내면에 어떤 흑막이 있었다는 것을 10년 간이나 블라디보스톡 우편국 밀실에서 편지만 뜯고 부치는 일을 하는 나로서 어찌 알았겠습니까?
> 만약 내가 털 끝 만치라도 그를 알았더라면 8-9년 간 반혁명 사보타지 및 투기 단속 비상위원회의 근무원의 이력을 가졌고, 공산당 단원이었고, 유족한 생활을 하고 있었고, 또한 특별히 이전부터 상해파(이동휘파)와의 하등 관계가 없는 나로서 무슨 필요로 그 장례에 참가하였겠습니까.

라고 하여 이동휘의 장례식 참여가 전혀 당파적 입장에 의하여 이루어진 것이 아님을 밝히고 있다. 또한 18차 공산당대회에 보낸 글에서도 역시 이러한 주장을 더욱 상세히 적고 있다.

> 블라디보스톡 시당위원회에서는 나에게 첫번에는 "파당에 대한 자료를 많이 알면서도 당 앞에 감추어 놓고 있다"라고, 그 다음엔 "국민회파의 최호림(崔虎林), 최고려(崔高麗), 오가이 뽀트르 등과 친하니까 국민회파이다"라고 그 다음에는 상해파의 이문현(李文鉉), 이동휘 등과 가깝고, 또는 이동휘 장례에 참가하였으니 출당시켜야 겠다"라고 죄를 주었는 바, 이 모든 것에 대하여 모스크바 중앙공산당 산하 고려공산당에까지 여러번 썼기에 이때는 다시 언급하지 않고 오직 이전에 쓰거나 말로서 하지 못한 소위 이동휘 장례때 논문 문제에 대하여 아래에 쓰겠습니다.
> 이동휘가 상해파 수령 가운데 한 사람이라는 것은 안지는 오래되었습니다. 그러나 그에게는

1) 내가 재학시대에 그에게 교도도 배웠고, 어렸을 때는 그를 극히 숭배하였음.

2) 또는 그가 죽을 때 맨 마지막말 -유언이 "나는 조선의 혁명이 성공되는 것을 보지 못하고 죽는다. 동무들은 기어이 조선 소비에트 공화국을 성립하시오"라고 하였고(이말은 그가 죽을 때의 선봉신문사 내의 초급당 위원장이었던 이문현과 이동휘 가족들에게서 들었소)

3) 이동휘는 1921년에 레닌과도 친히 면회하여 혁명에 대한 의논을 한일이 있었고

4) 그가 죽는 날까지 당 기관에서 신임하여 그를 변강 모쁘르 위원회 책임지도원으로 있었고

5) 또한 적어도 1928년 이후부터는 비록 패당적 심리는 있을 망정 패당적 행동은 청산된 줄 알았고, 최근까지 그와 그의 패 내에 더러운 잔재가 계속되리라고는 꿈에도 생각한 바 없었습니다.

　

그가 죽었다는 말을 들었을 때 나는 직감적으로 "아! 늙은 혁명가가 그만 자기의 뜻을 못 이루고 죽었구나. 불쌍하다 그는 60평생에 한결같이 동으로 서로 분주하면서 고생만 하다가 끝내 그의 좋은 날을 보지 못하고 죽었구나"라고 느꼈다.

나는 결단코 상해파에 동정심을 가졌거나 이동휘 개인을 그가 죽을 때까지 사랑하거나 좋아한 것은 아니다. 그가 죽는 날까지 만 2년 간 한 도시에 살면서도 그와 한번도 대면한 적도 없었다.

내가 이동휘 장례에 오니까 엔가데베(KGB의 전신)에서 일하는 나의 동생이 아무 이유도 말하지 않고 그저 "이동휘 장례식에 왜 참가했소? 좋지 못한 일을 하였소!"라고만 말한 바 있었습니다. 그 때 나는 이 같은 나의 동생의 말을 퍽 의심스럽게 들었습니다.

내가 비록 경찰기관에서 일하고 있지만 비밀사무원으로 일하는 나로서는 이동휘나 상해파의 참된 내용에 대하여 알 길이 전혀 없었던 것입니다. 내가 만약 그들의 내용이 더러웠던 것을 알았다면 그들과 관계할 필요가 어디에도 도무지 없었을 것입니다. (내가 상해파가 아닌 것은 적어도 원동의 조선인 전부가 다 알 것입니다)

보십시요 그때 이동휘가 죽었을 때에 상해파의 수령인 김 아파나시는

레닌 훈장까지 수여받은 사람으로 MTC(농기구 보급소) 정치부장이였고, 또 상해파의 주요 간부인 김 미하일, 장도정(張道程)도 모두 MTC 정치부장, 이문현은 당 변강간부의 기관지인 선봉 신문의 레닌주의 선동부장--이상 인물들이 이동휘 장례를 지휘하였으며, 이동휘는 자신은 비당원인 고로 비당원으로서 가장 중요한 사업인 지역 모쁘르의 책임 지도원이었습니다. 내가 어찌 그들 속에 더러운 내용이 있는 줄 알았겠습니까. 다만 당에서 그들을 신임하는 것을 보아 그들이 당파적 행동을 청산할 줄만 알았습니다. 다만 이번 당중 검열시에 상해파의 지도자들과 그 파의 다수가 출당되고 체포됨에 따라 그들의 더러운 내용을 짐작하게 되었습니다. 이동휘가 죽었을 때에는 나는 다만 직감적으로 인간적으로 조문한 것이었으며, 그가 비록 과거에 파쟁을 못되게도 많이 하였을망정 그의 혁명적 인간적 일생을 조상하였던 것입니다.

소위 그 논문이란 것은 어떤 내용인지 또 어떻게 러시아글로 번역되었는지 나는 전혀 모릅니다만 (이는 추도사 하려던 나의 초고-초안에다가 오창환(吳昌煥)이가 첨부, 보충, 수정하여 논문으로 만들고 그 끝에다 무슨 심사(心事)로 이었던지 나의 성명을 썼었고, 양 발렌찐이란 자가 그 논문을 러시아어로 번역한 것인 바, 나는 오창환-국민의회파, 량 발렌찐-엠엘파 등이 조선파당꾼들의 항상 사용하는 수단으로 나를 잡기 위하여 꾸민 것으로 봅니다.

또한 블라디보스톡에서 당시 형과 함께 활동했던 동생 박성훈도 이 부분과 관련하여 다음과 같이 언급하고 있다.

상해파 수령인 비당원인 이동휘의 장례식 때 블라디보스톡시 공산당간부 량 발렌찐의 위임을 받아 장례식에서 연설을 했다고 해서 이 죄명을 쓰게 되었다.(형님은 본래 웅변가였다)

그런데 형님은 상해파 인물들과 하등 관계가 없을 뿐만 아니라 인간적 교제도 없었다. 만약 패당관계자라면 이르크츠크 파라고 했다면 타당할 것이다. 이것은 순전히 유가이 니꼴라이의 작품일 것이다. 그는 야심쟁이이고, 또한 자기의 사업 성적을 높혀 공맹을 떨치고자 비열한 심사를 하여 허위 문서를 꾸며 우리 형님뿐만 아니라 수많은 조선인들을 처형을 받게

한 것이다.

한편 조선사범대학의 생물학 교무부장이었던 박 모이세이 교수 역시 사범학교 전체학생들을 이동휘의 장례식에 동원하려한 사실이 죄목의 하나가 되어 출당·처형되었다고 한다.[88] 아울러 박정훈은 블라디보스톡 시당위원회 아스리베코프가 당증 검열을 형식적, 주관적으로 하였음도 밝히고 있다. 즉,

　　원래 블라디보스톡 시당 위원회에서 아스리베코프가 나의 당증 검열시에도 형식적으로 또는 그의 선입견적 주관적으로 "검렬"하였던 것입니다. 그는 그저 "네가 당과 싸움하던 것을 말해라"하고는 "네가 당과 싸움을 감춘다"하면서 억지로 억울하게 나를 출당시켰던 것입니다.
　　물론 나의 생활 중 과실과 실수도 적지 않습니다. 이는 내가 우리 당 앞에 모두 자백한 것입니다.(1936년 3월 10일, 변간 당위원회 모임 앞에서) 나는 나의 과거 생활에서 우리 당 앞에, 우리 사회주의 조국 앞에 충성을 다하였으며, 희생하였습니다. 앞으로도 나의 몸이 흙 속에 죽어갈 때까지 나의 몸을 우리 당을 위하여 우리 소비에트 조국을 위하여 바칠 것입니다.
　　바라건대 나의 문제를 철저하게 다시 심사하여 보시고 나를 빨리 우리 당 대오에 회복시켜 주십시오.
　　　　　　　　　　　　　　　　　　　　　1937년 3월 29일　　박 우

라고 하여 자신의 출당을 재심사하여 당의 대오에 복권시켜 줄 것을 강력히 청원하였던 것이다.

박정훈의 동생 박성훈은 박정훈이 프락치를 제거한다는 명문으로 유가이 니꼴라이라는 한인지도자의 문서위조로 억울하게 출당 당했다고 주장하고 있다. 즉, 그가 작성한 <형님이 관하여>에서,

　　형님은 경찰 기관 기동대에서 비밀첩보원으로 근무하면서 조선인사들

---

88) 반병률, 『성재 이동휘 일대기』, 범우사, 1998, pp.426-427.

과는 관계를 끊고 있었다. 형님은 1935년 당중 검열 시에 첫번 검열에 무사히 통과하였다. 그 후 프리보스스키의 명령에 따라 경찰에서 출당 징벌할 자료 조작에 착수하였는데, 실례로 조선인들에 대하여는 유가이 니꼴라이(교포들 가운데 지도자)가 그런 문서 위조에 힘을 기울였고, 그 위조 문서를 작성하여 당 검렬 위원회에 넘겨 출당시키도록 하였다. 내가 그때 유가이 니꼴라이의 사무실과 인접한 사무실에서 일하였고, 그 위조 문서를 작성하는 것을 직접 보았다. 그 문서에 따라 재차 당중 검열시에 형님이 출당되었다. 그 출당 회의록에 출당 근거 죄목은 푸락치를 없애야 한다는 것이었다.

라고 주장하고 있는 것이다.

박정훈은 1936년 2월 14일 종파분자라는 이유로 블라디보스톡에서 출당당한 후 동년 3월 29일 카자흐스탄 빠블로다르로 강제이주 되었다. 이에 박정훈은 자신의 죄가 없음을 중앙기관에 호소하고자 하였으나 러시아어를 몰라 1937년 3월 29일 빠뿔로다르로 수용소에서 동생에게 자신의 이력과 탄원서를 보냈던 것이다.

박정훈이 제18차 공산당대회에 보낸 청원서를 보면 그의 처절한 모습을 다시 한번 느낄 수 있다.

어렸을 때부터 나에게 닥치어진 온갖 비인간적 천대, 고초, 난간은 자연히 나로 하여금 일찍부터(1912년에 처음으로 일본 감옥에 구금됨) 조선의 민족혁명운동에 참가하게 하였었고, 또한 다섯 번이나 일본 제국 경찰에 체포되어 나의 전 일생에 치명적 타격을 당하게 하는 야수적 악행을 당하였으며, 이 모든 나의 물적 환경과 처지는 나로 하여금 나에게 지워진 역사적 사명을 이행하여야 할 맑스주의자로 만들어 주었습니다.

물론 나에게는 내가 1936년 3월 10일 극동공산당 당 위원회 앞에서 고백한 것과 같은 과실과 실수가 있었습니다. 그러나 그렇다고 하여 나를 당 대열에서 구축한다면 내가 갈곳이 그 어디겠습니까?

나는 죽으나 사나 나의 전생을 벌써 우리 당 앞에 바쳤습니다. 나의 마지막 핏방울까지 당을 위하여, 혁명을 위하여, 공산주의 사회 건설을 위하여 바칠 것입니다.

나는 당을 떠나서는 일분 일각이라도 살 수 없습니다. 만일 나를 우리 당 대오에서 먼저 구축한다면 차라리 나의 물적 생명까지 곧 없이 하여 주십시요.

만일 나의 출두가 필요하다면 빠블로다르시 내무인민위원부로 전명(電命)하여 주십시요 곧 제가 모스크바로 출두 할 것입니다.

박정훈은 이러한 처절한 노력에도 불구하고 결국 1938년 10월 14일 소련 최고 소비에트 간부회의 정령 제 1조에 따라 유스노-까자흐스탄주 엔까베데(KGB의 전신)의 총살판결을 받고 침켄트에서 처형되었던 것이다.

결어

1937년 스탈린에 의하여 러시아 연해주에 살고 있던 많은 한인들이 중앙아시아로 강제이주 당한 것은 주지의 사실이다. 이때 러시아에 정착해 있던 항일지도자들 역시 강제이주를 전후하여 다수 처형당하였던 것이다. 대표적인 인물로는 김경천, 조명희, 김 아파나시, 김 미하일 등 다수의 인물들을 들 수 있다.[89] 본고에서 다룬 박정훈 역시 그 한 사례가 될 것이다.

박정훈은 국내에서 3.1운동에 참여하는 한편 만주지역에서는 한족회에서 항일운동을 전개한 인물이다. 소련으로 망명한 이후에도 만주로 이동하여 적기단의 기관지인 <벼락>의 발행에 기여하는 한편 블라디

---

89) 김 아파나시, 김 미하일 등에 대하여는 『재소한인의 항일투쟁과 수난사』(김 블라디미르 저, 박환 편해제, 국학자료원, 1995)가 참조되며, 김경천에 대하여는 박환의 「재러한인 민족운동가 김경천연구」, 『한국독립운동사연구』 12, 1998이 참조된다.
당시 강제이주된 인물들에 대하여는 최근 모스크바 3.1문화원 이형근 목사에 의하여 추진된 Корейцы жертвы политические репрессий в СССр 1934-1938 книга первая, москва, Издательство кимкор, 2000이 참조된다.

보스톡에서 <선봉>의 기자로서 활동하기도 하였다. 또한 소련정부를 위하여 비밀 우편 검열원으로 일하기도 하였던 것이다. 그런 그가 1936년 이동휘의 장례식에 참여하였다고 하여 종파분자로 규정되어 공산당에서 출당 당하였던 것이다. 그리고 중앙아시아 카자흐스탄으로 강제이주된 후 1938년 처형당하였다.

박정훈의 출당에 당하여 소련당국에서는 종파주의를 내세웠다. 그리고 박정훈은 수많은 탄원서를 통하여 그가 종파주의자가 아님을 처절하게 밝히고 있다. 바로 그의 죽음과 직결되어 있었기 때문이었다. 그러나 그의 죽음은 1937년 강제이주를 전후하여 한인지도자 제거라는 소련당국의 계획에 의하여 정해진 것이었다.

결국 박정훈의 생애는 국내외에서 독립운동을 전개하다 소련으로 망명한 한 독립운동가의 행로를 보여주는 사례라고 할 수 있겠다.

찾아보기

대륙으로 간 혁명가들

인쇄일   초판 2쇄 2008년 3월 20일
발행일   초판 1쇄 2008년 3월 24일

저 자   박 환
발행인   정구형
발행처   **국학자료원**
등록일   2006.11.2, 제324-2006-0041호

총 무   박지연, 한미애
편 집   김나경, 김숙희, 노재영
물 류   김종효, 박종일

서울시 강동구 성내동 447-11 현영빌딩 2층
TEL 442-4623,4,6 FAX 442-4625
E-mail kookhak2001@daum.net

ISBN 978-89-541-0032-5 93900
가격 16,000원

·저자와의 협의하에 인지는 생략합니다.